마지막 고래잡이

THE LAST WHALERS

THE LAST WHALERS

마지막 고래잡이

더그 복 클락 지음
양병찬 옮김

라말레라 부족과 함께한 3년간의 기록

최고의 몰입도와 밀도를 자랑하는 고래 사냥꾼에 대한 보고서이자 최초의 주목할 만한 책이다. 이 책은 일류 소설에 비견되는 질감과 색상을 지니고 있다. 더그 복 클락의 필치는 부드럽고 탄력 있지만 결코 현란하지 않다. 그는 라말레라 부족의 딜레마를 보편적인 이슈로 부각시켰다 – 이는 대단한 성과다. 저자의 공감 능력과, 글을 읽고 이해하는 능력이 돋보인다. 이 책은 독자의 마음을 움직인다. 이 책을 읽고 난 독자들은 라말레라 부족의 행운을 빌며 그들에게 지속적인 관심을 기울이게 될 것이다. 〈뉴욕 타임스〉

생동감이 넘치고 실감나고 우아하다. 빛나는 산문과 소설가적 스토리텔링으로 더그 복 클락은 독자들을 한 공동체의 심장부로 인도한다. 앤 파디먼 Ann Fadiman의 『영혼이 너를 건드리면 넘어진다 The Spirit Catches You and You Fall Down』를 떠올리게 하는 이 책에서, 클락은 한 부족의 가치체계와 그들이 의존하는 물리적 세계를 공감 넘치는 우아한 필치로 상세히 기술한다. 〈뉴욕 타임스 북리뷰〉

매혹적이다. 이해하기 쉽고 공감을 이끌어낸다. 이 책의 저자는 문화적 가치의 위태로움과 개발도상국 현대화의 허상을 사려 깊은 눈으로 바라본다.

〈퍼블리셔스 위클리〉

'자신의 생존을 위해 투쟁하는 공동체'와 '고대 세계와 현대 세계의 충돌'에 대한, 눈을 떼지 못하게 하는 이야기다. 더그 복 클락은 우아하고 거의 시적인 문체로 라말레라 부족의 생생한 초상화를 그려냈다. 그들의 삶은 독자들의 마음속에서 잃어버린 세계에 대한 가슴 뭉클한 이미지를 끄집어낸다.

〈북 리스트〉

더그 복 클락의 산문체가 꿈틀거린다. 그는 라말레라 부족의 복잡다단한 삶을 완벽하게 기술했다. 그의 섬세한 필치, 투철한 저널리스트 정신, 공감 어린 설명은 빠르게 변화하는 세상에 직면하여 상실감을 극복하고 문화적 유산을 자연의 순리에 따라 고수하는 원주민의 존엄성을 휴머니즘적 관점에서 증언한다.

〈아웃사이드 매거진〉

마법 같다. 바다와 해양 동물에 대한 묘사가 워낙 훌륭하고 생생해, 짭짤한 바닷물이 코를 찌르는 듯한 느낌이 든다. 이 책은 뛰어난 흡인력과 몰입도를 가진 연대기로, 독자들을 라말레라 부족의 생활 속 깊이 안내하여 풍부한 디테일을 제공한다. 저자가 들려주는 부족의 삶과 선택은 납득할 수 있을 뿐만 아니라 왠지 익숙하기까지 하다.

〈샌프란시스코 크로니클〉

눈이 확 뜨이도록 서정적인 책이다. 〈델라웨어 가제트〉

경이로운 기술記述…… 저널리즘과 인류학의 결합체인 이 책은 사라져가는 세계를 깊이 이해하려는 장엄하고 공감 어린 시도다. 나는 이 감명 깊은 책을 진심으로 사랑한다. 세바스찬 융거(『퍼펙트 스톰』의 저자)

기념비적인 성과…… 빛나는 글쓰기와 전문적인 리포팅으로, 더그 복 클락은 '인류가 공유하는 과거'에 대한 진귀한 시각을 제공한다.

미첼 주코프(『13시간13 Hours』의 저자)

정서적인 글쓰기와 풍부한 관찰이 어우러진 진정한 예술 작품이다. 이 책은 라말레라 부족의 스펙터클한 항해술을 소개할 뿐만 아니라 현대화의 물결이 전통문화의 마지막 거점을 집어삼킬 경우 인류 전체가 엄청난 손실을 입는다는 사실을 호소력 있게 웅변한다.

마이클 핀켈(『숲속의 이방인 The Stranger in the Woods』의 저자)

신나는 탐험기와 신중한 인류학이라는 두 마리 토끼를 잡은 책이다. 이 책은 신선하고 매력적인 세계로 가는 문을 열어준다. 나는 첫 번째 줄을 읽는 순간부터 책 속으로 빠져들었다. 로버트 무어(『온 트레일스』의 저자)

● 한국어판 일러두기

1. 원어는 괄호 없이 병기하는 것을 원칙으로 삼았습니다.
2. 본문에서 맨 처음에 나오는 현지어(라말레라어 등)와 학명 등은 이탤릭체로, 이후에는 정체로 표기했습니다.
3. 본문에 나오는 각주는 독자들의 이해를 돕기 위해 옮긴이가 붙인 것입니다.
4. 각주는 '＊'로, 미주는 '번호'를 매겨 각각 구분했습니다.
5. 도량형 등은 독자들이 쉽게 이해하도록 미터법 등으로 환산했습니다.
6. 도서명에는 '『 』'를, 노래명과 논문 제목 등에는 '「 」'를 붙였습니다.

과거와 현재의

모든 라말레라 사람들,

특히 이 책에 나오는 사람들과

고故 BKB*에게

테낭-테낭 멘다융,
디달람 옴바크 셸레파스 판타이.
테낭-테낭 메레눙,
디텡아 타우판 히두프 양 라마이,
디텡아 타우판 히두프 양 라마이.

잔잔하고 고요하게 노 저어라,
파도가 해변을 어루만지는 동안.
백일몽은 잔잔하고 고요하다,
삶의 태풍 한복판에서,
삶의 태풍 한복판에서.

미사아르와에서 부르는 찬미가

인위적으로 창조된 리바이어던Leviathan을 우리는 공화국이나 국가 – 라틴어
로는 '키비타스Civitas' – 라고 부른다. 비록 모조품이지만 그것은 자연보다
거대하고 강력하다.

토머스 홉스, 『리바이어던』, 1651년

하리오나 가족

- 요하네스 '욘' 데몬 하리오나 Yohanes 'Jon' Demon Hariona
  : 작살잡이가 되려고 애쓰는 청년으로, VJO라는 모터보트의 관리인
- 프란시스카 '이카' 브리빈 하리오나 Fransiska 'Ika' Bribin Hariona
  : 욘의 여동생
- 요세프 보코 하리오나 Yosef Boko Hariona
  : 욘의 할아버지
- 프란시스카 '그랜드마더' 브리빈 하리오나 Fransiska 'Grandmother' Bribin Hariona
  : 욘의 할머니
- 루시아 시파 하리오나 Lusia Sipa Hariona
  : 욘의 어머니
- 마리아 '마리' 하리오나 Maria 'Mari' Hariona
  : 욘의 막내 여동생

세란 블리코롤롱 가족

- 이그나티우스 세란 블리코롤롱 Ignatius Seran Blikololong
  : 아들에게 가업을 물려주려고 애쓰는, 이름난 작살잡이이자 조선공
- 테레세아 팔랑 하리오나 Teresea Palang Hariona
  : 이그나티우스의 아내
- 요세프 투베 블리코롤롱 Yosef Tubé Blikololong
  : 이그나티우스의 장남
- 윌리브로두스 '온두' 보에앙 데몬 블리코롤롱 3세 Willibrodus 'Ondu' Boeang Demon Blikololong III
  : 이그나티우스의 차남
- 벤야민 '벤' 클레카 블리코롤롱 Benyamin 'Ben' Kleka Blikololong
  : 이그나티우스의 막내아들
- 마리아 '엘라' 헤르미나 엘리사베트 베간 블리코롤롱 Maria 'Ela' Hermina Elisabeth Began Blikololong
  : 이그나티우스의 막내딸

베디오나 가문의 미쿠랑구파

- 프란시스쿠스 '프란스' 볼리 베디오나 Fransiskus 'Frans' Boli Bediona
  : 베디오나 가문 미쿠랑구파의 우두머리로, 샤먼이자 고래잡이선 케나푸카의 선장
- 마리아 클레카 블리코롤롱 Maria Kleka Blikololong
  : 프란스의 아내이자 이그나티우스의 여동생
- 베르나데테 '베나' 베디오나 Bernadette 'Bena' Bediona
  : 프란스의 막내딸
- 안드레우스 '안소' 소게 베디오나 Andreus 'Anso' Soge Bediona
  : 프란스의 친척 동생이자 욘의 동료 고래잡이

우존 가족

- 시프리아누스 '시프리' 라자 우존 Siprianus 'Sipri' Raja Wujon
  : 우존 가문의 우두머리이자 '세상의 주인'
- 마르시아누스 두아 우존 Marsianus Dua Wujon
  : 시프리의 아들이자 '세상의 주인'

그 밖의 라말레라 사람들

- 요세프 '오테' 클라케 바타오나 Yosef 'Ote' Klake Bataona
  : 욘의 친구로, 간혹 케나푸카와 VJO에서 작살잡이로 일한다.
- 프란시스쿠스 곤살레스 '살레스' 우세 바타오나 Fransiskus Gonsalés 'Salés' Usé Bataona
  : 욘의 후원자로, VJO의 소유주이자 사업가 · 전직 라말레라 촌장
- 알로이시우스 엔가 '알로' 케로파 Aloysius Enga 'Alo' Kĕrofa
  : 이카의 남자친구

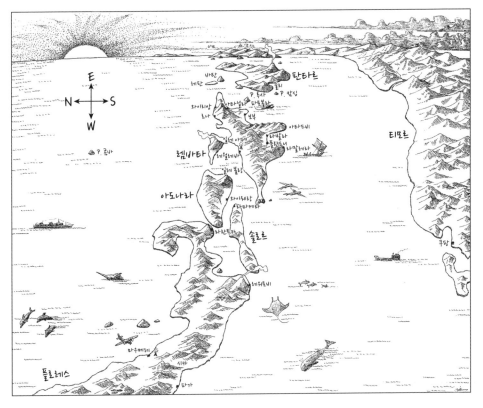

솔로르 군도

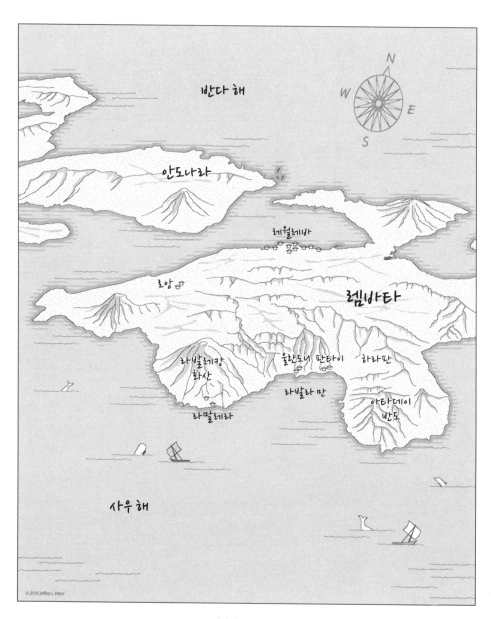

렘바타 섬(남서부)

라말레라 해변.

이 책의 내용은 실화다. 나는 많은 사건을 실제로 목격했고, 내가 목격하지 못한 사건은 당사자와의 인터뷰, (입수 가능한) 역사적 기록을 통해 재구성했다. 미세한 부분 - 특히 사냥과 같이 숨가쁘게 전개되는 사건 - 에 대한 설명이 엇갈리는 경우에는 주도적 위치에 있는 인물의 견해에 우선권을 부여했다. 하나의 사건에 대한 의견이 크게 다른 경우에는 그 점을 명확히 언급하고 넘어갔다. 역사적 기록의 출처는 이 책의 '미주'에서 자세히 밝혔다. 라말레라 사람들의 생각, 느낌, 정신적 경험(이를테면 조상들과의 교감)을 기술하기 위해, 나는 의식儀式에 참가한 사람들의 증언에 의존했다. 대부분의 증언은 내가 직접 청취한 것이지만 다른 참가자들에게서 한 다리 건너 전해 들은 부분도 간혹 있다. 그 밖의 다른 사항은 독자들의 이해를 돕기 위해 내가 쉽게 풀어 썼다. 향유고래sperm whale를 사냥하는 경우와 마찬가지로 이 책은 라말레라 마을 사람들 전체의 합작품이다.

도제 수업

2014년 6월 27일

욘

"발레오 *Baleo*! 발레오 *Baleo*[1] (사냥이 시작되었다)!" 고함소리가 온 마을에 울려 퍼졌다. 1분 전 모터보트 한 척이 만灣을 향해 쏜살같이 항진할 때, 그 배의 선원들이 해변의 남자들에게 큰 소리로 외친 것이 신호탄이었다. 그러자 해변의 남자들이 다시 마을을 향해 냅다 외쳤다. 그 신호를 들은 남자, 여자, 어린아이들이 연이어 고함을 질렀고 마침내 금방이라도 주저앉을 듯한 오막살이와 주변의 정글에 흩어져 있던 1,500명의 마을 주민[2]이 일제히 목놓아 '향유고래가 발견되었다'고 합창을 했다.

쓰러져가는 집 안에 있던 요하네스 '욘' 데몬 하리오나는 군중의 떠들썩한 외침을 듣고, 라말레라 마을의 고지대에 사는 조부모와 여동생들에게 전갈을 보낸 후 (해진 챙 끝에서 올이 풀린) 야구 모자, 낡은 플라스틱 물병, (담뱃가루가 가득 찬) 약병, (말린 야자 잎으로 만든) 담배말지를 챙겼다. 그러고는 (인도네시아 섬의 자연석을 끌로 쪼아 만든)

계단을 뛰어 내려가, 걸리적거리는 아이들을 밀어젖히며 어디론가 달음박질을 쳤다.

욘이 해변에 도착하니 다른 부족원tribesman들이 이미 *테나* *téna*(고래잡이용 목선) 한 척을 밀고 모래밭을 가로질러 물가에 대령해놓았다. 선장이 선원들에게 일장 훈시를 했다. 욘은 볼리사팡*Boli Sapang*(하리오나 가문이 소유한 고래잡이선)의 측면에 어깨를 기댄 채 10여 명의 다른 남자들과 함께 배를 물에 띄우기 위해 안간힘을 썼다. 일단 물이 배의 무게를 떠받쳐 홀가분해지자 그는 배에 올라탔다.

과거에 욘은 테나의 한복판에 놓인 여덟 개의 길고 가느다란 '평범한 노' 중 하나를 저었지만 언제부턴가 뱃머리에 임자 없이 놓여 있는 동그랗고 거대한 '왼쪽 *베파제befaje* 노'를 눈여겨보고, 어느 누구보다도 먼저 그것을 차지하려고 경쟁을 벌여왔다. 최근에는 결혼을 약속하여, 22년간의 애송이 삶을 청산하고 어른이 된다는 환상을 품었다. 선원들이 쇄파breaker*를 가르며 노를 저을 때, 그는 베파제 노를 당기며 연장자들에 필적하는 힘을 과시했다. 그러나 그가 거대한 노를 차지하려는 데는 또 하나의 이유가 있었으니, 작살잡이의 발판 바로 뒤에 위치해 있는 관계로 두 명의 베파제 노잡이가 간혹 작살잡이를 돕기 위해 신호를 보내기 때문이었다. 욘의 평생소원은 *라마파lamafa*(작살잡이)가 되는 것이었다. 왜냐하면 라말레라의 남성 사회에서 작살잡이가 되는 것보다 높은 영예는 없기 때문이다.

열네 척으로 구성된 라말레라의 테나 선단은 사우 해Savu Sea에서 거의 네 시간 동안 세 마리의 어린 수컷 향유고래가 내뿜는 물줄기spout를 뒤쫓았지만 그들이 휘두르는 꼬리지느러미에 번번이 농락을 당했다.

---

* 해안을 향해 부서지며 달려오는 큰 파도.

참다못한 라마파 온두 블리코롤롱이 끝내 호통을 쳤다. "누로 메날루프 *Nuro menaluf*(배고픈 숟갈)!" 구어체로 말하면 '배고플 때 숟갈질을 하듯 노를 저어라!', 가장 정확히 말하면 '가족을 먹여 살리고 싶으면 노를 빨리 저어라!'라는 뜻이었다.

열 개의 수제품 노가 일사불란하게 움직였다. 길이 9미터짜리 향유 고래가 앞서가며 옆구리로 쳐올린 바닷물이 폭포수처럼 쏟아져 내렸다. 몸길이는 테나와 엇비슷했지만,[3] 그 리바이어던은 20톤이 넘는 몸무게로 배를 압도했다.

"가족을 먹여 살리고 싶으면 노를 빨리 저어라!" 온두는 뱃머리에서 균형을 잡고 선 채 거칠게 소리쳤다.

고래가 숨을 내뱉을 때마다 콧김 소리가 메아리친 후 이상야릇한 물방울 폭탄이 사냥꾼들을 덮쳤다. '끈끈하고 따뜻한 액체'는 시원한 바닷물 스프레이와 근본적으로 달랐다. 마치 고래가 사냥꾼들의 얼굴에 대고 코를 푼 것처럼. 모든 선원이 아는 바와 같이, 고래는 한 시간 반 동안 잠수하기 위해 거대한 폐를 공기로 가득 채우고 있었다. 그것도 순식간에.

테나가 종잡을 수 없게 솟구치고, 출렁이고, 기우뚱거림에 따라 온두는 균형을 잡기 위해 길이 5미터짜리 대나무 작살을 마치 줄타기 곡예사처럼 수평으로 들고 있었다. 이제 그는 무기를 수직으로 고쳐 잡고 선봉에 선 고래를 겨냥했다. "가족을 먹여 살리고 싶으면 노를 빨리 저어라!" 그는 다시 한 번 외쳤다.

욘은 다리를 선체船體에 버틴 채 두개골과 가슴에 통증이 느껴질 때까지 노를 힘껏 당겼다. 다른 노들은 전방을 바라보는 반면 베파제 노는 배꼬리를 바라보므로, 그는 고래를 추격하기 위해 어깨 너머로 전방을 연신 훔쳐봐야 했다.

온두는 *하마롤로* *bâmmâlollo*(뱃머리 위로 1.5미터 솟아오른 대나무 발판)의 꼭대기에서 몸을 잔뜩 웅그리고 있었다. 그는 삼두근을 부들부들 떨며 작살을 머리 위로 치켜올렸다. 발판이 조금씩 전진하여, 마침내 그의 그림자가 고래의 매끄러운 등에서 반사된 햇빛을 가렸다. 뱃머리가 달아나는 고래들에게 (거의 닿을 정도로) 바짝 접근했지만 그는 어찌된 일인지 점프할 기미를 보이지 않았다. 그러나 그것도 잠시, 그는 눈 깜빡할 사이에 가미카제의 모습으로 변신하여 하마롤로에서 뛰어내렸다. 두 손으로 대나무 자루를 움켜쥐고, 온 체중을 실어 사냥감에 작살을 쑤셔넣었다. 작살자루가 부르르 떨다가 구부러지더니 다시 꼿꼿해졌다. 그러나 작살을 잡고 있던 온두는 고래의 옆구리에서 튕겨 나와, 바다에 곤두박질쳐 팔다리를 마구 휘저었다. 대나무는 여전히 고래의 몸에 박힌 채 가볍게 떨리고 있었다.

향유고래가 꼬리지느러미로 천둥 치듯 바다를 강타하자 거센 파도가 볼리사팡의 뱃머리를 뒤덮었다. 난간에 단단히 묶인 작살끈(밧줄)에서 연기가 나자 한 노잡이가 부리나케 바닷물을 뿌려 불붙는 것을 막았다. 밧줄은 작살촉에서 테나의 배꼬리까지 연결되어 있었는데, 밧줄의 길이가 다하는 순간 배가 심하게 흔들리는 바람에 욘은 노를 거의 놓칠 뻔했다. 느슨했던 밧줄이 점점 더 당겨졌고, 마침내 팽팽해질 대로 팽팽해진 밧줄이 진동하며 윙윙 소리를 냈다. 고래가 (마치 썰매를 끄는 말처럼) 배를 끌자 테나는 앞으로 휘청거리며 파도를 갈랐다.

욘은 자신의 노를 서둘러 안전한 곳에 집어넣고 먼 아저씨뻘 되는 보조 작살잡이 프란시스쿠스 보코 하리오나 Fransiskus Boko Hariona를 도왔다. 보코는 두 개의 안전로프를 담당하고 있었는데, 그 로프는 작살끈이 제멋대로 왔다 갔다 하는 것을 막는 역할을 했다. 바닷속 깊이 잠수한 향유고래는 갑자기 방향을 바꿔 작살끈을 왼쪽 안전로프의 반대 방향으로 홱 잡아당겼다. 그 순간 배가 삐걱거리는 소리를 내며 빙그르르 돌자 선원들은 비명을 질렀다. 고래는 더 깊이 잠수하려고 용을 썼는데, 아마도 심층류deep current를 만나 구원을 얻으려는 것 같았다.

손가락 세 개 굵기의 왼쪽 안전로프가 툭 끊어지자 보코는 외마디 비명을 지르며 (짓밟힌 뱀처럼 몸부림치는) 두 가닥의 로프를 잡아챘다. 미친 작살끈을 진정시키기 위해, 보코는 끊어진 안전로프를 묶으려 필사적으로 애썼다.

극심한 혼란의 와중에서 오른쪽 안전로프마저 풀려버리는 불상사가 발생했다. 위기감을 느낀 욘은 작살끈을 발로 밟고 오른쪽 안전로프 쪽으로 손을 뻗었다. 그의 오른다리 종아리에 갑자기 으스러지는 듯한 통증이 엄습했다. 작살끈이 보코의 임시변통 매듭을 돌파하여 보트의 왼쪽을 후려치는 바람에 욘의 다리가 선체에 부딪힌 것이었다. 그는 난간 위로 허리를 숙여, 본의 아니게 바다에 토하는 자세를 취하게 되었다. 로프를 더욱 단단히 붙잡기 위해 몸을 비틀며 잡아당겼지만 철봉처럼 단단한 로프는 요지부동이었다. 그도 그럴 것이, 반대쪽에서 버둥거리는 30톤의 리바이어던이 로프를 팽팽히 끌어당겼기 때문이다.

작살끈이 자신의 종아리 뒤쪽을 파고들어 피부를 찢는 동안 욘은 입을 꼭 다물고 있었다. 바라는 게 하나 있다면, 연장자들이 눈치채기 전에 곤경에서 스스로 벗어나는 것이었다. 극심한 고통이 시간의 흐름을 멈춰 세웠다. 부러진 다리를 절뚝거리며 마을을 돌아다니다 10대의 조롱을 받는 노인들을 보고 자기와는 상관없는 사람이라고 생각한 적이 있었다. 그런데 갑자기 자기도 그들의 대열에 합류할 수 있다는 생각이 들었다. 그의 손이 닿는 곳에 놓여 있는 제육도fleshing knife[*] 하나가 눈에

---

[*] 고기를 자르는 데 쓰는 칼.

들어왔다. 작살끈을 잘라 다리를 살릴 수도 있었다. 그러나 만약 고래가 도망친다면 그의 가문이 몇 달 동안 고기를 굶는 것은 물론이고 연장자들에게 '부족의 안녕보다 개인의 생명을 소중히 여겼다'는 꾸중을 들을 게 뻔했다. 그럴 수는 없는 노릇이므로 고래가 작살끈을 스스로 끊어주기를 바라는 수밖에 없었다.

그즈음 볼리사팡은 왼쪽 난간이 바다 쪽으로 기운 채 흔들리고 있었다. 바다는 잔잔했음에도 고래가 한 번 용을 쓸 때마다 배는 왼쪽으로 쏠린 상태에서 (마치 높이 1.5미터 이상의 파도에 시달리는 것처럼) 전후좌우로 흔들렸다. 뱃사람들은 균형을 잡기 위해 테나의 오른쪽에 모였지만, 시소 놀이에서 진 편에 앉은 열한 명의 남자처럼 하늘로 치솟았다. 왼쪽에는 욘만 남아, 속절없이 친척들을 쳐다보고 있었다. 테나가 거의 수직으로 기울자 그들은 앞다투어 바다로 뛰어들었고 욘 혼자만 배에 남아 밧줄을 할퀴며 비명을 질렀다. 급기야 배가 뒤집혔다.

바닷속은 어두컴컴했고 거품의 소용돌이가 일었다. 온갖 잡동사니—작살, 로프, 칼, 잎담배, 숫돌, 대나무 모자, 티셔츠, 슬리퍼—가 욘과 함께 물속에 가라앉았다. 물 위에서는 윤곽만 보이는 남자들이 표류물 사이에서 물장구를 치며 뒤집힌 테나에서 멀어져갔고, 테나는 수면 아래로 가라앉은 채 고래에게 끌려갔다. 햇빛을 향해 솟아오르려고 아무리 발버둥쳐도 욘은 점점 더 깊이 침몰했다. 박동성 통증이 다리를 짓눌러, 마치 발목이 비틀려 떨어져 나가는 것처럼 느껴졌다. 그는 문득 어두컴컴한 아래쪽을 내려다보았다. 그의 발에 8자 모양으로 감긴 채 심연으로 내려가는 고래와 그를 연결한 밧줄이 보였다. 바로 작살끈이었다. 그는 발을 들어올리려 했지만 철봉처럼 단단한 밧줄에 묶여 꿈쩍도 하지 않았다.

처음에 그는 아무것도 두려워하지 않았다. 맹세코 죄지은 게 없으므로 조상님(부족이 숭배하는 고래잡이들의 영혼)이 구해주는 건 따놓은 당상이라고 확신했다. 그러나 그는 이내 이런 생각이 들었다. '하리오나 가문의 친척들이 조상님을 노하게 하는 바람에 그 영혼이 후손들의 잘못을 용서하기 위해 희생양을 요구했는지도 몰라.' 그는 해저의 무덤에서 올라와 자기를 에워싼 귀신들을 느낄 수 있었다. 그는 귀신들과 예수에게 기도했다. '고래가 수면에 떠오르며 밧줄이 느슨해지도록 해주세요.'

부모를 잃었으므로 병약한 조부모와 여동생들을 부양하는 것은 그의 책임이었다. 게다가 그는 조만간 약혼녀까지 먹여 살려야 했다. 그가 아니라면 어느 누가 고래고기를 집에 가져간단 말인가? 그의 머리 위에서 거품이 보글보글 일었다. '공기다.' 그는 자기의 폐에서 공기가 빠져나간다고 생각했다. 어떻게든 고래를 따라잡아 밧줄을 느슨하게 만들어야만 발을 자유롭게 놀릴 수 있다는 생각이 들었다. 산소가 부족한 뇌에서 쉬익 소리가 나는 가운데, 그는 방향을 바꿔 심해로 헤엄쳐 들어갔다.*

---

* 제4장에서 계속된다.

제1부

1994~2014년

1

라말레라 오디세이[1]

1994년 3월 10일 ~ 1994년 4월

프란스, 이그나티우스, 요세프 보코, 프란시스카

지금으로부터 약 5세기 전 태평양의 서쪽 가장자리에서 쓰나미가 일어나, 오늘날 라말레라 부족Lamalerans이라고 불리는 수렵채집인 무리의 마을이 초토화되었다. 생존자들은 모질고 참혹한 여정을 겪은 후 렘바타Lembata 섬에 가까스로 새로운 보금자리를 건설했다. 렘바타는 후미진 바다에 떠 있는 외딴섬이어서, 오늘날 다른 인도네시아 사람들에게 '뒤처진 땅The Land Left Behind'이라고 불린다. 섬 남서부에 위치한 라말레라 만Lamalera Bay의 해안은 바위투성이인데다 몹시 메말라 농작물을 재배할 수 없었지만, 이주민들은 이내 '앞바다에서 떼 지어 노는 향유고래들 중에서 한 마리만[2] 잡으면 모두가 몇 주 동안 배불리 먹을 수 있다'는 사실을 발견했다. 그처럼 열악한 환경과 위험한 작업에서 살아남기 위해 라말레라 부족은 독특한 문화를 진화시켰다. 인류학자들은 그것을 '세계에서 가장 협동적이고 관대한 문화 중 하나'로 평가하고, '수십 명의 남자들이 힘을 합쳐 거대한 고래를 잡은 뒤 전리품을 공평하게 나누기 위해 불가피했을 것'이라고 이구동성으로 말한다.

라말레라 부족은 오늘날 명맥을 이어가는 수렵채집사회[3] 중에서 '가장 작고, 갈수록 점점 위축되는 집단'이며 고래 사냥으로 연명하는 유일한 부족이다. 그들은 알락돌고래porpoise에서부터 범고래orca에 이르기까지 모든 고래에게 작살을 겨누지만, 주요 사냥감은 현존하는 최대의 이빨 달린 육식동물toothed carnivore인 향유고래다. 300명에 달하는 부족의 사냥꾼들[4]은 1년에 평균 스무 마리의 향유고래를 잡아, 총 1,500명의 부족원에게 육포를 공급함으로써 궁핍한 계절풍 시즌monsoon season — 폭풍 때문에 배를 띄우기 어려운 시기 – 을 견뎌내게 한다. 많은 이누이트Inuit 부족도 여전히 고래를 잡고 있지만, 그 북극 뱃사람들의 경우에는 수입된 포장 식품과 기계화된 어획법에 대한 의존도가 갈수록 높아지고 있어, 라말레라 부족이야말로 진정한 '최후의 생계형 고래잡이'[5]라고 할 수 있다. 인도네시아는 국제포경규제협약International Convention for the Regulation of Whaling 조인국이 아니지만, 설사 조인국이더라도 그 협약은 라말레라 부족의 고래 사냥과 비슷한 애버리지니aborigine(오스트레일리아 원주민)의 '생계형 사냥'을 허용하고 있기 때문에 큰 문제가 없을 것으로 보인다. 더욱이 수십만 마리의 야생 향유고래가 바다에서 뛰놀고 있음을 감안할 때, 라말레라 부족이 향유고래의 글로벌 개체군에 미치는 영향은 미미하다고 할 수 있다.[6]

라말레라 부족에게 고래 사냥은 수백 년 동안 영양 섭취와 문화 성립의 기반이었다. 인근의 부족들이 전통적인 일자리를 포기하고 현대적인 일자리를 찾아 떠나는 가운데서도 라말레라 부족은 외부의 영향력을 제한하고 조상님을 숭배하고 대대로 전해 내려온 방식(일련의 고래 사냥 및 종교적 관습)을 옹호함으로써 독특한 생계 수단을 보존해왔다. 외래 사상 - 예를 들어 제수이트 교단의 선교사들이 포교한 가톨릭 신앙 - 이 부족사회에 뿌리를 내렸음에도 고래古來의 신앙은 강고하고, 고래잡이들은 계속적으로 샤머니즘 의식을 치른다.

그러나 다른 많은 원주민과 마찬가지로 라말레라 부족은 최근 20년 동안 거침없이 밀고 들어온 (지구촌의 가장 외떨어진 구석까지도 바꿔버리는) 정보, 상품, 기술의 거센 압박에 시달려왔다. 오늘날 라말레라 부족은 (현대적인 삶을 추구하느라 고래 사냥을 포기한) 청년, (해양 동물의 씨를 말리는) 기업형 저인망 어선, (원주민의 생활 방식을 바꾸려고 노력하는) 사업가와 외국의 활동가, (현대화로 인한 진퇴양난에 대응하기 위한 방법을 둘러싼) 내부 갈등의 위협에 둘러싸여 있다. 이런 산적한 문제들을 헤쳐 나가는 가운데, 자신들의 정체성을 유지하지 못한다면 라말레라 부족은 조만간 최후를 맞이하게 될 것이다.

이런 위기를 겪고 있는 사람들은 라말레라 부족뿐만이 아니다. 일찍이 16세기에 유럽인이 다른 대륙을 식민지화하기 시작한 이후 가속화한 문화 소멸cultural extinction의 파도가 전 세계 문화의 수를 절반으로 줄여, 20세기에만 수천 개의 문화가 사라졌고 향후 수십 년간 수천 개의 문화가 더 멸종할 것으로 예상된다. 2009년 유엔은 지구상에 거주하는 3억 7,000만 명의 원주민 중 상당수가 라말레라 부족과 유사한 위협에 직면해 있다고 보고했다.[7] 라말레라 부족은 거의 유일한 고래잡이지만, 그 밖에도 수많은 부족이 아직도 양치기, 화전민, 수렵채집인 등으로서 생계를 이어가고 있기 때문이다.

라말레라 부족의 경험은 지구상에 남아 있는 원주민이 겪는 위험뿐만 아니라 인류 전체가 겪는 더욱 커다란 위험인 문화 멸종에 눈을 돌리게 한다. 농경이 발명되기 전까지만 해도 거의 모든 인간은 채취자forager였다. 채취자가 우여곡절 끝에 현대인으로 변모한 과정에는 인간의 모습이 변화를 거듭한 - 개선되었든 악화되었든 - 역사가 고스란히 들어 있다. 인간으로서 살아가는 방법이 신속히 줄어드는 동안 모든 사람은 - 산업사회에 속해 있든 전통사회에 속해 있든[8] - 다음과 같은 질문을 던져야 한다. '현재 사라지고 있는 우리의 본모습이 뭘까?' '우리의 현재 모습은 무엇일까?' '나중에는 어떤 모습으로 변할까?'

불과 27년 전인 1994년까지만 해도 라말레라 부족을 겨냥한 외부 세계의 위협은 대부분 딴 세상의 일이었다. 매일 아침 사냥꾼들은 조상님께 기도를 드리며 야자 잎으로 만든 돛을 올렸다. 매년 3월 초 (고래 사냥이 개점휴업 상태에 들어간) 겨울 계절풍 시즌의 돌풍이 (건기가 오기 전에 종종 하늘을 가리는) 회색 구름으로 바뀌면 사냥이 재개된다.

그해 3월 10일, 부족원들은 항타기pile-driver*를 이용해 (지난 3개월 동안 빗물에 잠겨 질퍽질퍽해진) 마을의 비포장도로에 포장석을 깔고 있었다. 바로 그때, 누군가가 사우 해의 수면 위로 높이 뛰어올랐다가 자유 낙하하는 향유고래 한 마리를 목격했다. '발레오! 발레오!' 소리가 메아리쳤다. 포장석을 깔던 남자들은 너나없이 삽을 내동댕이치고 바닷가로 내달렸다. 수많은 남자가 산에서 내려와 도로 공사를 하고 있었으므로, 스물한 척의 테나 중 여섯 척을 바다에 띄울 인력은 충분했다.

온두 블리코롤롱의 아버지로, 왜소한 체격과 마흔네 살의 나이임에도 가장 이름난 작살잡이 중 한 명인 이그나티우스 블리코롤롱은 아내 테레세아 하리오나에게 서둘러 작별 인사를 했다. 금세라도 다음 아기가 세상에 태어날 수 있는 상황이었지만 라마파의 의무는 자기 가족만 먹여 살리는 게 아니었다. 이그나티우스는 가문 전체에 배분될 사냥감

---

* 돌을 때려 박는 기계.

에 작살을 꽂아야 했으므로 자신의 의무를 태만히 할 수 없다고 느꼈다. 하물며 겨울 계절풍 시즌에 부족의 식량 창고가 바닥나 사냥이 다시 시작될 날만 손꼽아 기다릴 때임에랴. 이그나티우스와 테레세아의 작별은 무덤덤하기 짝이 없는 다른 어떤 라말레라 커플보다도 애틋했다. 왜냐하면 그들은 파란만장한 로맨스를 거쳐 결혼에 골인한 후 불행한 가정사를 겪었음에도 감정을 드러내놓고 표현하는 특이한 커플이었기 때문이다. 사정이 이렇다 보니 고래잡이선 *테티헤리*Têti Heri의 하마롤로에 오르기 전 일곱 살배기 아들 벤에게 고갯짓할 시간조차 빠듯했다.

요세프 보코 하리오나는 두 살배기 손자 욘에게 빠이빠이를 했다. 아버지가 자기와 엄마를 버리고 떠난 이후, 욘은 작별 인사를 할 때 종종 길게 울부짖었다. 요세프 보코는 60대에 접어들었지만 아내, 남편 없는 딸, 그리고 외손주를 부양할 남자가 없기 때문에 아직도 고래잡이선을 탔다. 그는 이그나티우스의 테티헤리에 합류해 키잡이 노tiller oar를 잡았는데, 비록 젊은 남자들만큼 힘차게 노를 젓지는 못하지만 방향 잡는 요령을 아는 능력자이기 때문이었다.

프란시스쿠스 '프란스' 볼리 베디오나는 웃자란 턱수염과 숱 많은 머리털이 특징인 땅딸막한 체격의 서른여섯 살 난 샤먼shaman으로, (이그나티우스의 여동생인) 아내와 세 명의 어린 자식에게 허둥지둥 작별을 고하다가 막내딸인 젖먹이 베르나데테(그는 '베나'라고 불렀다)에게 키스할 때만 잠시 주춤했다. 그는 거의 종교적인 열정으로 사냥에 임했다. 고래 사냥은 그를 희생 제물과 (그가 진행을 돕는) 다른 의식은 물론 조상님과 연결하는 매개체였다. 그는 고래잡이선 *케룰루스*Kelulus에서 보조 작살잡이 노릇을 하기도 했다.

시커먼 파도와 험악한 하늘을 배경으로 솟구쳐 오르는 '새하얀 물줄기'를 쫓는 동안 여섯 명의 핵심 선원은 노래를 불렀다. 그 당시는 아직

노동요의 시대Age of Song로, 선외 모터outboard engine*가 사냥꾼들의 입을 다물게 하기 이전이었다. 모든 선원이 일사불란하게 노를 저을 때, 다음과 같은 코러스가 온 바다에 울려 퍼졌다.

키데 아자카 타니-테나　　많은 과부와 고아들이 애원한다
리에 도레 안지나　　　　바람이 우리 편에 서주기를
하리 헬루 보 카나토.　　그리고 물고기가 우리에게 와주기를.

바다에서는 사냥감별로 각각 다른 노래가 있었을 뿐 아니라⁹ '성공적인 사냥'을 축하하는 노래가 있었는가 하면, '텅 빈 배로 귀항하기'를 애도하는 노래도 있었다. 육지에서는 다양한 일상사(나무 베기, 배 만들기, 벼 빻기, 사롱** 짓기, 아기 재우기, 조상님의 음덕 기리기 등)별로 각각 다른 노래가 있었다. 라말레라 사람들은 높은 비음鼻音으로 노래했으며, 종종 '괴상한 장음長音'과 '동물 울음소리'를 섞어 불렀다.

그들의 노래는 음악이라기보다 기도에 더 가까웠다. 라말레라 사람들은 가톨릭 신앙과 조상 숭배가 가미된 일종의 정령신앙animism*** 신봉자다. 그들의 입장에서 볼 때, 만물 - 사냥감에서부터 태양에 이르기까지 - 은 영혼을 갖고 있으므로 마땅히 경의를 표해야 한다. 그리고 조상님들은 오래전에 죽었을지 몰라도 그들의 영혼이 아직까지 후손들을 따라다닌다. 따라서 라말레라 부족의 노래는 영계靈界와 물질계 모두에 영향을 미치기 위해, 다시 말해 순풍이 불고 조상님이 도와주시고 고래가 나타나기를 기원하기 위해 지어졌다. 그들이 추격하는 향유고

---

* 선박의 선체 외부에 장착하는 추진기관으로, 간단한 조작을 통해 선체에서 쉽게 분리할 수 있다.
** 미얀마, 인도네시아, 말레이 반도 등지에서 남녀가 허리에 두르는 민속의상.
*** 우주 만물에 영혼이 있다는 믿음.

래로 말할 것 같으면, 단순한 동물이 아니라 조상님들이 자신들을 공경하는 후손들을 어여삐 여겨 보내주신 선물이다. 영혼과의 강력한 관계를 유지하는 것이 성공적인 삶의 열쇠다.

테나 선단이 사냥감을 궁지에 몰아넣자 이그나티우스는 줄을 타려는 곡예사처럼 하마롤로의 꼭대기로 올라갔다. 방향타를 잡은 요세프 보코가 리드미컬하게 외치는 구호에 따라 노잡이들은 일치단결하여 한 치의 어긋남도 없이 노를 저었다. 조상님의 선물인 *코테켈레마* kotekëlema(향유고래) 무리를 일망타진하기 위해 테나 선단은 승냥이 떼를 방불케 하는 팀워크로 똘똘 뭉쳤다. 고래와의 싸움에서 승리하려면 모든 부족원이 하나가 되어야 하기 때문이었다.

이그나티우스의 배는 맨 뒤에 처진 고래에게 바짝 접근했다. 그 고래의 회색 가죽에 새겨진 흔적에서, 그는 여느 향유고래에서 흔히 볼 수 있는 승전사勝戰史를 읽었다. 주둥이를 가로질러 타원형을 그린 'O'자의 행렬! 그것은 수심 1,600미터 지점에서 게걸스레 먹어치운 대왕오징어giant squid의 빨판들이 남긴 흔적이었다. 노련한 이그나티우스는 입을 지그시 악물고 향유고래의 등 위로 뛰어올라, 등지느러미dorsal hump(작은 혹에 불과하다)에서 정확히 60센티미터 아래에 위치한 '연한 살'에 작살을 꽂은 후 재빨리 헤엄쳐 테나로 돌아왔다.

라말레라 부족의 전략은 가능한 한 많은 작살을 사용하는 것이므로 뒤이어 다른 테나들이 다가와 추가로 작살을 꽂았다. 그렇게 되면 고래는 여러 척의 배를 동시에 끌어당기다가 탈진할 테니, 사냥꾼들은 기회를 틈타 여러 방향에서 동시다발적으로 고래를 공격할 수 있었다. 한 척의 테나로는 고래를 상대하기 어렵지만 팀플레이를 하면 고래를 능히 제압할 수 있었다.

처음에는 해변 가까이에서 싸움이 벌어졌으므로 고래잡이의 아내들은 갑岬*을 관람석, 바다를 경기장 삼아 싸움을 구경했다. 요세프의 아내인 프란시스카 하리오나는 평소엔 조바심치는 사람이었지만 걸음마쟁이 욘에게서 한시라도 눈을 뗄 수가 없어, 몸부림치는 고래가 일으킨 엄청난 거품에 마냥 신경 쓸 수가 없었다. 고래 사냥이란 늘 위험천만하여 부상이 속출하고 때로는 사망을 초래하지만 일상적인 일이기도 해서 웬만한 위험에는 둔감해지게 마련이었다. 게다가 라말레라 부족의 여성들은 할일이 많았다. 벼를 빻고, 고래고기를 절이고, 고산족과 물물교환을 하고, 정글에서 수확한 목화로 사롱을 지은 다음 뿌리의 즙으로 염색을 하고…….

두 척의 테나가 (맨 뒤에 처진 고래의 가족인 듯한) 무게 30톤의 암컷 한 마리와 길이 3미터의 '이빨 없는 새끼' 한 마리를 금세 제압한 후 해변을 향해 노를 저었다. 선원들은 '조상님의 선물'에 경의를 표하기 위해 감사의 노래를 불렀다. 그러나 테티헤리와 케룰루스는 다른 두 척의 테나와 함께 두 마리의 고래에게 끌려 수평선을 넘어갔다.

잠시 일손을 놓았던 아내들은 바다를 계속 곁눈질하며 본연의 업무에 복귀했다. 그런데 오후 늦게 돛이 보이는 대신 폭풍우가 이는 듯한 조짐이 보였다. 조상님들은 사냥터에서의 엔진 사용을 금지했지만 라말레라 부족은 선외 모터가 장착된 소형 보트 두 척을 보유하고 있어서 사냥꾼들의 행방을 찾기 위해 수색대를 파견할 수 있었다. 그러나 퍼붓는 비가 수색대를 돌려세웠다.

저녁이 되자 폭우가 그쳤고, 부족원들은 해변에 신호용 모닥불을 피웠다. 그러나 다시 내린 비가 모닥불을 꺼버렸다. 프란시스카와 다른

---

* 드나듦이 심한 해안 지형에서 불쑥 튀어나온 부분을 '갑岬', 깊게 들어간 부분을 '만灣'이라고 한다.

아내들이 선박 창고의 차양 아래에 가스등을 매달려고 애쓰는 동안 폭우에 가려 불빛이 보이지 않았다. 기상 여건이 그들을 긴장시켰지만, 일단 사냥이 시작되면 몇 시간 동안 계속되는 것은 기본이고 1년에 한두 번씩은 날밤을 새우는 경우도 있었다. 그러므로 아직까지는 크게 걱정할 필요가 없었다.

이그나티우스의 아내이자 요세프 보코의 가까운 친척인 테레세아 하리오나는 열외였다. 그녀는 대나무 오두막집 안에 쭈그리고 앉아 만삭의 배를 부여안고 있었다. 근처의 (오래된 가마니에 옥수수 껍질을 채워 만든) 매트리스 위에 누워 아빠를 기다리며 엄마를 안심시키려 애쓰던 막내아들 벤은 결국 기진맥진해 곯아떨어졌다. 그녀는 한밤중에 몇 번이고 일어나 문틈으로 폭풍우가 몰아치는 바다를 내다보며 아기와 이그나티우스 중 누가 먼저 집에 도착할지 궁금해했다.

두 마리의 고래가 각각 두 척의 테나를 끌고 동진東進하는 가운데 이그나티우스, 프란스, 요세프 보코는 다섯 시간 동안 휴식을 취했다. 그들은 '고래의 출혈'과 '테나의 드로그drogue*'가 사냥감을 지치게 만들 거라고 확신하고 있었다. 그러나 해발 1,600미터의 *라발레캉Labalekang*(라말레라 마을 뒤에 있는 화산) 봉우리가 티끌만 해질 때까지 고래는 전혀 흔들리지 않았다. 늦은 오후 폭풍이 수평선을 휩쓸고 지나가자 그들은 고래를 빨리 해치우지 않으면 폭풍에 당할지도 모른다는 위기감을 느꼈다.

프란스와 작살잡이들은 고래를 다시 한 번 힘껏 찔렀지만 그에 대한 반격으로 고래는 케룰루스의 뱃머리에 꼬리로 어퍼컷을 날렸다. 고래

* 선박을 폭풍우와 파도로부터 보호하기 위해 긴 밧줄을 이용해 배꼬리에 부착하는 장치.

의 꼬리지느러미가 선체의 앞부분을 강타하자 선원들은 케룰루스의 뒷부분으로 황급히 대피했다. 그들은 반대 방향으로 맹렬히 노를 저어 고래와 연결된 작살끈을 느슨하게 만들었다. 일단 위기를 모면하자 그들은 선체에 지그재그로 생긴 두 개의 균열을 사롱으로 틀어막았다. 그러나 바닷물은 가느다란 틈새를 끊임없이 파고들며 거품을 일으켰다.

테티헤리와 또 다른 테나(케나푸카 Kéna Pukā)를 끌고 가던 고래는 마침내 작살끈을 끊고 바닷속으로 깊이 잠수했다. 전리품을 싣고 라말레라 마을로 돌아갈 기회를 놓치지 않기 위해, 두 척의 테나는 방향을 돌려 방금 케룰루스를 못 쓰게 만든 고래를 추격했다. 케룰루스와 주력함인 케바코푸카 Kebako Pukā에 연결된 작살끈 때문에 고래는 도망칠 수가 없었다.

고래에게 새로운 작살을 박는 순간, 이그나티우스는 기괴한 야수의 모습을 힐끗 보았다. 그놈의 머리와 배에는 (마치 부분적인 알비노인 것처럼) 흰색 줄무늬가 아로새겨져 있고, 아래턱은 오래전 전투에서 부상을 입은 듯 둘로 쪼개져 있었다. 새로운 작살질에 대한 반격으로 고래는 롭테일링 lobtailing 을 시작했다. 롭테일링이란 코로 해저를 가리키며 거꾸로 선 상태에서 꼬리를 높이 치켜들어 꼬리지느러미로 수면을 두들김으로써 파도를 일으키는 것을 말한다. 이그나티우스는 선원들에게 후퇴하라고 명령한 뒤 작살끈의 릴을 풀었다.

테티헤리를 엄호하기 위해 케바코푸카의 작살잡이는 열 번째 작살을 날렸다. 그러나 그에 대한 앙갚음으로 고래는 앞쪽 뱃전판을 부서뜨렸다. 절반의 선원들이 자신의 셔츠를 벗어 구멍을 막는 동안 나머지 절반은 물을 퍼내며 후진했다.

고래에게 수백 미터의 작살끈을 헌납하고 좌절한 선단은 서로 바짝 붙어 노를 저으며 경험담을 주고받았다. 어떤 선원들은 전투가 처음 시작되었을 때 새끼 고래 – 다른 테나에 잡힌 새끼 고래를 말한다 – 가 어미의 젖을 빨고 있는 장면을 목격했다고 말했다. 그들은 '새끼를 잃은 어미'가 복수심에 불타 더욱더 사나워졌을 거라고 추측했다. 이그나티우스는 그 암컷 고래가 동물이 아니라 불경스러운 괴물unholy monster일지 모른다고 두려워했다. 그도 그럴 것이, 그 암컷은 길이가 14미터에 불과한데도 이미 (자기보다 6미터나 긴) 수컷보다 더 많은 피해를 선단에 입혔기 때문이다.

푸석푸석해진 태양은 서쪽 수평선에서 잉걸불이 되었고, 점점 더 짙어지는 구름이 마지막 햇빛을 삼키고 있었다. 고래에게 끌려 사나운 폭풍 지대로 가는 동안 이그나티우스는 깨달았다. '우리가 고래를 잡은 게 아니라 고래가 우리를 잡은 것이로구나.' 하마롤로 위에서 그는 길이 60센티미터의 제육도를 흔들며 동료들에게 말했다. "작살끈을 끊어버리고 집으로 돌아갈 때가 된 것 같아!"

그러나 작살잡이들은 이렇게 대꾸했다. "고래를 놔주면 안 돼요! 내일이 되면 잡을 수 있을 거예요." 그래서 결국은 그러기로 했다.

저녁이 지나가고 밤이 찾아왔다. 선원들은 숫돌을 이용해 발판에 해머질을 하고, 깨진 뱃전판을 밧줄로 감아 고정하고, 피스pith*로 갈라진 틈을 메웠다. 칠흑 같은 어둠이 하늘을 지배하면서 별들은 자취를 감추었다. 선원들이 전등을 켜는 순간 천둥이 쳤다. 빗방울이 라말레라 부족을 두드리기 시작했다. 파도가 테나에 태클을 걸었다. 코코넛 껍질을 깨다가 지친 선원들을 위해 임무 교대가 이루어졌다. 이그나티우스는 다른 동료들과 달리 묵묵히 쉬지 않고 일했다. 아내에 대한 그리움, 아직 태어나지 않았을지도 모르는 아기에 대한 걱정, 가족과 함께 있어주

---

* 야자의 수지gum와 섬유질을 말하며, 밀봉재로 쓰인다.

지 못한 데 대한 죄책감을 잊기 위해.

자정쯤 되자 폭풍이 잠잠해졌다. 프란스는 얽히고설킨 턱수염과 머리털에서 물기를 짜내어 입안에 넣었다. 선단은 너무나 갑자기 전투에 돌입했으므로 식량과 음료수가 충분히 준비되어 있지 않았다. 아이들과 아내가 그리웠지만 프란스는 사냥에 대한 열정을 유지했다. 그는 조상님들이 후손의 패기를 시험하고 있는 거라고 확신했으므로 시련을 극복할 작정이었다. 그리고 다른 가문과 마찬가지로 그가 속한 베디오나 가문의 식량 창고에도 고래 육포가 거의 바닥난 상태였다.

선원들은 '감긴 밧줄'과 '접힌 돛' 위에서 잠을 청했다. 요세프 보코는 (고래의 압도적인 힘에 무용지물이 된) 키잡이 노를 안전한 곳에 보관했지만 눈을 붙이지 않고 작살끈을 통해 전해지는 암컷 고래의 움직임을 추적했다. 그의 임무는 선원들을 집으로 안내하는 것이었다. 설사 그들을 안전한 곳으로 안내하지 못하더라도 진로를 유심히 관찰해야 한다는 책임감을 느꼈다. 다른 한편으로 그는 고래와의 싸움에서 패배할 수 있다는 불길한 예감에 몸서리를 쳤다. 만약 이그나티우스가 작살끈을 끊어버리자고 제안했다면 그는 잠자코 고개를 끄덕였을 것이다. 만약 요세프 보코가 세상을 떠난다면 그의 아내와 (욘을 포함한) 손주들은 누가 돌본단 말인가!

동이 틀 무렵, 턱이 부서진 암컷 고래는 선원들을 끌고 망망대해로 들어갔다. 고래는 지친 기색을 전혀 보이지 않았다.

이그나티우스는 테나를 모두 소집해 중대 발표를 했다. "고래가 이렇게 사납게 구는 건 우리가 어제 조상님의 분부를 어겼기 때문이다. 우리 모두는 언행을 조심해야 한다. 그래야만 신령님이 이 고래를 우리에게 맡겨, 마을 사람들을 배불리 먹게 해주실 것이다." 사냥꾼들은 신령님께 기도를 드렸다.

그들의 간절한 기도가 통했는지, 잠시 후 고래의 힘이 드디어 약해지기 시작했다. 암컷 고래는 더 이상 점프를 하지 않았고, 맥이 빠진 모습으로 줄곧 수면에 머물렀다. 물줄기를 뿜어내는 대신 마치 과호흡hyperventilation을 하는 것처럼 옅은 안개를 뿜어냈다. 고래가 지쳤음을 확신한 이그나티우스는 (작살이 보관된) 시렁에서 자신의 작살을 선택하지 않았다. 그 대신 그는 녹슨 보트 훅boat hook*을 대나무 장대에 묶은 뒤 선원들에게 "조용히 노를 저어 고래에게 접근하라"고 명령했다. 그는 갈고리를 고래의 분수공blowhole에 슬그머니 집어넣은 후 뒤로 홱 잡아당겼다. 거대한 머리가 뒤로 돌아가며 커다란 눈망울이 그를 노려보았다.

고래는 간헐적으로 물줄기를 뿜어내며 갈고리를 밀어낸 후 테티헤리를 머리로 세게 들이받았다. 그러자 뱃전판 사이의 코킹caulking**이 튀어나왔고, 그 틈새로 바닷물이 새어 들어오기 시작했다.

이그나티우스는 문득 끔찍한 가능성이 생각났다. 그 내용인즉, '고래가 방금 선단을 유인하기 위해 죽은 시늉을 했는지도 모른다'는 것이었다. 고래가 분수공으로 내뿜은 물줄기에 피가 섞여 있지 않았다는 것은 수십 번의 작살질이 고래의 급소를 관통하지 못했음을 뜻했다. 그렇다면 고래가 입은 상처는 피상적이었을 것이다.

고래는 테티헤리를 꼬리로 여러 차례 때려, 기회를 노리던 테나를 뒤로 물러나게 했다. 다음으로, 고래는 케나푸카의 하마롤로를 때려 부쉈다. 고래와 엮여 있어 이미 운신의 폭이 좁아진 케룰루스는 도망치는 테나들을 엄호하려고 애쓰다 고래에게 뱃머리를 들이받혔다.

그러나 아직까지 프랑스를 포함해 많은 선원들은 전투를 승리로 이

---

* 보트를 밀거나 당길 때 쓰는, 갈고리가 달린 긴 장대.
** 재료의 이음매, 균열 따위의 틈을 메우는 작업. 또는 그런 물건.

끈 후 고래를 차지하고 싶은 마음이 간절했다. 사냥 시즌이 시작되려면 두 달이 더 남았는데, 향유고래 한 마리만 있으면 부족원들이 그때까지 배불리 먹을 수 있기 때문이었다. 네 척의 배에 승선한 라마파들은 케바코푸카 – 이 배만 멀쩡했다 – 의 뱃머리에 총집결해 두리*duri*(사람의 팔뚝만 한 제육도로, 작살의 자루에 단단히 묶여 있다)로 만든 창을 휘둘렀다. 그들은 고래의 옆구리를 공격했는데, 이는 꼬리의 사정권에서 벗어나기 위한 술책이었다. 그러나 고래의 찢어진 가죽에서 선홍색 피가 아무리 쏟아져 나와도 분수공에서 나오는 물줄기는 여전히 투명했다.

이그나티우스가 자신의 두리를 숫돌에 갈고 있을 때, 케바코푸카의 뱃머리가 고래의 지느러미에 얻어맞아 두 동강이 나며 그의 발밑에 있던 선체가 튀어 올랐다. 그는 새총을 벗어난 돌멩이처럼 공중으로 솟구쳐 올랐다. 이제 두 개의 '반쪽 배'를 연결하고 있는 건 용골뿐이었으므로 마치 조개껍질 같은 형국이었다.

작살잡이들은 난파선에서 탈출해 일제히 테티헤리로 헤엄쳐 갔다. 이제 항해할 수 있는 테나는 테티헤리뿐이었다. 마치 라말레라 사람들이 링으로 돌아가는 것을 방해하려는 것처럼 고래는 롭테일링을 했다. 이그나티우스, 요세프 보코, 그 밖의 많은 선원들은 "우리가 상대하고 있는 적은 진짜 고래가 아니라 사탄 같은 악령이다"라고 중얼거렸다. 마침내 사냥꾼들은 (자신들을 마귀고래에 결박한) 밧줄을 끊기로 의견을 모았다.

그러나 작살끈은 공장에서 만든 일회용 밧줄이 아니라 테나의 영혼이 깃든 *레오 leo*(영혼줄)였다[10](테나의 영혼은 각 가문의 조상신을 모신 사당의 영혼[11]과 짝을 이룬다). 그리고 레오는 정글에서 수확한 목화, 공작야자 gebang palm 껍질, 히비스커스 hibiscus 껍질을 엮어 만든 것으로, 몇 주간에 걸친 공동체 노동을 대변하는 상징물이었다. 그러므로 레오를 아무렇게나 버려서는 안 될 일이었다. 누군가가 (유혈이 낭자한 바닷속을 어슬렁거리는) 상어의 위협을 피해 바닷속으로 헤엄쳐 들어가, 작살촉에 가장 가깝게 밧줄을 잘라냄으로써 '가능한 한 긴 길이'를 회수해야만 했다.

그 임무를 수행하겠다고 자원한 사람은 프란스였다. 한 손에 두리를 들고 다른 손으로 작살끈을 잡아당기며 앞으로 나아갈 때, 그는 (자신의 발밑에서 핏빛 안개 사이로 소리 없이 움직이는) 귀상어hammerhead, 백상아리white pointer, 뱀상어tiger shark를 두려워하지 않았다. 몇 마리의 상어가 다가와 코를 들이댔지만 그는 상어 주둥이의 신경다발을 발로 걷어찼다. '상어는 순수한 마음을 가진 사람을 해치지 않는다'는 것이 라말레라 부족의 믿음인데, 그는 자기가 바로 그런 사람이라고 생각했다. 그는 고래잡이를 하는 동안 자주 상어를 테나로 잡아 올려 칼로 그 상어의 몸을 열어젖히곤 했다. (1980년대에 라말레라 부족과 함께 살았던 한 인류학자에 따르면 어떤 남자가 쇄파를 헤치고 라말레라 만으로 뛰어들더니, 뱀상어의 꼬리를 잡은 채 물가로 끌고 나와 몽둥이로 때려죽이는[12] 장면을 목격했다고 한다.) 그가 헤엄치는 고래를 향해 접근하자 상어들은 꼬리의 사정거리에서 벗어나기 위해 멀찌감치 달아났다. 그러나 그는 고래 지느러미에서 반경 몇 미터 이내의 지점까지 다가가 네 개의 작살끈을 마구 잘라냈다(최소한 여섯 개의 다른 작살끈은 이미 끊어져 있었다). 테티헤리에 있는 선원들이 릴을 감아 세 개의 끈을 회수한 후, 그는 마지막 끈에 편승하여 테나로 무사 귀환했다.

작살끈에서 해방된 고래는 물살을 헤치며 나아갔다, 등지느러미의 그림자와 함께. 잠시 후 고래는 물줄기를 뿜어내고 지느러미를 빳빳이 세운 후 – 선원들을 위협하는 것인지, 작별 인사를 하는 것인지는 알 수 없었다 – 잠수했다. 그러고는 두 번 다시 수면으로 부상하지 않았다.

라말레라 사람들은 가능한 범위에서 보수 작업을 시작했다. 케나푸카의 선원들은 뱃머리 주변에 밧줄을 휘감아 (물이 더 이상 들어오지 못하도록) 뱃전판들을 밀착시켰다. 덕분에 케나푸카는 최소한의 인원을 태울 수 있게 되었다. 그러나 케바코푸카와 케룰루스는 파손 상태가 심각했으므로, 웬만큼 복구해봤자 반가워할 사람은 (그 배들에 대한 애착이 큰) 프란스와 몇몇 고지식한 선원밖에 없었다. 두 선박의 선원들은 대부분 케나푸카에 승선했고, 한 명만 테티헤리에 합류했다.

이제 선단은 일렬로 늘어섰다. 테티헤리가 선봉에 서고 케나푸카가 그 뒤에 서서, 침몰해가는 케룰루스와 케바코푸카를 각각 예인했다. 손상된 테나를 포기하는 방안은 전혀 논의되지 않았다. 왜냐하면 라말레라 사람들은 고래잡이선이 사람과 마찬가지로 영혼을 갖고 있다고 믿기 때문이었다. 프란스는 (그 자신이 종종 승선했던) 케룰루스와 케나푸카가 모진 시련 속에서 자신을 보살펴온 것처럼 느꼈다. 마치 병아리를 돌보는 암탉처럼 말이다. 그에 대한 보답으로 그는 그 배들을 보호해야 했다.

태양과 (수평선 너머의) 육지가 구름으로 뒤덮이는 바람에, 시계가 너무 불량하여 북쪽을 향해 전진하기가 어려웠다. 승선 이후 아무것도 먹지 못하고 오로지 빗물만 마시느라 바닥난 체력을 아끼기 위해 라말레라 사람들은 바람이라는 복권을 사기로 결정했다. 테티헤리의 선원들은 대나무로 만든 6미터 높이의 이각마스트bipod mast를 세웠다. 그러고는 거대한 파피루스 종이처럼 보이는 돛을 펼쳤다. 그것은 (로프의 격자 위에 건조한 야자 잎을 이어 붙여 만든) 수십 개의 20센티미터×25센티미터짜리 직사각형으로 구성되어 있었다. 그런 돛은 오늘날 라말레라 밖에서 찾아보기 힘들지만(설사 있더라도 극소수일 것이다) 한때는 태평양을 항해하는 선단이 모두 사용하던 것이었다. 미풍을 이용하기 위해 (마스트를 중심으로) 돛을 수시로 회전시키자 테나는 파도를 넘어

미끄러지듯 나아갔다.

늦은 오후, 남동쪽 수평선 위에 야자나무로 뒤덮인 언덕이 마치 짙은 뭉게구름처럼 솟아올랐다. 그것은 세마우 섬Semau Island이었다. 그러나 현재 위치를 파악했는데도 라말레라 사람들은 별로 기뻐하지 않았다. 세마우 섬은 고향에서 무려 160킬로미터 이상 떨어진 곳에 있었기 때문이다.

저녁이 가까워질 무렵 또 하나의 태풍이 다가오며 그들을 위협했다. 그즈음 더욱 처참하게 부서진 배들은 라말레라 사람들의 항로에 걸림돌이 될 뿐이었다. 상태가 가장 양호한 테티헤리의 선원들은 이그나티우스에게 이렇게 건의했다. "아무래도 우리가 먼저 가는 게 좋겠어요. 케나푸카 선원들에게 의견을 물어보세요." 이그나티우스는 앓는 소리를 하는 그들을 애써 외면하면서 씁쓸한 헛기침을 내뱉었다.

"우리가 먼저 가면 어떨까? 태풍이 오기 전에 빨리 가야 하는데 속도를 낼 수 없으니 말이야. 우리가 먼저 가서 자초지종을 이야기하고 구조대를 보내는 게 더 낫지 않을까?" 케나푸카에 있던 프란스는 이 말을 듣고 격노했다. 동료 선원들을 버린다는 건 라말레라 부족의 정신에 위배되는 것으로, 상상조차 할 수 없는 일이기 때문이었다. 조상 대대로 전해 내려온 방식 중에서 가장 중요한 것은 부족의 단합과 단결을 최우선적으로 고려하는 것이었다. 모든 아버지는 아들에게 늘 이렇게 가르쳤다. '탈레 토우, 케무이 토우, 오나 토우, 마타 토우Talé tou, kemui tou, onã tou, mata tou(가족도 하나, 마음도 하나, 행동도 하나, 목표도 하나).'[13]

"우리는 함께 살고 함께 죽어야 해요! 당신들만 먼저 보낼 수는 없어요." 케나푸카의 선원이 말했다.

파도가 더욱 거세지자 테티헤리의 선원들이 이그나티우스에게 다시 시도해보라고 재촉했다.

이그나티우스는 진퇴양난에 빠졌다. 마음 같아서는 부족원들과 행동을 같이하고 싶지만, 그랬다가는 태풍을 만나 모두 죽을 것 같았다. 그러나 테티헤리가 먼저 가서 도움을 요청한다면 모두 생존할 가능성이 더 높아 보였다. 자식들(아직 태어나지 않은 아기를 포함해서)이 아버지를 잃게 된다고 생각하니 자기가 부족원들과 함께 죽는다는 것은 무의미해 보였다. 그리고 궁극적으로 그것은 선택 사항이 아니었다. 만약 그가 함께 죽는 길을 선택한다면 테티헤리의 선원들이 폭동을 일으킬 것 같았다.

"우리가 먼저 가서 마을 사람들에게 우리의 사정을 알리고 구조대를 보내라고 할까?" 이그나티우스가 소리쳤다.

케나푸카의 선원들은 역시나 일언지하에 거절했다. 그러나 이번에는 사정이 달랐다. 이그나티우스가 부족원들을 설득하는 동안 테티헤리의 선원들은 기다리지도 않고 다른 테나와 연결된 밧줄을 풀어버렸다. 부담을 떨쳐낸 테티헤리는 쏜살같이 내달려 '폭풍 직전의 난기류'를 빠져나갔다. 다른 세 척의 테나는 점점 더 시야에서 멀어져 '세 개의 까딱거리는 돛'만 보였다. 이윽고 점점 더 낮아진 하늘이 그것들을 모두 덮어버렸다.

이그나티우스는 흐르는 눈물을 주체할 수 없었다. 어쩔 수 없이 조상님과 부족원들을 저버렸다고 생각했다. 영혼들은 그런 실수를 절대로 잊지 않으며, 개인과 부족 모두에 정확히 복수하게 마련이라는 사실을 그는 잘 알고 있었다.

밤이 깊어가면서 돌풍이 불기 시작했다, 마치 '돛을 지렛대 삼아 테티헤리를 홱 뒤집어버리겠다'고 위협하는 것처럼. 평소에는 한 사람의 힘으로도 충분했지만, 이그나티우스는 두 명의 선원과 힘을 합쳐 마스트를 해체했다. 산탄총알 같은 빗방울이 그들을 괴롭혔다. 거센 폭풍이 밤을 두 배로 어둡게 하며 그들을 닥치는 대로 마구 흔들어댔다. 움직임이 둔해진 노잡이들은 갈팡질팡하며 종작없이 노를 저었고, 탈진한 선원들은 돛 아래에 엎어져 버둥거렸다. 이그나티우스는 다섯 번이나 선원들을 집합시켜 조상님께 기도드리게 했다. 그러는 동안 배에 물이 가득 차자 선원들을 원위치로 보내 물을 퍼내게 했다.

이그나티우스는 생각했다. '우리는 모두 형제다. 우리가 함께 죽었다면 더 좋았을 텐데. 주님, 우리를 최소한 뭍으로 데려다주세요. 그래야 가족들이 시체를 보고 적절히 장례를 치를 테니까요. 그리고 우리는 조상님들 곁으로 갈 수 있을 거예요.'

폭풍이 바다를 쩌렁쩌렁 호령하던 금요일 밤, 이그나티우스와 테레세아의 여덟 번째 아기인 이그나티우스 세란 블리코롤롱 주니어가 세상에 태어났다. 계집아이인데도 아버지의 이름을 붙인 것은 가장이 죽었을 거라는 가족의 판단 때문이었다. 자식에게 아버지의 이름을 붙이는 것은 아버지의 영혼을 집으로 데려오는 방법이었다.

토요일 아침, 물을 머금은 구름 뒤에서 여명이 밝아왔다, 마치 대나무로 만든 갓 뒤에서 고래기름 램프의 불꽃이 피어오르듯. 해변에서 신호용 모닥불을 지키다 잠들었던 그랜드마더 프란시스카가 일어났을 때, 그녀의 머리칼에는 모래가 잔뜩 들어 있었다. 그녀는 남편 요세프 보코가 걱정되어, 금요일에 하루 종일 식음을 전폐했을 뿐 아니라 (할머니의 관심을 끌기 위해 울며 손짓하는) 손자 욘을 본체만체했다. 가까운 곳에서는 프란스의 아내이자 이그나티우스의 여동생인 마리아 클레카 블리코롤롱이 걸음마쟁이들을 친척들에게 맡기고 뜬눈으로 밤을 새웠다.

총 열일곱 척으로 예상되는 가용 선박이 나침반상의 모든 지점에 퍼져 있는 동안 거의 50명의 아낙네들이 바닷가에 나와 애타는 마음으로 수평선을 바라보고 있었다. 그녀들은 신선한 코코넛, 물, (바나나 잎으로 감싼) 밥을 품에 안고 이제나저제나 남편이 돌아오기만을 기다렸다. 부족을 구성하는 21개 가문 중 상당수의 남자들이 수평선 너머에서 형제를 찾아 헤매고 있었다.

고래잡이들이 돌아오지 않았던 첫날 밤에는 감정을 자제할 수 있었다. 그러나 둘째 날에는 그러기가 어려웠다. 사우 해는 그다지 넓지 않아, 맑은 날 아침에는 라말레라의 절벽에서 건너편에 있는 티모르섬Timor Island의 정상을 볼 수 있었다. 설사 테나가 사우 해의 남쪽으로 계속 끌려가 인도양에 들어갔더라도 해도海圖에 의존해 길을 찾으며 귀환하고 있었다면 수색대에 발견되었어야 했다.

셋째 날이 저물어가자 모든 사람은 안전한 귀환의 가능성이 급격히 낮아지고 있음을 직감했다. 야수 같은 폭풍이 두 번이나 바다를 휩쓸고 지나갔으니 버티기가 힘들었을 테고, 설사 폭풍과 고래의 공격에서 살아남았더라도 식량이 바닥났을 게 뻔했다. 고래잡이들이 죽는 것은 안타깝게도 드문 일이 아니어서, 라말레라 마을의 가톨릭 사제들은 매년 사냥 시즌이 시작될 때마다 기념식을 열어 지난 한 세기 동안 바다에서 사라진 수십 명의 남자들을 추모했다.

원로들은 마을 광장의 바난나무 아래에 모여, 조상님들을 노하게 함으로써 벌罰을 자초한 죄악을 찾아내어 바로잡았다. 한 명의 전령사가 (산악지대를 넘어 48킬로미터를 달려가야 하는) 섬의 수도에 파견되었다. 소식을 전해 들은 관리들이 무전을 통해 항해 중인 선박들에 알리도록 하기 위해서였다. 라발레캉 뒤로 해가 넘어가자 부족원들은 사제가 집전하는 미사에 참석하기 위해 해변에 모였다.

마치 신의 뜻에 의한 것처럼, 미사가 끝나자마자 누군가가 수평선을 장식하고 있는 다이아몬드 모양의 돛을 발견했다. 모터보트가 급히 파견되어 테나에 식량을 공급했다. 쌍안경을 든 남자가 해변에 모인 군중을 향해 "테티헤리가 예인되고 있어요!"라고 외쳤다. 군중 사이에서는 '배 위에 한 구의 시체가 놓여 있다'는 소문이 삽시간에 퍼졌다. 고래잡이들이 거의 3일 동안 물도 없이 바다에서 표류했으니 그럴 만도 했다. 요세프 보코가 테티헤리의 선원임을 아는 그랜드마더 프란시스카가 울음을 터뜨렸고, 마리아는 의아해했다. '다른 배들과 내 남편은 어디에 있을까?'

땅거미가 질 무렵 테나를 뭍으로 끌어올린 부족원들은 새까맣게 탄 채 피골이 상접한 선원들을 발견했다. 그들은 아직 살아 있었지만 셔츠와 바지를 벗어 테나의 구멍을 틀어막은 탓에 가슴과 허벅지의 피부가 일광화상을 입어 홀랑 벗겨져 있었다. 그들의 입술은 부르트고 물집이 잡히고 갈라져 있었다. 눈에는 시뻘겋게 핏발이 서 있었다. 양쪽에서 한 명씩 부축하는데도 귀환자들은 거의 걷지 못했다.

요세프 보코는 보트에서 내리기 직전까지 키잡이 노를 놓지 않으려 해서 부족원들이 달려들어 강제로 떼어내야 했다. 그는 항해 도중에 거의 한숨도 자지 않았는데, '키잡이 노를 잡고 있는 동안 동료들에게서 눈을 떼지 않는 것'이 자신의 의무라고 믿었기 때문이다. 그랜드마더 프란시스카는 그동안 단식을 해온 터라 요세프 보코만큼이나 초췌해져 있었다. 평소에는 과묵함을 긍지로 여기는 사람들이었지만, 수척해진 두 사람은 서로 부둥켜안고 목놓아 울었다. 요세프 보코의 딸이자 욘의 엄마인 루시아 하리오나가 그를 부축해 가파른 절벽을 오르는 동안 욘은 그 뒤를 아장아장 따라가며 울었다. 집에 돌아온 요세프 보코는 물통을 뒤집어쓰며 온몸의 소금기를 씻어낸 후 쌀밥 한 접시를 후딱 해치우고 다음 날 저녁까지 늘어지게 잤다.

다른 선원들이 가족들에게 둘러싸여 있는 동안 이그나티우스는 바닷가를 혼자 배회했다. 두려움이 그를 나약하게 만든 것 같았다. 그의 아내는 어디에 있었을까? 혹시 임신에 무슨 문제가 생긴 것이었을까? 그때 한 여자 친척이 다가와 그의 어깨를 두드리며 울먹였다. "내 남편은 어디에 있어요? 도대체 어디에 있냐고요."

그는 목구멍이 쓰리도록 메말라 말을 할 수가 없었다. 왜냐하면 방금 전 모터보트를 타고 마중 나온 부족원들이 내준 물과 으깬 바나나를 먹을 수 없었기 때문이다. 게다가 그녀의 남편을 바다에 두고 온 이유를 어떻게 설명한단 말인가!

그런데 바로 그때, 그의 첫째 딸이 군중 속에서 사람들을 밀치며 나와 그를 껴안았다. 그러고는 그녀가 말했다. "아빠는 딸을 하나 더 얻었어요. 그 아이는 여자이지만, 우리는 아빠가 죽은 줄로만 알고 아빠의 이름을 따서 그 아이에게 남자 이름을 붙였어요. 그런데 아빠가 집에 돌아왔지 뭐예요."

아기가 태어날 때 그 자리에 없었던 이유를 이그나티우스가 설명하려고 하자 그의 딸이 킬킬 웃으며 말했다. "중요한 건 아빠가 돌아왔다는 거예요!"

자신의 오두막집에 도착해 이그나티우스가 제일 먼저 한 일은 갓 태어난 아기를 두 팔로 고이 안은 것이었다. 그는 가족이 아기에게 붙인 이름을 의도적으로 무시한 채 '무슨 이름을 붙일까' 궁리하다 울음을 터뜨릴 뻔했다. 아빠가 돌아왔으니, 그 아기가 남자 이름을 가질 필요가 없기 때문이었다. 그러는 동안 아들 벤이 다가와 아빠의 다리를 와락 움켜잡았다, 절대로 놓지 않으려는 듯.

행복한 가족들이 모두 집으로 돌아가고 나자, 쓸쓸한 아내들만 갑빠 위에 남아 희망의 모닥불을 피웠다. 마리아는 마른 나뭇가지를 (제단에 제물을 바치듯) 간절한 마음으로 던지며 꺼질 듯 말 듯 하는 불꽃을 향해 '행방불명된 남편을 데려다달라'고 빌었다. 오빠인 이그나티우스가 돌아온 건 반가웠지만, 프란스만 빼고 많은 남정네들이 살아 돌아왔다는 사실은 그녀의 슬픔을 더할 뿐이었다. 그녀는 과부가 된 게 확실해 보였다. 라말레라의 여인들이 과부가 되는 것을 두려워하는 것은 상실감 때문만이 아니었다. 가톨릭 신앙에서는 재혼을 일절 허용하지 않았으므로, 만약 프란스가 돌아오지 않는다면 그녀와 세 자식은 자선charity에 의존해 생계를 꾸려나가야 했다.

몇 분 간격으로 어둠 속에서 으스스한 트럼펫 소리가 울려 퍼졌다. 테티헤리의 선장이 다른 테나들을 포기했음을 실토하자마자 소라고둥 껍질을 싣고 바다로 나간 모터보트들에서 들려오는 소리였다. 소라고둥 부는 소리가 잠깐씩 그칠 때마다 마리아와 다른 애달픈 아내들은 행방불명된 테나에서 들려오는 답신을 들으려 귀를 쫑긋했다. 자정쯤 되자 귀항하는 모터보트들의 부르릉 소리만 들렸다. 아낙네들의 통곡 소리가 마을 사람들의 잠을 깨웠다.

그 후로도 며칠 동안 마리아는 해변에 나가 돌아오지 않는 테나를 기다렸다. 마침내 희망이 사라졌을 때, 여러 가문에서 잠수부들을 바다에 보내 앵무조개 껍질을 가져오게 했다. 앵무조개 껍질은 영원eternity을 상징하는 영물靈物로, 수습되지 않은 시신 대신 매장되었다.

테티헤리가 떠난 금요일 오후, 프란스는 오랫동안 시야에 머무는 배신자들이 야속하기만 했다. 까마득히 멀리 보이는 테나가 여울성 파도의 골(파저波底)에 들어갈 때마다 '마침내 사라졌구나'라고 생각했는데, 잠시 후 마루(파고波高)에 올라타면서 돛의 끄트머리를 다시 드러냈기 때문이다.

처남인 이그나티우스에게 버림받는 순간 그는 자기 소생의 세 아이, 특히 생후 9개월밖에 안 된 베나의 방긋 웃는 모습을 떠올렸다. 베나와 같이 지낼 시간을 좀처럼 허락하지 않았던 조상님을 원망하며, 지켜줄 아버지 없이 역경을 견뎌내야 할 아이들을 곰곰이 생각하지 않으려 애썼다. 그는 이그나티우스가 자기 역할을 대신해주기를 바랐다. 왜냐하면 베디오나 가문 미쿠랑구파Mikulangu派의 남자 친척들은 거의 모두 프란스와 함께 세 척의 난파선을 고수했으므로, 그가 죽었을 때 그의 자식들을 거둬줄 사람이 없기 때문이었다. 만약 그들이 집으로 돌아가지 못한다면 베디오나 가문은 대가 끊길 게 뻔했다.

마침내 테티헤리의 돛은 더 이상 수면 위로 모습을 드러내지 않았다.

프란스와 선원들은 절망 상태에 빠졌다. 출항할 때 실었던 몇 안 되는 바나나는 다 먹어버렸고, 물 항아리도 말라버린 지 오래였다. 셔츠를 벗어 케룰루스의 균열을 틀어막은 이후 바지 하나만 달랑 입고 있었으므로 프란스의 가슴과 어깨는 심한 화상을 입어 온통 새빨갛고 따끔거렸다. 34명의 선원이 케나푸카를 선택했는데 그 배의 정원은 14명이어서 초만원이었다. 그리하여 바다에 너무 낮게 떠 있어서 파도가 난간 위로 들이치기 일쑤였다.

그럼에도 프란스는 테티헤리로 갈아타지 않았다. 케나푸카는 그가 속한 베디오나 가문 미쿠랑구파의 전용 테나이고, 케룰루스는 다른 파의 전용선이었다. 그러므로 그가 두 배를 포기한다는 것은 부상 입은 사촌 형제를 전장戰場에 남겨두는 거나 마찬가지였다. 부연 설명을 하자면 라말레라 부족의 모든 가문은 전용 테나를 각각 한 척씩 보유하고 있는데, 그것은 (가문의 조상신을 모신) 사당과 연결된 영혼을 지닌 살아 있는 존재다. 라말레라 부족이 고대로부터 전해 내려오는 선박 건조 기술을 고집하는 것은 이 같은 영적 투자spiritual investment의 일환이며, 그들의 테나는 오늘날 전 세계에 남아 있는 유일한 밧줄고정식 선박lashed-lug ship*이다. 언뜻 보면 케케묵은 구식 선박 같지만, 밧줄고정식 선박은 한때 동남아시아와 심지어 유럽의 바다까지 주름잡은 명품이었다. 밧줄고정식 선박 건조법의 핵심은 나사, 못 등 현대식 도구를 일절 사용하지 않으며 모든 재료를 정글에서 조달한다는 것이다. 왜냐하면 모든 테나의 설계도는 조상님들이 라말레라에 처음 도착했을 때 이용한 오리지널 테나, 즉 케바코푸카의 설계도를 그대로 베낀 것이기 때문이다. 한 가지 재미있는 점은, 고래잡이들은 서서히 가라앉는 배의 하중을 줄여야 할 때 모든 장비를 버릴 수 있지만 돛만은 버릴 수 없다는 것이다. 왜냐하면 돛은 배의 사롱이며, 돛이 없는 배는 '벌거벗은 배'나 마찬가지라고 믿기 때문이다.

프란스와 선원들은 돌풍에 밀려 동쪽으로 하염없이 표류하다가 라발레캉의 삐딱한 봉우리를 언뜻 보았다. 섬 위로 우뚝 솟은 해발 1,600미터의 화산은 먼발치에서 개미탑처럼 보였지만 실낱같은 희망을 제공했다. 그들은 '몇 번 노를 저은 다음 쉬기'를 반복하며 조금씩 나아갔다. 그들의 등 뒤에서 시커먼 구름이 들이닥쳤다. 이윽고 밤이 되자 라발레캉은 보이지 않고 폭풍이 거세졌다. 성난 파도는 쉴 새 없이 물을 퍼내게 했지만 새빨갛고 따끔거리는 프란스의 피부를 달래주었다. 게다가 억수같이 퍼붓는 비도 도움이 되었다. 프란스는 멜라네시아인Melanesian 특유의 심한 곱슬머리에서 물을 짜내어 마셨고, 다른 선원들은 돛을 깔때기 삼아 바짝 말라버린 목구멍을 적셨다.

동이 트자 안개가 걷히고 새파란 하늘이 모습을 드러냈지만 라발레캉은 온데간데없이 사라졌다. 간밤에 거센 폭풍에 휘말려 방향감각을

---

* 밧줄고정식 선박 건조법의 자세한 내용은 제12장을 참조하라.

완전히 잃고 헤맨 탓이었다. 노를 집을 힘조차 없었으므로 선원들은 바람에 모든 것을 맡길 수밖에 없었다. 그들은 몇 시간마다 한 번씩 서로 부둥켜안고 살려달라고 기도했다.

햇빛이 바다에 반사되며 위아래에서 그들을 협공했다. 프란스는 목구멍이 아파 말을 할 수가 없었다. 그의 입술은 메마르다 못해 갈라졌다. 동료들의 말은 느려터져 거의 알아들을 수 없었다. 그는 문득 생존확률이 25퍼센트밖에 안 될 거라고 생각했다. 가족을 생각하니 눈물이 맺혀 눈이 따가웠지만 자기 자신에게 울지 말라고 다그쳤다. 눈물을 흘리면 수분을 빼앗기기 때문이었다.

이그나티우스를 비롯한 테티헤리의 선원들이 고향으로 돌아오기 얼마 전인 늦은 오후, 프란스와 선원들은 동쪽에서 한 쌍의 분석구cinder-cone*로 이루어진 화산섬을 발견했다. 그러나 그것은 렘바타에서 서쪽으로 120킬로미터나 떨어져 있는 플로레스Flores였으므로 프란스에게 안도감이 아니라 절망감을 안겼다. 두 번째 폭풍에 떠밀려 통상적인 수색 범위에서 벗어나다니! 그들의 행방을 찾아나선 라말레라 부족의 선박이 그곳까지 올 가능성은 매우 희박했다. 어떻게든 북동쪽으로 가려 했지만, 역풍에 떠밀린 그들은 사우 해를 더욱 벗어나 망망한 인도양으로 들어갔다. 몇몇 선원이 몸을 배에 묶어놓았으므로, 만약 나중에 수색대에 발견된다면 시신이라도 라말레라로 돌아갈 수는 있을 것 같았다. 프란스는 아직 그런 준비까지 하진 않았지만 다음 날에는 그렇게 해야 할 것 같다는 생각이 들었다. 그는 자신의 무력함을 절감하며 두 손 모아 간절히 기도드렸다.

그날 밤 비가 내렸는데, 이번에는 폭풍을 동반하지 않은 비였으므로

---

* 새 용암이나 기존 암석의 파편만으로 만들어진 원뿔형의 작은 언덕.

'용서의 비'였다. 선원들은 자신의 셔츠, 턱수염, 돛이 머금은 빗물을 짜내어 마셨다. 일단 수분을 보충하고 나자 누군가가 자신의 옷을 씹어 먹기 시작했다. 한 야윈 선원은 (뱃전판 사이의 틈을 메우다 남은) 말라붙은 피스를 우적우적 먹었다. 바다에서 건져 올린 해초를 제외하면, 먹을 만한 게 하나도 없었다. 모두가 드러눕기에는 선체가 너무 비좁았으므로 어떤 선원들은 버팀대 위에 털썩 주저앉거나 하마롤로 위에 대자로 누웠다. 바다로 추락하는 불상사를 막기 위해 그들 주변에는 밧줄이 빙 둘러쳐졌다.

프란스는 하느님, 천국, 지옥, 가족에 관한 꿈을 꾸다 잠에서 깨어났다. 아직 어스름한 시간에 구름이 일시적으로 갈라지며 별이 가득한 하늘이 모습을 드러냈다. 남십자성Southern Cross이 수평선에 바짝 접근해 있었다. 프란스는 그 별자리가 '지시자'라는 별명으로 불린다는 사실을 잘 알고 있었는데, 그 이유는 사우 해에서 바라볼 때 늘 라말레라 쪽을 가리키기 때문이었다. 결론적으로 남십자성은 그에게 고향으로 가는 길을 가르쳐주고 있었다. 만약 그쪽으로 항해하다가 부족원들에게 발견되어 구조될 수 있다면, 베나에게 다시 한 번 목말을 태우며 그녀가 얼마나 가볍고 연약한지 실감할 수 있을 것 같았다. 그리고 자기의 머리칼을 잡아당기다 꺅 소리를 내는 순간 그녀의 생기발랄함에 경이로움을 느낄 수도 있을 것 같았다. 그러나 그것도 잠시뿐, 구름이 다시 하늘을 가리며 일시적으로 되찾았던 방향감각과 가족에 대한 추억을 송두리째 앗아가버렸다.

아침이 되었을 때, 케나푸카와 케룰루스는 아직 항해할 만했지만 케바코푸카는 가망이 없어 보였다. 왜냐하면 모든 선원이 기력을 잃어 더 이상 물을 퍼낼 수 없었기 때문이다. 우르테나 ur-téna(테나 중의 테나)로 군림했던 케바코푸카를 포기해야 하다니! 참담해진 프란스는 동료들에게 동의를 구했다. 그러자 많은 선원들, 심지어 (케바코푸카의 선장이 자 그 배를 소유한 바타오나 가문 올라랑구파Ola Langu派의 우두머리인) 프란시스쿠스 '시수' 바타오나Fransiskus 'Sisu' Bataona도 동의했다. 다른 선원들의 만류를 뿌리치고 시수는 자발적으로 이별식을 열었다.

시수는 흘수선waterline*보다 약간 높이 솟은 하마롤로 위에 올라갔다. 목구멍이 너무 메마른데다 탈진한 그는 바싹 말라 떨어지기 일보 직전의 낙엽 같은 기분이 들었다. 그는 테나의 영혼에게 말했다. "우리는 기력을 완전히 상실했다. 당신이 먼저 저승에 가서 우리를 기다리는 게 좋겠다." 그는 '몰로 게 테데 카메 레 마라Molo Ge Tede Kame re Mara'를 읊조렸는데, 그것은 장례식 때 간혹 사용되는 고별사였다.

그의 뒤에 서 있던 라말레라 사람들은 눈물을 훔쳤다. 그들은 그 누구도 원망하지 않았다. 신성한 테나를 포기하는 것은 모두의 공동 책임이라는 사실을 잘 알고 있기 때문이었다. 이제 실망한 조상님의 복수를 각오해야 했다.

시수가 케나푸카로 갈아타자 물결이 케바코푸카를 거두기 시작했다. 케바코푸카가 빙글빙글 도는 가운데, 그 하마롤로가 두 동료(케나푸카와 케룰루스)의 하마롤로를 스치고 지나갔다. 마치 작별 인사를 하는 것처럼. 파도가 뱃머리에 조금씩 접근하더니 마침내 선체를 꿀꺽 삼켜버렸다. 라말레라 사람들 사이에서 통곡 소리가 들려왔다.

그들은 케나푸카의 돛을 올렸다. 얼마 지나지 않아 프란스와 부족원들은 환상을 보았다. 불과 몇 킬로미터 떨어진 곳에 있는 라말레라 마을에서 신호용 모닥불이 밝게 빛나고 있었지만, 때는 벌건 대낮이었으므로 모닥불이 피워져 있을 리 만무했다. 젖 먹던 힘까지 다해 노를 저

---

* 선체가 물에 잠기는 한계선.

었지만, 하루 종일 저어봤자 그들의 고향은 여전히 까마득히 먼 곳에 있었다.

저녁이 되자 환상은 사라졌고, 라말레라 사람들은 배 안에 송장처럼 조용히 누워 있었다. 프란스는 그중 일부가 이미 죽었다고 생각했다. 그럼에도 그는 버팀대 위에 주저앉지 않았다. 그는 조금 더 버틸 수 있다고 생각했다. 만약 운이 좋아 새 아침을 맞이할 수 있다면, 그때 가서 자기 자신을 테나에 동여맬 작정이었다. 그것은 신의 뜻이었다. 그는 아내가 갓 태어난 아기를 두 팔에 안고 있는 꿈을 꾸었다.

자정이 되기 전, 프란스는 한 선원이 '꺽꺽' 하는 소리를 듣고 비몽사몽에서 깨어났다. 그 선원은 어둠 속을 가리키고 있었다. 그다음 그는 할로겐램프를 밝힌 창문이 사우 해 위에 일렬로 떠 있는 광경을 보았다. 창가에서는 화려한 옷을 입은 남녀들이 창백한 얼굴로 테나를 쳐다보고 있었다. 한 줄기 강렬한 빛이 파도 위를 지나가다 테나에 고정되자 그는 눈이 부셔 아무것도 볼 수 없었다. 그는 잠시 후 조상님들이 고래잡이들에게 '고향에 대한 환상'을 보여준 이유를 깨닫게 되었다. 그건 후손들을 괴롭히려던 게 아니라 몇 시간만 더 삶의 의지를 불태우라는 격려였던 것이다.

어디선가 '스파이스아일랜더Spice Islander'라는 글씨가 아로새겨진, 테나보다 네 배나 긴 금속선이 라말레라 사람들을 향해 엔진 소리를 내며 다가왔다. 프란스는 언젠가 고래를 사냥하다가 현대식 선박을 언뜻 본 적이 있지만 이렇게나 가까이서 본 건 처음이었다. 그 배에서 금속 팔이 나와 쾌속선을 물 위에 내려놓았을 때, 그는 헛것을 보고 있다고 생각했다. 쾌속선은 눈 깜빡할 사이에 테나에 접근해 밧줄로 엮은 후 스파이스아일랜더로 예인했다. 조만간 음식과 물을 제공받을 거라는 기대감에 부풀어, 케나푸카에 밧줄로 묶여 있던 사냥꾼들은 스스로 결박을 풀고 돛을 둘둘 말았다.

라말레라 사람들이 금속선의 뱃머리에서 내려온 금속 계단에 발을 디뎠을 때, 난간에 죽 늘어선 40여 명의 외국인이 이상한 금속 상자로 그들을 조준했다. 잠시 후 하얀색 플래시가 마구 터지자 사냥꾼들은 눈이 부셔 앞을 볼 수가 없었다. 허약한 어린아이처럼 인도네시아 선원들에게 기댄 채 사냥꾼들은 어쩔 줄 몰라 했다. 하얀 피부를 가진 남자와 여자들이 악수를 청하며 플라스틱 물병을 건넸는데, 사냥꾼들이 여는 방법을 몰라 쩔쩔매자 누군가가 뚜껑을 여는 시범을 보였다. 그 여행객들은 사냥꾼에게 포즈를 잡게 한 뒤 금속 상자를 다시 한 번 치켜들었다. 프란스는 너무 피곤해서, 그저 돌봐줘서 고맙다는 시늉만 할 뿐이었다.

잠시 후 스파이스아일랜더의 선장인 세바스티아누스 로사리Sebastianus Rosari라는 남자가 사냥꾼들을 식당으로 안내했다. 그들은 그곳에서 농축 우유가 가미된 커피와 바삭바삭한 화이트 케이크(세바스티아누스에 따르면 '빵'이라고 하는데, 너무 쌉쌀해서 프란스의 입맛에는 맞지 않았다)를 대접받았다. 세바스티아누스는 솔로르 군도Solor Archipelago 최대의 도시인 라란투카Larantuka* 출신인데, 그곳에서 해산물을 공급하는 라말레라 사람들을 만난 적이 있다고 했다. 동인도네시아식 억양과 라말레라 문화에 익숙하다는 점이 그들을 안심시켰다. 그의 설명에 따르면 그는 스파이스아일랜더를 몰고 (전설적인 용龍의 고향인) 코모도 섬Komodo Island에서 출발해 (여행객들이 비행기를 타고 돌아갈 예정인) 티모르까지 유람하던 중, 무선통신을 통해 고래잡이선이 실종되었다는 소식을 들었다. 그는 즉시 해상 레이더를 통해 통상적인 항로에서 이탈해 있는 미확인 선박 두 척을 탐

---

* 플로레스 섬의 동쪽 끝에 있는 항구.

지하고 구조 작업을 시작했다.

식사가 끝날 때쯤 세바스티아누스는 미안한 표정으로 두 척의 테나에 고의적으로 구멍을 뚫어 침몰시켜야 하는 이유를 설명했다. 프랑스와 다른 라말레라 사람들은 '배도 인간과 마찬가지로 영혼을 갖고 있다'고 설명하면서 테나를 살려달라고 간청했다. 세바스티아누스는 노력해보겠다고 말했다. 스파이스아일랜더의 승무원들은 선박에 장착된 기중기를 이용해 케나푸카를 들어올려 갑판 위에 사뿐히 내려놓았다. 그러고는 엉망진창이 된 선체 내부를 모든 이들에게 공개했다. 그런데 승무원들이 케룰루스를 들어올리려 하자, 심하게 손상된 선체가 해체되기 시작했다.

라말레라 사람들은 세바스티아누스에게 애원했다. "테나를 가까운 섬에 예인해주면 우리가 잘 숨겨두었다가 나중에 찾아갈게요." 그러나 그는 난색을 표명했다. "가장 가까운 섬은 여기서 120킬로미터 이상 떨어져 있는데, 내일 쿠팡Kupang*에서 비행기를 타야 하는 승객들이 있어서 곤란해요." 그러고는 이렇게 덧붙였다. "바다의 규칙은 배보다 사람을 먼저 구하라는 거예요."

그때까지도 한 명의 라말레라 사람이 스파이스아일랜더에 오르지 않고 테나에 남아 물을 빼며 식사를 하고 있었다. 그러나 세바스티아누스가 이제 그만 올라오라고 하자 돛과 작살을 그대로 둔 채 레오만 들고 올라왔다. 그러면서 하는 말이 걸작이었다. 바닷속 세상에서 조상님들이 노를 저을 거라나?

스파이스아일랜더의 승무원들은 투광기floodlight**로 케룰루스의 내부

---

* 인도네시아 티모르 섬에 있는 누사텡가라티무르Nusa Tenggara Timur 주의 주도州都.
** '전조등', '탐조등', '조명등'으로 불리는 것을 통칭하는 말.

를 비추었다. 물을 퍼내는 사람이 아무도 없었으므로, 그것은 이미 침몰하고 있었다.

"먼저 저승에 가서 우리를 기다리고 있어. 우리도 곧 갈게." 케룰루스의 소유주가 울먹이며 테나를 향해 말했다.

케룰루스와 스파이스아일랜더를 연결했던 밧줄의 매듭이 풀렸다.

한 고래잡이가 선언했다. "차라리 테나와 함께 가겠어!" 난간을 뛰어넘으려는 그를 다른 선원이 제지했다.

많은 라말레라 사람들은 발작적으로 울음을 터뜨렸다. 한 번의 사냥에서 두 번째로 잃은 배가 가라앉는 것을 차마 눈 뜨고 볼 수 없어서 다른 사람들은 눈을 가렸다. 프란스는 끝내 눈을 감지 않고 이별 장면을 직시했지만 가족구성원이 익사하는 장면을 보는 것처럼 괴로워했다.

모든 테나에는 뱃머리의 양쪽에 눈이 하나씩 그려져 있다. 스파이스아일랜더가 스크루를 돌리며 멀어져갈 때, 케룰루스는 그 여파에 힘입어 뱃머리를 돌려 라말레라 사람들과 마주 보게 되었다. 두 선박이 이별할 때, 케룰루스는 끝내 눈을 감지 않았다. 프란스는 케룰루스의 영혼이 자기에게 사적으로 이별을 고하고 있다고 확신했다. 그러고는 마침내 울음을 터뜨렸다. 그로부터 몇 년 후 라말레라의 젊은이들에게 그 이야기를 해줄 때, 그는 여전히 가슴이 먹먹해지며 눈시울을 붉힐 것이었다.

어디서도 볼 수 없는 장면을 바라보는 여행객들은 연신 셔터를 눌러댔다.

라말레라 사람들은 그날 밤 승무원들이 전망용 데크에 준비한 (담요와 베개가 놓인) 둥지에서 잠을 청했다. 많은 여행객에게서 옷가지를 기증받아, 프란스는 긴팔 드레스셔츠를 입었는데 소매가 손을 덮고 아랫부분이 무릎까지 내려왔다. 대부분의 라말레라 사람은 프란스와 마찬가지로 우스꽝스러운 모습이었는데, 그럴 수밖에 없는 것이 서양 사람들은 왜소하고 날씬한 고래잡이들에 비해 체격이 우람하고 뚱뚱했기 때문이다.

완전히 탈진한 프란스는 잠자는 것 외에 아무 일도 할 수 없었지만 숙면을 취하지 못하고 자주 깨어 온갖 잡념에 시달렸다. 만약 스파이스 아일랜더가 자신들을 발견하지 못했다면 어떻게 되었을까? 테나를 잃어버린 자신들을 조상님들은 어떻게 심판할까?

다음 날 아침, 프란스는 자신이 탄 유람선에 대해 황홀감과 불안감을 동시에 느꼈다. 그는 파도 속에서도 흔들리지 않는 배를 타본 적이 없었다. 냉난방장치는 그를 당혹스럽게 했다. 욕실 천장에서 쏟아져 내려와 그를 깨끗이 씻어주는 미니 폭포는 경이로웠다. 쪼그려 앉아 용변을 보는 라말레라 사람들과 달리 의자에 앉아 용변을 보는 여행객들은 흥미로웠다. 한 객실의 열린 문틈으로 대형 침대와 천장등ceiling light을 들여다보고는 '전기가 들어오지 않는 조그만 벽돌집'에서 '옥수수 껍질로 가득 찬 매트리스'를 깔고 자는 자신이 처량하게 느껴졌다.

세바스티아누스가 미리 무전을 쳤으므로 쿠팡 항구의 부두에는 정부 관리, 취재기자, 역외域外에 거주하는 라말레라 사람들이 우글거렸다. 그들의 뒤로는 수천 개의 골함석지붕, TV 안테나, 라디오 안테나가 햇빛에 반짝이고 있었다.

프란스는 이전에 티모르를 방문한 적이 없었으며, 기껏해야 렘바타 외곽의 조그만 섬으로 고기를 잡으러 가보았을 뿐이었다. 그는 본능적으로 움츠러들며 숨고 싶었지만 그런 신세계를 용감히 대면하는 것 외에 달리 방도가 없었다. 다른 선원들과 함께 1주일 동안 렘바타행 연락선을 기다리며, 그는 쿠팡의 먼지투성이 도로를 배회했다. 쿠팡은 한 섬의 주도州都이지만 인도네시아의 다른 도시에 비해 후미진 곳에 있었다. 따라서 많은 주민들이 여전히 전통적 수직물手織物인 사롱을 입고 일요일에 교회를 가거나 말을 탔지만, 임박한 미래의 모습을 예측하기엔 충분했다. 그것은 바로 고층 콘크리트 빌딩이었다. TV에서는 인도네시아 대통령의 근황을 알려주었고, 라디오에서는 에이스 오브 베이스Ace of Base*의 노래가 흘러나왔고, 몇 대의 오토바이가 새로 난 아스팔트 도로를 질주했고, 줄잡아 10만 명의 사람들이 조상을 잊은 채 살아가고 있었다.

케나푸카는 연락선의 휑뎅그렁한 금속제 선반 위에 놓여 라말레라 사람들의 호위를 받으며 고향으로 돌아갔다. 마을로 귀환하기에 앞서 프란스와 다른 사냥꾼들은 이웃 마을에서 며칠 동안 기다려야 했다. 그러는 동안 라말레라 부족은 무덤에 묻힌 앵무조개 껍질을 파내어 장례를 취소하는 샤머니즘 의식을 치렀다. 얼마 후 프란스는 가라앉은 테나들의 영혼을 불러 각 가문의 사당으로 보내는 의식을 별도로 주관했다.

선단이 다시 구성되었을 때, 프란스는 모든 게 이전과 같지 않음을 우려했다. '살아도 같이 살고 죽어도 같이 죽어라'는 조상님들의 명령을 어긴 테티헤리 선원들의 문제는 완전히 해결되지 않았다. 그것은 전무후무한 사건이어서 치유하기 위한 의식儀式이 존재하지 않았으므로 이그나티우스, 프란스, 요세프 보코는 수십 년 후에도 그 문제를 논의하기가 여간 껄끄럽지 않았다. 서쪽 수평선을 바라보면서 프란스는 그 너머에 있는 바깥세상(티모르의 쿠팡)을 떠올렸다. 그가 생각하기에, 그런 세상이 오는 건 시간문제였다.

---

* 1987년에 데뷔한 스웨덴의 혼성 4인조 댄스 그룹. '제2의 아바ABBA' 또는 '아바의 재림'이라고 불린다.

2

고래 무덤에서 놀았던 아이

1992년 2월 10일[*] ~ 2013년 8월

욘

    프랑스가 예견했던 것처럼, 바깥세상은 라말레라 마을을 꾸준히 잠식해갔다. 1990년대에는 그 속도가 느렸으므로 라말레라 사람들이 외부의 영향을 곧잘 피해가는 것처럼 보였다. 그러나 2000년대 초반이 되자 세계화globalization의 도도한 흐름을 거역할 수 없다는 것이 명확해졌다. 선외 모터, 전기, 휴대전화, 할리우드, 그리고 정부의 정책이 조상님들의 방식Ways of the Ancestors에 도전장을 던졌다. 2013년에 이르러 고래잡이들의 독특한 생활 방식이 살아남을지 여부는 불투명해졌다. 부족의 어린아이들은 두 개의 세상에 양다리를 걸치고 있었으므로, 라말레라의 미래는 어린아이들이 조상님들의 방식을 따를지 버릴지에 달려 있었다.

---

* 욘의 생일.

2013년 8월의 어느 날 밤 위칭아워witching hours*에 잠에서 깨어났을 때, 욘의 가슴은 라마파가 되고 싶다는 욕망으로 가득 차 있었다. (그의 호주머니에 휴대전화가 들어 있고 머릿속은 온통 인도네시아 팝송으로 가득 차 있다는 사실은 생각할 것 없다.) 라마파가 되고 싶다는 일념으로 달음박질하여 해변에 도착했을 때, 하늘에는 무수한 별이 소금처럼 흩뿌려져 있었다. 그는 삼판sampan**에 올라 뱃머리에서 작살을 던지기로 마음먹고 요하네스 나레크 하리오나Yohanes Narek Hariona(욘의 친척으로, 열 살 많은 멘토)와 함께 자망gill net***이 실린 2인용 선박을 달빛 부서지는 파도 속으로 밀어넣었다. 길이 3미터의 삼판은 각종 도구로 가득 차 있어서 쇄파 사이로 노를 저을 때 겹겹이 포개진 그물을 깔고 앉아야 했다. 라말레라 만의 절벽을 지나, 그들은 (인도네시아 국회의원 입후보자의 선거운동 현수막을 꿰매어 만든) 돛을 올렸다. 라발레캉 화산에서 불어온 바람이 돛을 불룩하게 만들어 바다로 밀어낼 때, 구레나룻을 기른 정치가의 웃는 얼굴이 우스꽝스럽게 일그러졌다.

머리 위에서는 우주를 구성하는 천체들이 회전했다. 별자리 이야기는 태곳적부터 전해 내려왔지만 도시 거주자들은 그것을 까맣게 잊고 있었다. 여명이 하늘을 마더 오브 펄mother-of-pearl****빛깔로 장식할 때, 그들은 이미 자망의 릴을 풀어 마수걸이를 노리고 있었다.

욘은 스물한 살이었지만, 라마파가 되려는 욕망에도 불구하고 작살질 경험이 일천했다. 라말레라 부족의 남자가 라마파의 지위에 오르려면 테나의 선장에게 불려가 작살을 휘두를 기회를 얻어야 했다. 테나가

---

* 마법이 횡행한다고 여겨지는 시간.

** 중국 및 동남아시아 지방의 연안, 항내, 하천 등에서 사용되는 작은 돛단배.

*** 물고기 떼가 지나다니는 길목에 쳐놓는 그물.

**** 진주조개, 전복 등 조가비 안쪽의 진주층으로 청색, 황색, 적색 등이 엷게 섞인 광택이 난다.

바다에 나갈 때마다 욘은 선장이 자기를 불러주길 내심 바랐다. 그러나 그는 자신의 기다림이 헛되었음을 최근에야 깨달았다. 뭐든 찌를 수 있음을 스스로 증명하지 않는 한, 그의 능력을 알아줄 사람은 아무도 없다는 사실을. 기회가 주어져야 뭐라도 찔러볼 것 아닌가! 기회조차 없는 사람이 어떻게 능력을 연마한단 말인가? 그는 역설적 상황에 좌절했다.

고래 사냥 시즌이 시작되기 전, 그는 렘바타 섬의 주도인 레월레바Lewoleba에서 공사장 인부로 일했다. 레월레바는 라말레라에서 25킬로미터도 채 안 떨어져 있지만 그야말로 별천지였다. 렘바타에서 인구 밀도가 제일 낮은 남해안에 위치한 라말레라 마을에는 대체로 옛 방식을 고수하는 부족들이 살고 있었다. 그러나 해발 약 1,400미터의 울창한 산림 반대편에 위치한 북쪽 해안의 경우에는 이야기가 달랐다. 그곳에도 전통적인 부족이 살고 있었지만 인근에 3만 명의 인구를 거느린 현대식 도시가 자리잡고 있었다. 덤프트럭의 짐칸에 올라타면 한나절만에 'TV와 오토바이의 메카'에 갈 수 있었으므로, 그쪽에 한눈을 팔지 않을 청소년은 없었다. 최근 참다못한 욘은 레월레바에 다시 가서 벽돌을 쌓든지, 아니면 자카르타Jakarta에 가서 공장에 취직이라도 해볼까 생각했다. 자카르타는 인도네시아의 수도로, 약 3,000만 명의 인구를 보유한 최첨단 메트로폴리스였다. 그럼에도 그는 한 가닥의 섬유로 이루어진 자망을 던지는 동안 모든 세상사를 잊고 삼판의 앞부분에 놓인 투척용 작살에 시선을 고정했다.

아침 8시가 되자 새벽녘에 어슴푸레했던 햇빛이 수색선의 탐조등처럼 강렬해지면서 모든 그늘이 사라졌다. 그로부터 한 시간 후 은박지처럼 반짝이는 바다 위로 백열전등 같은 태양이 솟아올랐다. 바닷속을 누비는 물고기들이 아침 내내 그물 안으로 뛰어들었고, 욘과 나레크는 (돌고래들이 뾰족한 이빨로 그물을 찢거나 물고기를 탈취하는 것을 막기 위해) 릴을 얼른 감았다. 빵빵한 그물에서 물고기를 꺼낼 때, 반짝이는 비늘이 (마치 흩날리는 눈발처럼) 이리저리 튀어 그들의 피부에 달라붙기도 했다. 이른 오후, 세 개의 양동이가 약 250마리의 날치과 Exocoetidae 물고기로 가득 찼다.

국회의원 입후보자의 얼굴이 그려진 돛을 펼치고 돌아갈 준비를 할 때, 삼판의 뒤쪽에 있던 나레크가 갑자기 "보우 bōu!*"라고 외쳤다.

"어디요? 어디요?" 욘은 파도 사이를 유심히 살피며 말했다.

"저 앞에!"

라마파로서 갈고닦은 예리한 눈썰미를 발휘하여, 나레크는 파도 위로 살짝 내민 황금갈색 날개 끝을 언뜻 보고 짧은지느러미악마가오리 short-fin devil ray 임을 대번에 알아차렸다. 그러는 동안에도 욘은 동물의 형체조차 분간하지 못해 애를 먹었다. 나레크는 뱃머리에 있는 욘에게 자세를 바꿔보라고 요구했다. 자세를 바꾸는 동안 가오리가 사라질지 몰라 불안해하면서도 욘은 작살을 꼭 던지고 싶어서 나레크가 시키는 대로 했다.

"어때, 이제 가오리가 잘 보이지?" 그가 물었다.

"네."

"좋아, 이제부터 노는 내가 저을 테니 작살은 네가 던져."

욘이 투척용 작살촉을 대나무 자루에 단단히 고정하는 동안 나레크는 수면 아래로 지나가는 시커먼 물체 가까이로 노를 저었다. 욘은 (마치 스타팅블록에 자리를 잡는 단거리 선수처럼) 앞발로 삼판의 맨 앞부

---

* 짧은지느러미악마가오리 또는 황금갈색가오리golden-brown ray의 현지어이며, 정식 학명은 'Mobula kublii'이다.

분을 딛고 뒷발로는 버팀대를 디딘 다음 작살을 집어 들었다.

보우는 그들 앞에서 크게 원을 그리며 맴돌았다. 놈은 다 자란 악마 가오리로, 몸무게는 45킬로그램이고 날개 폭wingspan(좌우 가슴지느러미를 다 펼쳤을 때 한쪽 끝에서 다른 쪽 끝까지의 길이)은 150센티미터였다. 욘이 잔뜩 긴장 하고 있을 때 삼판이 흔들거렸다. 양날개를 절도 있게 퍼덕이는 새와 달리, 가오리는 양쪽 가슴지느러미를 물결처럼 흔들며 그를 향해 다가 왔다.

욘은 사냥감을 향해 삼판을 박차고 뛰어내리며 마치 투창선수처럼 작살을 던졌다. 발리스타 볼트ballista bolt*보다 가볍고 긴 작살은 가오리 를 향해 화살처럼 날아갔다. 위험을 감지한 가오리는 순식간에 몸을 비 틀어 아랫배에 새겨진 흰색 다이아몬드 무늬를 드러내며 수직으로 급 강하했다.

작살이 욘의 손을 떠나는 순간 이미 모든 것이 결정되었다. 답안지를 볼 수는 없지만 운명의 신은 작살과 가오리의 속도를 물리학 공식에 대 입하여 답을 구해놓았다. 그는 어릴 적 라말레라의 원로들이 베푼 가르 침에서 '사람의 운명은 조상님이나 신이 던진 작살과 같다. 정해진 목 적지를 향해 가고 있지만, 도착할 때까지는 가는 곳이 어딘지 알 수 없 다'라는 이야기를 들은 적이 있었다. 욘 자신도 작살잡이가 된다는 목 표를 세웠지만, 목표를 달성할 것인지 확신할 수 없었다.

욘은 라말레라 마을 바닷가의 고래 무덤에서 놀며 어린 시절을 보냈 다. 그는 향유고래의 뼈대가 굴러다니는 땅 위에서 정글 놀이를 하듯 기어다녔다. 거대한 척추를 빌딩 블록처럼 갖고 놀았고, 꼬리뼈를 망치

---

* 일종의 대형 석궁ballista에 장전하여 발사되는 작살. 고래 사냥에 사용된다.

로 두들겨 부숴 새까만 화산모래처럼 만들어 그것으로 축구 골대를 그렸다.

네 살 무렵에는 오후에 간혹 할아버지의 마체테machete*를 빌려 정글 속에서 대나무를 벤 후 한쪽 끝을 뾰족하고 날카롭게 깎았다. 다음으로, 그 죽창(즉흥적으로 만든 작살)을 거대한 두개골들이 기다리는 해변으로 가져왔다. 턱뼈가 사라지고 이마만 남아 있는 두개골들은 보호 능력을 상실한 투구나 다름없었다. 그는 죽창을 치켜들고, 하마롤로 위에 버티고 선 자신의 모습을 상상했다. 그러고는 죽창의 끄트머리가 무뎌질 때까지 표적을 계속 찌르다가 마침내 구슬땀을 흘리며 모래 위에 주저앉았다. 그의 조그만 배는 숨을 헐떡일 때마다 풍선처럼 부풀었다 오그라들기를 반복했다. 죽창 세례를 받았던 두개골은 흠집 하나 없이 데굴데굴 구르다 파도의 품으로 되돌아갔다.

다섯 살 무렵에는 아무리 힘센 라마파라도 향유고래의 헬멧을 창끝으로 꿰뚫을 수 없다는 사실을 깨달았다. 그와 다른 아이들은 더 이상 고래의 두개골을 공격하지 않고 드라이독dry dock** 속의 테나 옆에 모래로 고래 모형 – 지느러미에서부터 분수공에 이르기까지 해부학적으로 완벽했다 – 을 만들어놓았다. 그러고는 어른들이 보지 않을 때 테나의 시렁에서 진짜 작살을 꺼내, 하마롤로 위에 어렵사리 올라가 제법 안정된 자세로 고래 모형의 등지느러미 아랫부분을 찔렀다. 가장 재밌었던 일은 어느 날 갑자기 라말레라 만에 통나무 하나가 떠오른 사건이었다. 그 사건의 전말은, 동쪽 언덕 위에서 정원을 청소하던 사람이 실수로 (낭떠러지 부근에 놓여 있던) 통나무를 건드려 바다에 떨어뜨린 것이

---

* 날이 넓고 무거운 칼.

** 해안에 배가 출입할 수 있을 정도로 땅을 파서 만든 구조물.

었다. 그러자 신이 난 아이들은 바닷가 성벽에서 뛰어내리며 통나무를 마구 찔렀고, 급기야 산산조각 난 나무 조각들은 라말레라 만을 이리저 리 떠다니다 흔적도 없이 사라졌다.

여섯 살이던 1998년, 욘은 매일 오후 할아버지, 삼촌, 사촌 – 그즈음, 얼굴도 모르는 아버지는 다른 섬에 살고 있었다 – 을 태운 선단이 귀항 하는 장면을 지켜보았다. 마을이 내려다보이는 라발레캉 화산 뒤로 태 양이 넘어갈 때, '조그만 흑다이아몬드'에서 점점 커지며 바람에 한껏 부풀어 오후의 꿀빛 태양에 타오르는 야자 잎 돛에서 그는 한시도 눈 을 떼지 않았다. 노잡이들의 노래가 들릴 정도로 테나가 가까이 접근했 을 때, 그는 그들이 가져온 전리품을 확인하기 위해 눈을 가늘게 떴다. 돌출부 위에 축 늘어져 있는 날개는 만타가오리manta ray를 의미했고, 버 팀대 위로 쑥 내민 지느러미는 상어를 의미했다. 가장 인상적인 장면은 한쪽에 밧줄로 묶인 향유고래 때문에 테나가 왜소해 보이고 선체가 그 쪽으로 쏠린 모습이었다.

아이들은 죽은 고래를 갖고서 밤늦도록 놀았다. 욘은 대왕고래blue whale를 좋아했는데, 고래의 분수공을 차지하려면 다른 아이들과 난타 전을 벌여야 했다. 그는 또래보다 체격이 작았지만 전혀 꿀릴 게 없었 다. 균형 감각과 스피드가 워낙 뛰어나, 물렁물렁하고 미끌미끌한 고래 의 피부 위에 오랫동안 서 있기 부문에서 타의 추종을 불허했기 때문 이다. 또한 그에 못지않게 재미나는 놀이는 고래의 머리 꼭대기에서 등 쪽으로 헤드퍼스트 슬라이딩을 한 후 미끌미끌한 몸통에 엉덩이를 대 고 미끄럼을 타는 것이었다.

만약 고래와 함께 귀항한 선원들이 자기 친척(하리오나 가문)이라면, 욘 은 할머니가 코를 골 때까지 대나무 돗자리 위에 누워 자는 척을 했다. 그러고는 할머니가 잠들었음을 확인한 뒤 살그머니 일어나, 해변으로

죽은 고래의 몸 위에서 노는 라말레라 부족의 아이들.

쏜살같이 달려가 그늘에 웅크리고 앉았다. 해변에서는 (악마고래와 사투를 벌였을 때 테티헤리의 키잡이 역할을 했던) 할아버지 요세프 보코와 다른 친척들이 모닥불 주위에 앉아 투악 *tuak*(야자와인)을 마시고 있었다. 마침내 할아버지가 손자를 발견하고 "어두컴컴한 구석에 조그만 도마뱀이 숨어 있네?"라고 소리쳤다. 욘은 할아버지에게 불려가 무릎을 베고 누워, 친척들의 모험담을 들었다. 그들은 마치 스포츠 중계 해설가처럼 라마파와 고래의 공방전(작살질, 지느러미로 후려치기)을 하나도 빠짐없이 분석했다. 그리고 그들은 이내 모래밭에서 잠들었는데, 몇 시간마다 한 번씩 일어나 밀물에 뜬 고래를 뭍으로 끌어올리는가 하면 약탈자 상어를 퇴치하기 위해 설치한 낚싯줄을 점검했다.

욘은 첫새벽에 일어나 숫돌바위가 있는 곳으로 가서 라말레라 사람들이 칼을 가는 장면을 지켜보았다. 그들이 가는 칼은 두께 30센티미터의 고래 지방을 써는 데 사용하는 두리였다. 요세프 보코는 욘에게 간단한 일(내장에서 질긴 껍질 벗겨내기, 악취 나는 위장 후벼파기, 수천 개의 오징어 주둥이와 약간의 상어 뼈를 걸러내고 앰버그리스 ambergris* 덩어리 얻기)을 맡겼다.

그러나 욘은 잠시 후 100명의 남자가 고래 사체와 씨름하는 곳으로 갔다. 그들은 사체의 윗부분에서 갈비뼈를 발라낸 다음 뒤집어, 밑바닥에 남아 있는 살코기를 드러냈다. 그는 여자들이 모여 있는 곳으로 달려가기도 했는데, 그녀들은 비단뱀 모양의 내장을 가마솥에 넣고 펄펄 끓여 자극적이고 건더기 많은 노란색 스튜를 만들고 있었다. 나이 든 아이들 중 한 명은 고래의 거대한 생식기를 들고[1] 친구들을 쫓아다니며 야구방망이처럼 휘둘렀다. 욘과 다른 아이들은 발가벗은 채 고래의 흉강胸腔으로 기어 들어가 발목까지 빠지는 피바다에서 환상적인 동굴 탐험을 하다가 선혈이 낭자한 모습으로 웃음을 터뜨리며 나왔다. 요세프 보코는 욘에게 점잖게 굴라고 신신당부했지만 여느 라말레라 부족 어른들과 달리 말 안 듣는 손주를 처벌하지는 않았다(어떤 어른은 버릇없는 아이를 처벌할 요량으로 아이의 손목에 채찍꼬리노랑가오리whiptail stingray의 꼬리를 감았다. 가오리 꼬리의 가시에는 독이 있으므로, 가오리 꼬리를 팔찌처럼 손목에 두르면 매우 고통스럽다).

수 톤의 고기가 수십 명의 사냥꾼들에게 배분된 후, 욘과 그의 할아버지는 자신들에게 배당된 자줏빛 고깃덩어리를 바다거북 껍질에 담아 머리 위에 얹었다. 그러고는 작살에 치명상을 입은 상처에서 고래 피가 뚝뚝 떨어지는 가운데, 용케 균형을 잡으며 가파른 비탈길을 힘겹게 올라갔다. 절벽 꼭대기에 있는 집에 도착하여 그들은 고래고기를 가느다랗게 썰어 대나무 건조대 위에 널었다. 열대의 태양과 메마른 공기 속에서 탄생한 육포는 다음번에 고래 사냥을 나가거나 (물고기를 잡지 않고 농사를 짓는) 고산족과 물물교환을 할 때까지 몇 주 혹은 몇 개월 동안 그들을 지탱해줄 귀중한 식량이었다. 그러는 동안 욘의 할머

---

[*] 향유고래의 장내腸內에서 배출되는 회색의 향료 물질로, '용연향龍涎香'이라고도 한다. 주된 향기 성분은 앰브레인ambrein이라는 트리테르펜triterpene 화합물이다. 향유고래는 오징어를 상식常食하기 때문에 '오징어 주둥이'라고 불리는 각질이 체내에 축적되는데, 이것이 결석이 되어 몸 밖으로 배설된다.

니인 프란시스카는 부드러운 내장을 천연 냄비(코코넛 껍질)에 가득 담은 후, 고래 피를 붓고 (조수 웅덩이tidal pool*에서 수확한) 해초와 (과수원에서 딴) 라임 잎을 얹었다. 그러고는 코코넛 껍질을 불에 구워 굴라시 goulash**를 만들어 내왔다. 자칫하면 입천장을 델 수 있으므로 욘은 짭짤하고 시큼한 스튜를 후루룩 불며 먹었다.

새천년을 맞이하기 2년 전 ─ 그리고 프란스가 유람선을 만난 지 4년 후 ─ 욘과 가족은 여전히 전통적인 삶을 고수하면서, 생계형 사냥을 하고 야자 잎 섬유로 만든 돛을 사용하고 (라말레라 부족과 마찬가지로 인도네시아 화폐를 거의 사용하지 않는) 인근의 고산족과 물물교환을 했다. 심지어 그해에 동남아시아의 경제위기가 지역 경제를 황폐화하여² 6개월 만에 인도네시아 루피아rupiah의 가치가 80퍼센트 하락했는데도 라말레라 부족은 거의 눈치채지 못했다. 그 이유가 뭐였을까? 요컨대 파레코테켈레마faré kotekëlema의 가격이 변동되지 않았기 때문이다. 그것은 길이 15센티미터의 향유고래 육포로, 라말레라 부족의 물물교환 경제에서 사용되는 통화의 표준 단위였다. 라말레라 부족이 생산한 파레코테켈레마 한 개는 고산족이 생산한 바나나 열두 개 또는 벼이삭 1킬로그램과 교환되었다.

아시아 본토에서 3,200킬로미터, 그리고 오스트레일리아에서 960킬로미터 떨어져서 인도네시아 군도의 동쪽 끝에 자리잡은 지리적 위치 때문에 라말레라 마을은 전 지구적 혼란의 도가니에서 벗어나 있었다. 울창한 산림은 장벽으로 작용했고, 인근의 해협에서 소용돌이치는 해류는 선박을 수 세기 동안 라말레라 만에 고립시켰다. 부족사회가 조상

---

* 밀물 때는 바닷물에 잠겨 있다가, 물이 빠지면 드러나는 웅덩이.
** 고기와 채소로 만든 스튜.

님들의 방식을 고수한다는 것은 외부 세계와 타협하는 방안을 모색하기보다 자급자족 세계에서 생활하는 데 만족한다는 것을 의미했다.

요세프 보코 같은 대부분의 라말레라 부족 원로에게 라말레라 마을은 전혀 변하지 않을 것처럼 보였다. 해변의 한 지점을 때리는 파도는 수천 년 동안 동일한 지점을 침식해온 파도와 똑같아 보였다. 내일도 어제와 똑같을 것 같았다. 그러나 최근, 특히 프란스가 쿠팡을 방문하고 바다 건너에서 다년간 생활한 부족원들이 귀향한 후, 대부분의 선견지명이 있는 라말레라 사람은 (전 세계의 다른 부족사회를 이미 몰락시킨) 격변이 임박했음을 감지했다. 사실 욘의 탄생은 최초로 일어난 그런 변화의 결과물이었다.

1998년 라말레라 마을의 초등학교에 입학했을 때[3] 욘이 '인도네시아 국기에 대한 맹세'와 함께 제일 먼저 배운 것들 중 하나는 자기의 엄마와 아빠가 결혼하지 않았다는 사실이었다. 더욱이 다른 아이들은 욘을 가리켜 "쟤한테는 여동생이 둘 있는데, 걔네들 아빠와 쟤 아빠가 다르대"라고 수군거렸다. 욘의 엄마는 두 번째 결혼에도 실패했는데, 한 여자가 두 번씩이나 결혼에 실패했다는 것은 라말레라 사람들에게 금시초문이었다. 욘은 "넌 진정한 라말레라 사람이 아니라 *케펠라* kefela(고산지대 거주자)야"라는 비아냥을 감내해야 했다. 왜냐하면 그의 아버지가 고산족 출신이기 때문이었다. 학교 친구들은 그에게 타고난 뱃사람이 아니므로 바닷가에만 머물며 여자들과 함께 돼지를 키워야 한다고 놀려댔다. 부족의 규칙에 따르면 라마파는 라마파의 자식들에게만 허용되는 지위였으므로 욘이 라마파가 될 수 없다는 것은 기정사실이었다. 그러나 천부적 재능을 가진 고래잡이인 경우에는 간혹 예외가 인정되었다.

욘은 '양육을 원하는 아버지가 있다'는 사실을 차분히 설명하려 애썼지만 그의 할아버지는 그의 아버지를 혐오한 나머지, 양육권을 인정하지 않았다. 그는 자신이 '아비 없는 자식'이 아님을 천명했다. 왜냐하면 자기 아버지의 신원을 분명히 알고 있기 때문이었다. 그러나 친구들에게 왕따와 괴롭힘을 당하기 일쑤였고, 그 과정에서 무릎이 까지고 머리를 쥐어뜯겼다.

욘의 엄마인 루시아 시파 하리오나는 아들에게 아버지의 신원을 늘 당당히 밝혔다. 그녀의 말에 따르면 그의 아버지는 울란도니Wulandoni(라말레라 마을에서 해안선을 따라 동쪽으로 11킬로미터 떨어진 곳에 있는 장터마을)와 레월레바 사이를 격주로 오가는 대형 보트의 항해사로, 라발레캉 화산과 밍가르Mingar 화산을 빙 돌아 섬의 반대편으로 향하는 것이 하루 일과였다. 그의 엄마가 (라말레라 마을의 정글이나 바다에서 구할 수 없는) 상품 - 이를테면 비누나 냄비 - 을 구입하려고 레월레바를 오가는 동안 두 사람은 사랑에 빠졌다. 보트에 가득 실린 쿠쿠이나무 열매, 캐슈, 고래 육포, 염소들 때문에 승객들은 몸을 밀착해 앉을 수밖에 없었는데 그녀는 보트를 탈 때마다 뒤편에 있는 한갓진 곳(욘의 아버지 곁)에 머물렀다.

욘의 아버지가 결혼 승낙을 받기 위해 가파른 돌계단을 기다시피 올라 절벽 맨 꼭대기에 있는 요세프 보코의 집에 도착했을 때, 루시아는 이미 욘을 임신하고 있었다. '케펠라가 라말레라 부족의 여자에게 청혼한다'는 사실 자체가 시대의 변화를 암시했으며, 라말레라 부족의 젊은이들 사이에서는 부족들을 갈라놓았던 문화적 경계를 넘어 자신만의 배우자를 선택하려는 노력이 점점 증가하고 있었다. 수 세기 동안 라말레라 마을에서의 결혼은 조상님들이 선포한 '가문들 사이의 복잡한 삼각체제triangular system'에 따라 이루어졌다. 그 체제하에서 라말레라 부족을 구성하는 21개 가문은 세 그룹으로 나뉘었고, 각각의 그룹은 오직 하나의 그룹으로부터 - 즉 A는 B에서, B는 C에서, C는 A에서 - 신부를 맞아들여야 했다. 요세프 보코는 욘의 아버지를 거부했다. 그의 청혼은 조상님들의 방식에 어긋나며, 케펠라 출신의 항해사와 결혼하느니 차라리 미혼모로 사는 게 낫다고 생각했다.

욘은 1992년 2월 10일에 태어난 직후 중병을 앓았다. 욘의 아버지는 위험천만한 계단 오르기를 계속하면서 욘의 할아버지에게 '아들을 간병하게 해달라'고 간청했다. 때로 문 안에서 울어대는 아들의 목소리가 들렸지만, 요세프 보코는 번번이 매몰차게 거절했다. 그럼에도 그는 몇 개월 동안 부지런히 계단을 오르내렸고, 이후 발길이 점점 뜸해지다가 결국에는 완전히 멈추었다. 그가 플로레스 섬 동쪽 끝에 있는 라란투카(그 지역 유일의 '진짜 도시')로 이사해 새로운 삶을 시작했다는 소문이 들렸다. 욘은 어린 시절 내내 어머니에게서 이런 말을 들었다. "넌 라말레라 사람이 아니라 보토Botoh 사람임을 명심해야 해." 보토는 그의 아버지가 살던 산마을이었다. "네 아버지와 내가 정식으로 결혼식을 올리게 되면 너와 난 함께 라란투카로 이사할 거란다." 초등학교에 다니던 시절 어머니를 따라 레월레바를 방문했을 때, 그는 어머니와 함께 우체국의 전화 부스에 틀어박혀 아버지와 통화하는 어머니의 얼굴을 물끄러미 바라보곤 했다.

욘은 교실에서 잠자코 앉아 선생님의 말씀을 경청하는 데 익숙하지 않아 늘 눈총을 받았다. 종종 숙제를 못했는데, 그 이유는 돈이 없어서 종이나 연필 등 학용품을 살 수 없기 때문이었다. 허구한 날 800미터 떨어진 곳에 있는 웅덩이에서 물을 길어 학교 뒤편의 콘크리트 수조를 채우다 보니 그에게 반항심이 싹텄다. 그는 아침에 등교해 물동이 지는 일을 혐오하며 '짐꾼이 되려고 학교에 다니는 건 아니잖아?'라고 생각했다. 그는 차츰 다른 아이들과 마찰을 빚고 어른들에게 대들기로 유명해졌는데, 그런 태도는 '나이에 따른 엄격한 위계질서'를 중시하는 라말레라 마을에서 용납되지 않았다. 집에서는 걸핏하면 어머니 편을 들었고 어머니를 위해 싸웠다. 조부모와의 관계도 껄끄럽기는 마찬가지여서, 어떤 때는 고분고분하게 굴었지만 어떤 때는 성질을 부렸다.

욘의 어린 시절이 혼돈에 휩싸여 있을 때 세상도 엉망진창인 것처럼 보였다. 1998년 5월 21일, 인도네시아를 31년간 지배해온 독재자 수하르토Suharto 총사령관은 사임을 발표했다. 동남아시아의 금융위기로 인해 인도네시아 전역의 주요 도시에서 맹렬한 시위가 일어났고, 그 와중에 자카르타가 화염에 휩싸여 수백 명의 사망자가 발생한 터였다.

수하르토의 군부 통치하에서는 라말레라 사람들의 참정권이 제한되었다. 그러나 수하르토가 물러난 지 1년 후, 라말레라 사람들은 수 세기 동안 마을의 문제를 논의해왔던 광장에 (어린 나무를 베어 만든) 기둥을 꽂고 장막을 둘러 기표소를 마련했다. 요세프 보코, 프란시스카, 루시아는 못을 이용해 투표용지에 구멍을 뚫음으로써 40년 만에 처음으로 치러진 진정한 민주 선거에서 투표권을 행사했다. 그들이 선호한 후보가 인도네시아 대통령으로 선출되었는데, 그의 첫 번째 공약은 권력 분산에 따른 '거국적인 행정구역 개편 및 지방자치제 실시'였다. 그 결과 렘바타 섬에 지방자치단체가 설립되었고, 레윌레바는 렘바타 섬의 주도가 되었으며, 라말레라 마을에 거주하는 원주민의 아들 페트루스 케라프Petrus Keraf가 지사로 선출되었다.

100번째 우주왕복선이 발사되고 조지 워커 부시George Walker Bush가 미국의 43번째 대통령으로 선출된 2000년, 페트루스가 이끄는 지방자치단체의 첫 번째 역점과제 중 하나는 라말레라 사람들이 수십 년간 염원해온 '제대로 된 도로 건설'이었다. 식민지 시대에 건설된 (레윌레바에서 섬의 각 지역으로 통하는) 자갈길이 있었지만 라발레캉의 고지대까지 연결되지 않아, 드문드문 운행되는 교통수단은 열악한 비포장도로를 이용해야 했다. 레월레바에 가기 위해 대부분의 라말레라 사람은 배를 타고 해안선을 따라 빙 돌아가거나 도보로 산을 넘어야 했다. 그런데 그해 5월 6일, 굴착기 한 대가 정글을 관통하여 마을에 이르는 도로를 낸 후, 철커덕 소리를 내며 라말레라 마을에 들어왔다. 녹이 슨 금속 트레드를 보호하기 위해, 굴착기는 처음부터 끝까지 카펫 - 정확히 말하면 '반으로 쪼갠 중고 오토바이 타이어'의 연속 - 을 밟고 들어왔다. 인부들은 굴착기의 앞뒤에 일렬로 늘어서서 타이어 바꿔치기('방금 밟힌 타이어'를 굴착기 앞에 다시 놓기)를 계속해서 반복했다. 그 육중한 장비의 최종 과제는 가파른 절벽의 앞면을 가로질러 도로를 깎아냄으로써 라말레라 아랫마을Lower Lamalera(일부 부족원이 사는 바닷가 주변)과 라말레라 윗마을Upper Lamalera(대부분의 부족원이 사는 고원)⁴을 연결하는 것이었다.

임무를 마친 굴착기가 레월레바로 돌아가려 할 즈음, 바깥세상이 마침내 라말레라 마을에 침투했다. 종전의 변변치 않은 도로는, 건기에는 '다니기 힘든 비포장도로'였고 계절풍 시즌에는 '한번 빠지면 나오기 힘든 수렁'이었다. 그러나 이제 사람들은 버스를 타고 레월레바에 가서 배를 타고 라란투카로 이동한 다음, 마우메레Maumere*나 쿠팡 같은 인근의 주요 도시로 계속 여행할 수 있었다. 그런 곳에서 연락선을 타고 1,600킬로미터를 가면 인도네시아의 수도 자카르타에 도착했는데, 자카르타에서는 비행기를 타고 전 세계로 여행할 수 있었다. 도로가 완성된 직후 등장한 아우토auto는 덤프트럭을 개조한 버스로, 라말레라와 레월레바를 잇는 연락선보다 열두 시간이나 빨랐다. 그리하여 연락선 사업이 파산함에 따라 욘의 아버지를 연상시키는 마지막 유물은 자취를 감추었다. 그리고 1년이 채 지나지 않아 수많은 덤프트럭이 온갖 경

---

* 인도네시아 누사텡가라티무르 주의 도시로, 플로레스 섬의 북동부 연안에 위치해 있다.

이로운 상품 – 주조된 강철 도끼, 선외 모터, 발전기 – 을 싣고 라말레라 마을로 물밀듯이 들어왔다. 그런데 욘에게 가장 중요한 사건은 그가 아홉 살이던 2001년쯤 어머니 루시아가 아들을 남겨두고 신작로를 따라 바깥세상으로 진출한 것이었다.

욘은 훗날 두 가지 버전의 이야기를 공개했다. 하나는 어머니가 가출하기 전에 울면서 자기에게 모든 사실을 알렸다는 것이었다. 다른 하나는 조부모로부터 '몇 주 전에 물물교환을 하러 간다며 나갔는데 그 이후로 영영 돌아오지 않는다'는 이야기를 들었다는 것이었다. 어느 쪽이었든 욘의 어머니는 라말레라 마을에서 '가슴에 주홍 글씨가 새겨진 여자'로 영원히 기억되었고, 두 남자('욘의 아버지'와 '딸들의 아버지') 사이에서 문란하게 행동했다는 오명에서 벗어나지 못했다. 그녀는 티모르의 주도인 쿠팡 – 제1장에서 스파이스아일랜더가 표류하는 프란스와 다른 고래잡이들을 구조해 데려간 도시 – 으로 이주해, 그곳에서 목수로 일하는 오빠와 함께 살기로 마음먹었다.

대부분의 라말레라 사람은 평생 동안 (부족이 점령한) 몇 제곱킬로미터의 해안지대에서 살지만, 다른 뜻이 있는 소수는 타지에서 출세할 방도를 모색해왔다. 선교사들이 부족을 개종시켰던 1920년대부터 몇몇 라말레라 사람은 신학대학에 다니거나 교회에 봉사하기 위해 인도네시아의 다른 곳으로 떠나, 자신이 정착한 곳에서 소규모의 공동체를 형성하기 시작했다. 1970년대에 소수의 라말레라 사람들은 기존의 역외 거주자 네트워크를 이용해 비종교적 이유로 해외에 정착하기 시작했다. 많은 사람들은 (루시아의 오빠가 가부장적인 요세프 보코와 그랬던 것처럼) 가족과 충돌하거나 (루시아처럼) 사회규범을 어기고 고향을 등졌지만, 어떤 사람들은 '더욱 풍요로운 삶'을 찾아 자발적으로 바다 건너편에 눈을 돌렸다. 그도 그럴 것이, 기존의 영토에서 인간다운 삶을 영위할 수 있는 인구의 규모에는 한계가 있었기 때문이다. 1990년 대 말이 되자 거의 모든 평지에 건물이 들어서는 바람에 새 집을 지을 공간이 전혀 없었다. 수십 년간 점점 더 많은 라말레라 사람들이 바다 건너편에 정착하고 바깥세상의 매력이 나날이 커지면서 인구 유출이 꾸준히 늘어나다가 2000년대 초에는 급격히 증가했다.

루시아의 당초 계획은 공장에 취직한 뒤 돈을 벌어 아이들의 수업료를 송금하는 것이었다. 라말레라의 물물교환 경제가 감당할 수 없는 지출 항목 중 하나는 자식의 학자금이었으며, 많은 가족이 종종 지불할 현금을 마련하느라 전전긍긍했다. 그런데 2년이 더 지난 후 욘은 어머니에게서 온 편지를 통해 두 가지의 새로운 소식을 알게 되었다. 그의 여동생 프란시스카 '이카' 하리오나가 크게 읽은 것처럼 — 그들의 조부모는 글을 읽지 못했다 — 첫 번째 소식은 욘의 외삼촌(루시아의 오빠)이 집을 짓다가 지붕에서 떨어져 사망했다는 것이었다. 그리고 두 번째 소식은 루시아 자신에 관한 것으로, 그녀는 쿠팡에 도착한 지 얼마 후부터 간호사가 되기 위해 훈련을 받았는데 나중에 월급을 받으면 아이들의 학비를 보낼 예정이었다. 그런데 그다음이 문제였다. 그녀가 어떤 논 옆을 지나갈 때, 스무 살 연상의 농부가 말을 건네더란다. 그녀는 그 농부와 오후 내내 이야기를 나누다가, 땅거미가 질 무렵 청혼을 받았다. 가출한 어머니에게서 온 편지를 받았을 때, 욘과 그 여동생들은 이미 두 명의 의붓동생을 새로운 얻은 터였다.

오빠가 죽었다는 소식을 가족에게 전한 후 루시아는 4년 동안 연락을 끊었고, 뒤이어 10년 반 동안 딱 두 번만 라말레라를 방문했다. 욘은 그동안 쿠팡을 방문하거나 새로운 의붓동생들을 만나보지 않았다. 그녀의 편지가 의미하는 것은, 이제 욘의 가족은 조부모와 두 의붓여동생(이카와 마리아 '마리' 하리오나)으로 줄어들었다는 거였다. 겨우 아홉 살인데도 그는 자신이 가족을 부양하게 될 거라는 사실을 알고 있었다. 그는 공식적으로 초등교육을 4년간 이수했지만 결석을 밥먹듯이 해왔다. 초등학교를 졸업하지 않은 요세프 보코는 욘의 잦은 결석을 부추겼고, 욘은 학교에 가는 대신 가족을 위해 밥벌이에 나서기 시작했다. 그는 갑岬에 나가 줄낚시로 물고기를 잡고, 간조 때 바위에서 거대한 따개비를 캐내고, 수십 개의 고무 밴드를 꼬아 만든 새총으로 정글 속의 새를 사냥하는가 하면 자기가 제일 좋아하는 작살낚시를 했다. 이제 라마파가 된다는 꿈은 '라말레라 사람임을 증명하기' 이상의 중요한 의미를 갖게 되었다. '작살잡이'는 고기를 더 많이 배당받아, 가족을 배불리 먹일 수 있기 때문이었다.

한 원로가 나중에 말한 것처럼, 먹을 것을 찾아 헤매는 욘의 모습은 '주인 잃은 떠돌이 개'를 연상시켰다. 간혹 사냥에 성공할 때면 나이 든 친구 나레크가 구입해온 투악 한 통을 둘이서 토하도록 마시곤 했다. 옛 급우들에게 '배운 게 없다'는 조롱을 받고 종종 육탄전을 벌였다. 한 나이 든 친척은 그를 타이르려다가 포기하며 말했다. "아비 없는 자식이라 통제 불능이다." 그는 열 살 때 처음으로 영성체Communion를 받고 '이제 죽더라도 영혼만은 안전하겠구나'라고 생각하며 바다로 나갔다.

5년 전에만 태어났더라도 욘은 하리오나 가문의 테나인 볼리사팡에서 도제 수업을 받으며 작살끈을 풀거나 감고, (야자 잎으로 만든) 돛을 다루는 법을 마스터하고, 궁극적으로 자기만의 노를 잡았을 것이다. 그러나 그는 볼리사팡 대신 펠라나Felana에서 도제 수업을 받았는데, 그것은 라말레라 부족이 1990년대에 건조하기 시작한 신형 선박인 존손jonson으로, 테나의 절반 크기에 15마력짜리 선외 모터가 달려 있었다. '모터보트'를 뜻하는 존손은 라말레라 부족이 처음 구경한 미국산 모터 존슨Johnson을 라말레라식으로 차용한 것이다. 모터보트는 젊은 부족원들 사이에서 인기를 끌었는데, (너무 날쌔어 감당할 수 없었던) 돌고래나 황새치 같은 사냥감을 추격할 수 있기 때문이었다. 나이 든 고래잡이들 중 상당수는 모터보트를 불신한 나머지, '테나만 코테켈레마를 사냥할 수 있다'는 규칙을 강화했지만 존손의 효율성은 진보적인 고래잡이들을 신속히 자기편으로 만들었다. 2000년대 초, 정부의 대출 프로그램과 라말레라 출신 외부인들의 기증에 힘입어 선외 모터를 구입하는 가문의 수가 급증하여, 이윽고 테나와 존손이 매일 아침 나란히 출항하는 시대가 왔다. 욘의 당숙인 그레고리오우스 뎅게카에 케로파Gregorious Dengekae Kĕrofa는 존손을 일찍 마련한 사람들 중 한 명이었고, 욘은 그가 소유한 존손의 선원으로 선발되었다.

사냥에 나선 첫날, 거친 폭풍이 바다를 휩쓰는 통에 욘은 자신이 타고난 사냥꾼임을 증명하지 못했다. 몇 주 동안 뱃멀미에 시달리며 그는 라말레라 부족원으로서 수치심을 느꼈다. 뱃멀미를 달래기 위해, 그레고리오우스는 욘이 토할 때마다 바닷물을 마시게 했다. 나이 든 선원들은 일제히 욘을 가리키며 "케펠라라서 그런 거야"라고 비웃었다. 여러 달 동안 밧줄이나 작살을 만지지도 못한 그는 배에 고인 물을 퍼내거나, 나이 든 선원들에게 담배를 말아주느라 손가락이 온통 니코틴으로 노랗게 물들었다. 그리고 이즈음 자신도 담배를 피우기 시작했다. 그는 결국 초보 딱지를 떼고, 작살을 준비하고 사냥감에 따라 '일곱 가지 작살촉, 여섯 가지 대나무 자루, 대여섯 가지 밧줄'을 능수능란하게 조합해 라마파에게 넘겨주는 단계까지 발전했다. 수십 가지의 매듭도 마스터했다. 그는 수면 읽는 법을 배워, 물살을 보고 가오리의 존재를 알아낼 수 있게 되었다(가오리들이 물 밑에서 헤엄칠 때 수면에 물살이 이는데, 이 물살은 때때로 자연스러운 파도의 방향에 역행했다). 더 이상 뱃멀미도 하지 않았다.

욘이 맨 처음 테나 대신 존손에서 훈련을 받은 것은 행운이었다. 그가 열두 살이던 2004년, 라말레라 선단에 스물한 번째 존손이 추가되었다. 불과 몇 년 전만 해도 존손이 대여섯 척밖에 없었음을 감안할 때, 그것은 엄청난 변화였다. 이제는 테나가 열네 척으로 줄어들어(많은 청년들이 모터보트를 선호하다 보니, 정원을 채우기가 어려워져 테나를 처분하는 가문이 속출했다) 존손의 수가 테나의 수를 추월하게 되었다. 고지식한 구세대는 매일 새벽 열심히 노를 저었지만, 펠라나가 첫 번째 만타가오리를 잡아 올릴 때 테나는 아직도 연안류coastal current에서 벗어나느라 안간힘을 쓰고 있었다. 엔진으로 무장한 라말레라 부족의 청년들은 노 젓는 수고 없이 먼 곳으로 신속하게 이동할 수 있었지만, 연장자들은 '기계 때문에 전통적 지식(그렇잖아도 사라져가고 있는 고래 사냥 노래와 항해술)이 자취를 감출지 모른다'고 우려하기 시작했다. 또한 그들은 선외 모터가 선원과 부족의 단결심을 약화시킬까봐 걱정했다. 이제 더 이상 일치단결해 노를 저을 필요가 없어서, 한 명이 엔진을 조작하는 동안 다른 선원들은 단지 긴장을 푼 채 휴식을 취하면 되기 때문이었다.

심지어 어떤 연장자들은 '장기적인 안목으로 볼 때, 존손 때문에 부족원들에게 돌아가는 고기의 양이 줄어들 것'이라고 주장했다. 왜냐하면 모터보트는 (테나에서 잡아 모든 부족원을 몇 달 동안 배불리 먹일 수 있는) 거대한 범고래나 향유고래를 다룰 수 없기 때문이었다. 그들의 말은 틀리지 않았다. 인류학자들의 추정에 따르면[5] '테나에서 공동 작업으로 고래를 잡았던 라말레라 사람들'이 '삼판이나 존손에서 이것저것 닥치는 대로 잡았던 사람들'보다 장기적으로 더 많은 칼로리를 획득할 수 있었다. 다만 고래를 잡아 올리는 사이사이의 시간이 더 길었을 뿐이다. 어쨌거나 청년들에게 동기를 부여한 것은 단기적인 성과였기 때문에 연장자들조차도 '설사 잔챙이일망정 존손에서는 공치는 날이 단 하루도 없다'는 점을 인정해야 했다. 그보다 훨씬 더 중요한 것은,

테나는 가문의 공동재산이기 때문에 테나에서 잡은 동물을 모든 구성원에게 골고루 배분해야 한다는 것이다. 그에 반해 존손은 대개 소규모 집단의 소유물이기 때문에 선원들에게 더 많은 고기를 배분할 수 있었는데, 이 점이야말로 젊은 사냥꾼들을 사로잡았다.

새천년이 다가오면서 많은 라말레라 청년들이 (존손을 이용해 향유고래를 잡을 수 있는) 혁명적인 기법을 고안해냈지만 모터보트로 향유고래를 사냥한다는 것은 아직까지 무리였다. 왜냐하면 엔진의 가격이 너무 비싼데다 선체가 너무 가냘파서 거대한 사냥감과 싸울 때 많은 위험이 수반되기 때문이었다. 이에 혁신가들은 다음과 같은 묘안을 내놓았다. '존손을 밧줄로 테나에 연결한 후 고래가 있는 곳(반경 수백 미터 이내)까지 테나를 예인하여 풀어놓으면, 사냥법의 근간을 바꾸거나 조상님들을 노엽게 하지 않고도 효과적으로 사냥할 수 있다.' 그때까지만 해도 고래 사냥에서 테나의 존재를 무시할 수 없었다. 아무리 존손의 도움을 받아 사냥터까지 간다고 해도 궁극적으로 고래를 추격하는 것은 테나이기 때문이었다. 2001년, 라말레라의 역사에서 결정적인 순간이 왔다. 1년에 한 번씩 모든 사냥꾼이 모여 규칙을 제정하는 해변평의회 Council on the Beach에서 보수파 원로들이 예인 방식을 금지하자고 제안한 것이다. 그러나 중도파 원로들과 진보적인 청년들이 강력히 반발하면서 보수파 원로들의 시도는 무위에 그쳤다. 2000년대 말에 이르러 존손은 급격히 증가했다. 대부분의 라말레라 사람은 매일 아침 모터보트를 타고 사냥을 시작했다. 그러다 고래가 발견되면 신속히 해변으로 돌아와 테나를 끌고 다시 바다로 나갔다. 새벽부터 테나를 바다에 띄우는 가문은 극소수였다.

그러는 동안 마을도 크게 변모했다. 많은 사람들이 여전히 마당에 고래 뼈를 나름대로 장식해놓고 있었지만, '대나무와 풀을 엮어 만든 집'은 1980년대에 '양철 지붕을 가진 벽돌집'으로 완전히 대체되었다. 2005년 인도네시아 정부는 디젤발전기를 라발레캉의 산비탈에 설치해, 라말레라 마을에 매일 오후 6시부터 다음 날 아침 6시까지 전기를 공급했다. 그러자 라말레라 부족이 사용하던 고래기름 램프는 하나둘씩 사라지기 시작했다. 욘이 열다섯 살이던 2007년, 라말레라 마을에서 남부 렘바타 최초의 기술고등학교가 문을 열어 '물고기 보관법과 카사바 농사법'은 물론 화학과 인도네시아 역사까지 가르쳤다. 그러나 욘은 교실로 돌아가려고 생각한 적이 없었다. 라마파가 되는 데는 졸업장이나 자격증 따위가 필요하지 않았기 때문이다. 그는 펠라나를 떠나, VJO라는 또 하나의 존손에 오르게 되었다. VJO의 선주는 그에게 야마하 엔듀로Yamaha Enduro라는 선외 모터 다루는 법을 가르치고, 자신이 사업차 장기 출장을 가는 동안 보트 관리 임무를 맡겼다. VJO가 출항하지 않는 날, 욘은 다른 배에 불려가 조종사로 일했다. 라마파가 첫 번째 작살을 던진 후, 때때로 사냥감을 놓치지 않기 위해 두 번째 작살을 던지는 일을 맡기도 했다. 볼리사팡이 출항할 때는 자신에게 할당된 노를 저었다.

빼빼 마른 체격의 어린아이였던 욘은 그즈음 체조선수처럼 탄력 있고 균형 잡힌 근육이 발달해 있었다. 그러나 체격이 아직 왜소하다 - 정확히 말하면 라말레라 사람들보다 - 는 게 흠이었다. 그의 키는 150센티미터 남짓이었는데, 대부분의 라말레라 사람은 그보다 10센티미터쯤 더 컸다. 체중도 45킬로그램을 넘지 못했다. 그는 턱수염이 일찍 났는데, 꼬불꼬불한 형태여서 새까만 곱슬머리와 잘 어울렸다. 두드러진 안면 특징 - 뿌루퉁한 입술, 콧구멍이 크고 널따란 코, 크고 여성스러운 눈에 마스카라로 올린 듯한 속눈썹 - 에 그대로 드러난 바와 같이, 그는 너무나 예민하고 충동적이어서 감정을 숨길 수가 없었다. 그는 자신이 라말레라의 사내대장부라고 굳게 믿었다.

그의 자의식은 케펠라 출신인 아버지와의 사이에서 있었던 일로 인해 더욱 단단해졌다. 그가 열세 살이던 2005년, 라말레라 마을에서 16킬로미터 떨어진 곳에 이동전화 중계탑이 세워졌다. 신호를 수신하려면 라말레라 사람들은 언덕을 넘어 마을 외곽에 있는 축구장까지 가야 했다. 마을 전체에서 몇 안 되는 휴대전화를 공동으로 사용했는데, 낮 시간 동안에는 한 아이를 먼저 나는 축구장 옆에 배치해 전화기를 가지고 있게 했다. 하루는 욘이 골을 넣으려 하고 있는데, 옆에서 구경하던 사람들이 "어떤 사람이 전화해서 널 찾고 있어"라고 말해주었다. 어머니려니 했는데 뜻밖에도 아버지였다. 그는 깜짝 놀랐지만 독하게 마음먹고 냉랭하게 말했다. "무슨 일이죠, 아저씨?"

어색해하는 아이에게 접근하려는 여느 어른과 마찬가지로 욘의 아버지는 그에게 몇 가지 단조로운 질문을 던졌다. 취미가 뭐냐, 어느 축구팀을 좋아하느냐……. 욘이 한 단어짜리 대답으로 일관하자 그는 필사적으로 '루시아와 결혼하고 싶었지만 요세프 보코가 허락하지 않았다'고 설명했다. "넌 라말레라 사람이 아니란다, 욘. 넌 산마을 사람이야." 그가 선언했다.

욘은 내내 아버지에게서 연락이 오기를 기다렸지만 막상 전화를 받고 보니 분노만 치밀 뿐이었다. 아버지는 자신도 모르게, 아들이 살아오는 동안 한순간도 빠짐없이 벗어나려 발버둥치던 바로 그 비웃음을 똑같이 안겨준 것이었다. 욘은 전화를 끊었다. 그의 아버지는 며칠 간격으로 계속 전화를 걸었지만 욘은 전화 받기를 완강히 거부했다. 결국 아버지는 다시는 전화하지 않았다. 아버지에 대한 감정을 정리하고 나자 욘은 자신에게 드리웠던 케펠라의 그림자를 마침내 떨쳐냈다고 느꼈다.

새천년이 시작된 이후, 해가 지날수록 이른 새벽 해변에 모여 테나를 띄우는 사람은 점점 더 줄어들었다. 2000년에는 매일 아침 약 스무 척의 테나가 출항했지만 10년이 지날 때쯤엔 겨우 몇 척만 바다로 나갔고 존손이 그들을 스치며 달려 나갔다. 조상님들께 바람이나 사냥감을 달라고 기원하던 '마테로스*materos*(테나의 노잡이)의 노래'는 거의 사라졌다. 그 대신 모터의 부르릉 소리가 바다에 메아리쳤다. 테나가 향유고래를 쫓기 위해 돛을 펼쳤을 때, 돛을 구성하는 야자 잎에는 곰팡이가 슬어 있었다.

테나가 출항하지 않는 날이 많아지자, 요세프 보코는 50여 년 동안 하루도 빠짐없이 사위어가는 별빛 아래서 해변으로 내려가던 일을 멈추었다. 아무도 그의 정확한 나이를 몰랐지만 사람들은 그가 제2차 세계대전 이전에 태어났을 거라고 확신했다. 백내장 때문에 시야가 흐릿했고, 턱수염이 거의 다 빠져 몇 가닥만 그의 턱에 매달려 있었고, 한때 근육질이었던 팔은 그 피부가 뼈에 대충 매달린 헐렁한 소매처럼 보였다. 가족을 부양해야 하는 손자의 부담을 덜어주기 위해 그는 대부분의 남자가 은퇴했을 나이가 한참 지났는데도 일을 계속했다. 그러나 이제 열일곱 살 – 다른 사람들에게는 열아홉 살이라고 우겼다 – 인 욘은[6] 자기 혼자서 가족을 부양할 만큼 능숙한 사냥꾼이라고 믿고 요세프 보코에게 은퇴를 종용했다. 게다가 그는 다른 라말레라 사람들이 자기를 가리키며 '딸린 식구들을 혼자서 먹여 살리기 힘드니까 할아버지를 일터로 내몰았다'고 수군거릴까봐 마음이 쓰였다.

두 살 어린 여동생 이카는 욘과 함께 가족을 부양했다. 몇 년 전 그랜드마더 프란시스카가 고산족과 물물교환을 하기 위해 정글에서 고기를 나르다 넘어져 넓적다리뼈를 다쳤다. 그러자 이카는 초등학교 6학년을 중퇴한 후, 집안일을 돌보고 요리를 하고 욘이 가져온 물고기를 쌀과 옥수수로 바꾸었다. 마리는 이카의 고집에 따라 학교를 계속 다녔다. 그녀는 어린 여동생이 평생 동안 장작불에 요리하는 것을 원치 않았다.

그런데 가족을 책임지기 위해 사냥을 하고 여전히 라마파가 되는 꿈을 꾸었음에도 스무 살에 접어든 욘은 부족사회 밖의 생활을 동경했다. 인도네시아 정부가 냉장고와 이동식 디젤발전기를 무료로 제공한 1983년 이후 라말레라 마을에는 TV가 들어와 있었다. 그러나 많은 가정에 TV가 보급된 것은 2010년경이었으며, 그중에는 외지에 사는 친척들이 선물한 것도 있었다. 한 친구가 위성방송 수신안테나를 세운 후, 욘은 밤새도록 자카르타와 미국의 방송을 시청하고 다음 날 하루 종일 퍼질러 자기 시작했다. 지칠 줄 모르는 일꾼이라는 그의 명성은 퇴색했다. 그는 조상님들의 케케묵은 전통(예컨대 행운을 빌기 위해, 말린 만타가오리 날개 끝을 삼판에 못으로 박아놓기)을 신뢰했지만 그중 일부(이를테면 출항하기 전 배에 성수聖水 뿌리기)에 대해서는 다시 생각하기 시작했다.

그를 바깥세상으로 유혹한 미끼가 또 하나 있었으니, 바로 '돈'이었다. 물물교환 경제가 남부 렘바타를 여전히 지배했지만 라말레라 사람들은 의약품, TV, 현대적 도구(예를 들어 자망)를 탐내기 시작했다. 그런데 그런 것들은 인도네시아의 (종이처럼 생긴) 루피아 지폐와 (싸구려 알루미늄으로 만든, 구부러지는) 동전으로만 구입할 수 있었다. 해가 지날수록, 계절풍이 찾아와 테나를 해변에 묶어놓을 때마다 (라말레라 마을에서 얻을 수 없는) 현금을 벌기 위해 부족사회를 떠나 먼 도시에서 일하는 남자가 점점 더 늘어났다. 욘의 이웃 사람은 (라발레캉 너머에 있는) 로앙Loang에서 공사장 인부들을 감독하는 일을 했는데, 욘은 2012년 우기 동안 그곳에서 벌어지는 초등학교 건립 공사를 도와주기로 했다. 욘은 처음에 실망했다. 왜냐하면 로앙은 외진 마을이어서 라말레라보다 별로 현대화되지 않았기 때문이다. 그는 가장 젊은 인부로서 다른 인부들을 뒷바라지하는 일(여자들처럼, 아침에 일찍 일어나 커피를 끓이고 벽돌을 쌓는 하루 일과가 끝난 후 저녁 식사를 마련하는 일)을 해야 했다. 그는 미화 100달러에 상당하는 월급을 받아 그중 상당 부분을 생활필수품(예를 들어 비누, 담배 등)을 구매하는 데 썼으므로 저축을 거의 못했다.

그러나 '바깥세상을 탐험하고 싶다'는 그의 염원은 이윽고 결실을 거두었다. 로앙에서 픽업트럭 짐칸에 올라타고 조금만 가면 레월레바였다. 그는 그곳에서 인도네시아의 먼 대도시 사람들을 만나고, 말로만 들었던 컴퓨터나 스마트폰 같은 첨단 제품을 두루 구경했다. 그리고 '기독교 부족과 무슬림 부족 간의 무력 충돌을 조심하라'는 원로들의 경고는 사실이 아니라 부족원들을 고향에 묶어두기 위한 위협 전술이었음을 깨닫고 안도감을 느꼈다. 그는 월급의 상당 부분을 투자해 (네명의 사용자를 거친) 노키아 중고 휴대전화를 구입했는데, 그것은 로앙의 소녀들과 어울리는 수단으로 사용되었다. 그녀들은 공사 중인 초등학교 건물에 들어와 자신의 휴대전화를 충전하곤 했다. 전선이 제대로 연결되지 않은 그 마을에서 전기를 마음대로 사용할 수 있는 곳은 공공건물밖에 없기 때문이었다. 그는 그녀들에게 접근해 문자 보내는 방법, 노래 듣는 방법, 그리고 페이스북(사진이 지원되지 않는 단순한 버전) 사용법을 가르쳐달라고 했다. 바로 그즈음 텔콤셀Telkomsel이라는 인도네시아의 이동통신사가 라말레라 마을 위의 가파른 절벽에 빨간색과 하얀색 줄무늬의 중계탑을 세우고 있었다.

욘은 로앙에 여섯 달 동안 머물며 레월레바를 실컷 구경했고, 자카르타에 사는 라말레라 사람들의 작은 커뮤니티에 가입하는 꿈을 꾸었다. 그러나 그는 '조부모와 여동생들은 누가 돌보지?'라는 근심에 휩싸였다. 게다가 조상님들을 실망시키고, 교활하기로 악명 높은 도시 거주자들에게 이용당할지도 모른다는 걱정이 앞섰다. 가장 중요한 것은 라마파가 된다는 꿈을 포기해서는 안 된다는 양심의 가책이었다.

전 세계에 거주하는 원주민을 모두 합하면 3억 명이 넘는 것으로 추산되는데 그중 대부분은 욘과 동일한 진퇴양난에 빠져 있다. 산업화된 생활 방식을 따를 것인가, 아니면 전통에 충실함으로써 현대 세계의 혜택에서 소외될 것인가. 세계화가 일부 인구 집단에 건강, 교육, 부富를 향상시켜주었다는 점을 부인할 수는 없다. 그러나 아무런 생각 없이 현대 세계에 덜컥 발을 들여놓을 경우 원주민은 종종 '생태계 친화적 생활'을 '생태계 파괴적 생활'로, '부족 고유의 신화'를 '인간미 없는 할리우드, 볼리우드Bollywood*, 놀리우드Nollywood**의 전설'로 바꾸게 된다. 이러한 세계화의 폐해는 (소수민족을 국가에 동화시키는) 국민화nationalization에도 그대로 적용된다. 국민화는 긴밀한 유대 관계를 가진 부족의 정체성tribal identity을 서로에게 무관심한 국민적 정체성national identity으로 바꾸는데, 이 과정에서 부족은 국민이라는 더욱 큰 범주에 종속됨으로써 정체성을 상실하게 된다.

욘을 비롯한 라말레라 사람들은 이러한 까다로운 선택에 일상적으로 직면한다. 고래잡이로 일할 것인가, 아니면 공사장 인부로 일할 것인가. 물물교환 경제에 참가할 것인가, 아니면 화폐경제에 참가할 것인가. 조상님들의 이야기를 믿을 것인가, 아니면 TV에 나오는 이야기를 믿을 것인가. 그들의 선택과 다른 원주민의 선택이 어우러질 때 궁극적으로 인류의 다양한 정체성이 유지될 것이다. 만약 모든 문화가 희석되어 하나

---

* 뭄바이의 옛 지명인 '봄베이Bombay'와 '할리우드Hollywood'의 합성어로, 양석으로는 세계 최대를 자랑하는 인도의 영화산업을 일컫는 단어다. 지구상의 영화 네 편 중 한 편은 인도 영화라는 말이 있을 정도로 인도는 세계 최대의 영화 제작 국가다.

** 영화로 벌어들이는 총수입이 연간 4억 5,000만 달러 규모에 이르는 아프리카의 나이지리아Nigeria를 할리우드에 빗대어 표현한 용어다. 1980년대에 독재정치가 끝나면서 활기를 띠게 된 나이지리아의 영화산업 규모는 세계에서 미국과 인도에 이어 세 번째다.

의 산업사회적 단일 문화industrial monoculture가 된다면 인류는 궁극적으로 다양성을 상실하고 동질적인 무리homogenized mass가 될지도 모른다.

2013년 사냥 시즌이 시작되기 전, 욘은 라말레라 마을로 돌아가기로 결심했다. 현대 세계가 그를 유혹했지만, 그 순간 조상님들의 손길이 그를 더욱 강력하게 끌어당겼다. 사냥을 하는 동안 그는 존손이나 테나의 버팀대 위에 서서 향유고래의 물줄기나 '배치기 다이빙을 하는 만타가오리'의 물 튀김을 찾기 위해 수평선을 유심히 관찰하며 라말레라 부족의 격언을 온몸으로 되새겼다. '라마파에게 가장 중요한 것은 완력이 아니라 신체적·정신적 균형의 힘이다.' 거센 바람과 파도에 위축된 라마파들이 앉아 휴식을 취할 때도 욘은 자세를 전혀 흩뜨리지 않으며 '걷잡을 수 없이 흔들리는 바다'에 적응하려 했다. 그는 햇볕에 새까맣게 탄 발등 아래의 창백한 발바닥을 내보인 적이 없었다. 그리고 그 모두는 선원들에게 하마롤로 위에 당당히 서 있는 자신의 모습을 연상시키기 위한 노력의 일환이었다.

운 좋게도 현대화의 이점 중 하나는 욘의 목표가 달성될 수 있는 환경을 조성했다는 점이었다. 라마파는 전통적으로 부자간에 세습되어 왔는데 현대화의 여파로 몇몇 가족(이를테면 이그나티우스 블리코롤롱)을 제외하고 능력주의meritocracy*가 도입되었다. 왜냐하면 학교에 다니기 위해 마을을 떠난 후계자가 너무나 많아서 세습주의가 점차 폐지되는 추세였기 때문이다. 그래서 욘은 2013년에 기필코 라마파가 되리라 마음먹었다. 그것은 현대 세계가 충족시킬 수 없는 그의 욕망 중 하나였다.

삼판을 박차고 뛰어내려 악마가오리에게 작살을 던진 후, 욘은 미사

---

* 출신이나 가문 등이 아닌, 능력이나 실적에 따라 지위나 보수가 결정되는 시스템.

일을 방불케 하는 그놈의 경로를 따라 수면으로 낙하했다. 그런데 바닷속으로 다이빙하는 순간 그놈을 놓친 것 같다는 예감이 들었다. 거품이 그의 시야를 가렸다. 그는 물을 박차고 수면으로 다시 부상해 작살끈을 바라보았다. 그것은 난간 위에서 미끄러지며 뱃전에 닿아 나무를 마구 파헤치고 있었다.

나레크는 제멋대로 구는 작살끈과 씨름하며 욘에게 소리쳤다. "이제 올라와!"

욘의 얼굴에 화색이 돌았다. 그의 첫 번째 사냥감에 작살이 명중한 것이었다.

그는 배에 올라타 미끄러지듯 나아가는 밧줄을 움켜쥐고, 두 다리로 선체에 버티고 서서 전신을 쐐기로 사용했다. 그럼에도 나일론이 손바닥의 굳은살을 파고들었다. 존손이나 테나의 경우 그 정도 크기의 사냥감이라면 대여섯 명이 달려들어 해치우는 게 보통이지만, 그들은 단 둘이서 해결해야 했다. 그러나 윙 소리를 내던 밧줄이 마침내 진정되었다. 걷잡을 수 없이 앞으로 미끄러져 나가는 대신 상하좌우로 재빨리 움직이더니 이내 느슨해졌다. 그렇다고 '나무를 파고들던 밧줄'과 '신속히 전진하던 작살촉'이 갑자기 흐느적거린 건 아니었고, 힘이 빠진 가오리가 통증을 완화하기 위해 기수를 돌려 배를 향해 다가온 것이었다. 작살이 빠져나오거나 작살끈이 끊어지지 않도록 하기 위해, 욘과 나레크는 보우가 다이빙을 할 때마다 왼손과 오른손을 교대로 놀리며 밧줄의 릴을 풀어 느슨하게 만들었다. 그리고 가오리가 원을 그리며 더욱 가까이 다가올 때마다 밧줄을 스리슬쩍 다시 잡아당겼다. 하늘에서는 태양이 불을 뿜었고, 바람에 펄럭이는 돛에서는 국회의원 입후보자가 그들을 내려다보며 웃었다. 작살끈은 욘의 손바닥을 긁어 햄버거 반죽처럼 만들어놓았다. 그의 손가락, 팔뚝, 어깨는 욱신거렸고 선체에 버티고 선 다리는 감각이 마비될 때까지 아팠다. 그러나 가오리가 자기보다 더 아파한다는 사실을 그는 알고 있었다. 가늘고 기다란 띠 모양의 피가 수면으로 떠올라 바다를 온통 시뻘겋게 물들여놓았으니 말이다.

욘은 생각했다. '넌 조상님이 우리에게 보내주신 선물이다. 네 몸을 나에게 다오.' 그는 조상님께 간절히 기도드렸다. '상어가 작살끈에서 가오리를 훔쳐가지 않게 해주세요.'

가오리는 잠시 후 그의 눈앞까지 다가왔다. 새하얀 배에 박힌 작살자루 주변에서 뿜어져 나온 피가 소용돌이치고 있었다. 가오리는 수면을 향해 커다란 나선 모양을 그리며 부상했다. 마치 '뒤집어진 죽음의 소용돌이death spiral'처럼. 두 사냥꾼은 더 이상 싸울 필요가 없었지만, 나레크가 대나무 자루에 작살촉을 고정하는 동안 욘은 느슨해진 작살끈을 처리했다. 가오리의 날개 끝이 보트에 스칠 듯 말 듯 할 때 가오리의 배에 달라붙은 빨판상어remora가 보였다. 나레크는 그림자를 수면에 드리우지 않기 위해 뱃머리 바로 뒤에서 균형을 잡고 서 있다가 두 손으로 힘껏 작살을 꽂았다. 그 순간 가오리의 날개가 선체를 뒤흔들었다. 요동치던 가오리가 잠잠해진 후 나레크는 헐떡이는 가오리의 입에 갈고리를 박아 물 위로 끌어올렸다. 두 사람은 고기가 더 이상 훼손되는 것을 막기 위해 몸통 찌르기를 중단했다. 뒤이어 욘은 두리를 이용해 두 개골에 구멍을 뚫고 손가락 세 개를 구멍 속에 깊숙이 집어넣었다. 두개골 내부는 기분 나쁘게 축축한 것이, 마치 동굴을 연상시켰다. 그는 미끌미끌한 뇌를 휘저어 여러 개의 너깃으로 만들었다. 뇌의 회색질gray matter이 그의 손톱 밑에 차가운 그리스처럼 달라붙었다.

전투가 벌어지는 동안에는 아드레날린의 조종을 받아 자동적으로 움직였지만, 작열하는 태양 아래서 삼판이 뒤흔들리고 바람이 탄식하는 가운데 욘은 자신이 사냥꾼으로서 최초의 전리품을 챙겼음을 실감했다. 그는 의기양양한 표정으로 가족과 친척들에게 만타가오리를 어떻게 나누어줄까 상상하기 시작했다.

두 사람이 배 위로 어획물을 끌어올리려고 준비하는 동안 한 척의 존손이 그들을 향해 다가왔다. 그 선원들은 멀리서 그들이 분투하는 광경을 지켜보다가 근처에 더 많은 보우가 몰려 있는지 알아보러 온 것이었다. 욘의 할아버지도 그 배에 타고 있었는데, 컨디션이 좋은 날 간단한 일(예컨대 물 퍼내기)이라도 할 요량으로 아직까지 바다로 출근하고 있었다. 요세프 보코는 큰 소리로 외쳤다. "나레크, 네가 해치웠어? 그것 말고 또 없어?"

"욘이 해냈어요!" 나레크가 대답했다.

"믿을 수 없군!" 백내장 때문에 시야가 흐릿한 요세프 보코는 그렇게 외친 후, 증거를 확인하기 위해 눈을 가늘게 떴다. 욘이 미처 대답하기도 전에 존손의 조종사는 엔진을 다시 켜고 돌고래가 물장난하는 먼 곳으로 배를 몰았다.

가오리를 그물 더미 위로 끌어올려 전리품을 재확인한 후 욘과 나레크는 라말레라 만으로 향했다. 가오리의 무게 때문에 삼판은 수면 아래로 상당히 깊숙이 잠긴 채 항해했다. 욘은 아침에 먹다 남은 *파타비티fata biti*(할머니의 주특기인 두 개의 바위 사이에 넣어 으깬 옥수수)가 들어 있는 플라스틱 용기를 열어 깨끗이 정리한 후 가오리 뇌로 가득 채웠다. 그의 '가오리 뇌 사랑'은 라말레라 마을에서 유명했으므로 회색질을 별로 좋아하지 않는 친구들은 자기 것을 욘에게 모두 갖다주었다. 귀항하는 동안 욘은 고기가 과열되지 않도록 바닷물을 연신 끼얹었다. 그들 앞에 버티고 있는 해발 1,600미터의 라발레캉 화산은 (엎어놓은 바가지 같은 형태하며, 낙타 혹을 닮은 정상하며) 바닷속으로 도망치기 일보 직전의 거대한 향유고래를 연상시켰다. 눈을 들어 멀리 바라보니 라발레캉보다 훨씬 더 먼 곳에 자리잡은 다섯 개의 성층화산stratovolcano*이 수평선을 드문드문 가로막았다. 수평선 너머에는 인도네시아를 구성하는 1만 3,000여 개의 섬[7]이 떠 있을 테지만, 외견상 망망대해인 사우 해에서 바라볼 때 간간이 솟아오른 산봉우리는 기껏해야 개미탑처럼 보였다.

이윽고 욘은 (용수로와 협곡으로 점철된) 라발레캉의 가파른 산등성이에서 요령껏 균형을 잡고 있는 나무를 하나하나 분간할 수 있었다. 화산의 윗부분은 오래된 정글로 뒤덮여 있었지만 아랫부분은 캐슈 과수원, 카사바 밭, 밀밭의 향연이었다. 때는 건기의 한복판인 8월이어서, 불과 한 달 전만 해도 무지개처럼 빛났던 나뭇잎들이 바싹 말라 불쏘시개가 되어 있었다. 해안은 선원들에게 악몽과 같은 곳으로, 사나운 파도가 (화산암으로 이루어진) 울퉁불퉁하고 뒤틀린 갑岬에 부딪혀 산산이 부서지고 있었다. 바다 쪽에서 보면 라말레라는 천혜의 입지 조건을 갖추고 있었다. 그도 그럴 것이, 인근 수 킬로미터 내에서 해변이라곤 그곳밖에 없기 때문이었다. 가옥들은 (화산의 가파른 경사면 위에서 아슬아슬하게 균형을 잡고 있는) 천연 테라스 위에 자리잡고 있었고, 사람들은 (테라스를 구성하는) 암석을 깎아 만든 (동화에나 나올 법한) 계단을 이용해 집을 드나들었다. 페인트칠은 원래 색깔 – 초록색이었든 파란색이었든 자주색이었든 – 과 상관없이 햇빛에 바래 모두 하얀색으로 통일되어 있었다. 뜨거운 오후의 햇빛 속에서, 갈라진 콘크리트 벽 위에서 꿈틀거리는 도마뱀붙이gecko를 제외하면 마을에는 생명체가 살지 않는 것처럼 보였다. 많은 집의 양철 지붕에 푸른 녹이 슬었음에도 햇빛은 아랑곳없이 반사되어 마을을 후광으로 뒤덮었다.

---

* 폭발식 분화와 용암류의 흘러넘치는 분화가 번갈아 일어나, 화산쇄설물과 용암류층이 교대로 쌓여 층을 이룬 화산.

산호 정원coral garden과 '물속에 가라앉은 고래 갈비뼈' 위를 미끄러지 듯 지나가는 동안 욘은 대나무 건조대 위에서 말리고 있는 돌고래 고기와 가오리 날개 냄새를 맡았다. 햇볕에 달궈진 지붕 위에서는 수백 마리의 날치가 구워지고 있었다. 쇄파의 언저리에서 잠시 후진해 파도가 잔잔해지기를 기다렸다가, 욘과 나레크는 작은 파도를 타고 (거대한 갈 비뼈와 척추뼈가 어지러이 널려 있는) 새까만 모래밭에 상륙했다. 모래 밭의 좌우 끝을 표시하는 바위 위에는 토템 신앙을 상징하는 고래와 알 락돌고래의 두개골이 놓여 있었다. 맨발의 세 남자가 뜨거운 모래 위를 걸어와 (가오리를 실은) 삼판을 끌고 선박 창고로 가는 욘과 나레크를 거들었다.

라말레라 만은 해안지대의 아늑하고 조용한 구석에 불과하므로 파 도로부터 보호해주는 기능을 발휘하지 못한다. 그러므로 라말레라 사 람들은 배를 그곳에 정박하지 않고 해변 뒤쪽에 있는 선박 창고에 보관 한다. 야자 잎으로 만든 창고의 지붕 밑은 바닷가 숲속처럼 시원했다. 다섯 명의 남자는 (대패질하지 않은 나무줄기로 만든) 기둥에 기댄 채 담배를 말았다.

한 남자가 악마가오리를 보며 나레크에게 물었다. "작살로 잡았나 요, 아니면 그물로 잡았나요?"

"욘이 잡았어요." 나레크가 대답했다.

그 남자가 욘을 바라보며 말했다. "쟤가요? 그럴 리가 없어요!"

"내가 케펠라라고 생각해요? 가오리에 작살도 못 던지는? 난 라말레 라 사람이고, 저건 내 거라고요." 욘이 말했다.

그러는 동안 아이들이 몰려와 (잔챙이 물고기가 들어 있는) 양동이 를 습격했다. 그들은 (손톱을 깎지 않은) 손가락으로 물고기의 눈구멍 에서 눈알을 빼내어 후루룩 입에 넣었다. 그러고는 혀와 입천장 사이에 넣고 으깨어, 터져 나온 즙의 짭짤하고 달콤한 맛을 음미했다. 한참 후 그들은 (소화되지 않는) 수정체 덩어리만 뱉어냈다, 마치 단물 빠진 껌처럼. 욘은 "저리 가!"라고 말하면서 아이들을 쫓아내는 시늉을 했지만 사실은 반가웠다. 그 아이들을 보니 자신의 불우했던 어린 시절 모습이 떠올랐기 때문이다. 그는 심지어 (자신이 아는) 가난한 집 아이들에게 물고기를 한 마리씩 주었다.

욘이 가오리를 다듬는 동안 나레크는 다른 물고기들을 배분했다. 욘은 칼질을 한 적이 없었으므로 술라오나 가문의 우두머리인 빈센트 '센티' 술라오나Vinsent 'Senti' Sulaona를 초빙해 시범을 보여달라고 부탁했다. 어획물을 조상님들의 방식대로 나누는 것은 매우 중요한 일이었다. 첫째, 가장 큰 부분은 (사냥을 담당한) 욘의 몫이었다. 다음으로, 욘의 몫의 절반쯤 되는 양을 세 사람에게 나눠주었다. 하나는 나레크, 다른 하나는 삼판의 소유주, 나머지 하나는 (칼질과 가르침에 감사하는 뜻으로) 센티에게 돌아갔다. 각각의 사람은 자신의 고기 중 일부를 가족과 어려운 친척(이를테면 과부)에게 나눠주었다. (고래 같은 대형 사냥감의 경우, 욘은 '3등 작살잡이'의 몫을 받아 가족에게 재분배해왔지만 정작 제 몫을 챙기지 못하는 바람에 자칫하면 굶어 죽을 판이었다.) 물론 욘이 센티를 그 자리에 초빙한 데는 또 다른 이유가 있었다. 욘의 계산에 따르면 술라오나 가문에서도 언젠가 존손이나 테나에서 일할 라마파가 필요할 것이므로 자기가 '얼마나 깊숙이 작살을 꽂았고', '얼마나 완벽하게 가오리의 가슴을 꿰뚫었는지'를 그에게 보여주고 싶었다. 그런 혁혁한 전과戰果가 누적되면 하마롤로에 올라설 가능성이 높아질 테니까.

센티가 예리한 칼로 가오리의 날개를 균등하게 분할하고 있을 때 누군가가 욘을 향해 괄괄하게 웃으며 말했다. 욘의 여동생 이카였다. "세상에나, 욘이 이걸 다 잡았네!" 그녀는 절벽 꼭대기의 집에서 만灣으로 노 저어 들어오는 오빠를 내려다보고 있었다. 욘은 이카의 괄괄한 웃음소리를 좋아했다. 누가 들으면 '18년 동안 줄담배를 피워서 그런가 보다'라고 생각하겠지만 그녀는 담배에 손을 댄 적이 단 한 번도 없었다. 감정이 워낙 풍부하다 보니 아무리 하찮은 행복에도 격하게 웃을 뿐이었다. 그녀는 엄청나게 큰 가오리를 보고, 마치 안 보이는 손이 자기를 간질이기라도 하는 것처럼 옆구리를 움켜잡고 낄낄거렸다. 센티의 면전이라 가능한 한 점잔을 빼려 했지만 집안에 경사가 났는데 활짝 웃지 않을 수 없었다. "이걸 어떻게 갖고 가지? 이렇게 큰 건 난생처음이야!"

욘과 이카는 고기에 달라붙은 모래를 바닷물로 씻어낸 다음, 플라스틱 통 속에 차곡차곡 담았다. 이카가 수건으로 똬리를 틀어 머리 위에 얹은 뒤 쪼그리고 앉자 욘은 똬리 위에 플라스틱 통을 가만히 올려놓았다. 짐이 너무 무거웠으므로, 그는 이카를 부축해 일으켜 세웠다. 욘은 수백 마리의 날치가 들어 있는 양동이 두 개를 양손에 들었다. 돌계단을 밟으며 가파른 절벽을 오를 때 이카는 뜻밖의 축복에 감사하며 허스키한 알토 음성으로 찬송가를 불렀다. 그녀는 한때 라말레라의 성가대에서 최고의 솔로이스트로 이름을 날렸다.

욘과 이카가 사는 집은 화산 기슭의 맨 끄트머리에 있었다. 그 뒤로는 정글이었는데 경사면이 너무 가팔라 더 이상의 집터를 얻어낼 재간이 없었다. 집은 높이 12미터의 바위 더미로 이루어진 4단 테라스 위에 자리해 있었고, 테라스의 맨 아랫부분에 뿌리를 내린 고목(타마린드나무)의 가지가 지붕을 가볍게 두드리고 있었다.

라말레라 사람들의 기준에서 보더라도 욘의 집은 누추하기 짝이 없었다. 판지를 이어 붙인 벽은 썩어갔고, 노란색 페인트칠은 벗겨져 나갔고, 지붕 위 이곳저곳에 (양철 지붕이 강력한 바람에 펄럭이지 않도록) 바위가 얹혀 있고, 녹슨 양철 조각이 지붕의 언저리에 대롱대롱 매

욘과 이카가 사는 집.

달려 있었다. 세 개의 방을 합해봐야 23제곱미터(일곱 평)에 불과했다. 그
러나 그의 집은 백만장자 부럽지 않은 조망을 제공했다. 흐드러진 야자
나무, 해변, 라말레라 만, 끝없는 사우 해, 해 지는 수평선. 돌투성이 앞
뜰을 가득 메운 망가진 어구漁具는 선인장 화분 대용품이었고, 대나무
건조대 위에는 말라가는 고기가 널려 있었다.

　대문 위에는 입을 쩍 벌린 상어 머리가 매달려 있었다. 욘이 양동이
를 내려놓을 때 그랜드마더 프란시스카가 문간에 모습을 드러냈다. 욘
에게 커피잔을 내미는 그녀의 손은 떨리고 있었다. 그녀의 손은 피골
이 상접했고, 머리칼은 지저분하게 섰고, 관절염에 시달리는 관절은
우툴두툴했고, 허리는 물음표 모양으로 휘어 있었다. 그녀가 싱긋 미소
지을 때 남아 있는 치아 세 개가 드러났다.

　욘은 (커피를 달달하게 만들기 위해 첨가된) 농축 우유의 달콤함을

음미했는데, 그것은 할머니가 손자의 성공을 축하하기 위해 마련한 특별 선물임이 분명했다.

엔진 달린 존손에 밀려 해변에 머무는 삼판처럼 요세프 보코는 가장의 지위를 점차 상실하고 있었다. 그의 눈은 갈라진 대리석 같았고, 손은 미라의 손처럼 축 늘어져 있었다. 그는 손자를 향해 조그만 소리로 말했다. "그거 작살로 잡았니, 아니면 그물로 잡았니?"

"작살로요." 욘이 대답했다.

"좋아! 바다에서는 내 귀를 의심했어." 요세프 보코가 말했다.

"할아버지도 내가 케펠라라고 생각했어요?"

"널 믿지 않았던 건 아니야. 눈이 나빠서 멀리 보지 못했는데, 네가 하도 자신만만하게 말하는 바람에 마음이 조마조마했을 뿐이야. 그러나 난 네가 자랑스럽단다." 요세프 보코는 욘에게 장차 라마파가 될 거라고 말해주었다.

욘은 커피를 홀짝이며 온몸으로 퍼져 나가는 뿌듯함을 만끽했다. 파리가 고기에 내려앉지 않게 하려면 앞으로 족히 2주 동안 손을 휘저어야 했다. 그래야만 온 가족이 쌀과 '으깬 옥수수'로 연명하는 생활을 면할 수 있었다. 약간의 육포는 이카를 시켜 내다팔아 마리의 학비를 마련할 수도 있었다. 가족들은 이듬해에 마리를 레월레바의 고등학교에 보내고 싶어 했다.

그 당시 가정의 재산 상태는 매우 빈약했다. 신선한 날치는 1주일 치, 말린 날치는 2주일 치밖에 없었다. 악마가오리 고기는 9킬로그램이 남아 있었는데 그중 절반은 이카가 고산족과 물물교환을 해 옥수수 네 자루로 바꿀 계획이었다. 비상용으로 보관 중인 향유고래 육포와 쌀이 있었는데, 쌀에는 (바구미를 쫓기 위해) 재가 섞여 있었다. 암탉 몇 마리가 부엌 탁자에 낚싯줄로 묶여 있었는데, 이는 암탉들이 정글로 들어가 배회하다 살쾡이에 잡아먹히는 것을 방지하기 위해서였다. 뒤뜰의 흙 구덩이에서는 어미 돼지 두 마리와 새끼들이 꿀꿀거리고 있었다. 그 밖의 재산으로는 갈고리와 미끼 10여 개, 마을에서 벼려 온 칼 두 자루, 가문의 테나에서 올린 어획량의 13분의 1(욘이 노잡이의 몫으로 배분받은 것), 몇 달러쯤 되는 인도네시아 루피아, 그리고 쓰러져가는 집 한 채가 있었다.

그에 더하여, 욘이 개인적으로 소유하고 있는 물건은 다음과 같았다. 해진 짝퉁 리바이스 청바지 두 벌(너무 길어서 단을 자름), 공장에서 만든 사롱 몇 벌, 보물로 여기는 짝퉁 레알 마드리드 유니폼, 휴대전화 하나(키보드 중 일부가 떨어져 나가 고무로 대체되었고, 간혹 요금이 밀려 통화가 안 됨), 저스틴 비버Justin Bieber의 포스터(목 부분에 이카의 이름이 적혀 있음), 한국의 슈퍼 모델이 등장하는 잡지 광고(잡지에서 조심스레 떼어냄), 알약 병을 개조한 담뱃갑(담뱃가루와 론타lontar* 잎으로 만든 담배말지가 가득 들어 있음), 라이터 몇 개(연료가 거의 없음), 샌들 한 켤레(낚싯줄과 고무를 이용해 직접 만들었지만, 그는 평소에 맨발로 다님).

그러나 욘은 그날만큼은 부자가 된 기분이었다.

그는 파리를 쫓기 위해 '악마가오리가 들어 있는 통'을 발길로 한 번 걷어찬 뒤, 아침 식사가 들어 있었던 플라스틱 용기를 자랑스레 열었다. 그 용기에는 '으깬 옥수수'가 들어 있었지만 지금은 가오리 뇌가 가득 들어 있었다. 이카는 낄낄 웃었고, 그랜드마더 프란시스카는 (관절염이 악화되지 않도록) 살며시 손뼉을 쳤다. 요세프 보코는 당황한 듯 눈을 찡그리다가 자극적인 냄새를 맡고 마침내 낄낄 웃었다.

욘은 가오리 뇌를 요리할 때마다 독특한 의식을 치렀다. 우선, 바로 그런 때를 대비해 집 옆(테라스 가장자리)에 고이 모셔두었던 대나무 지팡

---

* 잎이 부채꼴인 야자나무의 일종.

이를 가져왔다. 그러고는 타마린드나무의 가장 높은 가지를 지팡이로 두드려 꼬투리 하나를 떨어뜨렸다. 다음으로, 벨벳처럼 부드러운 꼬투리를 웍wok*에 넣고 물을 부은 후 (아궁이에 숯검정이 덕지덕지 달라붙은) 부엌의 장작불 위에서 펄펄 끓였다. 꼬투리가 터지며 자갈 모양의 씨앗이 튀어나오자 웍 안의 물이 고동색으로 변했다. 이때를 기다렸던 욘은 가오리 뇌를 웍 안에 쏟아부었다. 파란색과 자주색 핏줄이 뒤엉켜 있었던 뇌는 신속히 가열되었고, 잠시 후 타마린드의 불그스름한 색조를 띠게 되었다.

이제는 뜨거워진 뇌를 식힐 차례였다. 차츰 식어가는 뇌에서 기름이 흘러나와 물 위에 둥둥 떴고, 욘은 30초마다 한 번씩 숟갈로 뇌를 찔렀다. 더 이상 젤리처럼 꿈틀거리지 않고 단단해지자 욘은 새눈고추bird's-eye chilie**를 (가격이 비싸고, 레월레바에 가서 사와야 하므로) 딱 세 개만 넣었다. 거의 다 증발한 물이 뇌 완자brain meatball 아래서 쉭쉭거리자 문밖에서 재배하는 샬롯shallot***을 가져와 첨가했다. 마지막으로 한 숟갈 가득 퍼서 입에 넣고, 짭짤하고 화끈거리고 레몬 향이 나는 생선 맛을 음미했다.

그런데 그날 오후에는 사정이 달랐다. 태양이 라발레캉 너머로 이미 넘어갔으므로 마음이 급해진 것이다. 욘은 이카보다 빨리 날치의 뼈를 발라낼 수 있었으므로 뇌 요리를 그녀에게 맡겼다. 이카는 순식간에 김이 모락모락 나는 회색질 4인분과 그레이비gravy****를 완성해, '으깬 옥수수를 곁들인 라이스' 위에 얹어 대령했다. 물고기 내장으로 뒤덮인

---

* 음식을 볶거나 요리할 때 사용하는 우묵하고 큰 냄비.
** 작고 매운 태국산 고추.
*** 작은 양파의 일종.
**** 고기를 익힐 때 나오는 육즙에 밀가루 등을 넣어 만든 소스.

돗자리 옆 벤치에 온 가족이 모여 앉았다. 욘은 하느님과 조상님께 감사드린 다음, 가족과 진수성찬을 축복했다. 그는 진정한 라말레라 사람이 된 듯한 기분을 느꼈다. 머지않아 '수평선 너머의 세상'에 대한 동경심에 다시 사로잡히겠지만, 그 순간에는 이보다 더 좋은 삶은 없을 거라고 믿었다.

3

아이를 잡아먹은 장어와
흑염소의 저주

태초 ~ 2014년 5월 1일

시프리, 프랑스

라말레라 마을에서 조상 대대로 전해 내려오는 이야기가 있다. 과거가 화석이 되어 역사의 뒤안길로 사라지기 전, 시간이 박제되어 달력 안에 갇히기 전, 기억이 맨 처음 시작되던 순간 한바탕 태풍이 렘바타 섬과 라발레캉 화산을 집어삼켰다. 폭풍이 마침내 잠잠해졌을 때 한 벌거벗은 남자의 영혼이 산 정상에 버티고 서 있었으니, 이름하여 '시프리 라자 리모Sipri Raja Rimo'였다. 그 위치에서 시프리는 무성한 정글과 발자취 없는 해변을 유심히 살폈다. 바로 그때 '자와 레팡 이나Jawa Lepang Ina'라는 여자 영혼이 소나무 가지에 떨어지는 빗방울의 부드러운 소리를 듣고 한 동굴에서 기어나왔다. 둘은 일곱 명의 아들을 낳아 '세상의 주인들Lords of the Land'인 우존Wujon 가문을 이루었다.

오랜 세월이 지나 새로운 동물들이 그들의 영토에 도착했다. 우존들은 숲속에서 그 동물들을 염탐했는데, 겉모습이 우존들과 비슷했지만 하늘을 날며 다른 영혼들과 의사소통하는 능력이 없었다. 그러나 나무 껍질을 옷 삼아 입고 날벌레를 먹는 우존들과 달리 그 동물들은 정글에서 수확한 목화로 옷을 지어 입고 소방목 sappanwood*으로 갈고리와 작살을 만들어 물고기를 잡고 적토赤土**에서 농작물을 수확했다. 그들은 바로 타푸나Tapoonā 가문의 사람들이었다.

하루는 우존들이 나무꾼 무리를 조용히 뒤따르며 지켜보고 있는데, 사람들이 키우는 개들이 짖으며 덤불 속으로 뛰어 들어와 그들의 냄새를 맡았다. '세상의 주인들'을 처음 본 순간, 사람들은 그들이 산신령임을 깨달았다. 그래서 우존들에게 공물을 바치고, 그곳에 머물게 해주는 대가로 자신들의 기술을 가르쳐주겠다고 약속했다. 세월이 흘러 타푸나와 함께 지내는 시간이 길어질수록 사람처럼 (목화로 만든) 사롱을 뿌리 즙과 오징어 먹물로 염색하고, 레게 머리를 하고, 카사바를 재배하고, 해변의 암초에서 물고기를 잡는 우존이 점점 더 늘어났다. 그러나 우존도 타푸나도 인근의 바다에 출몰하는 고래에게 감히 도전하려 들지 않았다.

그런데 마침내 (뱃머리에 눈을 새기고, 야자 잎으로 만든 돛을 휘날리는) 목선 한 척이 라말레라 해안에 나타났다. 열두 명의 선원들은 노를 내려놓고 마체테를 손에 든 채 해변으로 뛰어내렸다. 그들이 바로 라말레라 부족 사람들이었다. 외모는 사나워 보였지만, 그들은 끔찍한 참사를 겪은 후 새로운 보금자리를 찾아 인도네시아 군도의 언저리로 피난 온 난민이었다.

라말레라 부족은 몰랐지만 그들이 자신들의 안식처가 될 이곳에 도

---

* 콩과의 작은 상록교목. 동인도가 원산지이며, 따뜻한 곳에서 자란다.
** 아열대다우 지역의 활엽수림 아래에 발달하는 토양대를 말하며, 염기의 용탈이 심하여 철·알루미늄의 이산화물의 집적으로 적색이 강한 것이 특징이다.

착한 시기는 유럽인이 '아시아의 식민지화'에 착수한 시기와 일치했다. 그것은 세계화의 신호탄으로, 유례없이 많은 사람, 사상, 상품이 전 지구적으로 이동하여 인류를 영원히 바꾸게 된다. 라말레라 부족은 아직 달력을 갖고 있지 않았지만 그들이 렘바타 섬에 도착한 연도는 1522년 직후였을 것으로 추정된다.[1] 1522년으로 말하자면, 포르투갈 태생의 스페인 탐험가 페르디난드 마젤란Ferdinand Magellan이 처음으로 세계 일주 항해를 하던 중 라말레라 부족의 고향인 레판바탄Lepan Batan 섬(렘바타 섬의 동쪽 해안에서 얼마 떨어지지 않은 섬)이 보이는 지점을 통과하던 때였다. 마젤란은 그 섬에 사람이 사는 것을 확인했지만, 불과 몇 년 만에 레판바탄은 쑥대밭이 되고 만다.

라말레라 부족은 수 세기 동안 (소방목의 심재heartwood[*]로 만든) 작살촉을 이용해 만타가오리와 고래를 잡으며 레판바탄에서 번영을 누려왔다. 그런데 어느 날 오후, 조개껍질을 줍던 '무의무탁한 노파'[2]가 장어 한 마리를 발견해 집으로 가져왔다. 그녀는 그 장어를 애지중지 길렀는데, 무럭무럭 자라 비단뱀만 해진 장어가 별안간 사라졌다. 그녀는 마치 키우던 개를 잃어버린 것처럼 장어의 이름을 구슬피 부르며 온 동네를 찾아 헤맸다. 한편 다음 날 일터에서 돌아온 한 부모는 아이가 사라진 것을 발견했다. 그다음 날에는 또 한 명의 아이가 사라졌다. 살아남은 아이들의 말에 따르면 어른들이 일터로 나가자마자 어두운 그늘 속에서 괴상한 야수가 스르르 기어나왔다고 했다.

부족원들이 장어의 뒤를 쫓아 정글 속의 공동목hollow tree[**] 앞에 도착했을 때, 그 동물은 나무 속에서 그들을 향해 혀를 날름거리며 쉭쉭거리

---

[*] 목재 안쪽의 빛깔이 짙은 부분.
[**] 내부가 병충해로 말미암아 완전히 썩었지만 바깥 부분의 일부는 살아서 생장이 유지되고 있는 나무.

고 있었다. 이에 남자들은 모닥불을 피우고 쇠막대를 그 속에 넣어 시뻘 겋게 달구었다. 노파는 그들에게 장어를 살려달라고 하소연하면서, 장어 는 용왕의 총애를 받고 있으므로 함부로 죽였다가는 저주를 받을 것이 라고 경고했다. 그러나 남자들은 시뻘건 쇠막대로 나무 구멍을 지졌다.

나무 속에서 고약한 냄새가 나는 초록색 연기가 뿜어져 나오면서 으 르렁거리는 소리로 정글이 진동했다. 부족원들이 황급히 집에 돌아오 자마자 쓰나미가 들이닥쳤다. 집채만 한 바닷물이 밀려와 배와 대나무 오두막집을 박살내고 대부분의 사람을 수장시켰다. 쓰나미가 물러갔 을 때, 그들의 지도자인 타나 케로파Tana Kěrofa는 새로운 보금자리를 찾 아나서기로 결정했다. 생존자의 수가 너무 적은데다 남은 재산도 거의 없어서 유일하게 남아 있는 테나인 케바코푸카에 모든 것을 실었다. 그 들이 돛을 올렸을 때 레판바탄에 남은 것은 – 사람과 물건을 통틀어 – 단 하나, 노파뿐이었다.[3]

라말레라 부족의 오디세이는 이렇게 시작되어, 수년간 알로르 해 협Alor Strait을 가로지른 후 렘바타 섬의 동쪽 해안을 따라 내려왔다. 그들 은 그 과정에서 폭풍, 강력한 땅신령地神의 분노, 다른 부족과의 갈등을 견뎌냈다.[4] 그들은 오늘날의 라말레라 마을에 곧바로 정착한 게 아니라 처음에는 인근의 '천국 같은 만灣' 위에 있는 언덕에 자리를 잡았다. 그 들은 그곳의 원주민에게서 '쇠로 된 작살촉 벼리는 법'을 배운 대신 '도 자기 굽는 법'을 가르쳐주었다.

그러나 타나 케로파의 아들이 그 지역 족장의 딸과 정을 통한 후 라 말레라 부족의 낙원은 파괴되었다.[5] 그러자 코로하마Korohama라는 라말 레라 사람이 타나 케로파를 쫓아낸 후, 분노한 족장과의 전쟁을 피하기 위해 새로운 보금자리를 물색하기 시작했다. 테나에 오른 코로하마는 바람과 해류의 인도를 받아 '가파른 절벽으로 둘러싸인 얕은 만灣'에 도착했다. 새까만 모래로 뒤덮인 해변은 그 당시만 해도 사람이 살지 않는 땅이었다. 왜냐하면 우존과 타푸나 가문이 (대부분의 섬사람과 마찬가지로 노예선과 원주민 사냥꾼을 피해) 화산의 능선에 살고 있었기[6] 때문이다. 그것은 당시 대부분의 부족에 흔한 관행이었으며 라말레라 부족도 예외는 아니었다.

만[灣] 위의 절벽을 오르던 코로하마는 우존들과 마주쳤다. 그는 그들이 라말레라 마을의 토착신령native spirit임을 단박에 알아채고, 공물을 바칠 테니 이곳에 정착해도 되냐고 물었다. 아버지인 시프리 라자를 계승한 우두머리 게시 라자 우존Gési Raja Wujon은 처음엔 일언지하에 거절했다. 그러나 코로하마는 매일 아침 다시 찾아가, 추가적인 공물을 계속 제시했다. 처음에는 다섯 개의 황동 팔찌를 제시했고, 다음에는 황금 사슬을 추가했고, 마지막으로 한 드파dpa[7](라말레라 부족의 측정 단위로, '팔을 쭉 뻗었을 때 가슴 한복판에서 손가락 끝까지의 길이'에 해당한다)의 상아를 추가했다. 코로하마가 "앞으로 잡을 향유고래의 눈과 두개골을 모두 우존 가문에 갖다 바치겠습니다"라고 말했을 때, 게시는 비로소 근엄한 표정을 지으며 말했다. "당신들의 아내와 아이들을 이곳에 데려와도 좋소! 우리는 당신들과 형제의 관계를 맺을 것이오."

엄격한 위계질서를 지닌 가부장제 문화에서 '형제의 관계'[8]는 매우 특이한 의미를 갖고 있었다. 동생은 형에게 복종해야 하므로, 라말레라 부족은 우존 가문에 복종해야 했다. 오늘날 라말레라 아랫마을의 중심인 바난나무 아래의 누바나라Nuba Nara(우존의 힘을 상징하는 신성한 돌)에서 라말레라 부족은 우존 가문에 복종을 맹세했다.

라말레라 부족은 오늘날의 라말레라 윗마을로 이주하여, 여러 척의 배를 만들어 테나 선단을 구성하고 선박 창고를 지었다. 선박 창고 뒤에는 조상들의 두개골을 쌓아놓고, 그 위에 코코넛 기름을 바르고 닭의 피를 부었다. (물소뿔처럼 뾰족한) 초가지붕을 얹은 나무 집을 짓고, 집 주변에는 선인장을 심어 '천연 가시철망' 울타리를 둘렀다. 해가 지나면서 우존 가문은 해변의 중심에 향유고래 두개골을 쌓고, 그곳을 '이카코타*Ikā Kotā*(물고기의 머리가 있는 곳)'라고 부르게 되었다.

나이가 들어 조상님들 곁으로 갈 날이 머지않았다는 느낌이 들자 코로하마는 세 아들을 불렀다. 장남은 신성한 의식sacred ritual과 마을의 사원을 맡아, 블리코롤롱 가문의 시조가 되었다. 차남은 '부족을 지키라'는 명령과 함께 크리스*kris*(요술 단검)를 하사받아, 바타오나 가문을 비롯해 다양한 지파offshoot(이를테면 베디오나 가문)의 시조가 되었다. 막내아들은 마을의 행정을 맡아, 레포투캉Lefō Tukang 가문의 시조가 되었다. 블리코롤롱, 바타오나, 레포투캉 가문을 통틀어 '리카텔로*Lika Telo*(빅 3)'라고 하며, 장작불 위에서 밥솥을 떠받치는 세 개의 바닥돌hearthstone에 비견된다. 리카텔로는 라말레라 부족의 귀족이며, 오늘날까지도 마을의 공동사에 다른 가문보다 큰 영향력을 행사하고 있다.

우존 가문은 라말레라 사회에서 독특한 지위를 상실하지 않았지만 그들의 위신은 궁극적으로 저하되었다. 라말레라 부족의 주변에서 지내는 시간이 길어질수록 초자연적인 '세상의 주인들'은 평범한 사람들과 더욱 비슷해졌다. 그들은 라말레라 부족의 일원이 되어 서로 결혼하고 일상생활을 공유하다가, 결국에는 자신들만의 테나를 보유하고 사냥까지 하게 되었지만 늘 초연하고 고상한 체했다. 수 세기가 흐른 후 많은 능력(예컨대 하늘을 나는 능력)을 상실했지만 샤머니즘 의식을 계속 주관하며 적敵을 저주하거나 조상님과 대화했다. 그들이 주관하는 의식 중에서 가장 중요한 것은 1년에 한 번씩 치르는 이게게렉*Ige Gerek*(고래 소환식)이었다. 그것은 4월의 마지막 날에 치러졌는데, 그날은 계절풍이 끝나는 동시에 빈궁기Hunger Season에서 *레파Léfa*(바다가 열리는 시기, 즉 사냥 시즌)로 넘어가는 날이었다.

그런데 '세상의 주인들'이 이게게렉을 거행하기 전에 리카텔로는 (코로하마가 게시 라자에게 그랬던 것처럼) 가파른 비탈을 기어 올라가 우존 가문에 경의를 표해야 했다.

2014년 4월 28일, 라말레라 부족은 안절부절못하며 부산을 떨었다. 남자들은 해변에서 귓속말을 했고, 여자들은 서로 부엌을 방문·하며 '올해는 이게게렉이 거행되지 않을 것 같다'는 소문을 퍼뜨렸다. 우존 들은 분노하고 있었다. 왜냐하면 리카텔로가 연례행사인 공물봉납순 례pilgrimage bearing gift(가장 중요한 '제물로 바치는 닭'을 포함해서)를 행하지 않았기 때문이다. 과거에도 이게게렉이 간혹 거행되지 않았는데, 대개 '라말레 라 부족이 우존 가문에 형제의 예禮를 다하지 않아서 우존 가문이 분노 했기 때문'이었다. 우존 가문은 자존심이 매우 강해서 사소한 일 – 개인 이 조상님들의 방식을 어기는 것에서부터 가문들이 공물을 바치지 않 는 것에 이르기까지 – 에도 화를 내는 경우가 많았다. 우존 가문이 좋아 하는 공물 중에는 '향유고래의 눈'이 있었는데, 샤먼들은 그것을 바짝 말려 (썩은 호박처럼) 쭈그러뜨린 다음 수프에 넣어 팔팔 끓여 먹었다. 우존을 화나게 하면 종종 기근이 오지만, 그보다 더 큰 재앙이 닥칠 수 도 있었다.

2년 전 사냥 시즌에 일어났던 사건은 우존이 화나면 무슨 재앙이 일 어나는지를 제대로 보여준 사례였다. 2012년 4월 말일, 우존 가문의 우 두머리인 시프리아누스 '시프리' 라자 우존이 이게게렉을 거행하기 위 해 해변으로 내려왔을 때, 타마린드나무 아래에 앉아 있던 (투악에 취 한) 청년들이 시프리를 향해 술통을 흔들며 외쳤다. "발레오! 발레오!" 대부분의 원로는 '세상의 주인들'을 숭배했지만 청년들은 그들의 능력을 의심하고 있었다.

　라말레라의 고래잡이들은 그해 사냥 시즌 내내 향유고래가 내뿜는 물줄기를 쫓았지만 번번이 허탕을 쳤다. 몇 달 후, 그레고리오우스 클라케 술라오나Gregorious Klake Sulaona라는 라마파가 마침내 길이 21미터짜리 괴물 향유고래[9]에 작살을 꽂았다. 그러나 조상님이 보내주신 선물처럼 순순히 항복하기는커녕 그 향유고래는 선단으로 돌진해 수많은 선박을 망가뜨렸다(망가진 배들은 이후 몇 주 동안 드라이독에 정박한 채 수리를 받아야 했다). 두 번째 작살을 꽂을 기회를 찾으며 그레고리오우스가 용감하게도 갑판 위에 버티고 서 있을 때, 나머지 선원들은 황급히 버팀대 밑으로 대피했다. 그러나 그레고리오우스는 뒤에서 다가오는 지느러미를 미처 보지 못했고, 결국 일격을 당해 바다에 빠졌다. 다른 테나가 그를 구조해 해변으로 데려왔지만, 그의 동료들은 바다에서 허우적거리다 고래에게 보복을 당했다.

　여러 부족원이 합세해 간신히 고래를 잡았지만 그레고리오우스는 끝내 고래고기 맛을 보지 못했다. 그는 이틀 내내 구토와 출혈로 고생했지만 조상님들의 방식대로 살다가 조상님들의 방식대로 죽는 길을 택했다. 그리하여 병원에 가는 대신 강황turmeric, 쿠쿠이나무 잎, 그리고 샤먼이 뿌려주는 성수에 의존했다.

　설사 현대 의학을 동원하더라도 그레고리오우스를 치료할 수 있었던 건 아니었다. 많은 라말레라 사람들은 '부족 전체의 죄 때문에 그레고리오우스가 벌을 받았다'고 믿었다. 왜냐하면 술 취한 청년들이 '세상의 주인들'을 화나게 만들었기 때문이다. (어떤 부족원들은 '그레고리오우스가 아내를 배신했기 때문에 조상님들이 고래를 보내 혼을 내줬'고 수군거리며, 그가 비참한 최후를 맞은 것을 사필귀정이라고 생각했다.) 2012년의 남은 기간에 라말레라 사람들은 단 한 마리의 고래도 잡지 못했다. 물론 거대한 수컷 고래를 잡은 덕분에 부족원들은 몇 달 동안 그럭저럭 버틸 수 있었다. 그러나 예년에 잡았던 열아홉 마리의 고래에 비하면 어림도 없었다. 이윽고 육포가 다 떨어지자 많은 남자들은 가족을 먹여 살리기 위해 고지대로 올라가 일자리를 구했다.

2014년, 라말레라 마을의 소문쟁이들은 '세상의 주인들'을 분노케한 범인으로 한 남자를 지목했다. 그의 이름은 그레고리오우스 '쿠파' 바타오나Gregorious 'Kupa' Bataona로, 조상님의 존재를 믿지 않을 뿐더러 (제딴에는) '굴욕적인 의무'를 회피할 요량으로 인근의 섬으로 이주한 사람이었다. 많은 라말레라 청년들은 종종 대놓고 '설사 우존들이 저주를 내리더라도 우리는 어떻게 해서든 고래를 잡을 수 있다'고 떠들었지만 중요한 가문의 구성원이 조상과 부족을 저버렸다는 것은 사상 유례없는 위기였다.

쿠파는 인생의 대부분을 다른 섬에서 보내며 양복점과 코코넛 농장을 운영했고, 형이 세상을 떠난 후 라말레라 마을로 돌아와 가문의 사당을 지켰다. 그의 사고방식은 라말레라 마을을 떠나 있는 동안 현대화되어 있었다. 어쩌다 드물게 방문객이 찾아와 현관에서 얘기를 나누게되면, 그는 부족원들이 아직도 물물교환에 의존하는 것을 비판하면서그들이 물고기를 보관했다가 수출하여 현금을 손에 쥘 수 있도록 정부가 아이스박스를 설치해주어야 한다고 제의했다. 그는 대부분의 시간을 재봉틀 앞에 앉아 보냈고, 천조각이 마을 광장을 가로질러 날아가도록 내버려두었다. 사정이 이러하다 보니, (엄마들이 보낸) 마을의 아이들이 몰려와 쓸 만한 옷감을 모조리 집어갔다. 바타오나 가문의 조상들이 부족을 소집하는 데 사용했던 징gong은 갈고리에 걸린 채 녹슬고 갈라져 있었다.

쿠파가 딴전을 피우자 리카텔로를 구성하는 다른 두 가문(블리코롤롱과 레포투캉)의 우두머리는 우존들을 상대하느라 애를 먹었다. 그러나 그들은 쿠파의 일을 대신 맡아줄 사람이 누군지 알고 있었으니, 바로 프란스였다.

'쿠팡으로의 오디세이'에서 살아남은 이후 프란스는 케나푸카의 선장 겸 베디오나 가문 미쿠랑구파의 우두머리로 활약해왔다. 그는 비록 귀족 혈통은 아니었지만, 부족원들은 '대물림 받은 우두머리가 시원찮다'고 판단할 때마다 그를 구원투수로 등판시켜왔다. 그는 존경받는 샤먼이었고, 그의 치유기도 healing prayer는 자카르타에 거주하는 라말레라 사람들이 전화를 걸어 원격치료를 부탁할 정도로 명성이 자자했다. 또한 그는 소문난 *아타몰라 ata mola*(조선공)이자 대장장이로, 그가 만든 작살촉은 부족 내에서 단연 으뜸이었다.

그즈음 프란스는 60대에 가까워져, 한때 사자 갈기 같던 구레나룻과 턱수염은 사라지고 귀 바로 위에 하얀 털이 뗏장처럼 돋아나 있었다. 그러나 대장장이 특유의 팔뚝은 여전하여 우람한 삼두근과 삼각근만큼은 타의 추종을 불허했다. 그의 오른쪽 팔뚝은 부메랑처럼 휘어져 있었는데, 여러 해 전에 버둥거리는 향유고래와 나란히 헤엄치며 (도리깨질을 하는) 가슴지느러미에 아래팔뼈를 두드려 맞으면서도 예리한 두리를 휘두른 게 원인이었다. 해변으로 돌아와서는 레월레바의 병원에 가보라는 부족원들의 충고를 거부하고, 의사들이 덮어놓고 그 팔을 절단할까봐 두려워 자기만의 성수를 선호했다. 그로부터 이틀 후 그는 다시 배를 끌고 바다로 나가 노를 저었다. 그의 뼈는 구부러진 채로 아물었고, 오른손 엄지는 뻣뻣하게 굳어 영원히 움직이지 않았다. 그러나 기형畸形도 간혹 쓸 데가 있어서, 다루기 힘든 부족원에게 겁을 주고 싶을 때는 뒤틀린 팔을 그의 어깨에 올려놓으면서 귀에 대고 조용히 속삭이면 만사 오케이였다.

프란스.

'베디오나 가문의 샤먼은 보수적이고 신중하다'는 평판을 감안하여, 리카텔로는 프란스를 우존의 우두머리인 시프리에게 보내는 특사로 선택했다. 시프리는 라말레라 패거리를 '주정뱅이에다 개망나니'로 간주해 멀리했고, 소금에 절인 오이를 제일 좋아했으며, '정중하다'고 불리는 것을 최고의 찬사로 여겼다. (그러나 개인으로서 시프리는 익살맞고 재미난 사람이어서, 자신의 부족 사람들을 풍자하고 손주들을 흔들어 재울 때면 오래전부터 전해 내려오는 고래 사냥 노래 부르기를 좋아했다.) 그런데 프란스가 선택된 데는 또 다른 이유가 있었다. 라말레라 부족의 속담처럼, 우존과 베디오나 가문은 그들이 잡은 것의 '심장과

간과 혀를 나누는 사이(레카 푸오 이리 에펠 *leka puo iri efel*)'였다. 조상 대대로 전해 내려오는 이야기에 따르면 우존 가문의 적인 레포레인 *Lefō Lein* 가문이 어느 날 우존 가문을 습격했을 때, 곤경에 빠진 우존 가문을 구하기 위해 베디오나 가문의 미쿠랑구파가 검을 빼들었다고 한다. 그날 이후 우존 가문과 베디오나 가문의 미쿠랑구파는 하나가 되어, 고래 내장 파티까지 함께 치르는 사이가 되었다. 레포레인 가문의 입장에서 말하자면, 어느 날 밤 우존 가문이 흑염소 한 마리를 제물로 바치며 조상님들에게 레포레인 가문을 저주해달라고 빌었다. 그 후 끊임없는 질병과 사고로 인해 레포레인 가문의 씨가 말라버렸다.[10]

그리하여 2014년 4월 30일의 이른 아침, 프랑스는 다른 연장자가 모는 오토바이의 뒤꽁무니에 올라타고 시프리가 사는 레월레바로 향했다. 그들은 라발레캉을 꼬불꼬불 우회하는 포트홀*pothole*[*] 투성이의 진흙탕 길 - 대부분의 아스팔트가 벗겨진 지 오래였다 - 을 따라 하염없이 올라가기 시작했다. 처음에는 (어마어마한 크기의 잎이 달린 바나나나무와, 녹색 종 모양의 설익은 열매가 달려 있는 캐슈나무가 배경에 깔린) 산마을의 조그만 벽돌/대나무 집 사이를 지나갔다. (메마르고 울퉁불퉁한 풀로 만든) 마당비로 적토 먼지가 날리는 마당을 쓰는 여자들은 마치 모래 위에 무늬를 그리는 선승禪僧처럼 보였다. 염소를 몰고 풀밭으로 가는 맨발의 남자들이 한 걸음씩 내디딜 때마다 허리춤에 매단 마체테가 들썩거리며 그들의 허벅지를 찰싹 때렸다. 포도덩굴로 묶은 장작더미를 머리에 인 소녀들은 요령껏 균형을 잡으며, 머릿짐에 전혀 개의치 않고 지나가는 사람들에게 거침없이 손을 흔들었다. 많은 개들이 짖으며 그들을 스쳐 지나갔다. 공동묘지를 지나갈 때, 콘크리트 석판

---

[*] 침식 또는 마모로 인해 포장도로 표면에 발생한 움푹 꺼진 곳.

위에 가지런히 놓인 그릇과 숟갈들은 조상님들을 위한 상차림처럼 보였다.

그들은 바로 고산족인 케펠라였다, 수 세기 동안 라말레라 부족과 '옥수수-고래 육포 물물교환'을 해온. 사우 해는 라말레라 부족에게 충분한 단백질을 공급해왔지만 척박한 해안에서 채소를 재배한다는 것은 거의 불가능했다. 반면에 고산족은 초목이 우거진 계곡에서 풍부한 농작물을 재배했지만 단백질을 섭취할 방법이 마땅치 않았다. 케펠라는 (아시아계 후손인) 라말레라 부족과 구별되는 멜라네시아계 원주민으로, (자기들의 보금자리를 침범한) 고래잡이를 비롯한 오스트로네시아족Austronesian* 이주민에 밀려 내륙으로 깊숙이 들어가 독자적인 문화와 방언을 고수해왔다. 그러나 두 부족은 물물교환 경제에 의존함으로써 서로 간의 차이를 어렵사리 극복해왔다. 라말레라 부족은 종교를 통해 교역 파트너와의 결속을 더욱 강화했는데, 그 이유는 고산족도 라말레라 부족과 마찬가지로 기독교로 개종해 있었기 때문이다(어로에 종사하는 다른 해양족들 중 일부는 무슬림이었다).

오토바이를 타고 라발레캉을 올라감에 따라 공기는 차가워졌고, 길 양쪽에 늘어선 나무의 가지들이 서로 맞닿아 터널을 형성했다. 차바퀴에 깔려 죽은 뱀들이 (구겨졌지만 여전히 윤기 나는) 리본처럼 반짝였다. 라발레캉의 능선 가까이에서 그들은 쿠쿠이나무 군락지를 수월하게 통과했다. 쿠쿠이나무의 몸통은 대성당의 기둥을 방불케 했고, 너무 빽빽한 수관crown** 을 통과한 햇빛이 초록색을 띨 정도였으므로 그곳에

---

* 오스트로네시아어족이란 동쪽의 이스터 섬에서 서쪽의 마다가스카르 섬까지, 북쪽의 하와이 제도에서 남쪽의 뉴질랜드 섬에 이르는 태평양상의 광대한 지역에서 사용되는 언어를 통칭하는 말이다. 그러한 어족에 포함되는 언어를 사용하는 사람들을 오스트로네시아족이라고 한다.
** 나무의 가지와 잎이 달려 있는 부분.

서는 어떤 관목도 자라지 않았다.

화산의 뒤쪽 사면을 따라 레월레바를 향해 내려가는 동안 마을의 수가 증가하면서 마을 간의 간격도 짧아졌다. 밭벼의 줄기는 너무 푸르러, 화전터의 재灰 사이로 고개를 삐죽 내밀고 반짝이는 것처럼 보였다. 목재를 얻기 위해 심은 티크나무가 (바람이 불면 손뼉을 치는, 디너용 접시만 한 잎을 달고) 원시 정글을 대체했다. 덤프트럭이 터덜거리며 지나갈 때마다 두 명의 라말레라 사람은 오토바이를 길가에 세우고 (트럭 뒤꽁무니에서 날아오는 모래를 막기 위해) 셔츠로 얼굴을 가렸다. 레월레바에 가까이 접근했을 때, (공사장에서 새로운 아스팔트를 까는) 티모르인 노동자들을 지나친 후 비포장도로가 갑자기 레이싱 도로로 바뀌었다. 마침내 그들은 다른 오토바이족들과 함께 콘크리트 건물과 (수축필름으로 포장된 TV와 냉장고가 전시된) 창고형 매장을 지나 레월레바에 입성했다.

그들의 여행은 직선거리로 24킬로미터에 불과했지만 마치 딴 세상에 발을 들여놓은 것 같았다. 자카르타나 발리Bali에서 온 사람이라면 거리에서 어슬렁거리는 염소나 2만 5,000명쯤 되는 인구를 보고 코웃음을 쳤을 것이다. 그러나 프란스를 비롯한 라말레라 거주자들에게 그곳은 거대도시였다. 그는 이윽고 미로에 갇혀, 시프리의 집으로 가는 방향을 기억해내느라 애를 먹었다.

레월레바에 수십 번이나 와본 프란스였지만, 격자 모양으로 배열된 벽돌집과 '야자나무가 늘어선 거리'에서 여전히 길을 잃고 갈팡질팡했다. 레월레바의 대학교에 다니던 그의 막내딸 베나는 1년에 두 번씩 고향을 방문했는데, 자기를 데리러 레월레바에 온 프란스와 항구에서 만날 때마다 "아버지는 길치예요"라고 놀렸다. 그가 레월레바에서 방향감각을 잃은 이유는 라말레라 부족의 내비게이션 시스템이 (라말레라 부족의 영적 중심인) 블리코롤롱 사당을 기준점으로 삼기[11] 때문이었다. 예컨대 라말레라 사람들은 어떤 방향을 '테티 나마 파파*Teti Nama Papā* 사당에서 동쪽'이라고 기술하는데, 그런 길 찾기 방식의 유용성은 기준점(조상님들의 발원지)에서 멀리 떨어질수록 감소할 수밖에 없다. 설상가상으로 라말레라 사람들은 자기중심적인 성향이 너무 강해서 중요한 지점의 이름을 자기들 위주로 지었는데 – 가령 '라발레캉'은 '우리 뒤에 있는 화산'이라는 뜻이다 – 사물의 이동을 기술하는 동사에도 그전 잔재가 남아 있다. 물론 그런 용어는 렘바타 섬 남부를 벗어나면 무용지물이다. 프란스는 아무리 짙은 안개 속에서도 케나푸카를 몰고 귀항할 수 있었지만, 라말레라를 벗어나는 순간 방향감각을 상실했다.

결국에는 오토바이를 모는 연장자가 행인에게 길을 물어본 끝에 시프리의 집에 간신히 도착했다. 그 집은 반짝이는 금속 지붕을 얹고 새로 회칠한 벽돌집으로, 먼지 날리는 뒷거리에 위치해 있었다. 광고용으로 전시된 고래 뼈에는 손글씨로 '고래기름 판매'라고 적혀 있었고, 가격은 한 병에 2달러였다. 아직 살아 있다고 믿을 수 없을 정도로 나이 들어 보이는 노인이 문간에서 그들을 맞이했다. 이미 노쇠한 시프리는 입맛을 잃어 나이에 비해 야윈 편이었고, 피골이 상접한 탓에 관자놀이를 가로지르는 정맥이 선명하게 꿈틀댔다. '세상의 주인'이 그의 땅을 떠나 있는 것은 라말레라를 친형에게 맡긴 채 수십 년간 레월레바에서 세리稅吏로 일하며 가문을 먹여 살릴 돈을 벌어왔기 때문이다. 그러나 그는 중요한 의식(예를 들어 이게게렉)이 있을 때마다 어김없이 라말레라를 방문했다. 여러 해 전에 형이 세상을 떠났을 때 시프리는 '라말레라에 대한 지배권'과 '이게게렉을 주관할 책임'을 상속했다. 그러나 최근 중풍을 맞아 자리에 누운 아내를 간호하기 위해 도시에 계속 거주하고 있었다.

이틀 전, 시프리는 리카텔로의 공물을 수령하기 위해 라말레라 마을에 있는 우존의 사당 – 라말레라에 단 한 채밖에 없는, 옛 양식으로 지어진 초가집이었다. 샤먼들은 최신식 벽돌집을 싫어했는데, 그 이유는 조상님들이 방문하지 않을 것이기 때문이었다 – 을 방문했다. 그러나 리카텔로를 구성하는 트리오가 나타나지 않자 기분이 상했다. 시프리는 수년간 '라말레라 부족이 조상님들의 방식을 포기했다'고 믿어왔고, 최근 일어난 사달(청년들의 야유)을 그 증거로 여겼다. 그에 더하여, 시프리는 그런 잘못을 바로잡는 것이 자신의 책임이라고 느꼈다. 왜냐하면 '세상의 주인들'은 명목상으로는 부족 사람들과 마찬가지로 가톨릭교도이지만 (한때 라말레라 원주민이 추종했던) 원시 신앙의 수호자이기도 했기 때문이다.

기독교가 라말레라에 전래되기 전, 라말레라 거주자들은 솔로르 군도의 나머지 사람들과 함께 일월신인 레라울란Lera Wulan과 조상신을 숭배했다. 그들은 누바나라를 통해 토속신들과 교감했는데, 가문별로 한 명씩 대표를 뽑아 라말레라 마을 한복판에 있는 바난나무 주위에 빙 둘러 모였다. 레라울란은 양면신兩面神으로,[12] 사람들을 거주지에 따라 '데몬Demon 그룹'과 '파지Paji 그룹'이라는 양대 파벌로 나눠 피 터지게 싸우도록 만들고, 피를 공물로 바치게 했다. (대체적으로 데몬 그룹은 산악지대에 살면서 농사를 지었고, 파지 그룹은 해안지대에 살면서 물고기를 잡았다. 단, 라말레라 부족만은 예외였다. 요하네스 '욘' 데몬 하리오나의 가운데 이름이 '데몬'인 것으로 보아, 라말레라 부족은 데몬 그룹에 속했던 게 분명하다.) 가뭄은 레라울란이 갈증을 느낀다는 신호였으므로, 데몬 그룹과 파지 그룹은 가뭄이 들 때마다 (기우제를 지낼 때 누바나라에 쏟아부을) 피를 얻기 위해[13] 유혈 투쟁을 벌였다.

제수이트 교단의 선교사들이 19세기 후반에 라말레라를 처음 방문했음에도 불구하고 기독교 – 더 나아가 바깥세상의 문물 – 가 정말로 라말레라에 전래된 것은 1920년 독일의 선교사 베르나르두스 보데Bernardus Bode가 라말레라에 도착했을 때였다. 토테미즘의 상징인 고래 뼈 무더기와 가끔씩 전개되는 식인 의식cannibalism에 굴하지 않고 보데는 라말레라 부족의 언어를 배워가며 포교 활동을 펼쳤다. (그의 편지에는 다음과 같이 적혀 있다.[14] '내가 들은 바에 따르면 라말레라 전사들은 열두 명의 파지 남자를 죽여 손과 발을 잘라내어 햇볕에 말린 후 돌로 갈아 가루로 만들었다. 그러고는 다음 전투에 참가할 때, 자신의 사지를 강하게 만들기 위해 야자와인에 섞어 마셨다.')

처음에는 열세 명의 마법사 - 보데는 그들을 이렇게 불렀다 - 가 강력한 저항을 주도했다. 그러나 얼마 지나지 않아 그는 고향에 보낸 편지에다 이렇게 썼다. '놀랍게도 거의 모든 마법사는 잠깐 사이에 세상을 떠났다.' 그로부터 3년 후 그는 인근의 마을로 포교 활동의 범위를 넓혀, 섬 전체의 세례교인 수를 300명에서 1,200명으로 네 배나 늘렸다. 그의 영향력이 커지면서 인간을 제물로 바치는 관행은 금지되었지만 동물을 제물로 바치는 관행은 은밀히 계속되었다. 또한 그는 선박 창고에 안치된 조상들의 두개골을 기독교식으로 매장하게 하고, 이카코타에 있는 '두개골 산'을 불태운 후 그 자리에 예배당을 지어 성 베드로Saint Peter에게 바쳤다('영혼의 낚시꾼'인 성 베드로는 나중에 라말레라의 수호성인patron saint이 되었다). 뒤이어 '누바나라를 파내어 교회의 주춧돌로 사용하겠다'는 계획을 발표했을 때 그는 생명에 위협을 받았다. 그런데 다음 날 아침, 바다에 나간 테나가 모두 사냥에 성공하자(라말레라 사람들은 이것을 '가톨릭 신의 위대함'의 증거로 간주했다) 상황이 반전되었다. 이에 우존 가문은 누바나라를 몰래 파내어 정글 속에 감추었지만 다른 가문들은 자신들의 누바나라를 가톨릭교회에 자진 헌납했다. 이듬해에 사상 유례없는 풍어기가 찾아와, 가톨릭에 대한 부족의 믿음이 공고해졌다. 보데가 모든 남자에게 '우상 숭배를 청산하고 교회의 제단으로 나오라'고 요구하자 어느 누구도 - 심지어 우존들도 - 거절하지 않았다. 그와 동시에 렘바타의 데몬 그룹 - 라말레라 부족과 그들의 교역 파트너인 고산족을 포함해서 - 은 기독교로 개종했다. 그러나 (해안에서 물고기를 잡는) 파지 그룹은 대체로 무슬림이었는데, 이는 새로운 체제하에서도 해묵은 종교적 갈등이 지속될 것임을 암시했다.

1925년, 보데는 '라말레라에는 단 하나의 우상 숭배가 남아 있다'고 썼다. 그러나 그가 모르는 사실이 하나 있었으니, 우존들은 매년 4월 말일 위칭아워에 (정글 속의) 누바나라와 (라발레캉 꼭대기에 숨겨져 있는) 사당에 동물 제물을 바치고 있었다. 외견상 가톨릭이 지배하고 있었음에도 우존 휘하의 부족원들은 오래된 신앙을 간직하고 있었던 것이다.

그 후 수십 년이 지나고 라말레라 사람들이 기독교식 이름을 갖게 되면서 기독교와 토속신앙은 융합되었다. 그리하여 라말레라 사람들은 기독교와 전통적 정령신앙을 하나로 간주하게 되었다. 라말레라 사람들을 용이하게 개종시키기 위해, 보데는 일찍이 '레라울란은 사실상 하느님이고 조상님들은 성인이다'라고 주장함으로써 토속신앙 위에 기독교를 덮어씌웠다. 따라서 종교적 통합은 결코 커다란 비약이 아니었다. 오늘날 교회 앞에 놓인 콘크리트 테나의 하마롤로 위에는 보데의 동상이 우뚝 서 있다. 라말레라 부족은 자신들을 독실한 가톨릭교도로 간주하며, 레라울란의 비기독교적 버전은 애당초 존재하지 않았다고 생각하고 있다. 극소수의 라말레라 사람들 - 주로 우존들 - 은 두 가지 종교를 구별한다. 그러나 심지어 시프리도 그러한 우존들을 '전체의 일부'라고 기술하며, '세상의 주인' 자격으로 동물 제물을 바치면서도 "나는 진실한 기독교도입니다"라고 고백한다. 수많은 토속신앙 의식이 가톨릭 예배에 공공연히 통합되었는데, 그 대표적인 예로 *미사아르와*Misa Arwah(길 잃은 영혼들을 위한 미사)에서 부르는 찬미가를 들 수 있다.

따라서 이게게렉은 라말레라 부족의 정체성을 규정하는 데 사용되는 몇 안 되는 토속신앙의 잔재 중 하나라고 할 수 있다. 사정이 이러하므로, 시프리는 이게게렉의 존폐 여부가 라말레라 부족의 미래를 규정할 거라고 생각하고 있다.

시프리가 매년 치렀던 행사 중 최고봉[15]은 뭐니 뭐니 해도 이게게렉이었다. 그는 이게게렉에 참석해 조상님들은 물론 레라울란과도 대화를 했다. 리카텔로가 아직 공물을 봉납했던 2013년, 시프리는 동트기 전 (한때 모든 전쟁에서 '세상의 주인들'의 승리를 보장하는 가보家寶였지만 이제는 녹슨 지팡이로 전락한) '용의 창Spear of the Dragon'에 의지해 라발레캉을 올랐다. 그의 무릎은 몇 걸음을 뗄 때마다 삐거덕거렸다. 그가 가파른 산비탈을 오를 수 있었던 것은 오직 조상님들을 만날 수 있다는 기대감 때문이었다. 그의 아들, 손자, 조카들은 '부름의 징Gong of Calling', '조상님들의 검Sword of the Ancestors' 등의 가보와 제물(투악이 가득 든 대나무 통, 다리와 날개를 묶인 채 꼬꼬댁거리는 닭)을 들고 그의 뒤를 따랐다. 그는 전통 복장 - 까만색 예복, 대나무 고깔모자 - 차림이었지만, 젊은 우존들은 그의 만류에도 불구하고 '올 풀린 청 반바지'와 티셔츠를 입거나 가슴을 드러낸 채 걸었다. 고산족의 캐슈 과수원을 가로지를 때, 아직 이른 시간이라 하늘의 별이 보석처럼 반짝였다. 잠시 후 정글이 그들을 왜소하게 만들었다. 거대한 바냔나무의 가지에서 고사리 등의 착생식물epiphyte이 돋아나 그 자체만으로 하나의 숲을 이루었다. 등나무 덩굴은 바냔나무의 밑동을 휘감고 있었다. 수관이 너무 빽빽하다 보니, 수관 위에 햇살이 드리웠는데도 숲 바닥은 여전히 한밤중이었다.

늦은 아침, 그들은 마침내 최초의 사당인 이톡케펠롱파타 *Itok Kefėlong Fata*에 도착했다. 그 사당은 시프리 라자 리모(우존 가문의 시조)가 나타난 절벽 근처에 자리잡고 있었는데 고래의 코(분수공이 뚫린 곳)처럼 생긴 거대한 바위가 모셔져 있었다. 신성한 정화 의식으로, 그들은 나뭇가지로 엮은 관을 머리에 썼다. 그런 다음 시프리는 깨진 달걀을 바위에 대고 문질렀다. (껍질이 뒤범벅된) 달걀노른자를 바위에 골고루 묻힌 후 그는 준비해온 닭을 바위 위에 올려놓았다. 그가 휘두른 칼이 닭의 폐와 척추를 가르며 바위에 부딪혀 '쨍' 소리를 냈다. 시프리는 죽은 닭의 발을 잡고 거꾸로 든 채 핏방울이 떨어져 고래의 콧구멍에 차고 넘칠 때까지 기다렸다. 그러고는 손가락을 휘저어 피와 달걀노른자를 뒤섞었다.

시프리의 손자가 코코넛 껍질에 불을 붙인 후 닭을 구워내자 우존들은 시커멓게 그을린 몸통에서 살점을 떼어내어 (기름 묻은 손가락을 간간이 핥으며) 먹은 후, 남은 뼈를 부러뜨려 골수를 빨아 먹었다. 그러나 대부분의 고기는 (조상님께 드리기 위해) 피가 흥건한 바위 위에 올려놓고, 말린 야자 잎을 말아 만든 담배를 얹어놓았다. 구운 고기 냄새가 사방 천지에 진동할 즈음, 시프리는 주변에서 떠돌던 영혼들이 향내에 이끌려 모여들었음을 직감했다.

시프리는 시뻘건 손으로 '용의 창'을 치켜들고 외쳤다. "우리의 아버지가 서 있던 산봉우리에서, 우리의 어머니가 나온 동굴에서, 이톡케펠롱파타 사당에서, 그리고 모든 곳에 있는 사당에서 수백수천 명의 조상님이 찾아오셨다. 그분들이 이 자리에 모인 이유는 단 하나, 두 마을의 과부와 어린아이들에게 먹을 것을 가져다주는 것이다. 배고프고 목마른 그들은 밤낮으로 울부짖으며 우리가 도착하기만을 기다려왔다."

시프리는 조상님들을 볼 수 없었지만 몇 센티미터 밖의 피부에서 발산되는 체온을 느끼듯 그들의 존재를 느낄 수 있었다. 그는 찾아온 조상님들께 감사드렸다. 바로 전날 열린 토보나마파타 Tobo Nama Fata(해변평의회)[16]에서 근심 걱정을 해결해달라고 아우성치는 부족원들 때문에 마음이 무거웠는데 - 그들은 만타가오리의 어획고가 줄어들고 있다며 걱정했고, 외지인들이 폭파 낚시 dynamite-fishing로 암초를 크게 훼손한다고 분노했다 - 조상님들 앞에서 그러한 짐을 내려놓으니 마음이 홀가분해졌다. 또한 그는 부족원들이 옛 방식에서 일탈한 것(선외 모터가 돛을 대체하고, 젊은 사냥꾼들이 조상님들께 감사드리는 의식에 참가하지 않은 것)을 용서해달라고 빌었으며, 일부 부족원들이 제기했으나 그가 무시해버렸던 '얼토당토않은' 제안(시프리가 토보나마파타에서 맨 앞에 앉지 말고 무리 속에 섞여 있어야만 의식이 좀 더 민주적으로 진행될 수 있다는)을 불평했다.

그러나 이런저런 걱정과 좌절에도 불구하고 시프리는 조상님들과 교감할 때 가장 정화된 듯 느꼈다. 그는 현대 부족사회뿐만 아니라 토착 부족사회의 일원이기도 하다는 생각을 갖고 있었다. 젊은 우존이 '부름의 징'을 치기 시작하자 '세상의 주인들'이 앞장서고 뒤이어 수많은 조상님이 (최고참에서부터 신참에 이르기까지) 오솔길을 따라 내려가는 행렬 속에서 시프리는 자신이 태초太初에서부터 바로 그 순간까지 이어진 '무한한 사슬 속의 연결고리'라고 생각했다.

금속 타악기의 '봉, 봉, 봉' 소리가 계속 메아리치자 평소에 시끌벅적하던 정글 속 새들이 겁을 먹고 입을 다물었고, 젊은 우존 문중 사람들 중 한 명이 끊임없이 마법의 주문을 외우며 조상님들께 소원을 빌었다.[17] 시프리는 뒤돌아보지 않으려 애썼지만 등 뒤에서 미풍처럼 속삭이는 조상님들의 목소리를 들었다. 평소에 라발레캉은 밭을 일구는 케펠라 남자들로 분주했지만 그날만큼은 조상님들이 오신다는 것을 모두가 알고 있어서 오솔길이 텅 비어 있었다. 정글 속은 찌는 듯이 더웠다. 행렬을 가로지르며 펄럭이는 나비들은 마치 바람에 흩날리는 무지

개 같았다.

경사면을 따라 3킬로미터쯤 내려와, 시프리는 두 번째 사당인 *파우레라Pau Lera*[18] 앞에 멈춰 섰다. 그 사당에는 화석화된 고래가 모셔져 있었는데 분수공에 (정글에서 자라는 풀을 엮어 만든) 밧줄이 꿰어진 채 바다 쪽을 향하고 있어서 코뚜레를 한 황소가 밭으로 끌려가는 모습을 연상시켰다. 좀 더 아래에 있는 세 번째 사당 *에나이세노아Enaj Senoa*에는 누바나라가 보관되어 있었다. '누바나라를 파괴하라'는 기독교 선교사들의 압박이 거세질 무렵 시프리의 할아버지는 누바나라를 에나이세노아에 몰래 숨겨놓았다(그는 마법을 이용해 '악한 영혼'을 '선한 영혼'으로부터 격리하려 했다). 시프리가 마지막으로 방문한 사당은 가장 중요한 곳으로, '고래바위Whale Stone'를 모셔놓은 *파토코테켈레마Fato Kotekĕlema*였다. '고래바위'는 길고 단단한 바위를 적점토red clay*에 꽂아놓은 것으로, '해저를 관통하는 수컷 고래'의 모습을 형상화한 것이었다.

바닷가로 내려온 시프리는 커다란 바위로 올라가 '용의 창'을 내려놓고, 가까운 나무에서 뻗어 나온 '잎이 무성한 가지'를 잘라내어 손에 들었다. 모든 우존은 조상님들의 숨결을 느끼며 부동자세를 취했다. 그 자리에 아직 참석하지 않은 유령은 일곱 마리 고래의 영혼Seven Whale Spirits밖에 없었다. 시프리는 주변에 둘러선 야자나무 사이로 태양이 솟아오르는 수평선을 언뜻 볼 수 있었다. 그는 나뭇가지로 먼저 동쪽을 가리켰다. "동쪽에서 오라!" 다음으로, 그는 나뭇가지를 휘둘러 반대쪽 수평선을 가리켰다. "서쪽에서 오라! 바다에서 날뛰지만 말고 육지 가까이로 헤엄쳐 오라! 점잖게 굴어라, 라마파들이 작살과 밧줄로 너희를 잡을 수 있도록! 이리 오너라, 과부와 고아들이 굶주리지 않도록!" 그는

---

* 심해의 해저에 덮여 있는 적색 점토.

2015년 이게게렉을 거행하는 우존들. 시프리가 두 손을 모으고 있는 동안 그의 아들 마르시아누스가 징을 잡고 있으며, 그의 손자들은 구경하고 있다.

'고래 부르기'를 세 번 반복했는데 각각의 부르기를 '닭 울음소리', '물소 울음소리', '염소 울음소리'로 마무리했다. 이게게렉이라는 이름은 이러한 관행에서 유래했는데 라말레라어로 *이게*Ige란 '손짓으로 부르다'라는 뜻이고, *게렉*Gerek이란 '동물의 소리를 이용해 부르다'라는 뜻이다. 마치 라말레라의 견주들이 개를 부를 때 '개 짖는 소리'를 내듯이.

마침내 시프리는 일곱 마리 고래의 영혼이 의식에 참가했음을 선포했다. 그는 군중을 인솔하고 가파른 비탈길을 내려가 쇄파를 헤치고 고요한 만灣으로 들어가 (마치 물에 물을 붓듯 자연스럽게) 사우 해에 녹아들었다. 물에 젖은 까만색 예복이 그를 휘감았다. 선박 창고의 그늘 속에서 나이 든 고래잡이들이 (할아버지에게 이끌려온) 손자들과 함께 이 광경을 지켜보았다.

시프리는 이게게렉을 치를 때마다 늘 '정당성을 인정받았다'는 느낌이 들었다. 이게게렉은 그와 조상님들이 부족의 생존에 필수적임을 증명하는 행사였다. 영혼들과 교감한 후 뿌듯한 여운에 휩싸여 라말레라 만에 몸을 담그면 이게게렉에 감동한 부족원들이 '피상적이고 가식적인 현대 생활'을 포기할 거라는 확신이 깊어졌다. 살날이 얼마 남지 않았음을 잘 알고 있지만 '죽어서 조상의 반열에 들어가게 되면 매년 후손들의 소환에 응하여 (해마다 똑같은 별자리가 똑같은 위치에 나타나듯) 화산에서 바다까지의 순례길을 다시 걷게 되리라'고 생각하니 마음이 편안해졌다. 그는 고래 사냥이 영원히 계속될 거라고 믿었다.

물론 시프리는 알고 있었다, 바깥세상이 렘바타를 무자비하게 잠식하고 있다는 것을. 레월레바에서 생활하는 동안 그는 (초가지붕을 얹은 오두막집으로 이뤄진) 시골 마을이 (벽돌집, 항구, 콘크리트로 지은 관공서, 수만 명의 주민으로 구성된) 대도시로 탈바꿈하는 과정을 지켜보았다. 이제 렘바타 섬에는 대도시를 뒷받침하기 위한 TV 송신탑과 이동전화 중계탑이 삐죽삐죽 솟아 있었다. 들리는 소문에 따르면 울란도니에 항구가 건설될 거라고 하는데, 울란도니는 라말레라의 이웃 마을로서 1주일에 한 번씩 장이 서는 곳이었다. 일단 항구가 기능을 발휘하게 되면 렘바타 섬의 남부 전체가 바깥세상에 노출되는 건 시간문제였다.

심지어 시프리는 조상님들의 힘이 옛날 같지 않다는 증거를 목격했다. 그는 어렸을 때 수천 마리의 메뚜기 떼가 이게게렉이 치러지는 동안 우존들을 에워싼 채 합창을 하고, 해변으로 내려가는 우존들을 따라가며 엄청난 폭풍을 일으키는 장면을 목격했다. 그건 후손들의 정성에 감동한 조상님들이 강력한 영향력을 행사한다는 증거였다. 그러나 메뚜기 떼는 더 이상 나타나지 않았다. 그럼에도 그의 믿음에는 변함이 없었다. '몇 가지 사소한 면에서 세상이 바뀌더라도 라말레라 사람들과

조상님들 간의 약속은 영원할 거야.'

2014년 4월 28일 저녁, 시프리는 우존의 사당에서 하루 종일 리카텔로의 방문을 기다린 후 '라말레라 부족이 자신들의 본분을 잊었다'는 것을 마침내 기정사실로 받아들였다. 코로하마의 자손들이 정해진 길에서 벗어난다면, 어떤 배신도 일어날 수 있을 것 같았다. 라말레라 부족과 우존 가문은 과거에도 다툰 적이 있지만, 이번 실랑이는 왠지 영구적일 것 같다는 예감이 들었다. 조상님들이 늘 가르쳤던 대로, 부족의 단합과 단결은 최우선적 고려 사항이었다. '탈레 토우, 케무이 토우, 오나 토우, 마타 토우.' 그러나 '빅 3'의 우두머리는 더 이상 한식구가 아니었고 그와 행동을 같이하지도 않았다. 이게게렉은 더 이상 존재하지 않을 것이고 조상님들은 복수를 다짐할 것 같았다. 어떤 고래도 라말레라 부족의 작살에 굴복하지 않을 것 같았다. 1년간의 기근이 기다리고 있었다. 그는 라말레라 부족의 미래를 걱정했지만 그건 그들이 자초한 일이었다. 호된 벌을 받아야만 조상님의 힘을 깨닫고 정신을 차릴 것 같았다.

프란스가 자기의 집을 찾아올 때까지 '세상의 주인'은 심히 우려하고 있었다. '라말레라 부족과 그들의 문화가 현대 세계에서 살아남을 수 있을까?'

시프리는 '거의 1만 4,000년 동안 가속화된 문화 소멸의 끄트머리에서 라말레라 부족이 살아남을 수 있을까?'라는 의문을 떠올렸다. 모든 인류가 소규모의 수렵채집 무리 속에서 생활했던 기원전 12세기에, 전 세계에 약 10만 개의 언어가 존재하면서[19] 나름의 문화를 대변했다.[20] 따라서 '언어의 수'는 '문화의 수와 궁극적인 쇠퇴 여부'를 가름하는 척도로 사용될 수 있다. 그 당시 지구의 문화적 다양성은 오늘날 인도네시아와 그 이웃의 파푸아뉴기니에 존재하는 민족들과 가장 비슷했다. 오늘날 그 지역에는 1,500개 이상의 언어가 존재하며, 산이 많은 섬에는 불과 16킬로미터 떨어진 계곡들에도 '영어와 중국어의 차이'에 비견되는 상이한[21] 언어가 존재한다. 수렵채집 생활을 이어가기 위해 소규모의 무리를 지어 널찍하게 간격을 유지하며 살다 보니, 각각의 고립된 무리는 나름의 독특한 언어와 생활 방식을 진화시킬 수밖에 없었다.

지구 전체를 통틀어 여러 지역에서 농업이 발달하면서[22] 사람들은 땅을 더 잘 경작하기 위해 정착 생활을 하며 대규모의 집단을 형성하기 시작했다. 점차 증가하는 농경 집단은 알짜배기 영토를 놓고 수렵채집인과 경쟁했다. 농경 집단은 여러 이점을 갖고 있었는데 그중에는 '수적 우위', '상비군과 (진보된 기술 창조에 특화된) 기능인을 부양할 정도로 풍부한 잉여농산물' 등이 포함되어 있었다. 지난 수천 년 동안 마을이었던 농업 사회는 도시국가, 왕국, 제국으로 성장해왔다. 제국은 더욱 다양해진 사람들을 통합하기 위해 단일 문화를 필요로 했고, 일탈한 생활 방식은 간혹 칙령에 의해 탄압받았다. 설사 노골적 탄압에서 벗어난 소수파라도 다수파의 이점을 취하기 위해 자신들의 전통을 포기하고 동화되는 경우가 비일비재했다. 수렵채집인이 문명화에 합류하거나 제거되면서 언어와 문화의 수는 줄어들었다.[23]

그럼에도 불구하고 지금으로부터 500년 전 유럽의 식민 지배가 시작될 즈음, 전 세계에는 오늘날보다 두 배 이상 많은 약 1만 5,000개의 언어가 존재했으며 수렵채집인이 전 세계의 3분의 1을 차지했다.[24] 그러나 항해술과 무기의 발달로 유럽인은 지구를 빠르게 정복해 언어와 문화의 소멸을 가속화했다. 아메리카에 정착한 유럽인은 아메리카 원주민을 말살했고, 오스트레일리아에 정착한 유럽인은 애버리지니에 집단학살을 자행했고, 콩고를 점령한 벨기에인은 약탈과 살인을 일삼아

약 1,000만 명의 콩고인을 살해했다. 설상가상으로 천연두 같은 유럽의 질병이 아메리카에 전파되어 문화가 통째로 사라졌는데, 그 이유는 원주민의 면역체계가 천연두를 무찌를 수 있는 능력을 미처 진화시키지 못했기 때문이다. 아메리카 대륙 하나만 해도, 유럽인은 불과 몇 세대 동안 아메리카 인구의 95퍼센트를 감소시켰다. 식민지 개척자들은 자신들의 언어, 문화, 종교를 '패배한 집단'에 강요했다. 1920년대에 대영제국은 세계 인구의 20퍼센트 이상(지구의 약 4분의 1)을 지배한 세계 최대의 제국이었고, 프랑스는 전 세계 땅덩어리의 10분의 1을 지배했다.

그러나 라말레라 부족은 렘바타의 외진 곳에 있는데다 이렇다 할 자원이 없어서 최악의 만행을 면했다. 1600년대 중반에 포르투갈 사람들이 백단향sandalwood* 무역을 보호하기 위해 구축했던 요새를 (물자를 공급하기가 너무 어렵다는 이유로) 포기한 후, 유럽인은 솔로르 군도에 영구적으로 머물려 하지 않았다.[25] 지나가는 선박이 신선한 식수를 찾기 위해 해안에 정박했다가 나무껍질을 뒤집어쓴 채 (날카로운 염소 뼈로 만든 화살촉이 달린) 활을 쏘는 남자들에게 공격당하기 일쑤였다. 그러자 유럽인은 그들을 식인종이라 여기고 두려워하며 렘바타 섬을 피해 가기 시작했다.[26] 네덜란드가 포르투갈로부터 솔로르 군도를 매입한 1850년경에 네덜란드의 한 공무원은 이렇게 썼다. '우리가 라말레라 사람들에 대해 아는 유일한 사실은 고래를 잡으며 살아가는 야만인으로서 포르투갈인은 물론 네덜란드인에게도 충성을 맹세하지 않는다는 것이다.' 그리고 19세기 후반에 네덜란드의 한 공무원은 '렘바타 섬 내부를 방문한 유럽인은 단 한 명도 없다'고 썼다.[27]

그런데 인도네시아 서부에 대한 지배를 공고히 하면서 네덜란드는

---

* 열대지방에서 자생하는 나무로, 기름을 채취해 향수의 원료로 사용한다.

그 동쪽에도 관심을 기울이게 되었다. 1910년 한 무리의 네덜란드 병사들이 렘바타를 방문해 인구조사를 하고 (무역을 통해 얻은) 조악한 라이플을 압수했다. 그리고 얼마 지나지 않아 독일의 보데 신부가 도착했다. 하지만 제2차 세계대전 이후 인도네시아에 대한 권리를 포기했을 때, 네덜란드는 라말레라 사람들의 행동거지에 대한 정보를 거의 갖고 있지 않았다. 코코아와 코코넛을 간혹 세금으로 징수하는 것 외에 식민지 개척자들은 원주민에게 거의 관심을 기울이지 않았기 때문이다.

식민주의가 붕괴한 후에도 산업화는 여전히 지구를 점령해갔다. 상승하는 생활수준은 수렵채집인을 도시, 전화, 라디오, TV에 이끌리게 했고 결국에는 인터넷이 등장해 할리우드 영화와 영국의 록 음악을 '종전에 도달할 수 없었던 곳'으로 전송했다. 승용차, 기차, 비행기는 한때 방패로 작용했던 거리를 뛰어넘었다. 오스트레일리아나 러시아 같은 나라는 원주민 아이들을 강제로 기숙학교에 보냈고, 토속어 사용을 금지했으며, 국민적 일체감을 함양하기 위해 원주민 부족의 존재를 부인했다. 값나가는 천연자원(예를 들어 훼손되지 않은 숲, 석유 등)의 소유권을 주장하는 원주민(예를 들어 아마존인)은 그것을 가로채려는 자들에게 아직도 학살당하고 있다. 지금으로부터 5세기 전까지만 해도 수렵채집인이 오스트레일리아의 전부,[28] 북아메리카의 대부분, 남아메리카·아프리카·아시아의 상당 부분을 차지하고 있었지만 새천년이 밝아올 무렵에 거의 자취를 감추었다.

그리하여 2016년에는 약 7,100개의 언어가 남았는데,[29] 이는 언어의 다양성이 최고조에 달했던 기원전 12세기의 약 7퍼센트 수준이다. 게다가 언어가 사라지는 속도는 갈수록 빨라졌다. 현재 생존하는 언어 중에서 1,000명 이상의 '살아 있는 원어민'을 보유한 언어는 1,500개에 불과한데, 그들 중 대부분은 고령자여서 생존을 장담할 수 없다(언어가 생존하려면 임계량critical mass 이상의 유창한 원어민 청년들이 필요하다). 한 학자의 추정에 따르면 '2100년이 되면 현존하는 언어 중 무려 90퍼센트가 사라지고 겨우 700개의 언어만 살아남을 것이며, 전 세계 인구는 주로 영어, 중국어, 스페인어로 의사소통을 하게 될 것'[30]이라고 한다. 그 학자의 말대로라면, 매달 두 개의 언어와 그에 수반되는 문화 – 원주민의 특징을 총체적으로 보여주는 수천 년에 걸친 역사, 철학, 생활 방식, 종교, 전통 – 가 사라져간다[31]는 것이다. 물론 언어와 문화는 시간이 경과하면서 영고성쇠榮枯盛衰를 거치게 마련이지만, 현재 인류가 경험하고 있는 상황은 전 지구적으로 벌어지는 동식물의 대량멸종과 궤를 같이하고 있다. 인류의 역사는 크고 작은 문화의 멸종으로 점철되었지만 우리는 유례없는 속도와 규모로 밀려오는 파도에 직면해 있다.

프랑스를 비롯한 라말레라 마을의 대표들이 이게게렉을 둘러싼 불미스러운 일을 사과하러 시프리의 집에 도착했을 때, '세상의 주인'은 반갑다는 뜻으로 인도네시아 동부의 전통적 기호 식품인 *시리피낭*sirib pinang* 한 접시를 내왔다. 그들은 한 사무실에 들어가 론체어lawn chair** 에 앉았는데, 주변에는 후줄근한 성경책과 (캐비닛 위에 놓인) 상자 모양의 TV밖에 없었다. 자물쇠가 달린 목제 캐비닛의 서랍 속에는 조상 대대로 전해 내려오는 가보가 숨어 있었다. 오래되어 하얗고 푸석푸석해진 악어 비늘 다섯 개(시프리는 이게 '세상에 마지막으로 남아 있는 용의 비늘'이라고 믿었다), 타원형으로 다듬은 상아(상아색 달걀처럼 생겼다), 호두만 한 크기의 돌멩이 네 개(하나는 회색, 하나는 빨간색, 두 개는 하얀색인데 다른 사람들이 보기엔 별것 아

---

* 이 책의 뒷부분에 나오는 '라말레라어 용어 해설'을 참조하라.
** 캠핑용 접이식 의자.

니지만 시프리는 옛날 옛적의 누바나라와 마찬가지로 조상님들의 힘이 담겨 있다고 믿었다). 대부분의 라말레라 사람은 명절에만 조상님께 진수성찬을 대접하고 상당수는 명절조차 쉬지 않지만, 그는 규칙적으로 그 영물들에 (코코넛 껍질로 만든 그릇에 담긴) 달걀노른자와 투악을 바쳤다.

프란스는 예의상 '시프리가 이게게렉을 주관하지 않은 이유' 대신 '이게게렉이 성사되지 않은 이유'를 물었다. 공손함을 가장 중시하는 라말레라 사회에서는 상호 간에 체면을 살려주기 위해 시시비비를 가리지 않는 게 필수적이다. '누군가의 잘못을 노골적으로 지적하지 않는다'는 원칙은 너무나 중요하므로, 예의 바른 인도네시아와 라말레라 사람들은 민감한 주제를 논할 때마다 수동태 문장을 구사한다.

시프리는 리카텔로가 자신에게 적절한 경의를 표하지 않았다고 불만을 토로했다.

프란스는 자신들의 불찰을 사과하며 직접 의식을 거행하거나 젊은 친척을 지정해 의식을 대신 거행하게 해달라고 간청했다.

시프리는 단언했다. "내년부터 의식을 다시 치르도록 하겠소. 그러나 분명히 해둬야 할 것이 있소. 올해는 우존과 부족 간에 공감이 부족했소."

예의와 격식을 중히 여기는 라말레라 마을의 원로들답게 도합 네 명의 원로는 한 시간 동안 번갈아가며 자신의 의견을 장황하게 개진했다. 시프리는 점점 더 격앙되어 시뻘게진 눈가에 맺힌 눈물을 앙상한 손가락으로 훔쳤다. 치료받지 않은 눈병 때문에 간혹 눈물이 그의 기다란 콧날을 따라 흘러내렸던지라 이날 오후 콧물까지 동반한 그의 눈물은 눈병 때문인지 슬픔 때문인지 판단하기 힘들었다.

"조상님들의 방식이 사라져가고 있소." 시프리는 경고했다. 그는 라말레라 사람들이 자신의 가문에 범한 무례를 일일이 나열했다. 정글을 불도저로 밀어 길을 낸답시고 '신성한 돌'을 건드린 것에서부터 자신에게 '고래의 눈'을 적절히 갖다 바치지 않은 것에 이르기까지. 그는 이렇게 으름장을 놓았다. "만약 내가 고래를 부르지 않는다면 라말레라 부족은 기근을 면하기 어려울 것이오."

시프리가 분통을 터뜨린 이면에는 우존의 중요성이 최근 서서히 감소해왔다는 위기감이 도사리고 있었다. 과거에 영적인 지도자로 추앙받았던 그들이 2014년에는 일부 라말레라 사람들에게 사기꾼이라는 소리를 들었다. 그들이 한때 누렸던 이익은 이제 불이익으로 바뀌어버렸다. 즉 과거에는 가파른 절벽 꼭대기에 있는 집이 침입자들로부터 그들을 보호해주었지만 오늘날에는 주민들로부터 그들을 격리시키고 있다. 또한 과거에는 극단적인 보수주의가 그들을 라말레라 사회의 정점에 서게 해주었지만 오늘날에는 다른 가문들이 향유하는 혁신을 받아들이지 못하도록 가로막고 있다. 그들이 챙기는 물질적 이익이라곤 고래의 머리에서 가외로 얻는 고기밖에 없었는데, 최근에는 그것마저도 일부 가문에 가로채이고 있다. 한마디로 '세상의 주인들'은 주인의 지위에서 점점 더 멀어져가고 있다.

라말레라 문화에서 감정은 엄격하게 통제된다. 그러나 너무 빈번히 억압되는 좌절감은 간혹 폭발적으로 표현되게 마련이다. 분노가 극에 달한 시프리는 급기야 이렇게 천명했다. "만약 내년에 조상님들의 방식을 회복하지 않는다면 라말레라 부족은 흑염소의 저주(물론 이것은 레포레인 가문의 멸망을 초래한 저주와 동일한 것이다)를 받을 것이오. 이게게렉을 거행하는 대신 나는 황혼이 질 무렵 흑염소 한 마리를 끌고 정글로 들어갈 것이오. 나는 무덤을 하나 판 후, 우는 염소를 그 언저리에 앉힐 것이오. 그러고는 칼로 염소의 폐를 찌른 후 무덤에 던질 것이오. 폐가 찢어진 염소는 숨이 막힌 채 피를 흘리다 죽을 것이오. 염소는 저주인형voodoo doll처럼 행동할 것이므로, 라말레라 부족은 질병으로 고통을 받고 그들의 선단은 사고로 침몰할 것이오." 참고로, 흑염소는 우존 가문이 제물로 바치는 동물의 목록 – 닭, 물소, 양 등 – 에서 가장 강력한 마력을 지닌 제물이며, 라말레라의 마법에서는 핵폭탄급 옵션이다. 시프리는 시종일관 (라말레라 청년들에게는 금시초문인) 으스스한 고대 설화를 인용함으로써 예언자적인 인상을 가득 풍겼다.

시프리는 마지막으로 이렇게 타일렀다. "라말레라 사람들은 선외 모터를 포기하고 '노 젓기와 돛 올리기'로 돌아가고, 코로하마가 약속했던 것처럼 조상님을 섬기고 우존들에게 형제의 예를 다해야 하오. 그것만이 살길이오."

안타까운 침묵 속에서 분루를 삼킨 후 프란스는 "리카텔로를 조만간 '세상의 주인'에게 데려오겠습니다"라고 맹세했다. 그러나 그는 쿠파가 자신의 말에 콧방귀를 뀔까봐 걱정이 태산이었다. 설상가상으로 그는 알고 있었다, 라말레라 사람들이 선외 모터를 포기하지도, (한때 그랬던 것처럼) 우존을 공경하지도 않을 것임을. 세상이 변해도 너무나 많이 변했다는 것을.

프란스는 라말레라로 돌아가, 가장 신뢰할 만한 원로들을 제외한 모든 사람에게 '임무를 성공리에 수행했다'고 말했다. 솔직히 말해 그는 인사치레로 '레월레바에 갔던 일은 잘됐나요?'라고 묻는 사람들에게만 대답했을 뿐이었다. 상당수의 젊은 고래잡이는 우존이 주관하는 의식에 더 이상 관심을 기울이지 않았다. 프란스는 시프리에게 동정심을 느꼈다. 그는 개인적으로 '조상님들의 방식'을 충실히 옹호했으므로, 대부분의 가문이 존손으로 갈아탄 후에도 한참 동안 케나푸카를 운항해왔다. 그러자 가문의 구성원들은 그에게 '선외 모터를 사용하자'고 요구하거나, '차라리 다른 가문의 배를 타겠다'고 으름장을 놓았다. 그러나 다른 한편으로 그는 '라말레라 사람들이 시대의 변화에 적응해야 한다'는 것과, '설사 옛 방식을 선호하더라도 대다수 가문 사람들의 소망을 존중해야 한다'는 점을 인식하고 있었다. '신중하게 분명한 의도를 가지고 접근한다면 현대 세계에 합류하면서도 문화를 보존할 수 있다'는 것이 그의 확고한 신념이었다. 그런 신념이 없었다면, 사랑하는 딸 베나를 레월레바의 대학에 보내지 않았을 것이다(물론 그녀는 반드시 돌아오겠다고 약속했지만).

프란스는 수년간 부족을 이끌고 이 같은 중도 노선을 걸으면서 과거와 미래를 사려 깊게 결합하려 애써왔다. 2001년 해변평의회에서 존손의 금지 여부를 놓고 격론이 벌어졌을 때, 그는 '모터보트가 다른 사냥감을 쫓는 것을 허용하되 향유고래는 테나 전용 사냥감으로 남겨놓는다'는 타협안이 도출되는 데 기여했다. '조상님들과 마찬가지로 라말레라 부족은 늘 고래 사냥에 종사해야 한다'는 신성불가침의 원칙에 입각해, 설사 존손에 예인되어 사냥감에 접근할지언정 테나는 존손에서 풀려난 후 노를 저어 남은 거리를 가야 했다. 그가 궁극적으로 우려하는 것은, 자신과 같은 중도 세력이 영향력을 상실할 경우 열렬한 신봉자들 - 진보가 되었든 보수가 되었든 - 이 단결 정신을 망각하고 과격한 투쟁에 휘말려 부족 전체를 멸망의 구렁텅이에 빠뜨릴 수 있다는 것이었다.

4월 30일 늦은 오후에 욘, 이카, 프란스를 비롯한 라말레라 사람들은 미사아르와에 참석하기 위해 해변으로 내려왔다. 화산의 그림자 위에서 비추는 오후의 은은한 햇빛이 바다에 반사되어 군중을 부드럽게 어루만졌다. 모든 사람은 예배복 차림으로, 남자들은 전통적인 체크무늬 사롱 위에 버튼다운 셔츠를 입었고 여자들은 고래·만타가오리·테나무늬로 장식된 사롱 위에 블라우스를 걸치고 있었다. 그런데 그들의 움직임이 왠지 부자연스러웠다. 모처럼 차려입은 정장이 어색하기도 하려니와, '값비싼 옷이 망가질지 모른다'고 걱정하는 기색이 역력했다. 공식적인 행사임에도 많은 사람들이 모래밭에서 맨발로 돌차기 놀이를 했다. 그러나 모래밭의 열기가 아직 가시지 않았으므로, 발가락 사이의 예민한 부분을 보호하기 위해 발가락을 잔뜩 오므렸다.

그들은 바닷가 한복판에 자리잡은 아담한 파란색 예배당 앞에 모였다. 이등분된 부표 위에 심은 고사리가 하얀색 시트로 뒤덮인 제단을 에워싸고 있었다. 제단 위에는 양초가 가지런히 놓여 있었지만, 양초의 불꽃은 햇빛에 압도되어 거의 보이지 않았다. 미사의 집전을 돕는 소년이 마이크를 손톱으로 톡톡 건드리자 부스럭부스럭하는 소음이 바닷가에 울려 퍼졌다. 로모Romo 신부가 짧은 기도로 의식을 시작했다.

성가대의 노래가 작은 만灣을 '천연 성당'으로 바꿔놓았다. 이카 하리오나는 성가대원이었는데, 그녀의 목소리는 마치 비둘기 떼에서 하늘로 솟구쳐 오르는 한 마리 비둘기 같았다. 그녀의 허스키한 알토를 돋보이게 하는 요소는 '디바diva의 힘' 때문만이 아니라 (마치 기침감기에서 방금 회복한 것처럼) 가슴에서 우러나오는 '기쁨 어린 거칢' 때문이기도 했다. 그녀는 턱을 치켜들고, 어깨를 올리고, 양손을 맞잡은 채 부동자세로 노래했지만 가느다랗고 뻣뻣한 목 속의 굴근flexing muscle만은 예외였다. 그녀의 얼굴에 드리웠던 걱정의 그림자는 사라졌고, 초조한 표정은 기쁨이 충만한 표정으로 바뀌었다. 그녀는 자신이 살아온 19년간의 인생을 관조하는 듯했다.

테낭-테낭 멘다융,　　　　　　잔잔하고 고요하게 노 저어라,
디달람 옴바크 셀레파스 판타이.　파도가 해변을 어루만지는 동안.

테낭-테낭 메레눙,   백일몽은 잔잔하고 고요하다,

디텡아 타우판 히두프 양 라마이,   삶의 태풍 한복판에서,

디텡아 타우판 히두프 양 라마이.   삶의 태풍 한복판에서.

빌라 테르바와 아루스 디달람 도아.   만약 해류에 휩쓸려 떠내려간다

면 기도하라.

라우트 테레낭.   이 바다를 능히 헤엄쳐 건너리니.

사브다 펭구앗 도아.   말씀에 몸을 맡겨라.

레사프칸라 디다사르 하티무   말씀이 너의 심장 깊숙이 잠기게

하라

세달람 라웃 메단 히두프무.   그러면 너의 삶이 바다만큼 깊고

넓어질 테니.

하얀색 조끼 위에 자줏빛 스톨 stole *을 두른 로모 신부는 교구에서 기록하기 시작한 1916년 10월 이후 바다에서 잃은 고래잡이 39명의 명단을 읽었다. 그리고는 더욱 과거로 거슬러 올라가, 이름 없는 사망자(이를 테면 '아무개의 증조부')를 계속 호명했다. 마침내 조상님의 시대에 이르자 그는 선원의 이름을 더 이상 부르지 않고 '폭풍이나 흉포한 고래에게 희생된 선원 일동'이라고 뭉뚱그려 불렀다. '과거와 현재의 모든 라말레라 사람'을 호명함으로써 출석 확인은 종료되었다.

태양이 화산 너머로 넘어가고 해변에 어둠이 찾아왔다. 로모 신부가 하느님과 천국과 지옥에 대해 설교하는 동안 흰꼬리수리들이 (마치 잠들지 않은 영혼들이 무덤으로 돌아가듯) 산꼭대기의 둥지를 향해 날아

---

* 여성이 어깨에 두르는 긴 숄. 또는 사제가 어깨에 두르는 그와 비슷한 천.

갔다. 배경이 어두컴컴해지자 제단 위의 촛불이 빛을 발했다. 어둠 속에서 보이지 않는 박쥐들은 잠들지 않은 영혼들처럼 공기를 휘저었다. 바다와 하늘이 합쳐져 우주의 암흑이 되었다. 라말레라 사람들은 예수의 몸을 먹고 예수의 피를 마시기 위해 줄을 서서 기다렸다.

　마을 사람들이 성찬용 전병과 포도주를 삼킨 후 로모 신부는 (작은 돛을 세우고, 핑크빛 난초와 하얀색 플루메리아 꽃으로 장식한) 미니 테나에 세 개의 촛불을 밝혔다. 그는 테나를 들고 군중 사이를 지나 해안선까지 내려갔다. 기대감에 찬 군중이 조용히 고개 숙여 절할 때, 쇼어브레이크shorebreak* 속에서 조개껍질 부스러기가 달가닥거렸다. 로모 신부는 테나를 역류backwash** 위에 내려놓아, 거품에 실려 경사면을 따라 내려가 이안류rip current에 떠내려가도록 했다. 1,500쌍의 눈이 '출항하는 촛불'을 쫓았다. 미사아르와에 참석하기 위해 다른 섬에서 방문한 라말레라 사람들이 휴대전화 카메라로 플래시를 터뜨릴 때, 해변에서는 기계적 번개mechanical lightning가 치며 섬광이 번뜩였다.

　잠시 후 해변에서는 촛불의 향연이 벌어졌다. 아버지들이 난쟁이 테나의 갑판에 촛농을 조금 붓고 양초를 선체에 고정하자 자식들이 일제히 난쟁이 테나를 바다에 띄웠다. 전통을 비교적 중요시하지 않는 일부 가족들은 배 대신 스티로폼 판을 사용했다. 얼마 후 성냥불 같은 등불을 비추는 장난감 배들이 함대를 형성했다. 친척을 잃은 가족들만 배를 띄우는 게 관습이지만 라말레라 사람들은 '한 다리 건너면 다 아는 관계'이기 때문에 그런 가족의 비율은 절반쯤이었다. 나머지 사람들은 모래밭에 뚫은 구멍에 촛불을 피우고 바닷바람에 휘날리지 않도록 보호

---

* 해안가 인근에서 부서지는 파도.
** 해변에 밀려왔다 되쓸려 나가는 파도.

미니 테나 띄우기.

벽을 쌓았다. 몇몇 라말레라 사람은 모래 구덩이 속에 플루메리아 꽃잎 한 줌, 난초 몇 포기, 오색으로 빛나는 반짝이 몇 줌을 뿌렸다.

모든 배가 바다로 떠난 후 로모 신부는 부족과 함께 주기도문을 외웠다. 뒤이은 침묵 속에서 모든 라말레라 사람은 각자 자신의 소망을 빌었다. 각자의 우주와 꿈을 대변하는 1,500개의 촛불이 사우 해에서 부는 바람에 흔들렸다.

욘은 라마파가 되어 가족을 배불리 먹이고 싶었다. 그러나 그런 소망

미사아르와.

의 이면에는 '자카르타로 떠나 멋진 소녀들과 쇼핑몰에서 데이트를 하고, 돈을 많이 벌어 경주용 오토바이를 사고 싶다'는 공상이 또한 자리 잡고 있었다. 이카는 중학교와 고등학교를 거쳐 대학에 가는 꿈을 꾸고 있었지만, 이미 늦은 나이임을 생각하고 욕망을 스스로 억제함으로써 절망의 구렁텅이에 빠지지 않으려 했다.

프란스는 조상님들께 가문의 번영, 고래 사냥 실적 증가, 우존과의 관계 개선을 빌었으며 개인적으로는 미사아르와를 한 번 더 볼 수 있기를 바랐다. 그러나 사냥꾼들의 미래는 장담할 수 없었다. 그의 처남인 이그나티우스는 방금 전 가까운 곳에서 (프란스의 아내이자 자신의 여동생인) 마리아와 함께 배를 준비하고 있었다. 만약 20년 전 바다에서 표류하다가 스파이스아일랜더에 발견되지 않았다면, 가족들이 그 배를 촛불과 함께 자신을 향해 띄웠을 것이다. 프란스는 자신을 버리고 갔던 일에 대해 이그나티우스의 사과를 받아들인 지 이미 오래였다.

'탈레 토우, 케무이 토우, 오나 토우, 마타 토우.' 부족의 단합과 단결은 최우선적 고려 사항이었다.

이그나티우스의 가족은 스티로폼 판 위에 네 개의 촛불을 실어 보냈는데, 그 촛불은 아버지와 세 아들의 마음이 담긴 것이었다. 미사아르와는 공식적으로 희생된 고래잡이들만 추모하는 의식이었지만 그들은 거의 1년 전 말라리아로 세상을 떠난 아내이자 어머니인 테레세아를 추모했다. 이그나티우스는 아내를 잃고 크게 상심한 나머지, 때로 그녀가 있는 곳으로 가고 싶어 했다. 그는 일흔을 바라보는데도 여전히 자신은 탁월한 라마파라고 믿고 있었다. 그러나 자신이 떠난 이후를 대비해 자식들을 훈련시키기로 결심했다. 그리하여 최근에는 자신이 보유한 테나의 하마롤로를 장남인 요세프에게 물려주었다. 요세프와 차남인 온두는 모두 오래전에 라마파가 되었지만 막내아들인 벤은 아직 라마파가 아니었다. 이그나티우스는 그해에 벤이 라마파가 되기를 간절히 바라고 있었다.

그러나 그 순간 벤은 관광지로 유명한 발리 섬으로 이주하려는 비밀 계획이 실현되기를 기도하고 있었다. 그리고 아버지가 자신의 일탈에 상심하지 않고 '만약 라말레라에 머문다면 현대 생활을 그리워하다 미쳐버릴 것'이라는 자신의 심정을 이해해주길 바랐다.

모든 촛불이 점화된 후 라말레라 사람들은 한목소리로 "할렐루야! 할렐루야!"를 외쳤다. '불타는 선단'은 해류에 이끌려 암흑 속으로 들어갔다. 난쟁이 배들은 임자를 구분할 수 없을 정도로 까마득히 멀어져갔다. 그 배들은 탐험선이었을까, 아니면 피난선이었을까? 무슨 메시지를 바깥세상에 전달했을까? 어떤 촛불은 만灣을 벗어나지 못했으리라. 촛농의 불균형이 심화되면서 미니 테나가 1분마다 하나씩 기우뚱거리다 결국에는 뒤집혔을 것이다. 어떤 배에는 물이 들어가 '쉿' 소리와 함께 시커먼 연기를 뿜으며 침몰했을 것이다. 그러나 어떤 배들은 시야에서 사라질 때까지 불꽃을 유지했을 것이다. 마침내 누구의 배가 만灣에서 좌초했는지, 누구의 배가 뒤이은 여정에서 전복되었는지, 누구의 배가 조상님이나 (수평선 너머에서 기다리는) 바깥세상에 도달했는지 도무지 알 수 없게 되었다.

4

~~~~~~~~

언어 정화

2014년 6월 27일 ~ 2014년 7월 말

욘

'조상님들이 부족을 굶겨 죽일 것'이라는 시프리의 협박에도 불구하
고 라말레라 사람들은 (사냥 시즌의 두 번째 달인) 6월 말 현재 여덟 마
리의 향유고래를 잡았다. 그 정도면 예년의 평균치를 약간 웃도는 실적
이었다. 어떤 소문쟁이들은 '마을의 원로들이 시프리의 친척 중 한 명
을 설득해 시프리 대신 미니 이게게렉을 거행한 게 틀림없다'고 수군
거렸다. 시프리는 뒤이어 '라말레라 부족이 아무리 불손해도 굶어 죽게
내버려둘 수가 없어서, 생활 방식을 바꾸지 않았음에도 고래들을 불러
들인 것이다'라고 주장했다.

그러나 6월 27일, 조상님들은 기어코 복수를 했다. 그런데 복수의 대
상은 부족 전체가 아니라 개인인 욘 하리오나였다. 사람들은 나중에(욘
이 '발레오'에 화답하며 볼리사팡의 맨 앞에 놓인 거대한 베파제 노를 선점한 후) 최소한 그렇
게 추측했다. 왜냐하면 그에게 닥친 일*을 달리 설명할 방법이 없었기

때문이다. 어떻게 안전로프가 끊어진 데 이어 작살끈마저 욘을 휘감아 꼼짝 못하게 만들었을까? 어떻게 테나가 뒤집힌 후 욘이 조상님의 현신現身인 코테켈레마에게 끌려 바닷속으로 들어갔을까?

욘은 그날 바다에 빠졌을 때 가장 기분 좋은 기억 중 하나를 떠올렸으니, 어린 시절 친구와 함께 작살로 물고기를 잡던 일이었다. 보름달이 떴을 때 그들은 화산암으로 이루어진 라말레라 옆의 곶岬으로 올라가, 쇠로 된 작살촉을 (한때 시뻘건 용암이었던) 돌에 갈아 날카롭게 만들었다. 달은 조수 웅덩이를 은빛으로 물들여 '수은 한 냄비'로 만들고, 쇄도하는 파도의 어깨에 '야광 털목도리'를 두르고, 맹렬히 부서지는 포말을 '다이아몬드 폭포'로 변신시켰다. 물결이 간간이 잔잔해진 틈을 타, 두 소년은 사냥 장비를 챙겨 칠흑 같은 바다로 뛰어들었다.

두 어린 사냥꾼은 숨을 헐떡이며 라말레라 만의 해식애sea cliff**와 산호 정원을 따라 헤엄쳤다. 친구는 방수 손전등으로 바닷속을 샅샅이 비추며 앞서나갔고, 욘은 나무로 만든 작살총***을 움켜쥐고 그 뒤를 쫓았다. 작살총에는 예리하게 연마된 작살이 장전되어 있었는데, 발사체인 작살에 추진력을 제공하는 것은 (낡은 오토바이 타이어의 트레드에서 잘라낸) 거대한 고무 밴드였다. 그들이 찾는 사냥감은 (국화꽃 봉오리처럼 생긴 조개에 촉수를 뻗은) 오징어나 (미처 변장하지 않은) 문어였다. 욘은 몇 센티미터 떨어진 곳에서 (마치 해먹에 누운 듯) 잠자는 물고기에 총구를 겨누었다. 총구를 떠난 작살은 물고기의 꿈을 박살냈다. 피구름이 널리 퍼져 나가는 가운데 관통상을 입고 몸부림치던 물고

---

* 이 책의 '프롤로그'를 참조하라.
** 파도, 조류, 해류 등의 침식으로 깎여 해안에 형성된 절벽.
*** 작살총은 고무줄의 탄성을 이용해 작살을 발사하며, 기본 원리는 Y자 모양의 새총과 같다. 작살을 총신 손잡이의 발사 기관에 꽂은 뒤 총의 머리에 연결된 고무줄을 뒤로 당겨 금속이나 끈으로 만든 갈고리로 작살 위에 건다. 방아쇠를 당기면 손잡이의 걸림쇠가 풀리면서 작살이 앞으로 발사된다.

기가 해저에 가라앉자 욘은 한쪽 엉덩이 옆에 묶여 있던 밧줄을 살며시 풀었다. 사냥이 계속되면서 그의 허리춤에서는 보석 같은 물고기들이 반짝이기 시작했다. 베릴 아쿠아마린beryl aquamarine 덩어리처럼 생긴 파랑비늘돔parrot fish, 라피스 라줄리lapis lazuli 돌멩이처럼 생긴 일렉트릭 블루 탱피시electric-blue tang fish, 황금 사슬에 감긴 사파이어 조각처럼 생긴 에인절피시angelfish.

작살로 물고기를 잡던 시절, 욘은 한 번 잠수할 때마다 2분 이상 물속에 머물 수 있었다. 작살끈에 엮인 채 잠수하는 고래에게 끌려 내려가는 지금, 그는 산소를 아끼기 위해 온몸의 힘을 뺐다. 위장의 한구석이 쓰려오기 시작했다. 토사물처럼 치밀어 오르는 속쓰림 속에서 생각이 하나둘씩 가물가물해지다가, 마침내 조부모와 여동생들에 대한 걱정까지 사라졌다. 그를 지탱해준 건 단 하나, '입을 벌리면 안 된다'는 원칙이었다. 그는 절대로 죽지 않을 거라고 스스로 다짐했다. '달리 방도가 없는 사람들'에게 남은 건 믿음밖에 없었으므로, 그는 간절한 믿음으로 기도했다.

잠시 후 그는 하강을 멈추었다. 고래가 팽팽히 잡아당겼던 밧줄이 곡선을 그리면서 그의 발목을 옥죄었던 올가미가 느슨해졌다. 그는 손가락을 살금살금 올가미 속으로 넣어, 마치 양말을 벗듯 밧줄을 끌어내렸다. 바닷속 깊은 곳 어디에선가 그보다 먼저 산소가 떨어진 향유고래가 수면으로 올라가고 있었던 것이다. 더 빨리 부상하려고 몸부림을 치는 동안 그는 자신이 걱정했던 만큼 깊이 끌려 내려오지 않았음을 깨달았다. 극심한 공포감과 통증 때문에 호흡과 이성이 마비되어 판단력이 흐려진 게 원인이었다.

마침내 수면 위로 고개를 내밀었을 때, 첫 번째 심호흡과 함께 그의 오감五感이 되살아났다. 그의 청각이 재부팅되는 순간, 온 세상의 스피커가 일제히 볼륨을 높였다. 날카로운 비명소리, 수면을 찰싹 때리는 노 소리, 드르륵 하는 보트 엔진 소리 때문에 고막이 터질 것 같았다. 뒤이어 고래가 천둥소리를 내며 수면 위로 솟구쳤다. 그는 뒤집힌 볼리사 팡을 향해 물장구를 치려 했지만 아드레날린의 마취 효과가 약화되고 있었다. 오른다리에 죔쇠 - 거의 곰덫 bear trap 수준 - 를 채운 듯 어마어마한 통증이 몰려왔다. 그는 수영을 포기하고 물에 뜬 상태라도 유지하려고 안간힘을 썼다.

누군가가 스로틀 밸브를 잠가 엔진의 소음을 잠재웠다. 그의 옆에서 밧줄 하나가 물거품을 일으키며 첨벙거렸다. 그가 밧줄을 움켜쥐자 존손인 알라자티 Ala Jati의 선원들이 그를 배 곁으로 끌어당겼다.

누군가가 안타까운 목소리로 말했다. "욘, 어서 올라와."

"싫어요." 그가 대답했다.

그는 실수를 감추려 했지만 부질없는 일이었다. 그의 다리를 보고 아연실색한 선원들은 앞다투어 손을 뻗어 그를 보트 위로 끌어올렸다. 굵은 눈물방울이 턱에서 뚝뚝 떨어지는 가운데, 그는 선원들이 눈물과 물방울을 구별하지 못하기를 바랐다. 알라자티의 선원들은 그를 에워싸고 다리가 부러졌는지를 살폈다.

"롤로 Lolo~." 누군가가 말했다. 그건 욘의 어린 시절 별명으로, '엄마가 너무 산만하여 아들을 잘 돌보지 않는다'고 해서 얻은 이름이었다. 그래서 그는 울며불며 온 동네를 아장아장 걸어 다닌 것으로 유명했다 (별명을 붙인 사람은 욘을 늘 챙겨준 프란스의 아내였다). "롤로, 많이 아파?"

웬만한 건 속일 수 있지만, 극심한 통증을 속인다는 것은 불가항력이었다.

"참을 수 있겠어?"

"아뇨." 그는 숨이 넘어갈 듯한 목소리로 말했다. 어린 시절의 별명을 연거푸 부르며 안쓰러워하는 선원들을 보기가 민망했다. 고래잡이들에게 괜한 민폐를 끼친다고 생각하니 미안함을 넘어 수치심이 일었다.

스로틀 밸브가 완전히 잠겼는데도 귀항하는 배는 몇 시간 동안 백파*위에서 요동쳤다. 배가 한 번 흔들릴 때마다 그의 다리에서는 불꽃이 튀는 듯했다. 생명에는 지장이 없음을 깨닫자 알라자티의 선원들은 다른 배들이 사냥하는 장면을 지켜보았다. 가능한 한 눈물을 감추려 애쓰는 가운데, 연이은 질문이 그를 집요하게 괴롭혔다. "앞으로 고래 사냥을 계속할 건가?" "할아버지 할머니와 이카는 누가 먹여 살리지?" "약혼녀가 여전히 결혼하려 할까?"

해변에서는 여자, 아이, 노인들 – 사냥을 할 수 없는 사람이라면 누구나 – 이 그들을 기다리고 있었다. 절벽 위에서 존손 한 척이 만灣으로 들어오는 것을 바라보던 그들은 뭔가 잘못되었음을 직감했다. 부서지는 파도에 휩쓸린 알라자티를 보고 비명을 지르면서도 그들은 도대체 무슨 일이 일어났는지 파악하려 애썼다.

존손의 선체가 바위를 스칠 때, 한 선원이 소리쳤다. "욘이 밧줄에 다리를 다쳤어요!"

들것에 실려 보트에서 나와 부족원들 사이를 지나가는 동안 욘은 신음 소리를 내지 않으려 이를 악물었다. 욘의 숙모와 삼촌, 조카와 조카딸, 사촌·육촌·팔촌들 – 멀고 가까움의 차이가 있을 뿐, 해변에 서 있는 사람은 거의 모두 욘의 친척이었다 – 은 애처로운 마음으로 그를 쓰다듬었다. 그러나 다른 한편으로 그들은 그가 자신의 친아들, 친형제, 친아버지, 또는 가문을 부양하는 사람이 아님을 다행으로 여겼다.

군중 속에서 욘은 낯익은 – 일상생활을 속속들이 알고 있는 – 노인을

---

* 바람에 의해 하얗게 부서진 파도의 머리.

발견했다. 노인의 이름은 세바스티아누스 바타포르Sebastianus Batafor로, '웃자란 눈썹과 코털', 그리고 '이가 없어 움푹 들어간 볼' 때문에 실제 나이(70대)보다 더 늙어 보였다. 그 수척한 할아버지의 '텅 빈 오른쪽 소매'는 항복자의 백기白旗처럼 나부꼈다.

그 자신이 지금까지도 기억하는 1983년 8월 3일(수요일), 세바스티아누스는 자신의 가문이 소유한 테나의 하마롤로에서 뛰어내리며 자기보다 덩치가 큰 만타가오리를 찔렀다. 팔에 화끈거리는 통증을 느끼며 배로 헤엄쳐 돌아올 때, 물속에서 뭔가가 그를 잡아당겼다. 가오리가 오던 길로 되돌아가며 그의 두갈래근을 밧줄로 옭아맨 것이었다. 그는 올가미를 풀려고 애썼지만, 그의 가문 사람들이 밧줄을 한 방향으로 잡아당기는 순간 가오리가 반대 방향으로 도망쳤다. 그들과 가오리가 줄다리기를 하는 동안 밧줄이 그의 살을 파고들어 위팔뼈humerus를 드러냈다.

밧줄이 팽팽히 당겨졌을 때, 세바스티아누스는 올가미에 묶인 채 수면 아래에 머물러 있었다. 그는 동료들이 쩔쩔매는 모습을 어렴풋이 바라보면서 '만약 가오리가 밧줄을 세차게 끌어당긴다면 난 영락없이 익사하겠구나'라고 생각했다. 겨드랑이에 낀 올가미가 느슨해진 틈을 타, 그는 '상한 팔'을 올가미에서 빼냈다. 그러고는 '성한 팔'을 이용해 밧줄을 움켜잡았다. 그는 배의 측면으로 기어 올라가 다른 작살로 가오리를 처치하는 감투 정신을 발휘했다. 그것도 '상한 팔'을 이용해서.

그가 마을로 돌아오자 아내와 어머니는 정글에서 채취한 뿌리와 잎의 혼합물로 1주일 동안 상처를 치료했다. 암갈색 피부는 잠시 희어지는 듯했지만, 이내 부패하며 더욱 새까매졌다. 연락선을 타고 레월레바의 병원에 도착했을 때, 그는 뱃사람으로서의 명예를 지키기 위해 의연한 모습을 보이려 안간힘을 썼다. 다음 날 정오, 의사는 (자신에게 귀속될 책임을 회피하려는 듯) "설사 부상 입은 팔을 절단하더라도, 생존할 확률은 10퍼센트밖에 안 됩니다"라고 선언했다. 세바스티아누스는 가족에게 신을 믿는다고 결연히 말했다. 의사는 어깨뼈scapula에서 위팔뼈를 잘라냄으로써 '가오리가 시작한 일'을 마감하고, 썩어가는 살점을 메스로 도려냈다.

2주일 후 고향으로 돌아온 세바스티아누스는 본능적으로 사냥감을 찾아내는 신통력을 발휘했지만, 두 번 다시 사냥을 하지 않았다. 그 후 수십 년간 테나가 출항하거나 귀항할 때마다 해변으로 뛰어나와 '남은 팔'을 빌려주는 신세로 전락했다. 대부분의 라말레라 사람은 종종 웃통을 벗고 다녔지만, 그는 늘 셔츠를 입었다.

욘은 세바스티아누스를 라마파로 여긴 적이 단 한 번도 없었다. 음식물 찌꺼기가 담긴 양동이를 들고 부지런히 – 손이 하나이므로, 남들보다 두 배 많이 – 돼지우리를 드나들고, 초등학교 입구에서 아내가 만든 미니 케이크를 팔아 코 묻은 돈을 버는 노인일 뿐. 양쪽 다리로 걸음마쟁이 손녀를 보살피고 '남은 손'으로 쌀 곤죽 한 숟갈을 입에 퍼 넣는 '왕년의 작살잡이'를 바라볼 때마다 욘은 히죽히죽 웃음이 나오는 걸 참기 힘들었다.

만약 욘이 세바스티아누스에게 '외팔이로 사는 것'의 의미를 물었다면 '한 팔은 뭔가를 죽일 힘을 잃었지만 다른 팔은 뭔가를 사랑할 기회를 얻었다'는 대답이 돌아왔을 것이다. 맞다, 그는 바다에 더 이상 나갈 수 없게 된 것을 단 한 번도 후회하지 않았다. '라말레라에서 가장 존경받던 1인'에서 '가장 측은한 사람'으로 추락한 것은 고통이었다. 그러나 성장한 손녀가 할아버지의 앙상한 손 – 젖먹이 시절에 고이 안아주었고, 걸음마를 배울 때 균형을 잡아주었고, 라말레라 앞바다에서 뛰노는 만타가오리를 가리켰던 손 – 을 기억했을 때, 모든 고통과 시름이 이슬처럼 사라졌다. "신은 불가사의한 방법으로 역사役使한다." 그는 종종 그렇게 말했다. 그건 상투적인 설교가 아니라 그 자신이 스스로 터득한 지혜처럼 들렸다. 그러나 세바스티아누스에게서 자신의 미래 모습을 본다고 생각하자 욘은 등골이 오싹해졌다.

가파른 비탈길을 오르는 계단에 도착했을 때, 욘을 들것에 실어나르던 남자들은 숨을 헐떡였다. 그들은 맨 꼭대기의 집으로 올라가 욘을 대나무 침상 위에 눕히고 그의 바지와 속옷을 모두 가위로 잘랐다. 구경꾼들이 가득 찬 방에 실오라기 하나 걸치지 않은 채 누워 있었지만 욘은 완전히 기진맥진하여 불평할 수도 없었다. 누군가가 사롱으로 몸을 덮어주자 비로소 안도감이 들었다. 왜냐하면 바로 그때 여동생의 거친 목소리가 들렸기 때문이다. "욘, 무슨 일이야?"

뒤따라 들어온 요세프 보코는 충격에 빠져 말을 잇지 못하다가 옆에서 흐느끼는 그랜드마더 프란시스카를 부축했다. 빙 둘러선 채 내려다보는 가족의 눈에서 소나기 같은 눈물방울이 욘의 이마에 후드득 떨어졌다. 그도 가족과 함께 울었다. 그는 라마파가 되고 싶다는 꿈이 산산이 깨졌다고 생각했지만, 그보다 더 중요한 것은 가족의 기대를 저버렸다는 것이었다. 이미 고래 육포가 바닥났으므로 그들은 배가 입항할 때마다 해변에 나가 구걸을 해야 했다. 그리고 만약 불구가 된다면 (다른 섬에서 가사 도우미로 일하며 유복하게 살고 있는) 약혼녀가 어떻게 생각할까? 오랜 비웃음소리 – '넌 케펠라야!' – 가 귓가에 맴돌았다. 그는 한때 가족의 희망이었다. 이제 가족은 어떻게 되는 걸까?

한 무리의 여자들이 김이 모락모락 나는 함지박을 들고 사람들을 헤치며 들어왔다. 그녀들은 욘의 몸에 덮인 사롱을 걷어낸 다음, 그의 다리에 (강황, 쿠쿠이나무, 그리고 쿠쿠이나무 잎으로 만든) 연고를 발랐다. 연고를 바른 욘의 종아리는 후끈거리고, 통증은 악화되고, 피부는 노랗게 변했다. "건강해지고 싶으면 참아야 해"라고 그는 중얼거렸다. 연고를 다 바른 그녀들은 노래진 다리에 붕대를 감았다.

로모 신부는 뒤에서 기다리고 있었다. 그는 욘에게 축복을 내리고, 그의 머리에 플라스틱 묵주를 올려놓으며 앞으로 자주 사용하라고 단단히 일렀다. 왜냐하면 그가 걸핏하면 미사에 빠지는 걸 눈여겨봐왔기 때문이다. 잠시 후 욘은 물 대신 '쌀죽과 차의 혼합물' 한 바가지를 순식간에 들이켜 로모 신부를 놀라게 했다. 얼마나 배가 고팠으면!

과학적 근거가 없는 민간요법은 부질없는 일이었다. 며칠 후 도시에서 간호사 ─ 예쁘장한 미혼 여성 ─ 가 왔는데 욘은 그녀와 장난스러운 시선을 주고받았다. 자세를 뒤집은 그가 사롱을 내려 맨 엉덩이를 드러내자 그녀는 항생제 주사를 놓았다. 주사는 물론 아팠지만 더욱 아픈 것은 그 매력적인 여성이 욘의 약점을 훤히 들여다보고 있다는 것이었다.

그녀는 다리가 얼마나 아프냐고 물었다.

욘이 대답했다. "지독하게 아파요. 부러진 건가요?"

"아니에요. 하지만 내상이 있을지도 몰라요. 나중에 다시 확인해봐야겠지만 지금으로선 조심하는 수밖에 없어요." 그녀가 설명했다.

"날 너무 극진히 돌보지 말아요, 사람들이 오해할지도 모르니까요." 욘이 음흉하게 말했다.

그녀가 가고 난 뒤 욘은 아세트아미노펜을 여러 알 삼키고 깊은 잠에 빠져들었다. 자정이 조금 지나, 욘은 다리의 경련 때문에 신음하다가 잠에서 깨어났다. 길 건너편의 집에서 인도네시아 유행가가 요란하게 들려왔다. 그 집에는 그의 친구 벤 블리코롤롱이 아버지 이그나티우스, 사실혼 관계인 아내, 아들딸과 함께 살고 있었다. 금요일 밤이 되면 욘은 벤을 비롯한 다른 청년들과 어울려 투악을 마시고 구멍 난 스피커에서 흘러나오는 유행가 ─ 지금 들리는 바로 그 노래 ─ 에 맞춰 몸을 흔들곤 했다. 벤은 그것을 '디스코 파티'라고 불렀다. (라말레라 사회에서는 미혼 남녀가 벌이는 댄스파티를 허용하지 않았으므로, 소녀는 한 명도 참석하지 않았다.) 말라리아모기를 파리채로 후려치고 종아리를 지지는 듯한 통증을 견디려 애쓰면서 욘은 그런 '근심 걱정 없는 무리'에 두 번 다시 낄 수 없을지 모른다는 공포감에 시달렸다. 숨이 막힐 듯한 어둠 속에서, 존손에서 그를 괴롭혔던 걱정('호니가 아직도 나와 결혼하려 할까?')이 다시 찾아와 고문했다.

욘은 (핑크빛 꽃이 수놓인) 자주색 사롱을 − 마치 고치에 들어 있는 번데기처럼 − 머리에 뒤집어씀으로써 그믐밤의 적막함으로부터 자신을 보호했다. 그 사롱은 약혼녀인 호니에게서 선물 받은 것이었다. 다른 남자들은 꽃무늬 사롱 − 웬만한 라말레라 남자들은 체크무늬 사롱을 입었다 − 을 조롱했지만 욘은 그날 저녁 이카에게 그 사롱을 가져다달라고 특별히 부탁했다. 시간이 지나면서 자주색은 먼지가 묻어 황토색이 되었고 천의 가닥은 곱슬곱슬해져 있었다. 사롱에서 호니의 체취는 사라진 지 오래였고, 그의 땀과 시골 생활의 때가 덧씌워져 있었다. 그러나 눈을 감고 코를 벌름거리면 가끔 그녀의 체취를 맡을 수 있었다.

욘이 베로니카 '호니' 자가Veronika 'Honi' Jaga를 처음 만난 건 2013년 말레월레바 인근의 로앙이라는 마을에서 초등학교를 지을 때였다. 그는 젊은 여성을 만날 때마다 끈질기게 추파를 던졌는데, 그 부분적 이유는 라말레라 마을에는 젊은 여성이 귀하기 때문이었다. 아들들은 부모님이 시키는 대로 라말레라에 머물며 고래잡이가 되었지만 딸들은 화산 주변의 도회지에 있는 학교로 보내져, 학교를 졸업한 후에는 (집에서 생선을 요리하거나, 땔감을 구해 오거나, 우물에서 물을 길어 오는 대신) 그곳의 회사에 취직했다. 따라서 부족사회의 성비性比가 극도로 왜

곡되어, 젊은 남성들은 소수의 로맨스 파트너를 놓고 치열하게 경쟁해야 했다. 설상가상으로 상당수의 젊은 여성은 가까운 친척이어서 애당초 교제 대상이 아니었다.

욘이 라말레라에서 경험한 로맨스는 단 한 번이었는데, 그 경험은 그의 어깨에 전 여자친구의 초상화를 남겨놓았다. 그 문신은 아마추어 타투이스트 벤 블리코롤롱의 작품으로, 어느 날 밤 욘과 함께 술을 마시다가 배터리용 탄소에 코코넛 기름을 섞어 새긴 것이었다. 욘이 여자친구와 헤어진 후 벤은 그 '지울 수 없는 실수'에 뿔을 추가해 악마로 만들었지만, 초상화 아래에 새겨진 이름은 그대로 남겨두었다. (벤은 투악의 힘을 빌려 욘의 몸에 여러 개의 문신을 더 남겼는데 그중에는 문어도 포함되어 있다. 그러나 말로만 문어일 뿐, '하나의 동그라미에서 방사상으로 뻗어 나오는, 여러 개의 삐뚤빼뚤한 줄'에 불과하다.)

욘은 로앙에서 운이 지지리도 없었지만, 학교 공사를 끝낸 후 레월레바의 새로운 공사장으로 옮겼을 때 로앙에 사는 한 소녀에게서 문자메시지를 받았다. 그 내용인즉, 자기 친구인 호니를 소개해주겠다는 것이었다. 그래서 욘은 호니와 메시지를 주고받기 시작했다. 두 사람은 스물한 살 동갑내기였다. 그녀는 수녀가 되기 위해 (다른 섬에 있는) 수도원에서 훈련을 받던 중, 로앙 근처의 고향에 돌아와 잠시 머물고 있었다. 그들의 첫 만남은 레월레바의 한 항구에서 이루어졌는데, 그곳은 젊은 커플들 사이에서 '환상적인 해넘이' 장소로 인기가 높은 곳이었다. 그들도 해넘이 명소를 찾아, 코코넛 하나에 두 개의 빨대를 꽂고 마시며 데이트를 했다.

호니는 욘이 자기를 좋아하지 않을까봐 걱정이었다. 인도네시아 사람들은 직모直毛를 선호하는데 자신은 곱슬머리인데다 키가 작기 때문이었다. 그러나 그는 그녀의 외모에 호감을 보였을 뿐만 아니라 수더분

함과 유머로 그녀의 마음을 사로잡았다. 욘은 호니의 섬세한 피부와 환한 표정에 반했을 뿐만 아니라 훌륭한 근로정신을 높이 평가했다. '라말레라의 초라한 환경을 겸허히 받아들이고 열심히 일한다'는 것이 그녀의 신조였다.

그들의 메시지와 통화는 12월 한 달 동안 더욱 빈번해졌다. 그러던 어느 날 욘은 호니의 어머니에게서 전화를 받았다. 그녀는 욘에게 딸의 남자친구냐고 다그쳐 물으면서, 호니는 더 이상 수도원으로 돌아갈 계획이 없다고 말해주었다.

12월 말의 어느 일요일 아침, 욘은 공사장 감독에게 행선지를 밝히지 않은 채 한 오토바이의 꽁무니에 올라타고 호니의 고향을 방문했다. 그녀는 길가에서 그를 기다리고 있었는데, 그들이 서로 얼굴을 마주 본 것은 그게 두 번째였다.

그가 그녀에게 말했다. "부끄러워하지 말아요. 당신의 집이 어디예요?"

여자친구의 어머니와 만나기를 두려워하지 않는 욘을 보고 호니는 깜짝 놀랐다. 렘바타 섬에 살고 있는 모든 사람과 마찬가지로 욘은 여자친구의 어머니를 만난다는 것이 '따님과 정식으로 교제하고 싶습니다'라는 신호임을 잘 알고 있었다. 남녀가 정식으로 교제한다는 것은 약혼이나 다름없었다.

"괜찮겠어요?" 그녀가 물었다.

"일단 여기에 온 이상, 무슨 일이 일어나도 상관없어요." 욘이 대답했다.

호니는 그를 데리고 큰길을 지나, 초가지붕을 얹은 조그만 대나무 집으로 들어갔다. 그녀의 어머니는 그를 반겼다. 왜냐하면 그녀의 아버지가 오래전에 세상을 떠났기 때문이다. 욘이 자기소개를 하고 나자 호니의 어머니가 물었다. "나를 만나는 게 부담스럽지 않았어요?"

"호니와 약혼하고 싶다면 마땅히 그래야 한다고 생각했어요." 욘이 말했다.

욘과 '수다쟁이 예비 장모'의 화기애애한 대화는 늦은 저녁까지 이어졌다. 시간이 너무 늦어 레월레바로 돌아갈 수 없었으므로 욘은 먼지 나는 마루에서 잠을 청했다. 다음 날 아침 욘은 라말레라에서 크리스마스를 보내기 위해 떠났지만, 크리스마스 직후에 호니로부터 전화 한 통을 받았다. 그녀의 남동생이 레월레바에서 돌아온 후, 누나의 남자친구가 자기 집에서 자고 간 것을 알고 자신의 명예가 훼손되었다면서 누나를 때렸다는 것이었다. 남동생이 나중에 더 심한 짓을 할지 모른다고 걱정하다가, 그녀는 술을 마시고 욘에게 전화를 건 것이었다. "난 묏자리를 알아보고 있어요." 욘은 그녀에게 자동차를 얻어 타고 라말레라에 오는 요령을 알려주었다.

두 사람이 라말레라에서 함께 보낸 반半주일은 욘이 다리를 다치기 전에 함께한 유일한 기간이었다. 호니는 이카와 금세 친해졌고, 욘의 조부모는 그녀에게 완전히 반했다. 그녀와 욘은 크리스마스 예배에 함께 참석했고, 벌써 식구가 된 것처럼 친척 어른들의 주먹결절knuckle*에 (존경의 표시로) 이마를 갖다 댔다. 그들은 바짝 붙어 나란히 걸으면서, 라말레라식 표현에 따르면 '사롱으로 입맞춤을 했다'.

그러나 크리스마스가 지난 지 이틀 후, 욘은 아침 일찍 공사장 감독에게 불려가 '근무지 무단이탈'에 대해 호된 꾸중을 들었다. 호니는 고향으로 돌아간 직후 '수녀원에서 주던 보조비를 받지 못해 어머니의 생활비와 남동생의 학비를 대는 데 어려움이 많다'는 소식을 전해왔다. 그녀는 남동생이 고등학교를 졸업한 후 취직할 때까지 가족의 생계를

---

* 주먹을 쥐었을 때 가장 볼록 튀어나온 부위.

책임져야 했다. 때마침 직업 소개인들이 인도네시아 동부의 빈민가를 돌아다니며 '도시에서 가사 도우미로 일할 소녀들'을 찾고 있었는데, 그녀는 인도네시아 서부의 4층짜리 아파트에서 3년간 가정부로 일하는 계약을 맺었다.

욘이 호니를 세 번째이자 마지막으로 본 것은 2014년 5월, 그녀를 데리고 인근의 섬으로 가서 솔로르 군도를 일주하는 연락선을 태워줄 때였다. 두 사람은 이별을 슬퍼했지만, 렘바타 사회에서 약혼자들이 오랫동안 이별하는 건 드물지 않은 일이었다. 특히 둘 중 한 명이 다른 섬에서 일하는 경우에는. 새로운 연인들이 으레 그렇듯, 그들은 틈만 나면 전화 통화를 했다. 나이 든 고래잡이들은 욘이 투악을 덜 마시고 존손이 출항하지 않을 때는 혼자서 날치를 잡는다는 사실을 눈치채기 시작했다. 그들은 수군거렸다. "여자가 생기니까 사람 구실을 하는군."

욘에게서 사고 소식을 듣자 호니는 울면서 결혼하려는 마음에는 변함이 없다고 말했다. 그러나 그녀는 고향에 빨리 돌아갈 수 없다고 했다. 왜냐하면 남동생의 학비를 벌어야 하는데, 집주인이 1년에 한 번씩 급료를 지불하기 때문이었다. 그건 가정부가 도망치지 못하게 하려는 집주인들의 전략이었다. 욘은 그녀의 진심을 의심하지 않을 수 없었다. 그도 그럴 것이, 만약 사냥을 못하게 된다면 아무짝에도 쓸모없는 인간이 될 것이기 때문이었다.

사고가 난 지 엿새 후인 7월 3일, 불타는 황혼이 잿빛 저녁으로 바뀔 무렵 프란스는 욘의 집으로 가기 위해 돌계단을 오르고 있었다. 여느 라말레라 사람들과 마찬가지로 욘과 그의 가족은 나라에서 보증하는 간호사보다 프란스를 더 신뢰했다. 그랜드마더 프란시스카가 고관절을 다쳤을 때도 그들이 제일 먼저 부른 사람은 샤먼이었다. 아무리 그렇더라도, 그들은 이번만큼은 프랑스를 부르기를 주저했다. 왜냐하면 그에게 이미 물고기를 빚졌기 때문이다. 그러나 욘의 병세가 악화되자 이카는 프랑스에게 도와달라고 통사정을 했다.

절벽의 맨 꼭대기에 자리잡은 비좁은 판잣집에서 샤먼은 욘의 침대 옆에 놓인 플라스틱 론체어에 비스듬히 앉아 가까스로 균형을 잡았다. 그는 빚에 대해서는 일언반구도 하지 않았다. 왜냐하면 고통에 신음하는 사람을 외면할 수 없었기 때문이다. 마을의 디젤발전기가 아직 작동하지 않아, 잿빛 저녁이 유리 없는 창을 은판銀版처럼 가득 채웠다. 윙윙거리는 모기들이 어스레한 공간을 진동시켰다. 프랑스는 욘의 오른다리를 촉진觸診하면서 의사처럼 판에 박힌 질문을 던졌는데 – "이렇게 하면 느낌이 어때? 이렇게 하면 아파?" – 누가 보더라도 어딘가 크게 잘못된 것이 분명했다. 퉁퉁 부어오른 발목이 거의 종아리만 했고, 아킬레스건이 수축해 뒤꿈치를 들어올리는 바람에 어디까지가 '다리'이고 어디서부터가 '발'인지 분간할 수조차 없었다. 무릎부터 발가락까지 온통 시커멓게 멍들어 있었고, 프랑스가 이곳저곳을 누를 때마다 욘의 악다문 입술에서 신음 소리가 새어 나왔다.

프랑스는 이카를 시켜 양동이에 물을 가득 채우고, 그 속에 십자가를 담근 채 기도문을 외워 우물물을 성수로 성변화聖變化시켰다. 그러고는 욘의 다리에서 '강황으로 얼룩진 붕대'를 풀어 성수에 담갔다. 프랑스가 욘의 다리에 붕대를 다시 감을 때, 욘은 턱을 꽉 조였다.

욘의 상태를 자세히 들여다보던 프랑스는 예전에 부러졌던 자신의 팔을 들어올려 '움직이지 않는 엄지손가락'과 '자칫 절단할 뻔했던 팔꿈치'를 보여주면서 말했다. "이것 좀 봐. 고래의 꼬리에 맞아 이렇게 된 거야." 그 당시 외국인 여행객들이 이구동성으로 큰 병원에 가보라고 했지만 그는 완강히 거부했다. 병원에 가면 팔을 절단할 게 뻔하기 때문이었다. 그는 신신당부했다. "붕대를 제거해도 안 되고, 여자들에게 만지게 해서도 안 돼. 그리고 돼지고기와 개고기를 삼가야 해. 무엇보다도 중요한 건 조상님들의 방식을 따라야 한다는 거야. 영혼이 건강해야 몸도 건강한 법이야." 그는 며칠 후 다시 찾아와 병세를 살펴보겠다고 약속했다.

프란스는 자신의 처방을 확신했지만, 상당수의 다른 라말레라 사람들은 조상님들이 욘을 치유해줄 거라는 그의 말을 반신반의했다. 고래잡이들은 "욘이 불구가 된 건 '순간적인 부주의', '바닷물에 오랫동안 잠겨 약해진 밧줄', '우연의 일치' 때문이 아니야"라고 쑥덕였다. 그들은 라말레라 부족이 우존을 공경하지 않은 게 근본적 원인이라고 생각했다. '조상님들이 다른 가문을 제쳐놓고 하리오나 가문의 남자를 골라 처벌한 이유'에 대해 더욱 구체적인 소문이 돌았다. 그 내용인즉, 하리오나 가문이 최근에 선박 창고를 제멋대로 개보수함으로써 조상님들의 질서를 어지럽혔다는 것이었다.

여기서 잠깐 '조상님들의 질서'라는 게 뭔지 생각해보자. 코로하마가 라말레라에 정착한 지 여러 세대 후, 하리오나 가문은 이웃들과의 갈등에 못 이겨 고향을 떠나 라말레라에 도착했다.[1] 그러나 선박 창고가 해변을 가득 메우고 있어서 테나를 보관할 장소를 찾을 수 없었다.

그런데 라말레라의 터줏대감 중 하나인 누덱Nudek 가문이 그들을 불쌍히 여겼다. 그들은 하리오나 가문에 '우리가 가진 세 개의 선박 창고 중 하나를 빌려줄 테니 우리와 형제의 관계를 맺자'고 제안했다. 하리오나 가문의 말에 따르면 그들은 누덱 가문에 멋진 상아를 바치며 선박 창고의 임대료 조로 '앞으로 사냥할 고래'의 일정 부분을 제공하기로 약속했지만 복종을 맹세한 건 아니었다. 그 후 수 세기가 지나면서 당초의 계약 조건은 점차 흐지부지되었다. 그러다가 2014년 5월, 하리오나 가문의 우두머리인 크리스핀 키아 하리오나Krispin Kia Hariona는 '하리오나 가문의 조상들이 선박 창고를 빌린 게 아니라 매입한 것'이라고 확신했다. 그러고는 가문의 남자들에게 볼리사팡 옆에 존손 한 척을 더 보관할 수 있도록 선박 창고를 확장하라고 지시했다.

선박 창고는 벽이 없는 개방된 구조물로서 (잘린 나무둥치로 구성된) 기둥으로 지붕을 떠받친 형태다. 게다가 해변을 따라 죽 늘어서 있어, 마을로 들어가는 오솔길에서 잠시 햇빛을 피하는 쉼터로 활용될 수도 있다. 크리스핀의 지시에 따라 욘을 비롯한 하리오나 가문의 구성원들은 선박 창고 기둥의 간격을 1.5미터 늘렸다. 그러자 선박 창고는 서쪽 경계를 넘어 유서 깊은 '피의 길Path of Blood'을 침범하게 되었다. 그곳은 라말레라의 조상님들이 적대적인 부족을 살해한 후 그 시체를 (마을 광장에 전시하기 위해) 끌고 간 길이었다.

그런데 그날따라 평소 하리오나 가문에 협조적이던 사람이 자리를 비웠다. 그는 누덱 가문의 우두머리인 라우렌시우스 '요고' 누덱Laurencius 'Jogo' Nudek이었다. 요고는 사실상 하리오나 가문의 구성원이었다. 왜냐하면 지난 수 세기 동안 두 가문의 우열 관계가 역전되었기 때문이다. 누덱 가문은 대대로 선장의 지위를 세습해왔으므로 1980년대까지만 해도 상당한 재력을 바탕으로 자식들을 학교에 보낼 수 있었다. 이는 미래의 작살잡이들이 화이트칼라로 전환될 것임을 의미했다. 그 결과 오늘날 누덱 가문이 보유한 테나 중 두 척이 폐기 처분되었고, 요고와 또 한 명의 고래잡이가 (하리오나 가문 소유의) 볼리사팡에 승선하고 있다. 그와 대조적으로 하리오나 가문은 여전히 재정 상태가 열악하여 자식들을 해외로 유학 보낼 수 없다. 마찬가지 이유로 약 25개 가족이 라말레라에 머물며 가문 소유의 테나에 승선하고 있다.

요고는 마을에서 소문난 한량이었다. 잔치가 벌어질 때는 투악을 코가 빨개지도록 마신 후 걸쭉한 농담을 했다. 그러나 크리스핀의 계획을 전해 듣고는 크게 분노했다. 그는 그 계획을 '하리오나 가문은 선박 창고를 누덱 가문에서 빌린 게 아니라 소유하고 있다'고 선언한 것으로 해석했다. 그로부터 며칠 후 욘과 크리스핀을 비롯한 남자들이 지붕을 확장하기 위해 야자 잎 더미를 묶는 자리에 요고가 나타났다. 크리스핀은 석가모니의 풍모를 지닌 70대 노인이었지만 (액션히어로의 근육을 가진 40대의) 요고에게 양보하기를 거부했다. 두 가문의 우두머리는 급기야 격렬한 말다툼을 벌였다. 그 이후로 요고는 테나를 갈아타고, 하리오나 가문이 그동안 제공해온 고래 육포를 사절했다. 들리는 소문에 따르면 그는 (저주를 퍼붓기로 악명 높은, 성깔 있는 과부인) 어머니와 함께 복수의 주문을 외우고 있었다.

　6월 말이 다가오자 하리오나 가문의 한 노인이 통증을 호소하기 시작했다. 그의 통증은 오른쪽 무릎에서 시작해 오른쪽 어깨로 퍼져 나갔다. 그는 60대를 훌쩍 넘어 라말레라 사람들의 평균수명에 근접했으므로, 그 통증은 노화의 자연스러운 결과물일 수 있었다. 그런데 사람들은 '하리오나 가문이 선박 창고의 오른쪽[2]을 확장했기 때문'이라고 넘겨짚었다.

　그런 다음 욘의 오른다리가 결딴나자 일부 라말레라 사람들은 하리오나 가문을 해코지한 건 '산 사람'이 아니라 '죽은 사람'이라고 확신하게 되었다. 그들은 특히 야코부스 '보소' 벨리다 올레오나 Yakobus 'Boso' Belida Oleona라는 고래잡이를 지목했는데, 그는 거의 한 세기 전에 고래를 찌르기 위해 하마롤로에서 뛰어내렸다가 두 번 다시 수면으로 떠오르지 않았다. 그 이후 폭풍이 바다를 휩쓸 때마다 보소는 그 지긋지긋한 소용돌이에서 빠져나와 하리오나 가문의 선박 창고 서쪽 가장자리와 나란히 이어지는 오솔길을 걸어 자신의 옛집으로 돌아오곤 한다고 믿어졌다. 최소한 하리오나 가문이 선박 창고를 고쳐서 그를 화나게 하기 전까지는 말이다. 욘의 다리가 점점 더 부어오르자 모든 사람은 '선박 창고를 예전으로 돌려놓을 때까지 욘의 부상이 치유되지 않을 것'이라는 주장에 동의했다. 그리고 리카텔로 사이에는 자손들 간의 불화에 분노한 조상님들이 크리스핀에게 '모두에게 벌을 내리기 전에 요고와 화해하라'고 다그치고 있다는 인식이 팽배해졌다.

처음에 크리스핀은 요고의 어머니를 가리키며 욘을 저주했다고 비난했다. 그렇지만 결국에는 수하들과 함께 선박 창고를 원상태로 복구했다. 하지만 거의 2주가 지났는데도 욘의 몸이 회복되지 않자 그는 가문의 구성원들을 하리오나 사당에 집합시켰다.

황금빛 오후가 회색으로 바뀌어 대부분의 라말레라 사람이 음식물 찌꺼기가 담긴 양동이를 들고 돼지우리로 갈 때, 하리오나 가문의 사람들은 제일 좋은 옷을 차려입고 사당으로 향했다. 어떤 사람들은 도중에 마을 광장에 들러 바냔나무에 게시된 공고문을 확인했는데, 거기에는 인도네시아 대통령 선거 결과가 손글씨로 적혀 있었다.

대통령 선거일 아침, 기표소를 방문한 라말레라 사람들 중 87퍼센트는 조코 '조코위' 위도도 Joko 'Jokowi' Widodo라는 이름 옆에 못으로 구멍을 뚫음으로써 그에게 찬성표를 던졌다. 그런데 그가 새로운 인도네시아 대통령으로 선출된 것이었다. 고래잡이들이 조코위를 지지한 것은 목수에서 출발해 자수성가한 인물이기 때문이었다. 그는 이슬람교도 – 세계에서 이슬람교도가 제일 많은 나라[3]인 인도네시아에서 정치적으로 성공하려면 이슬람교도여야 했다 – 였지만 인도네시아에서 고통받는 소수파인 기독교도(라말레라 부족을 포함해서)에 호의적인 것으로 여겨졌다. 그러나 라말레라 사람들 중에서 그의 대선공약('인도네시아 동부에서 항구, 도로 등 인프라에 집중 투자함으로써 휘청거리는 국민경제를 되살린다')을 눈여겨본 사람은 거의 없었다. 조코위의 의도는 인도네시아 동부의 개발되지 않은 숲, 광산, 어장을 개방함으로써 부족한 – 정확히 말해 인구 밀집 지역⁴인 수도권에서 이미 소비해버려 고갈된 – 자원을 보충하는 것이었다. 그렇다면 라말레라 사람들은 조코위의 이름 옆에 멋모르고 구멍을 뚫음으로써 조만간 자신들의 삶을 송두리째 바꿀 과정에 박차를 가한 셈이었다.

한 무리의 하리오나 남자들이 욘을 들것에 싣고 비탈길을 내려와 한적한 곳에 위치한 사당에 도착했다. 주변의 '녹슨 양철 지붕을 가진 벽돌집'과 사당을 구분할 만한 지형지물은 전혀 없었다. 그러나 하리오나 가문에 그곳은 조상님들이 거하는 집으로, 바다에서 돌아올 때마다 찾아뵙는 곳이었다.

욘은 사당의 한복판에 놓인 의자에 앉혀졌다. 비좁은 공간에 많은 사람이 운집해 있었지만, 모두가 전염을 우려하는 듯 그와 가능한 한 거리를 유지했다. 땅거미가 질 무렵 모든 구성원이 모이자 크리스핀은 대문에 빗장을 걸었다. 갓 없는 할로겐램프가 희미한 빛을 발했는데, 한 구석에서 타오르는 촛불이나 다름없었다.

웅성거림을 잠재우기 위해 원로들이 주의를 환기했다. "정숙하시오! 정숙하시오!"

깨진 창유리를 통해 파도 소리가 들려오는 가운데, 모두가 고개를 숙인 채 잠자코 앉아 있었다.

잠시 후 누군가가 대문을 주먹으로 두드렸다. 문의 맞은편에 앉아 있던 욘이 고개를 들었다.

크리스핀은 간당간당하는 플라스틱 의자에서 몸을 일으켜, 현관으로 걸어가 대문에 귀를 갖다 댔다. 어떤 노인의 카랑카랑한 음성이 어렴풋이 들렸지만 모든 사람은 '욘의 영혼이 말을 하고 있는 게 틀림없다'고 생각했다. 그 음성은 "사당에 들어가게 해주시오"라고 정중히 요청했다. 크리스핀은 세 번에 걸쳐 "그대가 원하는 게 무엇이오?"라고 물었고, 그 영혼은 초지일관 "사당에 들어가고 싶소"라고 대답했다. 마침내 크리스핀은 빗장을 풀었다.

한 나이 든 샤먼이 수척한 몸을 이끌고 가까스로 걸어 들어왔다. 그의 몸에서는 짠내가 물씬 풍겼고, 듬성듬성 자란 흰 턱수염에서는 바닷물이 뚝뚝 떨어졌다. 욘의 영혼을 파도에서 되찾기 위해('조상님들이 고래를 시켜 욘의 영혼을 빼앗은 후 파도 속에 가둬놓았다'는 것이 샤먼들의 생각이었다) 방금 전 사우 해의 깊은 곳에 헤엄쳐 들어갔다 나왔으니 그럴 수밖에. 사당에 들어온 그는 하리오나 가문을 대신하여 (하리오나 가문의 테나인) 볼리사광에게 사죄한 후 욘의 영혼을 성수로 깨끗이 씻었다. 다음으로, 그 노인은 욘에게 몸을 기댄 채 소금물을 씻어냈다. 그는 노래하듯 속삭이며 '보이지 않는 조상님들'에게 용서를 구하고 욘의 앞머리를 세 번 잡아당겼다. 그런 다음 엄지손가락을 코코넛 주스 그릇에 담갔다 꺼내어 욘의 이마에 십자가를 그렸다. 십자가 모양이 희미한 등불 속에서 반짝인 후 마치 눈물처럼 욘의 얼굴을 따라 흘러내렸다.

으스스한 긴장이 풀리며 욘의 영혼이 육신으로 돌아왔다. 샤먼은 사당을 한 바퀴 돌며 모든 하리오나 가문 사람의 이마에 엄지손가락으로 십자가를 그렸다.

지금까지 설명한 의식의 이름은 '언어 정화'(정확히 말하면 '해로운 말 청소Cleansing of Harmful Language')다. 라말레라 사람들은 '단어가 문자 그대로의 힘을 발휘한다'고 믿는데, 그 믿음이 워낙 강하다 보니 고래를 사냥하는 동안 '해로운 말의 마법'에 걸리는 것을 막기 위해 전혀 다른 어휘를 사용한다.[5] 예컨대 바다에서 '칼'이라고 말할 때는 '칼'이라는 단어의 '날 카로운 속성' 때문에 밧줄이 잘라질 수 있으므로 '숟갈'이라는 말을 대신 쓴다. 그런 논리에 따르면 욘이 죽을병에 걸린 것은 욘이 들것에 실려 해변에 도착했을 때 여자 친척들이 '욘이 죽었다'고 통곡했기 때문이다. 그리고 그에게 불운이 겹친 것은 누텍 가문이 그를 저주했기 때문이다. 그러나 의식을 통해 '해로운 말의 마법'이 풀렸으며, 더욱 중요한 것은 부족이 다시 화합하게 되었다는 것이었다.

그때 요고가 기력 없는 노모를 부축하며 사당으로 들어왔다. 크리스핀은 그날 아침 일찍 야자와인 한 통을 들고 요고의 집을 찾아가, 함께 술을 마시며 사과하고 오랜 앙금을 풀었다. 이제 요고는 예전처럼 오버액션을 하며 걸쭉한 농담을 했다. 그는 욘의 회복을 반겼는데, 그 이유는 욘과 가까운 친척이기 때문이었다(욘의 할머니는 출가하기 전에 누텍 가문 사람이었다. 그래서 그는 욘이 아프다는 말을 듣고 가슴이 아팠다). 요고의 뒤를 이어 하리오나 가문의 여자들이 큰 접시를 들고 들어왔다. 접시 위에는 삶은 고래고기(자주색이었던 것이 까매짐), 만타가오리 위장 찜(바셀린으로 뒤덮인 타이어 고무 맛이 남), '으깬 옥수수'를 곁들인 적미赤米, 모링가moringa* 잎 수프가 수북이 쌓여 있었다. 욘의 사촌 중 한 명이 투악 한 통을 들고 빙 둘러가며 남자들에게 한 모금씩 권했다.

이웃들이 사당에 우르르 몰려들면서 엄숙했던 분위기가 축제 분위기로 바뀌었다. 길 건너편에 사는 욘의 친구 벤 블리코롤롱이 사당에 들이닥쳤는데, 초록색 폴리에스터 소재의 선거감시원 유니폼 차림에 눈은 시뻘겋게 충혈되었고 곱슬머리는 땀에 절어 이마에 찰싹 달라붙

---

* 인도와 동남아시아, 아프리카 등 아열대 및 열대지방에서 경작되는 낙엽성 나무. 잎부터 뿌리까지 모든 부위를 사용할 수 있어 활용도가 높으며, 적은 양을 먹어도 90여 가지의 다양한 영양소를 섭취할 수 있다고 한다.

어 있었다. 선거감시원 노릇을 한 대가로 주민자치위원회에서 받은 투악을 잔뜩 마시고 곤드레만드레 취한 그는 "욘이 최고야!"라고 외친 후, 다른 청년들과 함께 네덜란드와 아르헨티나의 2014 월드컵 준결승전 승자를 점쳤다. 그날 밤 그들은 마을에 새로 설치된 위성안테나를 통해 그 경기를 시청할 예정이었다. 한 훌리건이 아르헨티나의 포워드 리오넬 메시Lionel Messi의 유니폼 등번호를 자신의 반삭 머리buzz cut에 새겨넣었는데, 욘도 그러고 싶었지만 '이그나티우스에게 한 대 얻어맞고 훈계를 들을 것'이라는 생각이 들어 포기했다.

단 한 사람, 욘만 흥겨운 분위기를 즐기지 못하는 듯했다. 그는 오른다리를 앞으로 쭉 뻗은 채 앉아 있었는데, 마치 지나가는 사람의 발을 걸어 넘어뜨리려는 것처럼 보였다. 그에게 관심을 보이는 사람은 별로 없었다. 누군가가 그를 주목하는 경우는 단 하나, 지나가다 발걸음을 멈추고 (투표 때문에 지장指章을 찍느라 잉크로 얼룩진) 엄지손가락을 욘의 투악 컵에 담갔다 꺼내어 그의 이마에 십자가를 그릴 때뿐이었다.

밤 8시가 되자 사당에 모인 누덱 가문과 하리오나 가문의 사람들은 친한 사람끼리 무리를 지어 자연스레 두 패로 나뉘어 앉았다. 그러나 워낙 작은 마을이다 보니, 아무리 꼴 보기 싫어도 평생 동안 마주 보고 살아야 하는 사람들이었다. 그러므로 웬만하면 예의범절을 지키려 애썼지만 요고의 어머니만은 예외였다. 그녀는 욘의 부상을 '업보이자 징표'로 간주하고, 고소해하는 표정으로 "바다가 그의 죄악을 증명했어"라고 떠벌렸다. 요고는 집으로 돌아갈 때 고래 육포 50조각, 고래 껍질 40장, 그리고 그동안 받기를 거부했던 선박 창고 임대료까지 두둑이 챙겼다.

욘은 집으로 돌아와 조부모, 이카와 함께 앞뜰에 앉아, 보름달의 은빛 광채에 젖어 해변을 내려다보면서 바다거북이 알을 낳으러 육지로 올라오는지 유심히 살폈다. 한 집안의 가장으로서 조부모와 여동생을 부양해야 한다는 사실을 받아들이기 싫은 때도 있었다. 그러나 은박을 두른 듯한 바다를 내려다보면서 그는 문득 삶의 의욕을 느꼈다. 팔다리를 이리저리 움직여보니 동작이 한결 부드러워진 것 같았다. 라마파가 될 수 있다는 희망을 되찾았다.

그로부터 나흘 후 새벽 3시경, 휴대전화 알람 소리가 욘의 단잠을 깨웠다. 마침내 그는 어렵사리 절벽 길을 내려가 그동안 집 안에 갇혀 지내야만 했던 처지에서 벗어날 정도의 건강을 회복했다. 지난 몇 주 동안 그는 마을에서 일어나는 일을, 마치 테라리엄terrarium*을 들여다보는 것처럼 하나도 빠짐없이 내려다보았다. 그러나 그는 왠지 고립감을 떨칠 수 없었다. 길에서 바삐 움직이는 친구들에게 소리를 질렀을 때, 건성으로 대답만 할 뿐 절벽 위로 올라오려 하지 않았기 때문이다. 아직 오른다리에 체중을 실을 수 없었으므로, 400미터를 우회하여 계단을 내려가느라 거의 15분이 걸렸다. 그렇게 하여 땅바닥에 도착한 후에는 수백 미터를 깨금발로 걷다가 길가에 주저앉아 왼다리를 주물러야 했다.

봉급을 털어 위성안테나를 설치한 교사의 집 앞마당에 들어섰을 때, 서른다섯 명이나 되는 남자들이 일제히 "욘!"이라고 외쳤다. 그러나 그는 마당 한구석에 놓인 벽돌 위에 걸터앉아야 했다. 왜냐하면 어느 누구도 자리를 비켜줄 생각을 하지 않았기 때문이다. 모든 사람이 월드컵 결승전 경기에 온통 정신이 팔려 있었다. 축구장을 종횡무진 누비는 선수들이 당장이라도 TV 화면에서 튀어나올 것 같았다. 대부분의 구경꾼은 젊은 남자였지만, 그들을 한자리에 모은 사람은 다른 섬에서 살다

---

* 식물을 기르거나 뱀, 거북 등을 넣어 기르는 유리 용기.

온 몇 명의 연장자였다. 그중에는 쿠파도 포함되어 있었는데, 그는 시프리를 방문하기를 거절했던 리카텔로의 구성원이었다. 욘도 이내 농담과 함성에 가담했는데, 어느 쪽이 이기든 그가 알 바 아니었다. 그에게 중요한 것은 동년배들과 함께 환호성을 지르는 것과, (베를린, 부에노스아이레스, 뉴욕, 홍콩에서 대형 화면에 홀린 군중들의 사진에서 볼 수 있듯) 전 세계에서 10억 명 이상이 그 경기를 지켜보고 있다는 사실이었다. 모두 합하면 32억 명(인류의 거의 절반)이 하나 이상의 월드컵 경기를 시청했다. 그는 월드컵 경기를 시청하면서 비록 일시적이지만 현대 세계의 일부라는 기분을 느낄 수 있었다.

하프타임 때, 멋진 오토바이 부대가 전조등 불빛 가득한 한밤중의 거대도시 고속도로를 질주하는 장면이 TV 화면을 가로질렀다. 다홍색 립스틱을 짙게 바른 여성이 켄터키 프라이드치킨 닭다리를 천천히 빨아 먹는 장면은 포르노그래피나 다름없었다. 인도네시아인과 백인의 혼혈 모델이 광고하는 미백크림은 거무스름한 얼굴을 새하얗게 만들 것 같았다. 월드컵 경기와 달리 광고는 욘으로 하여금 라말레라 생활의 허접함, 추함, 후진성과 전근대성을 실감케 했다. '만약 자카르타에 살고 있다면 저 모든 것을 가질 수 있을 텐데.'

후반전이 끝날 때까지 스코어는 여전히 0 대 0이었다. 연장 전반전에서 공이 패스될 때마다 너나없이 자리에서 일어나 고함을 지르다 보니, 담배 불똥이 폭죽처럼 흩날렸다. 어느 팀도 골을 넣지 못했다. 그러나 연장 후반전에서 승부가 갈렸다. 종료 2분 전, 아르헨티나 수비진 너머로 패스된 공을 독일 포워드가 논스톱으로 골문에 차 넣었다.

잠시 침묵이 흘렀다. 앞마당을 둘러싼 정글에서 곤충과 양서류의 교향악이 울려 퍼졌다.

뒤이어 독일 팬들이 아르헨티나 서포터스의 면전에 대고 고함을 질러댔다. "독일! 독일! 독일!" 양측 사이에 몸싸움이 오가던 중, 한 아르헨티나 서포터가 TV 쪽으로 달려가 전원 플러그를 힘껏 잡아당겼다. 환하던 앞마당이 갑자기 어둠에 휩싸였다.

격분한 집주인이 벌떡 일어나 모두에게 "당장 나가!"라고 소리쳤다. 동굴로 귀환하는 박쥐들이 동트기 전 하늘에서 맴도는 가운데, 청년들은 털털거리는 고물 오토바이에 몸을 싣고 집으로 돌아갔다. 그들은 귀가하는 길에 한 무리의 연장자들과 마주쳤는데, 바로 자신의 아버지와 할아버지들이었다. 그분들은 고지식한 고래잡이로, 매일 아침 바닷가에 나와 테나 앞에 죽치고 앉아 있는 게 일이었다. 그러다가 운이 좋아 정족수가 차면, 존손 대신 테나를 타고 바다로 나갔다. 연로한 남자들은 어둠이 걷힌 바다에서 파도를 가르며 나아가는데, 젊은 남자들은 집으로 돌아가 잠자리에 눕다니!

어느덧 7월의 후반부로 접어들자 욘은 스카이콩콩을 타고 해변에서 출발해 라말레라 윗마을에서 가장 높은 절벽까지 올라가기 시작했다. 그는 일시적으로 '포콩Pocong'이라는 별명을 얻었는데, 포콩은 인도네시아의 전설에 나오는 (흰색 천으로 온몸을 휘감은) 좀비로, 두 다리가 붙어 있기 때문에 '두 발 모아 뛰기'로만 이동할 수 있다. 그가 회복되고 있는 건 분명했지만 그 속도가 절망스러울 정도로 느렸다. 생각다 못한 그는 자기만의 독특한 물리치료법(스트레칭 및 운동)을 개발해 하루에 몇 시간씩 오른다리를 치료했다. 부기가 가라앉자 발등에서 힘줄이 모습을 드러냈지만 종아리의 통증은 여전했다. 그렇잖아도 인내심이 부족한 그는 몸이 근질근질해 미칠 지경이었다. 게다가 비상용으로 보관해둔 고래와 날치 고기가 거의 바닥났으므로, 빨리 승선하고 싶어 안달이 났다.

부상을 입은 지 거의 3주 후인 7월 15일, 욘은 '발레오' 소리를 듣자마자 벌떡 일어나 승선할 준비를 했다. 그는 노를 잡고 싶어 했지만 - 사실 그의 팔은 멀쩡했다 - 볼리사팡은 이미 만원이었고 다른 테나에서는 그를 부르지 않았다. 결국에는 커다란 수컷 고래를 잡아 귀항하는 선단을 참담한 심정으로 바라보는 수밖에 없었다. 다음 날 아침, 고래잡이들이 전날 잡은 고래를 자르기 시작했을 때 바닷가 쪽에서 또다시 '발레오' 소리가 들려왔다. 기쁜 비명을 지르며 출항한 선단은 어두컴컴해질 무렵 전날보다 훨씬 더 많은 선물을 싣고 귀항했다. 그날의 전리품은 (사람으로 치면) 10대 수컷 고래 세 마리였는데 그중 한 마리는 볼리사팡이 잡은 것이었다. 7월 17일 아침 해가 떠오르자마자 거의 모든 라말레라 사람이 해변으로 쏟아져 나와, 조상 대대로 내려온 숫돌바위에 제육도를 갈았다. 욘을 비롯해 많은 사람들은 고래를 잡는 데 기여하지 않았음에도 조상님들의 방식에 따라 고래고기의 배분 과정에 참가할 수 있기 때문이었다.

볼리사팡이 잡은 고래는 다음과 같이 배분되었다. 맨 먼저 볼리사팡을 만든 노인(조선공)이 예리한 칼을 들고 등장해, 고래의 회색 피부에 여러 개의 선을 그었다. 그것은 욘을 비롯한 하리오나 가문의 남자들이 칼질할 부분을 미리 표시한 안내선guide line이었다. 다음으로 고래잡이들 - 다리가 불편한 욘은 열외였다 - 이 두리를 들고 등장해, 번들거리는 고래 껍질 위에 모래를 한 줌씩 뿌려 발 디딜 곳을 만든 후 고래의 몸통 위로 기어 올라갔다. 길이 60센티미터의 두리는 수십 센티미터에 달하는 고래의 지방층을 관통하도록 설계되었으므로, 그들은 순식간에 분수공에서부터 꼬리에 이르기까지 90센티미터 간격으로 칼집을 낼 수 있었다. 모든 칼집의 꼭대기에 뚫린 구멍이 밧줄로 연결되었으므로, 욘과 다른 사냥꾼들은 밧줄을 홱 잡아당겨 그 '지방 판'을 쉽게 벗겨냈다. 이상과 같은 과정을 여러 번 반복해, 하리오나 가문은 고래의 껍질과 지방층을 모두 벗겨냈다. 이제 껍질이 남은 곳은 지느러미뿐이었는데, 마치 헐벗은 상반신을 가리려고 애쓰는 '벙어리장갑 낀 손'처럼 애처로워 보였다. 지금까지는 이상하게도 아무런 냄새가 나지 않았지만, 작열하는 태양이 '껍질 없는 살코기'를 달구는 가운데 해변에는 죽음의 기운이 스멀거리기 시작했다. 하리오나 가문의 남자들은 그 후 두 시간에 걸쳐 수 톤에 이르는 살코기 덩어리를 (마치 개미들이 빵 한 덩어리를 해체하는 것처럼) 스테이크 모양으로 조금씩 썰어내어, 자기들의 선박 창고 앞에 차곡차곡 쌓아 아담한 피라미드를 건설했다.

고래의 상층부에서 살코기를 저미는 작업이 완료되었으므로, 이제는 몸통을 뒤집을 차례였다. 근처에 있던 '몸 성한 남자'들이 모두 달려들어 (마치 대단한 줄다리기 시합을 하려는 것처럼) 고래에 연결된 밧줄을 움켜쥐었다. "조-헤Jo-bé(영차)!" 하리오나 가문의 우두머리인 크리스핀이 외쳤다. 처음에는 겨우 100명 남짓한 남자들이 그 일을 할 수 있을지 가당찮게 여겨졌다. 그러나 이윽고 고래의 반대쪽 가장자리가 들썩이기 시작했다. 조-헤! 조-헤! 문중의 남자들이 온 힘을 다해 몇 센티미터씩 들어올릴 때마다 어떤 사람들은 (들린 부분이 원위치로 돌아가지 못하도록) 그 밑에 통나무를 끼워 넣었다. 마침내 기울어진 각도가 임계치에 이르렀을 때 (발바닥을 땅에 고정한 채 몸을 뒤로 젖혀 밧줄을 당기던) 남자들의 몸은 등이 땅바닥에 닿기 일보 직전이었다. 급기야 고래가 뒤집어지자 그 충격으로 작은 지진이 일어난 것처럼 해변이 흔들렸다.

하층부에서 뼈를 발라내는 작업이 완료되고 납작해져버린 고래의 마지막 살코기가 마침내 '스테이크의 피라미드'에 추가되자 하리오나 가문은 그 주변에 빙 둘러앉았다. 맨 마지막으로 라마파가 등장해, '피라미드의 벽돌'을 하나씩 떼어내어 모든 구성원에게 차례로 나눠줌으로써 전리품을 공정하게 배분하는 의식은 대단원의 막을 내렸다. 구성원 개인에게 돌아가는 몫의 기본단위를 우마*umã*라고 하는데,[6] 모든 테나(그리고 존손)는 조합 형태로 조직되어 있으므로 조합원 1인당 1우마가 배정된다. 또한 모든 구성원의 생계를 보장하기 위해 사냥에 참가하지 않는 구성원들, 이를테면 미망인에게도 1인당 1우마가 배정된다. 예외적으로 한 명의 구성원이 1우마 이상을 배정받는 경우도 있다. 예컨대 라마파는 '위험한 작업 수행'이라는 점을 인정받아 2우마를 배정받고, 하나의 우마를 추가로 더 배정받는다. 추가로 배정받은 이 우마를 켈릭*kélik*이라고 하는데, 이것은 '라마파의 가장 중요한 역할은 부족을 먹여 살리는 것이다'라는 조상님들의 말씀을 되새기기 위해 다른 사람들에게 무료로 제공해야 한다. (만약 자기에게 배정된 켈릭을 먹는 라마파가 있다면 조상님들의 저주를 받아 머리가 부풀어오를 것이며, 그 무게를 감당하지 못해 땅바닥에 질질 끌고 다녀야 한다.) 또한 일인 다역을 하는 구성원도 2우마 이상을 배정받는다. 예컨대 프란스는 케나푸카에서 2우마를 배정받는데, 1우마는 작살을 만드는 대장장이이기 때문이고 1우마는 선장이기 때문이다. 볼리사팡은 총 40우마의 소유권을 보장받았으므로, 만약 하리오나 가문이 단독으로 고래를 잡았다면 욘은 수십 톤에 달하는 고래고기 중에서 약 40분의 1을 배정받았을 것이다. 그러나 다른 테나의 도움을 받았으므로 전리품은 두 가문에 균등하게 배분되었다. 따라서 욘의 몫도 절반으로 줄어들었다. 다른 사냥감(황새치에서부터 장수거북에 이르기까지)도 고래와 동일한 방식으로 배분된다.

---

* '테나에서 수행한 작업'이나 '가문의 구성원 자격'을 감안해 배정되며, 라말레라 부족사회에서 소유권의 근간을 이룬다.

따라서 우마는 라말레라 부족의 가장 중요한 권리이자 그 정체성의 표식이라고 할 수 있다.

조상님들이 보내주신 푸짐한 선물 덕분에 7월 17일 아침 해변에 모여든 라말레라 사람들 중 대부분은 1우마씩 챙길 수 있었다. 그러나 운이 나빠 허탕을 친 가문일지라도 조상님들의 방식 덕택에 빈털터리 신세를 면할 수 있었다. 해가 뉘엿뉘엿 넘어갈 무렵 운이 좋아 우마를 배정받은 라말레라 사람들은 운 없는 친척, 이웃, 친구들에게 다양한 명목 – 대부분의 경우 *베파나 běfānā*(선물)라는 명목[7] – 으로 자신의 몫을 나눠주었다. 그들이 베파나를 제공한 근거는 각양각색 – 지난번에 받은 베파나에 대한 보답, 친척·이웃·친구들 간의 유대 관계 강화, 박애 정신 – 이었지만, 궁극적으로 '라말레라 부족의 모든 구성원은 개인의 행운을 부족과 공유해야 한다'는 조상님들의 정신을 구현했다. 그 결과 라말레라 마을 사람들 중 약 90퍼센트가 고래고기를 들고[8] 집으로 돌아갔다.

인류학자들이 라말레라 사회를 '세계에서 가장 관대한 사회 중 하나이며, 미국이나 유럽을 훨씬 능가한다'고 평가하는 것은 바로 베파나 때문이다. 1999년, 어떤 인류학자들이 라말레라 사람들에게 최후통첩 게임Ultimatum Game이라는 실험에 참가해달라고 요청했다.[9] 최후통첩 게임이란 참가자의 이타성을 측정하는 게임으로, A에게 돈을 주며 B와 나눠 가지라고 한 뒤 A가 과연 몇 퍼센트의 금액을 B에게 내놓는지를 지켜보는 것이다. 그들은 4개 대륙 12개국에 분포한 15개의 상이한 전통 사회를 찾아가 실험을 했는데 그중에는 아프리카의 수렵채집인과 아마존의 화전민은 물론 현대인도 포함되어 있었다. 그들은 다양한 사회의 실험 결과를 비교함으로써 각각의 문화적 규범 속에 포함된 관용성이 얼마나 다른지를 분석했다. 그 결과 산업화된 나라의 참가자들은 이기적이며, 대부분의 돈을 자기가 챙기는 것으로 나타났다. 그런데 라말레라 사람들 중 3분의 2는 돈을 똑같이 나눠 가짐으로써 – 그리고 나머지 3분의 1은 자신이 절반 이하를 갖고 절반 이상을 나눠주었다 – '이기심을 논하려고 설계된 실험'을 '이타성의 본보기를 보여주는 실험'으로 바꿔버렸다. 15개 사회 중에서 제일 관대한 사회는 라말레라 사회였으며, 인류학자들은 '고래를 배분하는 의식에서 흔히 볼 수 있는 열린 마음'을 관용성의 원천으로 지목했다.

인류학자들은 '고래 사냥의 불확실성(잡히는 시기와 양을 정확히 예측할 수 없는)을 만회하기 위해 베파나가 진화했다'는 결론을 내렸다. 따라서 이타성은 라말레라 부족이 생존하는 데 필수적이라고 할 수 있다. 라말레라 사람들은 1년에 보통 스무 마리의 향유고래를 잡는다. 라말레라 부족은 21개 가문으로 구성되어 있으므로, 한 가문당 매년 한 마리의 고래를 잡는 셈이다. 연구자들의 계산에 따르면 한 마리의 향유고래는 평균[10] 7톤의 고기를 제공하는데, 이는 약 100명이 1년간 필요로 하는 단백질량을 충족할 수 있다. 라말레라 부족의 인구는 약 1,500명이므로, 매년 스무 마리의 고래를 잡는다면 열다섯 마리를 자체적으로 소비하고 다섯 마리를 다른 용도로 사용할 수 있다는 계산이 나온다. 그러나 방심은 금물이다. 전체적으로 보면 여유가 있는 것 같아도, 가문별로 들여다보면 실적이 들쭉날쭉할 수 있기 때문이다. 가령 어떤 가문이 올해에 두 마리의 고래를 잡고, 내년에는 한 마리도 못 잡는다고 치자. 만약 가문들끼리 고래를 공유하지 않는다면, 운 좋은 가문이 배불리 먹는 동안 운 나쁜 가문은 굶주릴 수도 있다. 게다가 운명은 언제든지 뒤바뀔 수 있다.

베파나는 '잉여량 재분배redistributing surpluses'라는 실용적 목적에 부합한다. '선물 주기'는 단순한 미덕을 넘어 재분배의 수단이며, 궁극적으로 호혜적이기 때문이다. 정도의 차이가 있을지언정 모든 수렵채집인은 일종의 롤러코스터를 경험하므로, 협동과 공유는 생존을 위해 필수적이다. 수렵채집사회가 산업사회보다 평등적이고 관대한 것은 바로 이 때문이다. 인류학자들은 이러한 사실에 기반하여 '현대인은 조상보다 궁색한 삶을 살고 있다'고 주장해왔다. 그러나 욘을 비롯한 라말레라 청년들에게 협동과 공유를 강조하는 전통은 시대에 뒤떨어진 케케묵은 관행에 불과하다.

욘은 지구상에서 가장 관대한 사회의 구성원이었지만, 어느 사회에나 성행하는 실랑이에서 결코 자유로울 수 없었다. 일종의 육감이 호니로 하여금 욘의 부정不貞을 의심하게 했고, 호니에게서 쏟아지는 시도 때도 없는 문자메시지와 전화('부족의 여자들, 심지어 절친한 사촌들도 멀리하라')는 욘을 노이로제에 걸리게 했다. 두 사람의 실랑이는 종종 도가 지나쳐, 둘 중 한 명의 풀사pulsa(통신 요금 충전)가 소진되는 것으로 막을 내리기 일쑤였다. 통화가 비정상적으로 종료된 다음 날, 두 사람의 관계는 회복 불가능한 수준으로 악화되어 일련의 문자 폭탄과 막말 통화로 이어졌다.

호니의 걱정은 이해할 만했지만 그녀의 의심은 거의 의부증疑夫症에 가까웠다. 그녀를 배반하지는 않았지만 그즈음 욘은 페이스북의 초기 버전을 시험 삼아 사용하고 있었다. 그는 (너무 오래되어 키보드의 상당 부분이 '글자가 새겨지지 않은 고무'로 대체된) 블랙베리를 이용해 렘바타 섬에 사는 소녀들 모두에게 '친구 신청'을 했다. 그러고는 34명에게서 응답을 받아, 그녀들과 메시지를 주고받기 시작했다. 주변 사람들에게는 '그저 소일거리일 뿐'이라고 둘러댔다. 어찌 됐든 간에 어떤 소녀와도 직접 만나게 될 가능성은 제로에 가까웠다. 그러던 어느 날 호니는 한 친구로부터 '욘이 아무 여자에게나 집적거린다'는 제보를 받고 욘에게 전화를 걸어, (렘바타를 떠난 후 배운) 대도시 억양으로 데이트 신청을 했다. 욘은 그녀의 충성심 테스트에 여지없이 걸려들었다. 통화가 끝나자마자 호니의 여동생이 보낸 문자메시지가 욘의 블랙베리를 진동시켰다. '우리 언니를 더 이상 괴롭히지 말아요.' 잠시 후 두 번째 문자메시지가 도착했다. '언니한테 새 남자친구가 생겼어요. 아저씨보다 더 잘생겼고, 돈도 많고, 엄청 잘해줘요.'

불행하게도 욘은 대답을 할 수가 없었다. 때마침 풀사가 소진되었기 때문이다. 그는 부랴부랴 통신 요금을 충전했지만, 충전이 끝나고 나니 호니가 전화를 받지 않았다. 며칠 후 전화를 받았을 때, 호니는 욘에게 관계를 이어가고 싶으냐고 물었다. 욘은 그녀가 원한다면 영원히 함께하고 싶다고 대답했다. 그러나 그녀는 그의 진심을 먼저 밝히라고 몰아붙였고, 그가 머뭇거리자 전화를 끊어버렸다.

욘은 친구들에게 난생처음으로 실연을 당했다고 털어놓았다. "어떤 사람들은 이럴 때 미쳐버리더구먼. 그러나 난 달라. 그렇게 되면 두 번 절망하는 셈이거든." 그는 어른답게 냉정을 유지하겠다고 큰소리쳤다. 그러나 사실을 말하자면, 마음의 상처가 다리의 상처보다 훨씬 더 컸다.

며칠 후 호니가 다시 전화를 걸었는데, 울기만 하고 말을 잇지 못했다.

그가 먼저 말했다. "만약 다른 남자에게 가고 싶다면 말리지 않을게. 가는 사람을 붙들고 싶진 않아." 최후통첩이 주효했는지 대반전이 일어나, 두 사람의 사랑은 이전보다 더욱 깊어졌다.

그로부터 얼마 후, 1주일에 한 번씩 욘의 집을 방문해온 프란스가 마지막 발걸음을 했다. 밤이 이슥해질 무렵 그 샤먼은 욘의 다리에 성수를 문지르며 말했다. "네 다리가 이제야 다 나았구나." 욘은 이윽고 다시 고래 사냥에 나서게 되었다.

5

아들아, 고래는
이렇게 잡는 거란다[1]

2014년 7월 16일

이그나티우스, 벤

블리코롤롱 가족의 소년들은 오디세이에서 귀환한 아버지의 완벽한 지도감독을 받으며 무럭무럭 성장했다. 이그나티우스는 거의 매일 하마롤로의 끄트머리에 서서, 발가락을 모서리에 올려놓은 채 뒤꿈치로 대나무 발판을 딛고 있었다. 그러는 동안 그의 아들들은 하마롤로의 맨 아래 칸에 웅크리고 앉아 아버지가 보내는 신호를 유심히 지켜보았다.

이그나티우스는 아름다운 뒤태의 소유자였다. 웃통을 벗은 경우가 다반사였으므로 자연스럽게 드러난 상체 근육 – 평생 동안 육체노동으로 단련되었으므로 우람하고 균형이 잘 잡혀 있었다 – 은 수축과 이완을 끊임없이 반복하며 눈부신 아름다움을 연출했다. 햇빛에 잔뜩 그을린 피부는 자흑색을 띠었다. 파도가 거세게 몰아칠 때도 그는 두 손을 모아 앞으로 내밀고 무릎을 살짝 굽힌 채 균형을 유지했다. 모든 동작이 마치 육지를 사뿐히 거니는 신사처럼 우아했다. 간혹 무게중심을 옮길 때면 창백한 족궁足弓이 살짝 들리며 새하얀 빛이 번뜩였다. 그가 몇 시간 동안 한눈팔지 않고 멀고 가까운 파도를 샅샅이 살피는 가운데, 뒤에 서 있는 아들들 – 요세프, 온두, 벤 – 은 이제나저제나 하며 아버지의 신호만 기다렸다.

이그나티우스는 라말레라 마을에서 가장 유명한 작살잡이 중 한 명이자 당대 최고의 아타몰라였다. 2014년 현재 테나 선단의 약 3분의 1은 그의 작품이었다. 그는 자귀adze*를 이용해 며칠 동안 널빤지를 가공한 후, 맨 마지막 날에 마치 퍼즐 조각을 맞추는 것처럼 일사천리로 테나를 조립했다. 옆에서 지켜보던 고래 사냥꾼들은 선체를 손등으로 두드려보고 만족스러운 표정으로 "피스가 따로 필요 없겠군"이라고 중얼거렸다.

그는 지칠 줄 모르고 일하기로 유명했다. 심지어 휴식을 취할 때도 브라질우드brazilwood를 깎아 낚싯바늘을 만들거나, 론타르야자 잎을 엮어 바구니를 만들었다. 그가 만든 바구니의 씨실과 날실은 이음새가 매우 촘촘해, 1킬로미터 떨어진 우물에서 물 한 방울 떨어뜨리지 않고 물을 길어 올 수 있었다. 누군가가 집을 짓거나 테나를 만들려고 할 때, 그는 여가 시간을 이용해 단 1분이라도 도와주고 돈 대신 투악 몇 잔을 받아 마셨다. 젊은 사냥꾼들을 위해서는 특별히 시간을 내어 고래의 '풀무처럼 생긴 폐'와 '바위만 한 심장'에 구멍 뚫는 시범을 보였다. 덕분에 그는 '작살 교수Professor Harpoon'라는 별명을 얻고 매우 자랑스러워했다.

품격 있는 유머와 지혜, 그리고 조상님들의 방식에 대한 지식 덕분에 그는 마을 남자들 간의 다툼을 막후에서 중재하는 비공식적 심판관

---

* 목재를 찍어서 깎고 가공하는 연장.

으로 명성을 날렸다. 마을의 여자들은 나이에 상관없이 그를 흠모했다. 그의 유일한 문제점이라면, 늘 최선을 다하다 보니 꾀병 부리는 사람들에게 무언의 압력을 주고, 너무 완벽을 기하다 보니 덤벙거리는 사람들에게 열등감을 느끼게 한다는 것이었다. 그런 문제점이 첨예하게 드러난 곳은 어이없게도 그의 가정이었다. 마을 전체에서 그와 원만하게 지내지 못하는 사람이 딱 두 명 있었는데, 바로 장남 요세프(항상)와 막내 아들 벤(어쩌다 한 번씩)이었다.

그러나 이그나티우스가 자식들을 키우는 방법을 탓할 수만은 없었다. 그는 테나를 만들 때 추구하는 완벽주의를 자식들을 양육하는 데도 그대로 적용할 뿐이었다. 즉 그는 자신이 신봉하는 조상님들의 방식—정확성과 엄밀성—에 따라 아들을 가르쳤다. 어린 시절, 이그나티우스가 테나에 쓸 널빤지를 자귀로 다듬다가 실수를 했다면 아버지에게 따귀를 맞았을 것이다. 그 당시 라말레라에서는 그런 '사랑의 매'가 예사였고, 오늘날에도 드물지 않다. 그러나 아버지의 '테러'가 '아버지에 대한 아들의 사랑'을 약화시킨 적은 단 한 번도 없었다. 이그나티우스는 구약성서에 나오는 방식(경외감, 공포감, 당혹감이 뒤섞인 감정)으로 자기 아버지를 존경했다. 그러니 남들에게는 한없이 상냥하게 대하더라도 자기 아들에게서만큼은 '대를 이어 충성하기'를 기대한 것도 무리는 아니었다.

아버지와 자신이 그러했듯이, 이그나티우스는 자기 아들도 일인자가 되기를 바랐다. 작살질, 항해, 배 만들기, 밧줄 감기, 해체를 비롯한 라말레라 남자들의 기술에서 그는 타의 추종을 불허했다. (그가 아들을 양육하면서 후회스러웠던 점이 하나 있다면, 투악에 대한 사랑을 아들들에게 감추려 하지 않았다는 것이었다. 그는 간혹 투악에 만취했는데, 아들들은 그것을 '음주를 삼가라'는 가르침이 아니라 '음주를 허용한다'는 뜻으로 받아들였다.) 그러나 이그나티우스 자신도 목도한 바와 같이, 그가 아들들에게 완벽함을 요구한 것은 세상에서 닥칠 시련에 가능한 한 잘 대비하게 해주기 위해서였다.

2014년 4월의 어느 일요일 아침, 이그나티우스의 세 아들은 교회에 다녀온 후 아버지의 집 앞에 모였다. 몇 달 전에 떨어진 코코넛 열매의 껍질에서 어린 야자나무가 돋아나 자라고 있었다. 대나무 건조대에 오랫동안 매달려 있는 노랑가오리의 꼬리는 말굽 편자 모양으로 굳어버려, 무슨 짓을 해도 펴지지 않을 것 같았다. 통나무만 한 굵기의 향유고래 갈비뼈가 으스러진 채 앞마당에 어지러이 널려 있었다. 이그나티우스의 아내인 테레세아는 한때 그 모든 전리품을 차곡차곡 쌓아놓고 살점을 긁어내어 어린아이의 치아처럼 반짝반짝 빛나게 했다. 그러나 그녀가 세상을 떠난 지 1년 후인 지금, 뼈에 달라붙어 있던 살점은 새까맣게 썩어버려 청소부scavenger로 유명한 낮도마뱀붙이day gecko에게조차 외면 받았다.

장남인 요세프는 아버지에게 "우리 삼형제가 가문의 테나인 *데모사 팡 Demo Sapang*을 인수할 준비가 되어 있습니다"라고 주의를 환기하며, 나이가 나이인 만큼 힘든 일은 자신들에게 맡기고 편히 쉴 것을 간곡히 권유했다.

그러나 이그나티우스는 자질구레한 일에 관심이 없었다. "난 손주를 돌보거나 야자 잎을 엮어 돛을 만드는 일 따위에는 관심이 없다." 그렇게 말하면서 그는 한사코 힘든 일을 고집했다. 그는 아직도 역도선수를 방불케 하는 체격의 소유자로, 종종 허리에 사롱 하나만 걸친 채 울퉁불퉁한 근육을 과시했다. 그러나 일흔을 바라보는 얼굴에 주름살이 가득했고, 귀를 뒤덮은 한 줌의 흰 머리칼을 제외하면 대머리였다.

"아버지는 이제 늙으셨어요." 요세프가 말했다.

이그나티우스는 시뻘겋게 충혈된 눈으로 아들들을 바라보면서 말보로 라이트를 한 모금 빨아들였다. 세 개의 새까만 이가 간신히 떠받치고 있는 뺨은 담배 연기를 폐 속 깊이 흡입하느라 더욱 움푹해졌다. 세 아들 – 이들도 담배를 피웠다 – 이 최근 만성기침을 이유로 금연을 권유했지만 이그나티우스는 요지부동이었다. 여윳돈이 생겨 야자 잎 담배보다 질 좋은 담배를 구입할 수 있을 때는 오랫동안 애용했던 말보로 레드 대신 말보로 라이트를 선호했다. 말보로 레드는 기침을 악화시키지만 말보로 라이트는 멘톨향이 청량감을 느끼게 해주기 때문이었다. 그는 주장했다. "난 아직도 힘이 넘쳐흘러. 너희가 '발레오'에 화답하지 않는다면 나 혼자만이라도 내 작살을 들 거다." 그러고는 아들들을 향해 담배 연기를 뿜어댔다.

이그나티우스의 다짐은 허튼소리가 아니었다. 그는 데모사팡의 선장 노릇을 계속하고 있었지만, 대부분의 경우 하마롤로를 요세프에게 넘기고 자신은 키잡이 노를 잡았다. 그러나 3년 전에 아들들이 제때 해변에 도착하지 못했을 때 그는 아들들을 남겨두고 출항을 감행한 적이 있었다. 뒤늦게야 데모사팡이 떠난 것을 안 후 아들들은 수평선을 바라보고 있는 아낙네들에게 물었다. "누가 떠났어요? 작살잡이가 누구예요?"

"당신들의 아버지요." 아낙네들이 대답했다.

모두가 껄껄 웃었다. 이그나티우스의 나이를 정확히 아는 사람은 아무도 없었지만 제2차 세계대전이 끝날 때쯤 세상에 태어났다는 것만은 분명했다. 그렇다면 그는 일흔을 바라보는 나이였다.

나중에 테나가 돌아왔을 때, 아들들은 만灣으로 끌려 들어오는 향유고래를 바라보며 누가 작살을 꽂았냐고 물어보았다. "당신들의 아버지요." 아낙네들이 다시 말했다.

이그나티우스와 아들들이 일요일 아침에 나눈 대화의 주제는 종전과 다르지 않았다. 요세프는 아버지를 편안히 모시려 노력하겠다고 약속했지만 이그나티우스는 은퇴할 생각이 없다고 잘라 말했다. 그에 더하여, 그는 벤이 처음으로 고래를 잡아 라마파가 될 때까지는 은퇴할 수 없다고 못박았다. 이그나티우스의 조상들은 태곳적부터 작살잡이였다. 그리고 라말레라 사람들은 근래 들어 한목소리로 '진정한 최후의 라마파 혈통은 세란 블리코롤롱 가족'이라고 말해왔다. 이에 고무된 이그나티우스는 전통을 지키는 게 더욱 중요하다고 느끼게 되었다. 그는 간혹 라말레라 부족이 1990년대에 의결한 사항을 비난했는데, 그 내용은 라마파를 세습되는 지위로 규정한 법을 폐지한 것이었다. 또한 그는 전통적인 위계질서가 붕괴된 것을 그 탓으로 돌리면서 '요즘은 분수를 모르고 날뛰는 사람이 많다'고 일침을 가했다.

"만약 내가 바다에 나가지 않는다면 누가 벤을 가르치겠어?" 이그나티우스가 반문했다. 벤보다 거의 스무 살이나 많은 요세프가 입을 떼려 하자 이그나티우스는 자귀를 움켜잡았다. 그건 대화가 끝났다는 신호였다. "삼판을 새로 만들어야 하니까 나와 함께 목재를 자르자."

세 아들이 아버지를 따라 선박 창고에 도착했을 때 이그나티우스는 이런 말을 꺼내 아들들의 입을 막았다. "게다가 너희 엄마가 세상을 떠났다는 점을 기억해야 해. 만약 바다에서 죽는다면 난 너희 엄마 곁으로 가게 될 거야."

이그나티우스는 뒤늦게 데뷔해 당대 최고의 작살잡이 중 한 명이 되었다. 그의 아버지인 윌리브로두스 데몬Willibrodus Demon(둘째 아들의 이름은 여기서 따왔다)은 작살잡이였는데, 이그나티우스는 10대 때부터 아버지의 뒤에서 조수 노릇만 했다. 하마롤로의 맨 아래 칸에서 대나무 자루에 적당한 작살촉을 장착하고 있다가, 아버지가 첫 번째 작살을 던진 후 두 번째 작살을 던지는 일을 맡았다. 그는 원래 왼손잡이로 태어났는데, '왼손은 악마의 일을 한다'고 믿었던 그의 아버지는 아들이 왼손으로 작살을 잡을 때마다 따귀를 때렸다. (이러한 재훈련은 절반의 성공을 거두었다. 아버지가 세상을 떠난 후 이그나티우스는 육중한 사냥감은 오른손으로 찔렀지만 가벼운 사냥감은 왼손으로 찔렀기 때문이다.) 윌리브로두스는 사냥할 때 말이 별로 없었지만 매일 밤 함께 밥을 먹으며 아들의 실수를 낱낱이 지적했다.

세월이 흘러 이그나티우스는 테레세아와 결혼해 요세프를 낳았다. 두 번째로 낳은 윌리브로두스 데몬 2세Willibrodus Demon II는 젖먹이 때 말라리아로 죽었다. 세 번째로 윌리브로두스 보에앙 '온두' 데몬 3세 Willibrodus Boeang 'Ondu' Demon III를 낳은 후 내리 다섯 명의 딸을 낳았고, 마지막으로 벤을 낳았다. 다른 가문들이 자기네 테나에서 작살을 잡으라고 제안했지만 그는 데모사팡에서 아버지의 자리에 서려고 벼르고 있었다. 아버지가 나이 들면서 그가 아버지를 대체하는 빈도가 늘어났다. 마침내 이그나티우스가 서른 살쯤 되었을 때, 아버지는 조상님들의 곁으로 갔다. 아버지가 세상을 떠나기 전에 이그나티우스는 아버지에게 "자랑스러운 데모사팡을 끝까지 지키다가 제 아들들에게까지 물려주겠습니다"라고 맹세했다.

그로부터 몇 년 후 데모사팡이 고래의 거듭된 공격과 세월의 흐름에 굴복해 망가지자 이그나티우스는 데모사팡을 해체한 뒤 쓸 만한 널빤지를 하나도 빠짐없이 챙겼다. 그런 다음 동쪽의 원시림에 들어가 거대한 바냔나무를 베어 해안에 띄웠다. 마지막으로, 구형 데모사팡과 꼭 닮은 – 심지어 가장 작은 목심까지도 – 신형 데모사팡을 만들었다. 그가 구형 데모사팡의 부분품을 신형 데모사팡에 포함시킨 것은 블리코롤롱 가문이 (태곳적부터) 전통적으로 소유해온 테나에 깃든 영혼을 영접하기 위함이었다. 그리고 뱃머리에는 가문의 상징인 인도사자의 얼굴을 새겨넣었다(그때까지 라말레라에는 페인트가 없었다).

이그나티우스가 데모사팡에서 처음 잡은 고래 속에서 코코넛만 한 크기의 앰버그리스 덩어리가 두 개나 나왔다. 라말레라 부족사회에서는 앰버그리스를 '조상님들이 고래잡이의 미래를 축복하는 증거'로 여긴다. 아니나 다를까, '이그나티우스는 단 한 마리의 사냥감도 놓치지 않으며 긴부리돌고래spinner dolphin(가장 날렵하고 잡기 어려운 사냥감)도 예외가 아니다'라는 소문이 파다하게 퍼졌다. 그는 밤에 잘 때 고래 잡는 꿈을 꾸었으며, 심지어 교회에서 설교를 듣는 동안에도 고래 잡는 장면을 머릿속에 그렸다. 그는 전성기 때 첫 번째 작살잡이로서 스물두 마리의 고래를 잡아 최고 기록을 세웠을 뿐만 아니라(이 기록은 그의 집 나무 벽에 새겨져 있다) 다른 라마파가 수십 마리의 고래를 잡는 데도 기여했다. 요세프와 온두는 하마롤로의 맨 아래 칸에서 아버지를 바라보며 성장했다, 이그나티우스가 옛날에 그랬던 것처럼. 벤은 온두보다 거의 10년 뒤에 태어났지만, 이윽고 온두와 마찬가지로 바다에서 도제 수업을 받게 되었다. 이그나티우스는 어느 날 그들에게 말했다. "너희가 내 뒤를 잇게 될 거다."

"아들아, 고래는 이렇게 잡는 거란다." 벤이 열세 살일 때, 이그나티우스가 *카페 코테켈레마kāfé kotekēlema*(위대한 작살촉)를 높이 치켜들며 말했다. 길이 30센티미터에 달하는 작살촉의 표면은 빨간 녹으로 뒤덮였고, 은빛 면도날 같은 가장자리는 수도 없이 연마되어 문드러져 있었다. 원거리 표적을 비정하고 완벽하게 살해하는 현대식 피스톨과 달리 그 전통적 무기의 이면에는 이그나티우스와 벤에게 친숙한 전쟁사戰爭史가

188

담겨 있었다.

이그나티우스는 벤에게 작살촉을 건넸다.

"감이 오나?"

벤은 아버지의 말('감')이 '완벽한 균형, 힘, 영혼'을 뜻한다는 것을 알고 있었다. 아버지에게 익히 들었던 바와 같이, 작살촉의 영혼은 조상님과 사당의 영혼을 경유해 작살잡이 개인의 영혼과 연결되어 있었다.

숙련된 이그나티우스의 시범이 시작되었다. 그는 작살촉을 드라이버처럼 돌려 *레카 케나다 푸아 가다* lekā kenāda puā gāda(위대한 작살자루)의 목 부분에 있는 (대나무로 만든) V자형 클램프 V-clamp에 고정했다. 작살자루는 (벤 이전에 수천 명의 손을 거쳤을 뿐 아니라 벤의 손을 수천 번 거쳐) 부드럽고 반들반들하게 닳아 있었다. 벤은 길이가 5미터나 되는 작살자루를 주체하지 못해 거의 넘어질 뻔했다. 일단 몸을 가눈 뒤에도 마치 살아 있는 것처럼 제멋대로 흔들리는 작살자루를 제어할 수가 없었다. 오른쪽 끝이 고정되었다 싶으면 왼쪽 끝이 미친 듯이 날뛰기 시작했으니 말이다.

이그나티우스는 벤에게 늘 명심해야 할 핵심 포인트를 일러주었다. "가장 중요한 건 '팔의 힘'이 아니라 '정신과 마음의 힘'이다."

그 말은 벤에게 큰 의미가 있었다. 왜냐하면 그는 동갑내기보다 늘 왜소했기 때문이다. 그러나 최근에야 비로소 깨달은 바와 같이, 그의 가족은 아버지를 비롯해 모두 왜소한 체격이었다. 다른 라마파들 중에는 검투사의 체격을 가진 사람이 많았지만, 세란 블리코롤롱 가족은 하나같이 장거리 달리기 선수처럼 빼빼 마른 체격이었다.

이그나티우스의 족집게 과외는 계속되었다. "작살의 움직임은 네 내면의 움직임을 반영한다. 작살에 대항하지 말고 함께 움직여라. 완력보다 '내면과 외면의 균형'이 더 중요하다."

벤이 정식으로 습득한 작살질 기술은 그날 오후 이그나티우스에게 전수받은 것이 대부분이었다. 이그나티우스는 그에게 일곱 가지 작살촉, 아홉 가지 작살끈, 열 가지 작살자루를 자상하게 소개하고 각 작살촉-작살끈-작살자루의 조합이 사용되는 상황과 사냥감 – 만타가오리 같은 대형 사냥감에는 석궁처럼 생긴 발사형 작살, 돌고래에는 길고 가벼운 투척형 작살 – 을 요령 있게 설명했다. 그날 이후 간혹 희귀한 사냥감 – 듀공dugong, 민부리고래Cuvier's beaked whale, 범고래붙이false killer whale – 을 새로 발견할 때마다 이그나티우스는 해변에서 그것들을 해체하며 해부학적 구조를 상세히 설명하곤 했다. 그리고 밤이 되면, 아들들이 코코넛 껍질을 이용해 신선한 물고기와 적미를 요리하는 동안(그 당시까지 라말레라 마을에는 서양의 식기가 들어오지 않았다) 이그나티우스는 라말레라 부족의 신화와 전설적인 사냥꾼들에 얽힌 교훈적인 이야기를 들려주었다.

그러나 대부분의 경우 벤은 아버지의 뒤에 서서 '하마롤로 위에서 호랑이처럼 우아하게 균형을 유지하는 방법'을 견학했다. 그가 주목한 것은 사냥감을 추격하는 동안 아버지가 선원들을 지휘하는 수신호였다. 또한 '노련한 사냥꾼'인 아버지가 점프하는 시점과 작살을 투척하는 방법을 주의 깊게 살폈다. 간혹 당일에 잡은 고기를 아들들과 함께 먹으면서, 이그나티우스는 이해를 돕기 위해 몇몇 부분을 자세히 설명했다. '왜 뒤꽁무니가 아니라 옆지느러미를 정면으로 겨냥했나', '만타가오리가 왼쪽이 아니라 오른쪽으로 재부상한다는 걸 어떻게 알았나'…….
그러나 다년간의 도제 수업에서 주종을 이룬 것은 '후속타doubling'로, 아버지가 첫 번째 작살을 꽂은 후 두 번째 작살을 추가하는 것이었다. 단, 돌고래 같은 소형 사냥감이나 만타가오리에 한해서였다.

2014년 사냥 시즌이 시작되었을 즈음, 벤은 온갖 상어와 소형 가오리를 두루 섭렵했지만 어엿한 라마파임을 자부할 수는 없었다. 존손이나 테나를 지휘하며 사냥감에 작살을 던질 정도는 아니었기 때문이다. 그의 형들은 스무 살이 되기도 전에 라마파가 되었지만, 그는 스물일곱 살인데도 도제의 신분에서 벗어나지 못하고 있었다. 이그나티우스에게서 조만간 기회가 올 거라는 언질을 받았지만 감감무소식이었다. 그는 '가장 중요한 건 팔의 힘이 아니라 정신과 마음의 힘이다'라는 아버지의 말씀을 늘 명심했는데, 그 말씀이 그토록 인상적인 데는 그만한 이유가 있었다. 그건 '이그나티우스를 본받아 밴텀급 체급을 초월하는 영혼의 소유자가 되라'는 뜻이기 때문이었다. 그러나 그는 마침내 다음과 같은 의문을 품기 시작했다. '허구한 날 아버지를 흉내 내다가 아버지의 아류가 되는 건 아닐까?'

그는 아버지의 어깨뼈 너머로 바다를 응시하기 시작했다.

자신의 아들들을 양육하는 동안 이그나티우스는 선친이 직면하지 않았던 선택에 직면해야 했다. 자식을 렘바타 섬 건너편에 개설된 국립학교에 보낼 것인가 말 것인가? 요세프의 경우에는 결정하기가 쉬웠다. 왜냐하면 1970년대 중반에는 라말레라 마을에 있는 초등학교 하나가 유일한 교육기관이었기 때문이다. 게다가 장남은 아버지를 따라 가업을 잇는 게 당연시되었으므로 요세프는 6학년이 되기 전에 초등학교를 중퇴했다.

그로부터 10년 후에는 교육의 이점이 점점 더 뚜렷해지기 시작했다. 자식을 바다 건너의 학교에 보낸 부모는 졸업 후 취직한 자식에게서 '돈이 가득 든 편지 봉투'를 받기 시작했기 때문이다. 다섯 명의 딸을 바다 건너 고등학교에 보내며, 간호사가 되어 집에 돈을 부치라고 할 때는 아무런 거리낌이 없었다. 그러나 둘째 아들 온두가 고등학교에 가고 싫어 할 때는 갈등했다. 그는 아들의 선택권을 존중해야 한다고 믿었지만 내심 라마파가 되어주길 바랐다.

내키지 않지만 그는 온두를 배에 태워 (티모르 섬의 주도인) 티모르에 있는 기숙학교에 보냈다. 그러나 온두는 할아버지의 이름값에 걸맞은 행동을 했다. 학교에서 야자나무의 수지로 만든 음식 – 라말레라 마을에서는 돼지 사료로 간주된다 – 을 제공하자, 이에 불만을 품고 연락선에 몰래 올라 수백 킬로미터 떨어진 렘바타 섬으로 돌아오려 했기 때문이다. 이 사건을 계기로 이그나티우스는 사우 해가 자신의 아들들을 언제나 고향으로 불러들일 거라고 확신하게 되었다. 될성부른 나무는 떡잎부터 알아본다는 말처럼, 온두는 아버지의 모든 바람을 아무런 불평 없이 수용하고 조상님들의 방식을 준수하며 존경받는 라마파와 마을의 지도자가 될 가능성을 일찌감치 보여주었던 것이다. 그러나 그렇게 충실한 아들을 두었음에도 그는 엉뚱하게도 천둥벌거숭이 같은 막내아들에게 공을 들이고 있었다.

열여섯 살이 된 벤이 (취직한 누나들이 송금한 돈과 테레세아가 레월레바에서 고래 육포를 팔아 모은 돈으로) 레월레바의 고등학교에 보내달라고 했을 때 이그나티우스는 그가 그곳에 오래 머물지 않을 거라고 생각했다. "방학 때마다 데모사팡에 승선해야 하니까 훌륭한 어부가 되는 방법을 늘 궁리해야 한다. 그리고 살이 뒤룩뒤룩 찌거나 정신 줄을 놓아 아버지를 실망시키지 말아야 한다, 알겠지?" 이그나티우스는 그렇게 단단히 타일렀다.

그로부터 며칠 후 벤은 소지품을 낡은 배낭에 쑤셔넣고 부모님께 꾸벅 절한 뒤 자동차를 얻어 타고 화산을 넘어갔다. 3개월 후 방학을 맞아 귀향했을 때 그는 '이그나티우스가 염려했던 모든 것'의 결정판을 보여주었다. 펑크punk 복장, 멀릿mullet* 헤어스타일에 귀고리를 하고 어깨에

192

는 악마의 얼굴 – 욘의 문신과 달리 전문가의 작품이었다 – 이 아로새겨져 있었다. 이그나티우스는 혀를 깨물며 조상님들이 자기 아들을 고향으로 인도해주실 거라고 철석같이 믿었다. 그러나 다음번에 귀향했을 때는 더욱 가관이었다. 벤은 높이가 1미터나 되는 스피커를 갖고 와 인도록Indo rock**을 세상이 들썩이도록 틀어댔다. 결국 스피커가 폭발했는데도 직직거리는 소리는 꼭두새벽이 되도록 멈추지 않았다.

고등학교에 진학하고 3년이 채 지나지 않은 어느 날 오후, 벤은 아나스타시아 '이타' 아문토다Anastasia 'Ita' Amuntoda를 승용차에 태우고 귀향했다. 이타는 섬의 반대편에 사는 케당Kedang 부족 출신이었는데, 임신을 해서 배가 남산만 했다. 처음에는 부모님을 뵐 면목이 없어서 벤은 라말레라 윗마을에 있는 온두의 집에 하룻밤 동안 숨어 있었다. 그러나 그 피난처는 오래가지 않았다. 다음 날 아침 온두가 아버지에게 모든 일을 이실직고했기 때문이다. 벤이 이타를 데리고 아버지 앞에 나타났을 때, 아버지는 먼 산만 바라보고 있었다. 이그나티우스는 아무 말도 할 수 없었다. 눈앞에 벌어진 참사를 보니 미치고 환장할 지경이었지만 누구를 탓해야 할지 몰랐다.

벤의 공교육은 그것으로 막을 내렸다. 이그나티우스가 더 이상 학비를 대주지 않은데다 "아르바이트를 해서 학비를 내겠습니다"라고 교장선생님에게 말했다가 학교에서 쫓겨났기 때문이다. 그는 몇 년 동안 (라말레라에 있는) 이타와 이그나티우스의 눈을 피해, 레월레바에서 트럭을 운전하며 근근이 생계를 이어갔다. 고등학교 졸업 후 경찰학교에 들어간다는 희망이 날아간 것을 아쉬워하며 자신의 운명을 한탄했다.

---

* 앞은 짧고 옆과 뒤는 긴 남자 헤어스타일.

** 1950년대 네덜란드로부터 유래했으며, 인도네시아와 서양음악이 결합한 음악 장르다.

사실 이러한 벤의 낙담은 이타에 비하면 아무것도 아니었다. 그 이전까지만 해도 그녀는 인도네시아의 중산층에서 성장해 TV로 (번역된) 디즈니 만화영화를 시청하고, 부모님이 운영하는 건물류dry-goods* 상점에서 판매하는 캔디를 빨아 먹으며, 섬에서 멀리 떨어진 대학교에 진학한다는 계획을 세우고 있었다. 그러나 열여섯 살짜리 임신부가 된 지금, 그녀는 이그나티우스의 집에 머물 수밖에 없었다. 왜냐하면 친정 식구들이 '결혼할 때까지 돌아오지 말라'며, 벤을 징벌하는 의미에서 엄청난 신붓값bride price**을 요구했기 때문이다. 애 아버지가 산 반대쪽에 있는 상황에서 부족사회에는 그녀가 아는 사람이 단 한 명도 없었다. 아무런 걱정 없는 여고생이었던 그녀는 이그나티우스와 테레세아, 그리고 조만간 태어날 아기를 위해 요리와 청소를 해야 했다. 테레세아와 다른 여자들은 그녀에게 친절했을 뿐만 아니라 라말레라의 생활 방식을 가르치려 애썼다. 그러나 그녀는 수도꼭지를 틀거나 프로판가스 스토브에 불을 붙이는 데 익숙했으므로, 우물에서 물을 길어 오고 장작을 패다 녹초가 되기 일쑤였다. 어머니가 잡은 생닭을 물에 씻어본 게 유일한 경험이었으므로, 유혈이 낭자한 고래의 사체를 보는 순간 기겁하여 자지러졌다. 더욱이 언어장벽도 문제여서, 토속어인 나살어nasal language***를 마스터하는 건 사실상 불가능했다. 그녀는 고래 사냥꾼들을 등지고 레월레바의 옛 생활로 돌아가는 꿈을 꾸었다. 그리고 언젠가는 대학에도 다니고 싶었다. 고래잡이 사회에서 산다는 것은 그녀에게 악몽과도 같았다.

공휴일에 잠시 귀향한 벤을 보고 이그나티우스는 데모사팡에서 도

---

* 차, 커피, 곡물 등과 같이 물기가 없는 식품.
** 매매혼 사회에서 신랑 측이 신붓집에 혼수처럼 제공하는 귀중품, 식료품 등.
*** 오스트로네시아어의 일종.

제 수업을 재개하라고 지속적으로 압박했다. 벤은 처음에 저항했지만, 나중에는 레월레바에서 일자리가 끊기자 라말레라로 돌아올 수밖에 없었다. 그러나 어린 시절의 자기 방에서 오랫동안 뒹굴망정 이상하게도 작살잡이 훈련 재개를 거부했다.

이그나티우스는 의아해했다. '왜 내 아들은 라마파가 되고 싶어 하지 않을까?' 이그나티우스가 젊었을 때, 라마파는 모든 고래잡이에게 선망의 대상이었다. 불도저가 정글에 길을 냈고 조그만 작살촉같이 생긴 비행기가 하얀 밧줄 같은 비행운contrail을 끌고 하늘을 가로질렀을 뿐인데, 상황이 바뀐 이유가 뭘까? 그는 조상님들이 자기와 자기 아들을 자랑스러워한다는 점을 믿어 의심치 않았지만, 벤이 조상님들의 마음을 헤아릴 거라고는 장담할 수 없었다.

2014년 7월 16일 정오, 벤은 한 척의 존손이 라말레라 만으로 들어오는 장면을 목격했다. 쏜살같이 미끄러져 들어오는 뱃머리가 파도와 정면으로 부딪힐 때마다 수면 위로 솟아올랐고, 중력에 이끌려 내려오며 수면을 때릴 때마다 물보라를 일으켰다. 아침에 출항한 존손이 해가 중천에 떴을 때 귀항한다면, 그 이유는 둘 중 하나였다. 사냥꾼이 부상을 입었거나, 향유고래가 발견되었거나. 잠시 후 뱃머리에 선 남자가 작살 자루를 높이 치켜들었는데, 자루 끝에 하얀색 셔츠가 매달려 휘날리고 있는 게 아닌가! 그렇다면 두말할 필요가 없었다.

"발레오!" 벤은 수십 명의 다른 남자들과 함께 목이 터져라 외쳤다.

그들의 외침은 언덕 위에 있는 집들에서 따라 외치는 소리가 들릴 때까지 계속되었다. 해변에 있던 남자들은 손질하던 그물을 안전한 곳에 집어넣고, (반쯤 주조된 작살촉이 시뻘겋게 달궈진 채 들어 있는) 화덕의 불을 끄고, 반쯤 건조된 삼판을 선박 창고 구석에 처박은 다음 각자 자신들의 테나를 향해 뛰어갔다.

마을에서는 어린아이들이 길거리를 내달리며 고함을 질렀고, 나이든 여자들은 두 손을 모아 입에 대고 소리를 질렀다. '발레오'는 마을에 사는 1,500명이 일제히 부르는 합창이 아니었다. 그것은 해변에서 시작해 차츰 퍼져 나가는 돌림노래로, 앞사람들의 노래를 들은 사람은 몇 초 동안 따라 부른 뒤, 귀를 쫑긋 세우고 다음 사람들이 따라 부르는지 확인했다. 해변에서 시작된 '발레오'는 절벽 꼭대기로 메아리치듯 올라간 다음, 라말레라 윗마을에 도착해 우렁찬 합창으로 발전했다가, 끊어질 듯 말 듯한 목소리로 과수원을 지나, 해발 1,600미터에 있는 라마마누Lamamanu의 아주 작은 마을에서 희미한 후렴으로 마무리되었다. 그와 거의 동시에 먼 동쪽에서 고함소리가 들려왔는데, 이는 그 소식이 외딴 마을에까지 전달되었다는 증거였다. 그 마을 사람들은 아이들을 시켜, 정글에서 나무를 베거나 멀리 떨어진 만灣에서 고기를 잡는 어른들에게 소식을 전했다.

고래잡이들이 해변을 가로질러 달리며 모래 먼지를 휘날리고 고래의 갈비뼈를 뛰어넘는 동안 벤은 사지가 멀쩡한데도 꼼짝하지 않았다. 절뚝거리는 욘조차 테나 사이에서 뛰어다니며 못 미더워하는 선장들에게 노를 달라고 하소연하는 판에. 벤은 바야흐로 기회를 맞이했다. 벤의 평상시 임무는 가족이 소유한 존손인 *카니발Kanibal*을 조종하는 것이었다. 그런데 이그나티우스는 그날따라 이타의 부모에게 볼일(벤이 생각하지 않으려고 애쓰는 일)이 있어 산 위에 올라가 있었다. 아버지가 없는 상황에서, 그동안 그의 골머리를 썩였던 가능성이 현실로 다가왔다. 하마롤로를 그가 차지할 수 있을까? 온두는 결혼식에 참석하느라 멀리 외출했고, 요세프는 아침 일찍 투악 한 통을 구입해 자신만의 은신처에 틀어박혀 있었다. 만약 라마파가 되고 싶다면 벤은 데모사팡의 지휘권을 손

카니발을 조종하는 벤.

아귀에 넣어야 했다. 그런 절호의 기회는 두 번 다시 오기 어려웠다.

마침내 그는 벌떡 일어섰다. 그러나 그는 데모사팡 쪽이 아니라 아버지의 집 뒤에 있는 선박 창고로 총알같이 달려갔다. 그곳에는 연료통이 보관되어 있었다. 해변이 시끌벅적한 사이에 그는 휘발유를 두 개의 제리캔jerrican*으로 느긋하게 옮겨 담았다. 그는 평소에 '데모사팡에서 노 젓기'보다 '카니발 조종하기'를 더 좋아했으며, 존손의 강력한 엔진을 자기 손으로 주무르는 스릴을 만끽했다. 심지어 존손의 이름도 부족의 전설보다는 인도네시아의 공포 영화에서 따왔는데, 그건 아버지에 대

---

* 5갤런(약 20리터)들이 통.

한 반항심의 발로였다.

20리터들이 통 두 개가 가득 차자 벤은 그것들을 양어깨에 둘러멨다. 그가 모래밭에 도착했을 때, 만灣에 떠 있는 데모사팡의 하마롤로 위에는 당숙인 스테파누스 셍아지 케라프Stefanus Sengaji Keraf가 버티고 서 있었다. 덥수룩한 수염과 휘어진 오른팔(고래에게 받혀 부러졌는데, 깁스를 하지 않은 채 아물어 그렇게 되었다) 때문에, 벤은 100미터 밖에서도 그를 알아볼 수 있었다.

친척들이 카니발을 물가에 대놓은 채 기다리고 있었다. 벤이 야마하 엔듀로 엔진에 시동을 거는 동안 그들이 선체를 떠밀어 바다에 띄웠다. 그가 카니발을 몰고 데모사팡 곁으로 가자 데모사팡의 선원들이 두 배를 밧줄로 연결했다. 존손이 테나를 이끌고 바다로 나가는 동안 선외 모터는 지칠 줄 모르고 부르릉거렸다.

벤은 잠시 후 요세프를 발견했다. 그는 두 척의 테나를 떠나보낸 뒤 하리오나 가문의 볼리사팡에 간신히 올라타, 하마롤로 위에 쪼그리고 앉아 있었다. 노조차 제대로 젓지 못하는 욘 대신, 하리오나 가문은 뒤늦게 해변에 나타난 요세프를 '객원 라마파'로 초빙한 것 같았다. 벤은 그렇게 추측하고 죄책감을 느꼈다. '세란 블리코롤롱 가족이 데모사팡을 지휘하지 않은 것은 몇 년 만에 처음 있는 일이다.' 그러나 그는 그날 라마파가 되지 않은 게 천만다행이라고 느꼈다. 라말레라를 떠날 날이 머지않은 마당에 라마파로 데뷔해봤자 일만 복잡하게 꼬일 뿐이었다.

불과 10년 전만 해도 이그나티우스는 라말레라에서 레월레바로 여행할 때마다 동트기 전에 일어나 산을 넘어야 했다. 만약 우기라면 어두컴컴한 카사바 밭을 통과할 때 묘목을 밟지 않으려고 한 걸음 한 걸음 조심스레 내디뎠다. 그러나 건기라면 화전민이 일구어놓은 화전火田

에 일직선으로 발자국을 남기며 보무도 당당하게 걸었다. 해가 뜰 무렵에는 고산족의 캐슈 과수원을 지나며 왱왱거리는 벌떼를 쫓느라 안간힘을 썼다. 정오가 되면 화산의 능선을 따라 무성한 정글을 헤치며 나아갔다. 그러고 나서 오후 내내 가파르고 울퉁불퉁한 비탈길을 내려가며 중력에 몸을 내맡겼다. 그 오솔길은 (상품이 가득 찬 백팩을 등에 멘 채 시장에서 돌아오는) 가족들, (덩굴로 묶은 장작을 머리에 인) 마을 여자들, (새로 수확한 커피콩으로 가득 찬 쌀자루를 등에 진 말을 끄는) 농부들로 북새통을 이루었다. 하루가 끝나 땅거미가 질 무렵 약 50킬로미터를 묵묵히 걸은 그는 지친 몸을 이끌고 레월레바에 도착했다.

그런데 그의 아들들이 '발레오'를 외치던 날 아침, 그는 자동차를 타고 화산을 올라갔다. 덤프트럭을 개조한 차량에는 (고래 육포나 캐슈 열매가 담긴) 나일론 자루가 가득 차 있었고, 그 주변을 승객이 빽빽이 에워싸고 있었다. 말린 고래고기의 찝찔하고 고약한 냄새, 핵과*의 질리는 냄새, 담배 냄새와 땀 냄새가 뒤섞인 썩는 내가 차 안에 진동했다. 유리 없는 창을 통해 모래 폭풍 같은 먼지가 자욱하게 밀려 들어왔다. 운전사가 막무가내로 볼륨을 높인 망가진 스피커에서는 당듯dangdut** 음악이 빽빽거렸다.

이그나티우스는 간간이 그윽한 시선으로 사우 해를 내려다보았다. 옛날 같으면 그렇게 완벽한 '사냥의 날'을 놓칠 그가 아니었다. 최근에는 만성기침 때문에 잠을 이루지 못했지만, 그의 심기가 불편한 이유는 그것만이 아니었다. 그는 아내에 대한 백일몽과 악몽에 시달려왔다. 거의 1년 전, 그는 '벗어놓은 옷'처럼 침실에 누워 있는 그녀를 발견했다.

---

* 중과피는 육질이고 내과피는 나무처럼 단단하게 되어 그 안에 종자가 들어 있는 열매로 벚나무, 매실나무, 매화나무, 복숭아나무, 올리브나무, 체리나무, 호두나무 등의 열매가 그 예이다.
** 1970년대 이래 인도네시아에서 인기를 얻고 있는 인도네시아판 라틴 댄스 뮤직.

아내 테레세아가 아직 살아 있다면 어떻게 되었을까! 고산족은 그녀를 '흥정의 달인'이라며 두려워했다. 그녀는 남편만큼이나 가족을 위해 열심히 일했지만 불평 따위는 전혀 하지 않았다. 그녀는 8남매에게 친절하고 강인한 엄마였으며 반세기가 넘도록 남편의 든든한 동반자였다. 그는 그녀가 들려주던 마을 소식과 구수한 농담을 그리워했다. 그의 담배를 몰래 훔쳐, 아무리 사정해도 되돌려주지 않던 그녀였다. 최근에는 그녀가 아직 살아 있다는 상상에 잠기기 시작했다. 어느 날 오후 해변에서 비탈길과 계단을 올라 집으로 돌아가던 길에 그녀─물론 진짜 그녀가 아니었다─를 만났다. 그녀는 (옛날에 연애할 때 매일 오후 마주치던) 돌계단을 내려오면서 다소 거칠지만 달콤한 목소리로 노래를 불렀다. 결혼식장에서 아버지와 팔짱을 끼고 다가오던 그녀의 모습이 떠올랐다.

그녀는 테레세아가 아니라 욘 하리오나의 여동생인 이카였다. 이카는 "안녕하세요, 할아버지"라고 인사했다. 춤추는 듯한 엉덩이에도 불구하고 그녀의 자세는 너무 안정적이어서 머리에 인 (세탁물로 가득 찬) 양동이가 전혀 흔들리지 않았다. 테레세아와 이카의 생김새는 이상하리만큼 비슷했다. 둘 다 자그마하고 굴곡이 뚜렷한 몸매에 길고 곱슬곱슬한 까만 머리칼을 갖고 있었지만, 이그나티우스는 이카의 '까무잡잡한 얼굴과 날씬함'보다 테레세아의 '흰 피부와 토실토실함'을 더 좋아했다. 두 사람이 가장 좋아하는 소일거리는 교회 성가대에서 노래를 부르는 것이었다. 테레세아는 심지어 이카네 집 바로 옆집에서 성장했다. 그러므로 이카가 계단을 내려올 때, 이그나티우스는 '테레세아가 과거에서 걸어 나오고 있다'고 생각할 정도였다.

이그나티우스와 테레세아의 로맨스는 눈맞춤에서 출발해 밀어를 나누는 관계로 발전했다. 급기야 이그나티우스는 그녀의 아버지에게 물고기를 갖다드렸고, 테레세아는 그의 집에 들러 노모의 요리를 돕기 시작했다. 두 사람은 양가 부모님의 승낙을 얻어 오아 *Oa* 댄스에 참석했는데, 그것은 매주 토요일 밤에 마을 광장의 바냔나무 아래서 열리는 댄스파티였다.

라말레라 마을 사람들은 오래된 바냔나무 가지에다 1주일에 한 번씩 고래기름 램프 – 나중에는 압축가스 램프 – 를 매달아 샹들리에로 변신시켰다. 달랑거리는 등불 아래서 라말레라의 소녀들은 손에 손을 잡고 커다란 원을 형성한 후 시계 방향으로 돌았다. 소년들은 어둠 속에서 소녀들의 사롱이 꽃처럼 활짝 피는 장면을 감상했다. 소녀들은 잠시 후 마주 잡은 손을 놓고, 기다리는 소년의 팔뚝을 움켜잡았다. 이그나티우스는 늘 테레세아 바로 옆자리에 끼어들어 그녀의 손목을 꼭 잡았다.

이그나티우스는 박자를 맞추기 위해 울부짖는 듯한 소리를 냈는데, 그건 아기를 재우는 감미로운 자장가가 아니라 그녀의 단잠을 깨우는 괴성처럼 들렸다. 미국 남부의 스퀘어댄스*처럼 오아는 참가자들이 각각의 동작을 외치는 단순 반복적 구조[2] – 1-2-3 스텝을 전진한 후 한 걸음 뒤로 물러나, 옆으로 미끄러지듯 움직임 – 를 갖고 있었다. 이그나티우스와 테레세아는 몇 시간 동안 함께 노래를 부르며 흥겹게 춤을 추었다, 마치 시계 속에서 맞물려 돌아가는 기어처럼. 고래기름 램프는 촛불처럼 간들거리며 희미한 꿀 냄새를 풍겼다. 그저 손이 살짝 닿았을 뿐인데도 이그나티우스는 너무나 에로틱한 느낌이 들어 심장이 쿵쾅거렸다. 그는 테레세아의 손바닥을 손톱으로 살짝 긁었는데, 그것은 라말레라 사람들이 호감을 표시하는 신호였지만 너무나 미세해서 아무도 눈치채지 못했다.

---

* 남녀 네 쌍이 한 조를 이루어 사각형으로 마주 보고 서서 시작하는 미국의 전통 춤.

그러나 이그나티우스가 자동차를 타고 라발레캉에 올랐을 때, 수중에 지닌 것은 이미 빛바랜 테레세아의 흑백사진뿐이었다. 그 사진에서 테레세아는 카메라를 생전 처음 구경한 듯한 포즈를 취하고 있었다. 경직되고 겁먹은 표정을 짓고 있어서 우아한 자태는 간데없고 경박하고 짓궂은 인상만 남아 있었다. 바난나무는 더 이상 토요일 밤을 빛내지 않았고, 오아는 축제가 열릴 때만 부활할 뿐이었다.

이그나티우스가 이 같은 회상에 잠긴 것은, 두말할 것도 없이 벤의 결혼식이 불과 2주 앞으로 다가왔기 때문이었다. 이그나티우스가 라발레캉에 오르는 것은 이타의 신붓값을 확정 짓기 위함이었다. 그녀 부모와의 협상은 6년 전 벤이 이타와 함께 레월레바의 고등학교를 뛰쳐나왔을 때부터 시작되어, 젊은 커플이 1남 1녀를 낳는 동안에도 계속되었다. 이그나티우스는 이타의 집을 이미 네 번 방문했고, 온두는 여덟 번이나 특사 노릇을 했다.

이그나티우스는 이번 방문이 성공하기를 바랐지만, 이전과 같은 일이 또 일어날까봐 걱정했다. 아문토다 가족은 그를 따뜻하게 맞이한 후, 훼방꾼을 막기 위해 건물류 상점의 철문을 걸어 잠갔다. 그들은 그에게 말보로 담배와 투구부아야Tugu Buaya 패키지 커피를 권했지만, 그는 시골 사람임을 부끄럽게 여기지 않는다는 것을 보여주기 위해 '론타르야자 잎을 말아 만든 콘페티confetti 담배'를 피우며 '토종 원두를 갈아 만든 커피'를 요구했다. 다음으로, 그들은 가게를 구경시켰는데, 그는 유리 케이스 안에 진열되고 플라스틱으로 포장된 상품들을 칭송했지만 그것은 '라말레라 마을의 물물교환 시장에는 채소가 땅바닥에 쌓여 있다'는 점을 언급하기 위한 실마리에 불과했다. 그러는 동안 이그나티우스는 자신의 '기워 입은 사롱과 낚싯줄로 엮은 슬리퍼'와 이타 아버지의 '맞춤 바지와 명품 가죽신'을 스스로 비교하지 않으려고 애썼다.

사교적인 인사말을 늘어놓은 후, 이타의 아버지는 이그나티우스에게 가딩*gading*(코끼리 상아)을 가져왔냐고 묻기 일쑤였다. 그러나 그가 가져간 것은 대나무로 만든 담뱃갑과 사롱 안에 품은 칼 한 자루뿐이었다. 문제는 이그나티우스가―거의 모든 라말레라 사람과 마찬가지로―가딩을 마련할 형편이 안 된다는 것이었다. 아문토다 가족이 "당신이 결혼할 때 신부 측에 지급한 코끼리 상아의 크기가 어느 정도였나요?"라고 물었을 때, 이그나티우스는 1구디*gudi*(가딩을 측정할 때 사용하는 단위로, 가슴 한복판에서 손가락 끝까지의 길이에 해당한다)라고 대답했다. 그러나 그건 40여 년 전의 이야기로, 그 시절에는 어느 가족이든 (코끼리들이 정글에서 어슬렁거리는 인도네시아 서쪽에서 고대로부터의 교역로를 통해 수 세기 동안 수입된) 가딩을 몇 개씩 보유하고 있었다. 그 후 인도네시아 정부에서 상아 거래를 금지하자, 중국의 상인들이 이처럼 가보로 간직되던 상아를 모조리 사들이는 바람에 가딩의 값은 3,000달러까지 치솟았다. 3,000달러라면 보통 마을 사람들이 10년 동안 쓰지 않고 모아야 만질 수 있는 금액이었다.

이그나티우스와 이타의 부모는 '가딩', '구디' 같은 말을 쓰며 옥신각신했지만, 오늘날 그런 말들은 비유적인 것에 불과하다는 것을 모두가 알고 있었다. 몇 마디의 농담을 건넨 후 이그나티우스는 현금 100달러에 돼지와 염소 몇 마리를 얹어주겠다고 제안했다. 그러나 이타의 부모는―물론 공손하게―가딩을 현물로 요구했다.

이그나티우스는 시종일관 좌절감을 억제하려 애썼다. 물론 벤의 행동이 점잖지 못했고 아문토다 가족은 어느 정도 보상을 받을 자격이 있었다. 그러나 그는 그들이 이타와 벤을 악의적으로 징벌한다는 의구심을 지울 수 없었다. 더욱이 아문토다 가족은 벤과 이타를 죄책감 속에서 살게 만듦으로써 그들의 영혼을 위험에 빠뜨리고 있었다.

설사 결혼 날짜가 잡혔다고 해도, 결혼식이 제 날짜에 거행되리라고 장담할 수 없었다. 이타가 이그나티우스의 집에 들어온 직후 아문토다 가족과 세란 블리코롤롱 가족은 가딩 한 개 값보다 훨씬 싼 신붓값에 합의하고 결혼 날짜를 잡았다. 이그나티우스는 심지어 아문토다 가족을 위해 45인승 전세 차량의 임차료를 선급했다. 그러나 아문토다 가족은 예식을 며칠 앞두고 아무런 예고도 없이 '친척 한 명이 죽었다'고 주장하며 결혼식을 일방적으로 연기했다. 이그나티우스는 그들이 더 많은 돈을 원한다고 믿었다. 한 사제가 (교제 중인 교구 내 커플 전원을 대상으로 운영하는) 결혼 예비 학교 게시판에 다음과 같은 공고문을 게시했을 때 벤과 이타는 수치심을 느꼈다. '이타 가족의 요청에 따라 벤과 이타의 참석을 불허합니다.'

자동차가 라발레캉을 올라가는 동안 이그나티우스는 노란색 야자 잎으로 담뱃가루를 말면서 이번 방문만큼은 다르기를 기대했다. 이타는 최근에 그의 제안이 받아들여질 거라고 귀띔해주었다. 이타와 벤의 이름은 교회의 결혼 예정자 명단에 7월 31일자로 등재되어 있었다. 살아생전에 막내아들이 라마파가 되는 것을 보고 싶어 하는 그였지만, 결혼식장에 선 벤의 모습을 상상하는 즐거움도 그에 못지않았으리라.

벤은 두 시간 내내 카니발의 엔진을 풀가동해 데모사팡을 사우 해의 심장부로 예인했다. 멀리서 솟아오르는 물줄기를 더욱 또렷이 보기 위해 그는 키를 잡은 채 몸을 일으켜 세웠다. 고래 떼를 향해 가까이 다가가며 물줄기가 뿜어져 나오는 횟수를 헤아렸다. 열둘, 열셋, 열넷…… 물줄기 속의 물방울을 셀 수 있을 정도로 가까이 접근했을 때, 여섯 마리의 고래가 꼬리로 하늘을 가리킨 채 물방울을 거의 튀기지 않고 잠수했다.

고래들은 물줄기를 열다섯 번씩 내뿜었는데, 그건 조상님들의 지혜에 따르면 '물 밑에 15분 동안 머물 예정'임을 의미했다. 또한 향유고래는 진행 방향으로 45도 기울여 물줄기를 내뿜는 습성이 있으므로, 벤은 마지막 물줄기 ― 그것은 나침반의 바늘이나 마찬가지였다 ― 를 보고 남서쪽으로 방향을 잡을 수 있었다. 그들이 들이마신 공기의 양을 감안해 속도를 계산한 그는 카니발의 속도를 잠영潛泳하는 고래보다 약간 빠르도록 조정했다.[3] 정확한 계산 덕분에 가장 먼저 사냥터에 도착해, 다른 배들이 올가미 모양을 그리며 사우 해 전체에 분산되는 동안 엔진을 공회전시켰다.

고래잡이들은 무작정 기다렸다. 마치 하이파이브를 하듯, 밀려오는 파도가 선체를 리드미컬하게 두드렸다. 성층권의 바람이 새털구름에서 솜털 한 줌을 떼어내어 서쪽으로 멀리 날려보냈다. 마치 끝없는 파도처럼 1초 1초가 바로 전의 형태와 리듬을 반복했다. 시간은 그 한계점, 바로 그 결정적인 순간을 향해 나아가고 있었다.

사냥터에서 고래가 떠오르기를 기다리는 데는 특별한 선禪이 요구된다. 매초 100퍼센트의 집중력을 유지한다는 것은 불가능하며, 만약 그렇게 한다면 추격자는 사냥감이 도착하기도 전에 기진맥진해질 것이다. 라말레라 부족의 노하우는 '완전한 의식 속의 몽상'에 빠져드는 것이다. 그것은 잠과 거의 구별할 수 없는 상태로, 온몸의 긴장을 풀고 수면을 스치듯 지나가는 바닷새, 일렁이는 잔물결의 왈츠, 수면 바로 아래서 꿈틀거리는 그림자를 하나도 빠짐없이 무의식적으로 곱씹는 것을 말한다.

그러나 벤은 너무 조바심이 나서 사냥에 완전히 집중할 수 없었다. 때는 이른 오후로, 그의 아버지와 아문토다 가족이 그의 운명을 이미 결정했을 터였다. 그런데 그를 괴롭힌 건 결혼 문제뿐만이 아니었다.

처음에는 혼외자를 낳았다는 죄책감 때문에 괴로워했지만, 그런 죄책감은 홀홀 털어버린 지 오래였다(그는 심지어 동년배들의 악담을 즐기는 편이었다). 예비 장인·장모의 앙심과 인종차별도 그를 괴롭혔다. 그가 케당 부족이 아닌데다 자기들의 어린 딸을 미혼모로 만들었으니 그럴 만도 했다. 그러나 그 문제도 더 이상 그를 괴롭히지 않았다. 벤의 최근 고민거리는 고등학교 때 베모 bemo(미니버스)를 함께 운전했던 친구가 제안한 사업계획이었는데 그 내용인즉, '여행의 메카인 발리에 가서 여객운송업에 종사하자'는 것이었다.

벤의 인생에서 가장 자유로웠던 시절은 '문 없는 밴'을 몰고 레월레바의 거리를 누빌 때였다. 혼잡한 도로를 요리조리 빠져 다니며 원하는 승객을 모두 태워주었지만, 운전면허가 없었으므로 교통경찰관을 늘 조심해야 했다. 처음엔 학비를 벌기 위해 방과 후와 공휴일에만 운전대를 잡았지만, 이윽고 수업을 밥먹듯이 빼먹고 추가 근무를 하기 시작했다. 그에게 운전은 삶의 전부였다.

10대가 모는 베모에는 하나같이 은색 스프레이 페인트로 '신의 아들'이라는 글씨가 새겨져 있거나, 스트리퍼와 성모 마리아의 그림이 나란히 그려져 있었다. 그러나 벤은 잡지에서 오려낸 브리트니 스피어스 Britney Spears와 제니퍼 로페즈 Jennifer Lopez의 사진을 붙여놓았다. 그는 그녀들이 누군지 잘 몰랐지만, 그림의 내용은 그에게 중요하지 않았다. 뒷좌석 아래에 틀어놓은 커다란 스피커 소리가 쩌렁쩌렁 울려, 길가의 집들이 진동할 지경이었다. 그는 자신의 베모를 로큰롤 클럽으로 여기고 클럽의 DJ라도 된 양 서양의 히트곡, 당돗, (볼리우드식 트릴trill*과 신디사이저를 곁들인) 인도네시아 유행가를 계속 틀었다. 예쁜 소녀들

---

* 높고 짧게 떨리는 목소리.

이 지나갈 때마다 연가戀歌를 틀어놓고 센티멘털한 기분에 젖어들었다. 그의 등에는 15센티미터 크기의 고딕체로 'DJ'라는 문신이 아로새겨져 있었다. 이그나티우스는 아들이 레월레바에서 이런 짓을 하고 돌아다닌다는 사실을 까맣게 몰랐다.

벤이 발리에 대한 이야기를 들은 건 그즈음이었다. '많은 관광객이 쿠타비치Kuta beach*에 모여들므로, 그곳의 긴 백사장을 걸으면 세계를 여행하는 기분이 든다'는 이야기를 들었다. DJ는 물론 클럽, 맥주, 마약이 넘쳐난다고 했다. 심지어 어떤 인도네시아 남자들은 외국인 여자친구가 있으며, 말만 잘하면 대마초까지 나눠준다고 했다. 굳이 결혼하지 않더라도 얼마든지 섹스를 할 수 있다고 했다. 그는 레월레바에서 간혹 외국인을 만날 때마다 "인도네시아 여자친구가 있나요?"라고 묻곤 했다.

레월레바에 처음 도착한 후 1주일 동안 낯선 얼굴 – 라말레라에서는 단 한 번도 본 적이 없는 얼굴이었다 – 과 인파 때문에 잔뜩 겁이 났다. 그러나 얼마 지나지 않아, 고향으로 돌아가고 싶다는 생각이 싹 사라졌다. 상수도 덕분에 물 한 통을 길으러 1킬로미터나 떨어진 우물까지 걸어갈 필요가 없었다. 24시간 공급되는 전기 덕분에 유럽의 축구 경기를 밤늦도록 시청할 수 있었다. 레월레바에는 장작불에 밥을 짓는 사람이 아무도 없었다. 문득 (대부분의 소유물이 공유되는) 라말레라에서 전혀 경험하지 못했던 소유욕이 불타올라 자기만의 TV, 음향 시스템, 오토바이를 갖고 싶다는 생각이 들었다. 벤은 멋부리는 방법, 야구 모자를 돌려 쓰는 방법, 맨체스터 유나이티드와 첼시의 경기에서 맨유를 응원하는 방법을 배웠다.

---

* 발리의 대표적인 해변.

처음에는 학교에서 사회과학과 독일어를 배우는 게 재밌었지만 금세 싫증이 났다. 그는 경찰 기동대 옆에서 동급생들과 함께 살았는데, 경찰관들과 종종 어울리며 우람한 체격과 무용담에 매혹되었다. 그들은 그에게 주먹질과 음주를 가르쳤다. 그는 그들에게 정부情婦가 있다는 사실을 눈치채고 그들을 선망하게 되었다. 얼마 후 그는 고등학교를 졸업하고 나서 경찰관이 되려는 계획을 세웠지만 이그나티우스에게는 말하지 않았다. 경찰관들은 혼다 오토바이를 구입할 만한 재력을 갖고 있었으며, 그들의 활약상은 영화와 TV 드라마의 단골 메뉴였다. 라말레라에는 경찰관이 단 한 명도 없었다.

무엇보다도 레월레바의 가장 좋은 점은 단연 소녀들이었다. 그녀들은 라말레라 소녀들처럼 단정한 옷을 입을 필요가 없었다. 게다가 레월레바에는 소녀가 매우 많았다! 웬만한 라말레라의 부모들은 딸을 산 너머 학교에 보냈으므로 라말레라 마을에는 선머슴만 득실거렸다. 그는 억누를 수 없는 환상의 세계에 빠져들었다.

레월레바의 고등학교에서 이타는 벤의 바로 옆 책상에 앉아 있었다. 벤은 타고난 화가로, 라말레라에 살 때는 친구들의 몸에 바늘과 배터리용 탄소를 이용해 고래, 작살, 천사 문신을 새겨주기도 했다. 술에 취해 욘에게 실수한 것을 제외하면, 그의 작품은 대체로 호평을 받았다. 그는 이타에게 찢은 공책장을 건넸는데, 거기에는 라말레라 만의 파노라마, 여동생과 어머니에 관한 스케치, 이타의 초상화가 담겨 있었다. 그녀의 초상화에서는 사시斜視인 듯한 시선이 생략되고 귀여운 코와 새까맣고 긴 머리가 강조되었다.

자기 부족에게로 돌아가야만 할 때가 되면 벤은 공사장 일이건 베모를 모는 일이건 이것저것 가리지 않고 모든 가능한 일을 얻어 몇 주간 레월레바로 다시 나가곤 했다. 그러나 고래가 떠오르기를 기다리면서 이그나티우스에게 라말레라를 떠나고 싶다고 말할 순간을 떠올리니 두려움이 엄습했다. 슬픔과 분노에 가득 찬 아버지의 모습이 눈에 선했다. 최악의 상황은 아버지의 당혹감이었다. 아버지는 '남자가 라마파가 되길 원하지 않는다'는 사실과 '막내아들이 아버지를 부양하는 걸 싫어한다'는 사실을 이해하지 못했다. (라말레라 사회에서 부모를 부양하는 건 장남이 아니라 막내아들의 의무다.) 그의 배반은 아버지에게 엄청난 충격일 것이다. 아버지는 자동차 운전의 필요성조차도 인정하지 않았다. 아버지가 그를 이해했다면, 벤이 발리로 이사 가는 데 동의했을 것이다.

그날 협상의 결과가 어떻게 되었든 간에 벤에게는 계획이 있었다. 만약 아버지가 결혼을 성사시킨다면, 벤은 발리로 이주해 처자妻子를 부양하겠다고 말할 예정이었다. 만약 아버지가 협상에 실패한다면, 그는 가딩을 살 돈을 마련하기 위해 라말레라를 떠날 작정이었다.

동료들의 고함소리가 벤을 사냥에 집중하게 만들었다. 떠오르는 향유고래들이 물줄기를 마구 뿜어댔다. 벤이 엔진을 재가동하자 카니발과 테나를 연결한 밧줄이 팽팽히 당겨졌다. 그는 존손을 몰고 고래에게 바짝 접근해 평행을 이룬 뒤 왼쪽으로 급회전했다. 그러자 갑작스런 힘의 변화로 인해 데모사팡이 앞으로 나아갔다. 그와 동시에 밧줄이 풀렸고, 선원들의 노가 일사불란하게 움직이면서 선단의 선두에 나섰다. 벤의 당숙인 스테파누스가 작살을 높이 치켜들었다.

이제 벤은 더 이상 추격자의 일원이 아니었다.

'발레오' 소리를 들었을 때, 요세프는 마을 한구석에서 투악 통을 거꾸로 들어 걸쭉하고 농익은 내용물을 한입에 꿀꺽 삼키고 있었다. 그러나 바다에서 향유고래가 다시 떠올랐을 때 그는 볼리사팡의 하마롤로 위에 우뚝 서서 (언제 술을 마셨냐는 듯) 능숙하게 균형을 잡으며 우렁찬 목소리로 선원들을 지휘했다. 그는 데모사팡에 추월당한 것이 못마땅했다. 함께 추격하고 있는 12미터짜리 향유고래를 먼저 찌를 수 없게 되었기 때문이다. 다른 한편으로 그는 '블리코롤롱 가문이 하리오나 가문보다 우월하다'는 점이 입증된 것을 흐뭇해했다. 그런데 데모사팡의 라마파인 스테파누스가 무턱대고 던진 작살이 빗맞아 튀어나갔고, 고래는 곧바로 잠수해버렸다. 요세프는 나중에 해변에서 스테파누스에게 퍼부을 욕설을 주워섬기기 시작했다. 왜냐하면 두 가문의 기회를 모두 날려버렸기 때문이다.

데모사팡과 볼리사팡이 선단에 다시 합류했을 때, 다른 고래들은 모두 도망치고 한 마리만 남아 있었다. 그놈은 제일 먼저 작살을 꽂은 테나를 뒤집어버렸지만, 나머지 세 척을 제압하지 못해 쩔쩔매고 있었다. 전리품을 더 이상 잘게 쪼개지 않기 위해, 성공적인 배의 선장들은 다른 선박의 접근을 가로막았다.

작열하는 태양 아래서 요세프는 앞으로 세 시간 동안 허송세월할 것을 한탄했다. '야자나무 그늘에서 다른 투악 통을 비우며 하루를 편안히 보낼 수 있었는데…….' 그는 이름난 라마파 ─ 대부분의 라말레라 사람은 그가 아버지보다 한 수 위라는 데 동의했고, 심지어 어떤 사람들은 당대 최고라고 했다 ─ 였지만 두주불사하는 술꾼으로도 유명했다. 그는 늘 야자와인을 손에서 놓는 법이 없었으며, 친구들을 따돌리고 은밀한 곳에 숨어 나홀로 음주를 즐겼다. 술에 취하면 싸움을 걸기로 악명 높아서 많은 사람들은 그를 잔치에 초대하지 않았다. 그는 술을 진탕 마신 후 변비와 복통에 시달렸는데, 그건 어쩌면 간염 초기 증상이었는지도 모른다. 그럼에도 바다에 나가기만 하면 돌고래 여러 마리의 숨구멍을 작살로 죽 꿰어 의기양양하게 돌아왔다.

그는 아버지에게 자랑하기 위해 전리품을 언제나 이그나티우스의 집 앞에서 해체했다. 그는 어렸을 때부터 사람들이 아버지의 완벽한 솜씨에 감탄하는 말을 귀에 못이 박이도록 들어왔다. 어떤 사람들은 이그나티우스가 요세프보다 더 점잖은 술꾼이었다고 회고했다. 술에 취한 이그나티우스는 행패를 부리는 법이 없었으며, 바닷가에 나가 삼판에 자귀질을 하지도 않았다고 했다. 이 같은 경쟁심과 평생 동안 누적된 감정 때문에 두 사람이 한밤중에 다투며 서로 저주를 퍼붓는 소리가 온 동네에 울려 퍼져 사람들의 단잠을 깨우곤 했다.

요세프는 속도위반의 결과물이었으므로, 그 사실을 안 외조부모는 임신한 테레세아를 집에 가두고, 터무니없는 신붓값을 요구하면서 이그나티우스가 보낸 사람을 돌려보냈다. 그들은 그녀가 돈 많은 명문가의 아들과 결혼하길 바랐다. 1968년 11월 요세프가 태어났을 때, 그들은 이그나티우스에게 아들을 보여주지도 않았다.

크게 실망한 이그나티우스는 테레세아에게 한마디도 하지 않고 머나먼 플로레스 섬으로 떠나버렸다. 그는 코코넛 기름 공장에서 근무했는데, 섬유질 껍데기에서 새하얀 과육을 긁어낸 뒤 착즙기를 이용해 즙을 짜내는 일을 했다. 테레세아는 수소문 끝에 이그나티우스가 있는 곳을 알아내어 다음과 같은 편지를 썼다. '나는 죽는 날까지 당신을 사랑할 거예요. 이 세상에 다른 남자는 없어요.' 이그나티우스는 월급에서 일정 부분을 떼어 그녀의 친구 앞으로 보내는 편지에 동봉하기 시작했다. 테레세아는 그에 대한 답례로 사랑을 고백하는 편지와 함께 (고향을 떠난 라말레라 사람들이 늘 그리워하는) 파타비티를 보냈다. 이그나티우스는 매달 상당한 금액을 저축했는데, 그 돈으로 그녀의 부모가 요구했던 가딩을 구입하기 위해서였다.

그로부터 5년 후 이그나티우스는 마침내 테레세아의 부모에게 신붓값을 마련했다는 편지를 보냈다. 그는 아무런 답장을 받지 못했지만, 이윽고 블리코롤롱 가문의 친척에게서 편지 한 통을 받았다. 그 내용인즉, 그의 삼촌 중 한 명이 고래에게 강펀치를 맞아 두개골이 깨졌으며 데모사팡을 보수해야 한다는 것이었다. 이그나티우스는 결심했다. '테레세아의 부모가 어떻게 나오든 고향에 돌아가 담판을 지을 때가 왔다.' 신붓값을 지참하고 고향에 돌아왔을 때, 이그나티우스는 마을 사제의 지원하에 드디어 테레세아 부모의 승낙을 받았다. 1973년 12월 21일, 두 사람은 정식으로 결혼식을 올렸다.

그런데 요세프는 이그나티우스를 거의 몰랐을 뿐만 아니라 아버지가 있는지조차 상상도 못했다. 그 대신 그는 성장기 동안 외조부모와 깊은 유대 관계를 맺었다. 테레세아가 이그나티우스 가족에 합류한 뒤에도 요세프는 종종 외갓집에서 잠을 잤다. 그러나 요세프는 결국 데모사팡에 승선했다. 그리고 이그나티우스는 – 아버지들이 으레 그렇듯 – 자기 아들을 다른 선원들보다 더욱 엄격하게 대했다. 요세프는 '아버지가 나한테만 모질게 굴고 다른 선원들에게는 후한 인심을 베푼다'고 생각했다. 신형 데모사팡이 건조되었을 때, 그는 아버지에게 심한 꾸중을 들은 후 자리를 박차고 나갔다. 열일곱 살에 최연소 라마파가 되었을 때도 아버지가 자기를 자랑스러워하지 않을 거라고 확신했다. 아무리 많은 고래를 잡고, 아버지의 지시에 따라 아무리 많은 삼판을 건조해도 아버지는 전혀 만족하지 않는 것 같았다.

요세프는 평소에 아버지에게 대들지 않고 예의를 지켰지만, 술에 취했다 하면 늑대인간이 되었다. 그는 청년 시절 작살자루로 데모사팡을 두들겼는가 하면, "아저씨는 내 진짜 아버지가 아니에요!"라고 소리치며 이그나티우스에게 돌멩이를 던지기도 했다. 어른이 되어서도 그는 정기적으로 술을 마시고 이그나티우스에게 생떼를 부렸다. 이그나티우스는 요세프의 행패를 테레세아의 부모 탓으로 돌렸다. 외조부모가 간혹 요세프에게 "네 진짜 아버지는 따로 있단다"라고 귓속말을 했기 때문이다. 요세프와 싸운 후 엉엉 울면 테레세아와 다른 아들들이 이그나티우스를 다독이며 "요세프는 친아들이 틀림없어요"라고 말해주었다. 그는 한때 요세프와 의절까지 했지만 결국에는 화해할 수밖에 없었다. 한 번 싸우면 몇 주 동안 서로 쳐다보지도 않았지만, 두 집 건너에 살고 있었기 때문에 그러기가 여간 어려운 일이 아니었다. 두 사람은 고래잡이선에서 다시 만나 화해와 싸움을 무한히 반복했다. 그것은 수십 년간 이어진 미움과 사랑의 악순환이었다.

요세프의 걱정거리는 아버지와의 갈등뿐만이 아니었다. 그의 까다로운 성격은 늦은 나이까지 신붓감을 찾는 데 방해가 되었다. 어렵사리 결혼하고 나니, 두 명의 자식이 여섯 살이 되기도 전에 병으로 죽었다. 그 뒤로는 자식들의 영혼이 그를 따라다니며 괴롭혔다. 설상가상으로, 연로한 이그나티우스가 세상을 떠날 경우 그는 가장이 되는데, 설사 당대 최고의 라마파라 할지라도 급변하는 세상에서 가족을 부양할 수 있을지 의문이었다. 탁월한 작살 던지기 기술이 미래에도 든든한 밥벌이 수단이 될 거라고 장담할 수 없었기 때문이다.

고래의 분수공에서 갑자기 뿜어져 나온 물줄기가 요세프를 몽상에서 깨웠다. 그는 벌떡 일어나 하마롤로의 끄트머리로 달려갔다. 100미터 전방에서 길 잃은 향유고래 새끼 한 마리가 수면 위로 부상했다. 조상님이 보내주신 선물이었다. 볼리사팡이 제일 먼저 고래를 향해 나아갔다.

"가족을 먹여 살리고 싶으면 노를 빨리 저어라!" 요세프는 허공에 팔을 휘저으며 선원들에게 소리쳤다.

또 다른 테나인 케룰루스 - 1994년 악마고래와의 싸움에서 파손되었다가 다시 건조된 – 도 도망치는 새끼를 추격하는 대열에 가담했다. 케룰루스의 하마롤로 위에는 떠오르는 젊은 작살잡이 요세프 '베다' 올라 바타오나Yosef 'Beda' Ola Bataona가 버티고 서 있었다. 두 테나의 선원들은 한 치의 양보 없이 치열한 선두 경쟁을 벌였다. 볼리사팡에 바짝 추격당한 고래는 너무 서두른 나머지, 잠수에 필요한 공기를 들이마실 겨를이 없었다. 요세프는 카페 코테켈레마를 높이 치켜들고 선원들이 고래를 따라잡을 때까지 기다렸다. 마음속에서 걱정과 분노가 사라지며, 그의 정신은 마치 투악으로 씻어낸 듯 맑아졌다. 그는 오로지 하나의 원칙 – '등지느러미 아래 60센티미터 지점에 작살을 꽂는다' – 에 집중했다. 그것은 아버지, 아버지의 아버지, 아버지의 아버지의 아버지를 통해 대대로 전해 내려온 지식이자 불변의 진리였다. 그 진리는 하마롤로와 불가분의 관계였다. 하마롤로는 라마파만의 공간으로, 요세프와 이그나티우스를 이어주는 가교였다.

고래가 요세프의 작살을 향해 다가오는 듯하더니, 진로를 바꿔 케룰루스의 경로에 들어섰다. 그러자 베다가 펄쩍 뛰어오르며 작살자루를 – 마치 깃대처럼 – 고래의 몸통에 꽂았다. 평상시 같으면 사냥감을 놓쳤다며 분통을 터뜨릴 요세프였지만, 이번에는 달랐다. 그도 그럴 것이, 새끼가 잡히면 어미가 종종 구하러 오기 때문이었다. 이번에도 그러길 바라면서 볼리사팡과 다른 배들은 (새끼 고래에게 끌려 서쪽으로 가는) 케룰루스를 뒤쫓았다. 아니나 다를까, 물속 깊은 곳에서 시커먼 그림자 하나가 마치 별똥별이 다가오는 것처럼 차츰 부풀어오르다가 수면 위로 분출했다. 새끼 고래는 가던 길을 멈추고 고개를 돌려 엄마의 몸에 코를 비볐다. 어미가 작살끈을 입으로 깨물었지만 작살끈은 끊어지지 않았다. 고래의 이빨은 길이가 15센티미터나 되지만 절단용이 아니라 파쇄용이어서 뭉툭하기 때문이었다. 선단이 포위망을 좁혀

가자 두 마리의 고래는 얼굴을 마주 보며 이마를 맞댄 채 꼬리를 밖으로 내밀어 마거리트marguerite* 모양을 형성했다. 그러나 여섯 마리 이상의 고래가 모여야 완벽한 마거리트를 만들 수 있을 텐데, 어미와 새끼는 고작해야 두 개의 꽃잎밖에 만들 수 없으니 쉽게 흩어질 수밖에 없었다.

(곧추서 있으므로 수평이동의 범위가 제한된) 꼬리를 피하기 위해 요세프는 볼리사팡을 이끌고 고래의 옆구리를 향해 90도 각도로 진격했다. 심지어 점프할 필요도 없었으므로 그는 카페 코테켈레마를 앞으로 쭉 뻗어 어미 고래의 옆구리를 찔렀다. 첫 번째 작살이 어미 고래의 몸에 꽂힘으로써 전쟁이 시작되었다. 어미 고래가 선제공격을 하거나 작살끈을 끌고 잠수하지 않았으므로 해볼 만한 싸움이었다. 프라소사팡Praso Sapang의 라마파가 두 번째 작살을 꽂자 이미 희박하던 탈출 가능성이 절반으로 줄어들었다. 두 개의 작살을 맞은 고래는 라말레라 부족을 끌고 2킬로미터를 항해하며 체력을 소모했다. 어미 고래가 꼬리로 테나를 때려 부수려 할 때, 선원들은 버팀대 밑에 숨어 어미가 지치기를 기다렸다.

그로부터 한 시간 후 오후의 햇살이 불그스름해질 즈음, 볼리사팡과 프라소사팡은 아직도 어미 고래에게 끌려가며 동그라미를 그리고 있었다. 요세프는 (인근에 있는 데모사팡에서 기다리던) 당숙인 스테파누스에게 작살을 하나만 더 꽂아달라고 부탁했다. 스테파누스에게 작살을 맞자 고래는 맹렬히 몸을 비틀어 (마치 거대한 얼레처럼) 밧줄을 제 몸에 칭칭 감으며 프라소사팡을 데모사팡 쪽으로 잡아당겨 꽁무니끼리 충돌하게 만들었다. 두 척의 테나가 모두 망가지자 요세프는 작살자

---

* 데이지와 비슷하게 생긴 국화과의 꽃.

어미 고래와 싸우는 라말레라 선단.

루 끝에 두리를 묶어 고래의 옆지느러미에서 머리 쪽으로 90센티미터 쯤 되는 곳을 찌르기 시작했다. 라말레라에서 가장 힘센 사람이라도 두께가 수십 센티미터인 지방층과 그 아래의 치밀한 살코기에 치명타를 날릴 수는 없으므로, 사냥꾼들은 동일한 부분을 1,000번 찔러 급소에까지 구멍을 뚫음으로써 사냥감을 죽인다. 요세프는 꺼지지 않는 분노에 휩싸인 듯 무자비하게 공격했다.

요세프는 2014년 들어 데모사팡에서 고래를 잡은 적이 단 한 번도 없었으므로, 만약 이번에도 실패한다면 라마파 경력 30년을 통틀어 처음으로 아버지의 테나에서 고래를 잡지 못한 한 해가 될 터였다. 부족원들은 그가 한물갔다고 수군거렸다. 그는 이제 쉰 살을 바라보고 있었는데, 인도네시아 남성의 평균수명은 미국보다 10년 이상 짧은 예순일곱 살[4]이었다. 이는 신체 능력이 종종 50대부터 쇠퇴하기 시작한다는 것을 의미했다.

라말레라의 수수께끼 중에는 '몇 번째 작살이 고래에게 상처를 입힐까?'라는 것이 있다. 고래는 첫 번째 작살에 몸부림을 칠 수도 있지만, 많은 연장자들은 그게 고통이 아니라 놀라움 때문이라고 한다. 우리가 가시에 찔렸을 때 움찔하는 것처럼 말이다. 그렇다면 고래에게 상처를 입히기 시작하는 작살은 일곱 번째일까, 열여섯 번째일까, 아니면 쉰한 번째일까? 연장자들에 따르면 고래를 녹다운시키는 것은 '한 방의 큰 펀치'가 아니라 '무수히 누적된 잔펀치'라고 한다.

요세프는 숱한 바다의 괴수를 격파해왔지만 세월과의 싸움에서는 이길 수 없었다. 그의 멋진 식스팩은 올챙이배로 바뀌기 시작했다. 매일 밤 백내장의 거미가 그의 망막에 몇 가닥의 거미줄을 휘감았다. 최근 들어 그의 작살이 표적을 조금씩 빗나가는 경향을 보이고 있었다. 투악을 너무 많이 마시지 말아야 한다는 걸 잘 알지만 그 액체는 '아내와의 불화', '두 자식의 사망', '남아 있는 자식들의 불복종', '자식들의 학자금 조달을 위한 바다 건너 친척들과의 금전 거래', '아버지의 건강 악화', '라마파의 불투명한 전망'에 대한 근심 걱정을 잊게 해주었다. 그를 라마파로 만든 이그나티우스의 훈련은 '사랑의 행위'였지만, 숙명의 멍에를 지운 행위이기도 했다. 아들이 초등학교를 졸업한 후 고등학교에 진학시킬 계획이었지만, 라말레라 사회에서 말하는 것과 달리 라마파의 전망이 불투명하다는 점을 어떻게 납득시켜야 할지 막막했다.

요세프의 칼은 살코기를 덮은 방패를 갈랐고, 창은 창자를 꿰뚫었다. 어미 고래가 숨을 내쉴 때, 피가 빗물처럼 쏟아지고 살점이 그의 머리칼에 엉겨 붙었다. 어느 누가 1,000번째 찌르기에 무감각해지지 않을 것인가! 이미 고통에 찌든 고래가 쏟아내는 피라서 별다른 느낌을 자아내지 않을지도 모른다. 마치 밀려오는 투악 아래로 서서히 가라앉는 듯한 기분이리라. 모든 삶의 순간이 아스라이 사라져가는 과정은 더없이 행복하고 가벼우며, 불과 몇 분처럼 느껴질 것이다.

마침내 고래는 몸을 부르르 떨며 6미터가 넘는 기다란 띠 ─ 대왕오징어의 촉수 ─ 를 토해냈다. 잠시 후 꼬리는 뒤틀림을 멈추었고, 분수공에서는 조류藻類 빛깔의 액체가 새어 나왔다. 이제 들리는 소리라곤 물결이 테나에 부딪히는 소리와 요세프가 담배 피우는 소리밖에 없었다. 그는 밧줄을 움켜쥐고 심호흡을 한 뒤 피바다 속으로 뛰어들었다. 피범벅이 된 거대한 사체를 더듬으며 깊이 잠수하여 피바다 아래로 내려갔다. 갑자기 차갑고 맑은 청록색 바닷물이 나왔다. 그의 피부에서 진홍색 소용돌이 모양이 퍼져 나갔다. 해저에는 깊이를 알 수 없는 암흑세계가 펼쳐져 있었다. 수면에서 내려온 고래의 조각이 그 세계로 들어가니, 청소부 물고기들이 나타나 순식간에 먹어치웠다. 고래는 거대한 '핏발 선 눈'을 부릅뜨고 심연을 응시하고 있었다. 위장에 물이 들어가면 고래가 침몰하므로, 요세프는 고래의 턱에 밧줄을 두 번 감아 입을 다물게 했다. 그런 다음 수면으로 헤엄쳐 올라와, 석양을 바라보며 밧줄을 천천히 잡아당겼다.

피바다에서 벗어나 청정 해역으로 접어드니, 정결한 사우 해가 그를 반갑게 맞아주는 것 같았다. 파도를 헤치고 나아가는 동안 초저녁별이 떠올랐다. 요세프는 알고 있었다, 고래를 싣고 새벽녘에 귀항하면 가문의 우두머리들이 하사한 투악 통이 기다리고 있을 것임을.

네 시간 전 라발레캉의 북쪽 사면에서는 이그나티우스를 태운 자동차가 이글거리는 태양 아래서 울퉁불퉁한 산길을 넘어 라말레라를 향해 달리고 있었다. 자동차는 승객과 (마을에서 판매할 상품이 가득 든) 골판지 상자로 미어터질 지경이었다. 차가 덜컹거릴 때마다 지붕에 묶어놓은 염소의 발굽이 탭댄서의 신발처럼 지붕을 두드렸다. 차 안에서는 휘날리는 먼지가 '체로 친 밀가루'처럼 공중에 머물다 조용히 내려앉았다. 찌는 듯이 더운 날씨였다.

이그나티우스는 벼이삭이 가득 담긴 푹신푹신한 가마니에 기댄 채 꾸벅꾸벅 졸고 있었다. 그에게서 돈을 우려내려고 혈안이 된 나머지,

이타의 부모는 원래 요구했던 신붓값 외에 (이타의 양육을 도왔던 친척에게 줄) 1,000달러를 추가로 요구했다. 이그나티우스는 거절했는데, 그건 분노감보다는 '부모 노릇을 제대로 못한다'는 자책감 때문이었다. 두 사람의 협공을 받아 궁지에 몰리자 그는 문득 먼저 간 아내에게 면목이 없다는 생각이 들었다. 생각다 못한 그는 라란투카의 주교에게 편지를 써야겠다고 마음먹었다. 아문토다 가족의 탐욕스러움을 고발하면 주교가 직권으로 결혼을 명령할 거라는 확신이 들었다.

어느덧 자동차가 라발레캉의 산마루에 도달했다. 북서쪽으로 한참 기운 태양 아래서 그늘진 남동쪽 사면에 들어가자 차량의 내부가 시원해졌다. 고운 모래땅에 접어든 차가 자욱한 먼지를 뒤로 뿜으며 내려가는 동안 이그나티우스는 자식들을 생각했다.

벤은 항상 이그나티우스가 자신에게 '결혼하기도 전에 아이를 낳았다'며 화를 낸다고 생각했다. 그러나 이그나티우스는 처음엔 불같이 노했지만 더 이상 아들에게 화를 낼 수가 없었다. 왜냐하면 자기도 그런 실수를 저지른 적이 있기 때문이었다. '이타의 부모가 그녀를 죄책감 속에서 살도록 방치해둔다'는 사실도 그를 괴롭혔다. 그는 이타의 부모가 딸의 감정을 전혀 고려하지 않는 게 분명하다고 생각했다. 그러지 않고서야 6년 동안 그녀를 협상 카드로 사용한 것도 모자라, 이제 와서 1,000달러를 추가로 요구할 리가 없지 않은가? 부모의 탈을 쓰고 딸자식을 그렇게 취급할 수 있을까? 그는 과거와 현재를 통틀어 조상님, 자식, 손주를 포함한 어떤 가족구성원에게도 그런 몹쓸 짓을 한 적이 없었으며 앞으로도 그런 일은 없을 터였다. 그의 아들들은 그의 기대에 완벽하게 부응하지 않았지만, 그 자신이 만든 삼판과 테나 또한 완벽을 추구하는 그의 성에 차지 않았다. 그러나 그는 언제나 변함없이 그 아들들을, 그리고 그가 만든 모든 것을 사랑했다. 그리고 지금껏 그의 아들들을 능가하는 사람은 없었다. 온두와 요세프는 라마파 겸 아타몰라였고, 벤은 형들과 같은 길을 걸으려 하고 있었다. '내 아들들이여! 내 아들들이여!' 천국에 있는 아내가 보살펴주기만 한다면 아들들의 미래는 순탄할 것 같았다.

바로 그 순간, 바다에서는 이그나티우스가 상상도 못한 일이 벌어지고 있었다. 데모사팡의 용골이 프라소사팡에 들이받혀 부서지는 바람에 데모사팡에 물이 들어오고 있었으며, 노잡이들이 귀항하려고 발버둥치는 동안 선원들이 사력을 다해 물을 퍼내고 있었다. 그는 또한 다음 날 '발레오' 소리가 들릴 때 그와 아들들이 바다에 나갈 수 없으리라는 것을 알지 못했다. 데모사팡을 한창 수리하고 있을 것이기 때문이다. 다른 가문이 모두 영광스럽게 고래를 잡고 있는 동안 그의 가문과 또 다른 가문(프라소사팡의 선주)은 파리를 날리고 있을 운명이었다. 그런데 무엇보다도 그는 막내아들이 라말레라를 떠날 예정임을 모르고 있었다.

다른 라말레라 사람들과 마찬가지로 벤은 향유고래와 가족의 의리와 충실함에 대해 잘 알고 있었다. 새끼 고래가 작살에 맞았을 때, 어미가 새끼를 포기하지 않을 것임을 그는 정확히 예측했다. 그러나 그에게 가장 깊은 인상을 준 것은 맏형인 요세프가 어미의 숨통을 끊는 순간, 새끼가 꼬리를 이용해 요세프에게 저항하다 결국 처참히 살해되는 장면이었다.

라말레라 부족은 자기들이 살아남기 위해 고래를 죽이는 거라고 생각하지만, 피도 눈물도 없는 고래 사냥꾼은 아니다. 그들은 고래를 '인지 능력이 있고, 감정이 있고, 영혼을 지닌 동물'로 여긴다. 또한 그들을 조상님들의 현신으로 간주하고, 향유고래의 지능[5]이 사람의 지능에 필적할 거라고 생각하고 있다. 최근 과학자들은 고래의 지능에 큰 관심을 보이고 있다. 향유고래는 지구상에서 가장 큰 뇌를 갖고 있는 동물이다. 그들의 회색질에서는 방추세포 – 인간의 뇌에서도 발견된다 – 라는 희귀한 뉴런이 발견되는데 이것은 의사소통, 공감 능력, 고통을 느끼는 능력에 관여한다. 그들은 그룹을 이루어 생활하는데 그룹 간의 거리가 멀며, 각각 독특한 방식으로 오징어를 사냥하고 새끼를 양육한다. 따라서 연구자들은 고래들이 (인간과 마찬가지로) 다양한 그룹별 문화를 보유하고 있을 거라고 제안한다. 더욱이 모든 고래는 개성 – 말하자면 '고래성whalehood' – 을 지니고 있어, 서로 '이름'을 붙이고 신원을 확인할 수 있다. 사정이 이러하다 보니, 어떤 철학적 선동가들은 인간성personhood의 유일무이함에 도전장을 던지고 있다. 만약 고래가 문화, 언어, 자의식을 갖고 있다면 인류와 다른 포유동물을 구별하는 기준이 모호해지기 때문이다. 죽어가는 어미 고래에 대한 새끼 고래의 슬픔이 어머니를 잃은 자식의 슬픔보다 덜하다고 할 수 있을까?

그날 밤늦게 테나가 노획물을 끌고 어두컴컴한 해변에 도착했을 때 벤은 새끼 고래의 목숨을 건 저항을 잊을 수 없었다. 연약한 기관을 창으로 난자당할 때 죽음이 두렵지 않았을까? 어미는 새끼를 구하려고 덤벼든 것을 후회하지는 않았을까? 자기의 행동이 다른 새끼들까지 위험에 빠뜨릴 수 있었으니 말이다. 새끼 하나를 구하려다 다른 새끼들까지 고아로 만든 어미를 여러 번 목격했는데, 맹목적인 모성애는 일가족이 몰살당하는 비극으로 이어지기 십상이었다.

어미가 새끼를 포기하거나 새끼가 어미를 포기하는 게 충성을 다하는 것보다 더 현명한 경우가 종종 있다. 충성심에 대한 유일한 보상은 때로 '둘이서 함께 작살에 심장을 뚫리는 것'이기 때문이다. 이그나티우스가 말했던 것처럼, 가장 중요한 것은 라마파의 완력이 아니라 정신력이다. 그의 말에 영감이 넘치는 건 사실이지만, 한 가지 미묘한 책망이

숨어 있었다. '만약 실패한다면 몸이 아니라 정신과 영혼의 잘못이다.'

벤은 알고 있었다, 그날 밤 사우 해 위에 떠오른 별자리를 그리워하게 될 것임을. 하늘을 가득 메운 은하수가 뿜어내는 빛이 달빛을 압도했다. 라말레라 사람들이 '지시자'라고 부르는 남십자성이 선명하게 보였는데, 그것은 선단을 라말레라로 인도하는 고마운 별자리였다. 따스한 미풍과 함께 카니발의 선체를 간질이는 파도 속에서는 눈에 보이지 않는 무수한 플랑크톤이 부드러운 형광 녹색을 발했다.

별보다 더 그리워할 것은 딸과 갓 태어난 아들이었다. 발리에서 일단 새로운 삶을 개척한 후 그가 제일 먼저 할 일은 아들과 딸을 데려가는 것이었다. 해변에서 반짝이는 고래기름 램프와 손전등은 테나를 라말레라로 이끄는 지상의 별자리였다. 그러나 벤의 마음은 라말레라에서 점점 더 멀어지고 있었다.

6

웃음소리

2014년 7월 ~ 2014년 9월 26일

이카

7월 말의 어느 날 밤, 이카가 집 앞 계단에 앉아 휴대전화 반주에 맞춰 인도네시아의 가스펠송을 부르던 중 돼지 멱따는 소리가 모처럼의 휴식 시간을 엉망으로 만들었다. 테라스 아래를 내려다보니 집에서 기르는 비육돈* 한 마리가 몸부림치며 비명을 지르고 있었다. 귀에 꿰인 끈 – 라말레라 사람들은 돼지의 귀에 구멍을 뚫고 끈을 꿰어 돼지를 통제한다 – 을 용케 끊고 자유를 얻었으나, 그 과정에서 귀의 연골이 파열되면서 고통을 느낀 것이었다. 돼지는 라말레라 가정에 적금통장이나 마찬가지였다. 몇 년 동안 돼지를 기르다가 결혼식이나 장례식 등 경조사가 있을 때 도축을 하거나 다른 집에 팔 수 있기 때문이었다. 그런 돼지가 도망친다면 이만저만한 낭패가 아니었다.

---

* 질 좋은 고기를 많이 내기 위해, 특별한 방법으로 살이 찌도록 기르는 돼지.

이카는 부리나케 계단을 뛰어 내려가 정글로 들어가려는 돼지의 앞을 가로막았다. 그러고는 막대기를 이용해 돼지를 진흙탕 속으로 떠밀면서 주위 사람들에게 도움을 요청하기 시작했다. 잠자리에 들었던 욘은 그 소리를 듣고 깨어 일어나 계단을 느릿느릿 걸어 내려왔다. 다리 부상이 아직 완쾌되지 않았기 때문이다. 이웃 남자들이 모두 외출하거나 곤드레만드레 취한 상태여서, 대여섯 명의 여자가 힘을 보태기 위해 뛰어나왔다.

이카는 악취를 풍기는 오물 구덩이에 들어가 올가미를 휘둘렀지만 여의치 않았다. 라말레라의 돼지들은 미국 농장의 길들여진 돼지와 질적으로 다르다. 생포된 멧돼지의 후손인 그 돼지들은 '근육질의 유선형 몸매'에 '개와 비슷한 주둥이'를 갖고 있으며, 주둥이의 좌우에는 무시무시한 어금니가 삐져나와 있다. 그 특별한 짐승은 욘의 결혼식 날에 잡을 요량으로 몇 년 동안 살찌워왔는데, 몸무게가 무려 90킬로그램으로 이카의 두 배가 넘었다. 다른 여자가 비춰주는 싸구려 손전등의 흐릿한 불빛 속에서 이카는 도망자의 발굽에 올가미를 걸려고 안간힘을 썼다. 그러나 돼지가 꿀꿀거릴 때마다 그녀는 흠칫하며 뒷걸음질을 쳤다.

마침내 욘이 절뚝거리며 걸어와 소리쳤다. "돼지가 올가미에 발굽을 들여놓을 때까지 기다려. 그다음에 밧줄을 당기기만 하면 돼!"

몇 번을 더 시도한 끝에 이카는 돼지의 발굽을 낚아챘다. 그러나 그녀가 밧줄을 당겼는데도 올가미는 조여지지 않았고, 돼지는 밧줄을 걸어참으로써 그녀를 진흙과 오물 구덩이에 빠뜨려버렸다. 지켜보던 사람들은 모두 경악하며 그녀가 저주를 퍼붓거나 울음을 터뜨릴 거라고 생각했다. 그러나 웬걸, 그녀는 얼굴을 들어 하늘을 보며 특유의 괄괄한 웃음을 터뜨렸다. 그녀의 웃음은 욘이 코웃음을 칠 때까지 계속되었다. 이카는 진흙탕 가장자리로 첨벙거리며 걸어가 밧줄을 욘에게 넘기지 않은 채 씩씩거렸다. 그는 그녀의 뺨을 – 온 힘을 다하지 않고 '찰싹' 소리가 날 정도로만 – 때렸다.

따귀를 맞은 이카는 울거나 말을 하지 않았다. 그 대신 밧줄을 땅바닥에 내팽개치고 타마린드나무 뒤의 그늘로 물러났다.

욘은 눈을 내리뜬 채 다른 여자들이 물러설 때까지 기다리다가 밧줄을 집어 들어 올가미를 다시 만들었다. 그는 돼지에게 살금살금 접근해 바위를 (징검다리 삼아) 딛고 진흙탕 위에 머물렀다. 잠시 후 돼지가 무게중심을 옮길 때, 그는 들어올려진 발굽에 잽싸게 올가미를 건 다음 발굽이 땅바닥에 닿기 전에 밧줄을 홱 잡아당겨 올가미를 조였다. 그러고는 밧줄을 바위에 단단히 묶은 후 아무 말도 하지 않고 집으로 돌아갔다.

다른 여자들은 이카에게 다가가 자기네 집에서 몸을 씻으라고 권했다. 그러나 그녀는 손사래를 쳤다. 집에 돌아가 몸을 씻을 요량으로 욘이 깊이 잠들 때까지 나무 그늘 속에서 잠자코 기다렸다. 한참을 기다린 후 그녀는 어둠 속에서 나와 온몸에 엉겨 붙은 오물을 후드득 떨구며 가운데 계단을 올라갔다.

그로부터 몇 주 후인 8월 중순의 어느 토요일, 이카는 밤하늘의 별들이 아직 반짝일 때 잠에서 깨어났다. 장이 서는 그날은 한 주일의 하이라이트였다. 그녀는 가슴이 두근거렸다. '오늘 나의 삶이 완전히 바뀌지 않을까? 멋진 신랑감이 나를 발견할지도 몰라.' 그녀는 한껏 기대에 부풀었다.

가족이 깨어나지 않도록 조용히 일어나, 그녀는 자기가 제일 좋아하는 헬로키티 티셔츠를 챙겨 입었다. 그러고는 고래 육포 다발과 말린 날치를 등나무 바구니에 담고, 마른 행주로 똬리를 틀어 머리에 얹은 다음 짐을 머리에 이었다. 여느 라말레라 여자들과 마찬가지로 이카는 거의 아무것도 – 쌀 한 접시가 되었든 제육도가 되었든 장작더미가 되었든 – 손에 들지 않았다. 머리에 얹을 수 있는 물건이라면 모두 머리에 이었다. 발걸음을 확인하느라 고개를 숙일 수도 없는 노릇이므로, 그녀는 어두운 계단을 조심스레 내려가 라말레라 여자들의 행렬에 합류했다. 그녀들은 바구니를 머리에 인 채 쉴 새 없이 재잘거리면서도 전혀 균형을 잃지 않았다.

나이 든 여자들은 사롱으로 몸을 감싸고 만원 차량에 오른 반면 이카를 비롯한 젊은 여자들은 마을 밖으로 걸어 나와 손전등에 의지하여 울란도니를 향해 행진했다. 텅 빈 해변을 지나 폐허가 된 마을(부족 간의 전쟁에서 패했거나, 도시로 가고 싶어 고향땅을 버리고 떠난 부족이 살던 마을)을 통과할 때 먼 동이 희끄무레 밝아오기 시작했다. 각양각색의 새들로 구성된 관현악단이 새벽을 찬미하는 가운데, 젊은 여자들은 울란도니 시장에서 펼쳐질 온갖 모험(물건 흥정하기, 남정네와 시시덕거리기 등)에 대해 한마디씩 했다.

이카는 (할머니가 넘어져 넓적다리뼈를 다치는 바람에 초등학교를 그만둔 후, 연락이 거의 끊어졌던) 친구를 만나 그간의 이야기를 털어놓았다. 학교를 그만둘 수 없다며 반항하는 이카에게 할아버지와 할머니는 이렇게 말했었다. "네가 학교에 가면 요리와 물물교환은 누가 하지?" 이카는 한때 산 너머에 있는 고등학교에 진학하는 꿈을 꾼 적이 있었다. 그러나 그녀는 초등학교 6학년 중퇴를 신의 뜻으로 받아들였다. 그녀는 매일 아침 산꼭대기에서 밥을 지으며, 교복을 입고 등교하는 아이들을 애써 외면하려 했다. 어느 날 오후에는 해변으로 몰래 내려가 아이들과 함께 놀았지만, 집에 돌아와 할아버지 할머니에게 야단을 맞았다. 하지만 그녀가 동년배들에게 완전히 잊힌 건 아니었다. 그녀는 그러지 않기 위해 전통춤 팀, 교회 성가대, 가톨릭 청년회에 가입했다.

동아리 모임이 끝나고 귀가한 후에는 부엌에서 일하며 어려운 춤이나 모르는 노래를 복습하곤 했다. 그러나 요리와 청소 때문에 모임을 빼먹어야 하는 경우도 종종 있었다.

이카의 삶에서 가장 행복했던 시간은 2013년 렘바타 섬의 가톨릭 청년회원들과 함께 인근의 해변으로 떠난 캠핑 여행이었다. 집에 있었다면 우물에서 물이나 길어 왔겠지만, 캠핑장에서는 다른 소녀들과 함께 배구 경기도 하고 (소년들이 잡아온) 물고기를 코코넛 껍질숯으로 굽기도 했다. 밤에는 다른 참가자들과 함께 캠프파이어를 하며 노래를 불렀는데, 노래는 그녀가 제일 좋아하는 소일거리로서 근심 걱정 없이 신을 찬양하는 데만 집중할 수 있는 활동이었다. 합창이 끝난 뒤에는 로모 신부의 요청에 따라 독창을 했다. 독창을 요청받았을 때는 바짝 긴장해 부르르 떨었지만, 일단 시작한 후에는 그녀 특유의 허스키한 알토 음성으로 좌중을 사로잡았다. 집중적인 관심을 받다 보니 긴장이 스르르 풀렸고, 독창이 끝난 후에는 칭찬을 받느라 날이 새는 줄도 몰랐다. 그녀는 2014년의 피정*에도 큰 기대를 걸었지만, 이를 눈치챈 할아버지 할머니가 집안일이 얼마나 많은지를 일깨우며 "잘 모르는 남자아이들과 함께 잠을 자면 인생을 망친다"라고 엄포를 놓았다.

그녀는 집안일을 하는 노예였다. 동트기 전에 일어나 아침밥을 지은 다음 도끼를 들고 산에 올라가 장작을 모으고, 1.5킬로미터 떨어진 우물에서 물을 길어 왔다. 해가 중천에 떠오른 뒤에는 타마린드나무 그늘로 피신하여, 할아버지 할머니가 점심을 달라고 할 때까지 도리깨질과 키질을 했다. 그리고 욘이 사냥에서 돌아오면 그와 함께 물고기를 썰어

---

* 가톨릭교도들이 영적 생활에 필요한 결정이나 새로운 쇄신을 위해 일상에서 벗어나 고요한 곳에서 묵상과 성찰 기도 등 종교적 수련을 하는 일.

소금을 뿌리고 건조대에 매달았다. 오후 늦게 일이 끝나면 돼지에게 먹이를 준 다음 밤에 쓸 물을 길어 와 저녁밥을 지었다. 퀴퀴한 냄새를 풍기는 할머니가 대나무 돗자리에 누워 코를 골 때, 가까스로 시간을 내어 기도할 수 있었다.

자신이 처한 상황에서 누적된 분노와 좌절을 예수와 조상님들에게 털어놓으면 마음이 다소 진정되었다. 그녀는 예수와 마찬가지로 자신을 희생하려고 노력했다. 그녀가 한때 품었던 희망은 빠듯한 살림에도 불구하고 열여섯 살짜리 동생 마리를 레월레바의 고등학교를 거쳐 대학까지 보내는 것이었다. (욘도 그녀의 노력을 뒷받침했지만 종종 비용이 너무 많이 든다고 투덜거렸다.) 그런데 유일한 문제점은 마리가 공부에 관심이 없다는 것이었다. 마리는 학교 성적보다 남자아이들과 패션에 더 관심이 많았다. 이카는 실망스러운 성적표를 보여주며 마리를 자극하려 해보았지만, 따끔하게 질책하기보다 감정에 호소하는 데 머물렀다.

이카는 학교를 너무 그리워했다. 학교에 다닐 때는 '나의 뇌가 나이든 여자들과 다르게 작동하나 보다'라고 생각했다. 아줌마들은 물물교환, 길쌈, 자녀 양육만 생각하고 과학이나 외부 세계에는 아예 무관심하기 때문이었다. 그런데 최근 들어 친구들이 수학이나 제2차 세계대전에 대해 말할 때 관심이 시들해지는 자신을 발견하고 '내가 아줌마들처럼 되어가고 있나 보다'라고 걱정하게 되었다. 그녀는 아직까지도 학교에 돌아가는 꿈을 꾸곤 했다. 얼마 전 렘바타 섬 남부 최초의 어업기술고등학교가 라말레라에 생겨 100명 미만의 학생들을 가르치기 시작했다. 라말레라의 노인들은 그 학교를 가리키며 "수학과 항해술을 어쭙잖게 가르칠 거야"라고 조롱했지만 이카는 '20대의 9학년생'에 도전하고 싶다는 학구열을 느꼈다. 열아홉 살의 나이에 6학년에 복학하면 놀림을 받을 거라 생각했던 게 엊그제였는데.

그녀의 불타는 향학열의 밑바탕에는 외부 세계에 대한 막연한 동경심이 깔려 있었다. 최근 몇 년 동안 많은 사촌이 레월레바의 고등학교를 졸업하고 조그만 관공서에 취직했다. 그들을 찾아갔을 때 그녀는 그들을 땔감 모으기, 장작불 피우기, 고기 굽기에서 구원해준 전기, 냉장고, 밥솥을 보고 큰 충격을 받았다. 그녀는 그들의 비만을 부러워했다. 그녀는 늘 피골이 상접했고 때로는 굶어 죽기 일보 직전인 것처럼 보여서 살찌는 것이 평생의 목표였기 때문이다. 그들에게 현대 생활은 립스틱 바르기만큼이나 쉬워 보였다. 인도네시아에서 여자 대통령까지 나오는 시대가 되었지만, 그녀의 유일한 소원은 라발레캉을 넘어가 두 번 다시 돌아오지 않는 것이었다.

그녀는 절망감을 주체하기 힘들 때마다 애써 웃으려 했다. 그녀는 낙천적인 성격의 소유자로, 스스로를 투캉테르타와 *tukang tertawa*(잘 웃는 여자)라고 불렀다. 그녀의 음성이 늘 쉬어 있는 것은 너무 자주 웃기 때문이었다. 노랫소리만큼이나 독특한 그녀의 웃음소리는 킥킥거리고 직직거렸는데 음이 높으면서도 여전히 깊은 울림이 있었다. 늘 (누군가가 간지럼을 태우는 것처럼) 떨리는 소리로 시작되어, 감정을 주체하지 못하고 자지러졌다가, 숨을 간신히 토해내고 (마치 항복하는 것처럼) 두 손을 번쩍 들었다. 그녀의 목소리와 손짓 몸짓 하나하나가 세상의 부조리를 풍자하는 것처럼 보였다.

마리의 학자금으로 쓸 돈을 담배나 투악에 허비하는 욘을 볼 때마다 이카는 크게 웃었다. 할아버지 할머니가 병약함과 노망기를 드러내며 점차 쇠락해가는 모습을 보일 때도 그저 웃기만 했다. 캠핑 여행에 참가하고 싶어 하는 자신의 모습을 바라볼 때도 마찬가지였다. 그런데 어찌된 일인지 최근 들어 그녀의 웃음이 예전 같지 않았다. 마지못해 겨

가족용 성서를 들고 있는 이카.

우 웃을 때는 명랑함보다 분노와 모멸감이 엿보였다. 돼지 때문에 오물
구덩이에 빠졌을 때만 해도 그렇지 않았다. 그때는 삶의 부조리를 풍자
하고 불운을 툭툭 털어버리는 웃음이었다. 그러나 욘에게 따귀를 맞았
을 때의 웃음은 가식이었다. 그것은 수치심과 자조감을 숨기기 위한 헛
웃음이었다. 그런데 시장 – 그녀의 일상을 즐겁게 해주는 몇 안 되는 사
건 중 하나 – 은 모든 것을 바꾸는 힘이 있었다.

거의 11킬로미터를 걸어, 라말레라 처녀들은 울란도니 마을에 가까
이 다가갔다. 오솔길을 지나 비포장도로에 들어서자 고산족 여자들이

나타났다. 그녀들은 '시멘트 포대를 개조한 가방'을 들고 있었는데, 그 속에는 카사바가 가득 차 있었다. 자동차들이 경적을 울려 인파를 길가로 밀어냈다. 남자들은 오토바이를 타고 덜컹거리며 지나갔다. (렘바타 섬의 시골에서 연장자들은 여자가 탈것을 이용하는 것을 부적절하게 여긴다. 왜냐하면 그러기 위해서는 다리를 쩍 벌려야 하기 때문이다.) 그런 부산함 속에서 이카는 다양한 동작을 취하며 크게 킬킬거렸지만 머리 위의 바구니를 떨구지 않기 위해 몸의 중심 잡는 것을 잊지 않았다. 그것은 자신을 훔쳐보는 총각들을 다분히 의식한 퍼포먼스였다.

인파에 휩싸이는 바람에 이카는 수십 명의 긴장한 듯한 남자들을 발견하지 못했다. 그들은 시장 외곽에서 90센티미터짜리 철근콘크리트 기둥(인도네시아에서 마을의 경계를 표시하기 위해 사용된다)에 레미콘을 붓고 있었다. 게다가 그녀는 그들을 둘러싼 성난 군중도 눈여겨보지 않았다. 만약 눈여겨보았다면, 긴장한 공사장 인부들은 그 마을 사람들이 아니라 (이웃에 사는 유일한 이슬람교도이자 파지 그룹에 속하는) 루키Luki 부족 사람들임을 알아챘을 것이다. 그리고 그들을 에워싼 채 마체테를 만지작거리는 남자들은 (울란도니의 원주민인) 누알레라Nualela 부족이었다. 누알레라 부족은 해변에서 살며 그 위의 언덕에서 농사를 짓는데, 라말레라 부족과 마찬가지로 기독교도인 동시에 데몬 그룹에 속한다. 그녀가 알기로, 루키와 누알레라는 오래된 앙숙 관계다.

그러나 설사 이카가 두 부족 간의 대치 상황을 목격했더라도, 울란도니 시장은 너무나 안정적이고 오랜 역사를 가진 시스템이어서 싸움으로 인해 와해되는 게 불가능해 보였다. 놓친 사냥감을 찾아 헤매던 라말레라 부족이 뜻밖의 장소에 도착한 1830년경부터 거의 2세기 동안 렘바타 섬 남부의 여자들은 똑같은 야자나무 숲에서 정기적으로 만나

물물교환을 해왔다.[1]

참고로, 조상 대대로 전해 내려오는 이야기는 다음과 같다. 옛날 옛적에 다토 라마 누텍Dato Lama Nudek이 자기 가문의 테나에서 거대한 수컷 고래 한 마리를 사냥했다. 그 고래는 하룻낮과 하룻밤 동안 누텍 가문을 끌고 바다를 헤매다가 마침내 작살끈을 끊어버렸다. 그러나 다토는 포기할 위인이 아니었다. 그의 가문 사람들은 렘바타 섬 동쪽의 섬들을 샅샅이 순찰하다가 나무껍질 옷을 입은 남자들이 해변에서 발견한 향유고래를 해체하는 장면을 목격했다. 이에 라말레라 부족이 소유권을 주장하자 그들은 '어떤 고래든 해안가에 떠내려올 수 있다'면서 투사끼리의 일대일 대결을 통해 진정한 주인을 가리자고 제안했다.[2] 뒤이어 벌어진 결투에서 라말레라의 투사는 상대방이 휘두른 마체테에 허벅지의 동맥이 절단되어 즉사했다. 그러자 다토는 고래의 상처에서 작살촉을 꺼내 자신이 보유한 작살촉과 함께 객관적인 증거물로 제시했다. 나무껍질 옷을 입은 남자들은 뿔뿔이 흩어졌고, 라말레라 부족은 그곳에 1주일 동안 머물며 고래를 해체해 고래기름을 대나무 대롱에 저장했다. 그러고는 해변에서 야영하며 고래 육포를 만든 다음 배에 싣고 고향으로 출발했다. 그런데 고향에서 해안을 따라 조금 내려온 곳에 위치한 아타데이 반도Ata Dei Peninsula를 끼고 돌 무렵 식수가 바닥났다. 그래서 그들은 식량과 물자를 보충하기 위해 (오늘날의 울란도니 근처에 있는) 라발라 만Labala Bay에 상륙했다. 그러고는 고산족에 전령을 보내 쌀·옥수수·카사바와 고래 육포 및 고래기름을 맞교환하자고 제안했다.

라말레라 부족은 물고기, 고래 등 해양생물에 쉽게 접근할 수 있지만 척박한 돌투성이 땅에서 작물을 재배하기는 어렵다. 그와 대조적으로 고산족은 강우량이 많아 작물과 과일을 넉넉히 수확할 수 있지만 '사육하는 동물'과 '정글에서 사냥할 만한 먹잇감'이 별로 없어 믿을 만한 동물성 단백질 공급원이 부족하다. 그러므로 지난 수 세기에 걸쳐 렘바타 섬의 해안과 고산지대에 거주하는 부족들은 각자의 생존에 필수적인 공생적 교역symbiotic trade 방식을 개발해 자신들의 잉여 자원을 다른 필수품과 교환했다. 이러한 교역망은 데몬과 파지 – 그리고 기독교와 이슬람교 – 라는 적대세력의 동맹으로 이어져 (그러지 않았다면 갈등이 고조되었을) 이질적인 부족들을 통합하는 결과를 가져왔다.

누덱 가문과 고산족 간의 교역은 원활히 진행되어, 2주일에 한 번씩 똑같은 야자나무 아래서 시장을 연다는 계약이 체결되었다. 그 시장은 금세 지역 경제의 중심으로 부상했을 뿐만 아니라 선남선녀들에겐 '만남의 장소'가, 연장자들에겐 '부족 간 문제 해결의 장'이 되었다. 심지어 원주민 사냥 – 이 관행은 식민 시대에도 종식되지 않았다* – 이 횡행하던 시절에도 시장은 중립지대로 간주되었다. 왜냐하면 시장의 영향력이 워낙 막강해져, 해양족도 고산족도 시장을 함부로 좌지우지할 수가 없었기 때문이다. 20세기 초에 네덜란드 정부가 그레고리 달력을 강제로 도입했을 때, 울란도니 시장은 매주 토요일 아침에 열리는 것으로 공식화되었다. 2014년 8월 16일에 이르기까지, 그 시장은 거의 200년 동안 끊이지 않고 열리는 저력을 과시했다.

바로 그날, 이카는 (쇠지렛대를 휘두르는) 공사장의 루키 부족과 (마체테를 움켜쥐고 있는) 울란도니의 농민들을 지나쳐 몇 그루의 야자나무 그늘에 쪼그리고 앉아 수다를 떠는 라말레라 여인들의 무리에 합류했다. 고산족 여인을 가득 실은 자동차가 속속 도착하는 가운데, 물물교환은 아직 시작되지 않고 있었다.

---

* 제3장을 참조하라.

한 친구가 이카에게 한 줌의 연녹색 시리피낭이 수북이 담긴 나무그릇을 건넸다. 이카는 시리피낭을 마치 씹는담배처럼 깨물다가 대화를 하기 위해 (시리피낭의 성분이 반응하여 변색된) 핏빛 물질을 뱉어냈다. 그녀는 웃을 때마다 치아를 드러냈는데, 마치 시뻘건 날고기를 씹는 것처럼 보였다. 시리피낭은 담배의 대용품으로, (비록 강도는 약하지만) 니코틴과 비슷한 흥분 작용을 했다. 라말레라의 여자들은 남자들이 담배에서 경험하는 것을 시리피낭에서 경험하는 듯했다. 그 때문에 나이 든 여자들의 치아에는 영구적인 진홍색이나 까만색 얼룩이 있었고, 젊은 나이에 인이 박인 이카의 치아에도 빨간색 줄무늬가 완연했다.

이카가 친구들과 수다를 떠는 동안 (일부는 젊고 일부는 나이 든) 남자들이 독신녀들을 지나치며 그녀들을 빤히 쳐다보았다. 이카는 처음 보는 얼굴들을 유심히 살펴보았다. 라말레라의 남자들에 대해서는 이름과 이력을 훤히 꿰고 있었지만 그녀의 마음을 빼앗은 사람은 지금껏 단 한 명도 없었다. 그러나 시장에는 '그럴듯한 로맨스'의 가능성이 상존했다. 최근 그녀는 주변에서 떠드는 나이 든 여자들의 (바구니 속의 육포처럼 시든) 얼굴에서 자신의 미래상을 보기 시작했다. 그리고 가족을 부양하겠다고 다짐하면서도 그런 숙명에서 탈출하는 방법이 있을지도 모른다고 생각하기 시작했다. 만약 나이 든 남자가 지나가다가 말을 걸면 이카와 친구들은 "당신은 너무 늙었어요!"라거나 "당신의 아내에게 이를 거예요!"라고 조롱했다. 그러나 듬직한 남자가 지나가다가 "할머니에게 갖다드릴 망고를 고르려는데 도와주세요"라고 하면 누구든 그와 팔짱을 끼고 함께 걸으려 할 것이다.

라말레라의 독신남들은 이카의 근육질 팔다리, 천사 같은 가창력, 길들여지지 않은 웃음소리에 대해 익히 알고 있었다. 그녀는 수년간 친구들에게 "남자친구는 골칫거리일 뿐이야"라고 경고해왔다. 그녀는 십지어 쌍쌍 파티를 회피해왔다. 지난번 사냥 시즌에는 여러 청년이 요세프 보코에게 "이카에게 남자친구를 소개해줄까요?"라고 제의했지만 그녀는 할아버지에게 결혼할 계획이 없다고 잘라 말했다. 남편이 생기면 할아버지를 제대로 보살필 수 없기 때문이었다. (하지만 솔직히 말해 그녀는 그들이 언급한 신랑감이 마음에 들지 않았다. 한 명은 '통제할 수 없는 분노'로 악명이 높았고, 다른 한 명은 돈이 많지만 게을렀다.) 그런데 최근 들어 그녀는 결혼을 인생 역전의 수단으로 생각하기 시작했다. '만약 나와 사랑에 빠진 남자가 다른 부족의 구성원이고, 오토바이를 소유할 정도의 재산을 갖고 있고, 레월레바에서 현대적인 직업에 종사할 정도로 스마트하다면 얼마나 좋을까? 그런 남자가 과연 있을까?' 그녀는 심지어 시장에서 만난 다른 마을의 청년들에게 휴대전화 번호를 알려주고 문자메시지를 주고받기 시작했지만, 속도위반을 하지 않으려 조심하는 한편 할아버지에게 일절 비밀로 했다. 만약 할아버지가 알게 된다면 엄마의 전철을 밟을 거라며 펄쩍 뛸 게 뻔하기 때문이었다.

그런데 그날 아침, 이카를 유혹해 함께 거닌 청년은 단 한 명도 없었다. 뒤늦은 차량들이 흙먼지를 날리며 도착하고 몸에 맞지 않는 폴리에스터 제복 차림의 정부 감독관들이 호루라기를 불 때, 이카는 수백 명의 해양족 여자들 틈에 섞여 건어물 바구니를 이고 시장으로 들어갔다. 건조한 저잣거리에서는 수백 명의 고산족 여자들과 (부족의 이름을 짐작할 수 있는 무늬가 수놓인) 수제 사롱을 입은 나이 든 케펠라들이 (디즈니 만화 캐릭터가 그려진 파자마 차림의) 2세들을 대동하고 그녀들을 기다리고 있었다. 이카는 (간혹 카사바의 실뿌리가 삐져나온) 채소 더미를 지나치며, 옥수숫대를 집어 들어 무게를 가늠하거나 메틸알코올 향이 나는 *시리sirib*의 냄새를 맡았다. 렘바타 섬의 남쪽 해안에는 엄선된 건물류를 판매하는 키오스크kiosk 몇 군데를 빼면 변변한 상점이 없었으므로, 시장은 가족들이 신선한 식품을 구입할 수 있는 유일한 장소였다.

돌고래 스튜에 넣을 채소를 찾던 이카의 시선을 사로잡은 것은 피라미드처럼 쌓여 있는 열두 개의 작은 녹색 토마토였다. 그것은 (얼굴에 뽀얗게 분칠을 하고, 코와 귀에 값진 장신구를 치렁치렁 매달고, 머리에 히잡을 착용한) 루키 부족 여성의 방수포 위에 놓여 있었다. 다른 장소에서는 가톨릭-데몬 소녀와 무슬림-파지 소녀가 서로 적대시해왔지만, 그들의 부족은 시장에서 거의 2세기 동안 공통적 기반을 발견했으므로 이카는 스스럼없이 자신의 바구니를 내려놓고 물물교환에 임했다. 루키 부족 여성은 고래 육포를 선택했고 이카는 토마토를 집어 들었다. 다음으로, 이카는 한 무리의 고산족 여성들과 어울려 자신의 고기를 다양한 상품과 신속히 교환했다. 지난 수 세기 동안 안정적이었던 교환 비율conversion rate[3] − 길이 15센티미터의 육포 하나당 열두 개의 과일(예를 들어 바나나)이나 채소 − 에 이의를 제기하는 사람은 아무도 없었으므로, 수지맞는 거래의 핵심은 '작은 육포를 큰 옥수수와 교환하는 것'이었다.

그러나 일정한 교환 비율과 달리 인도네시아 정부가 원주민에게 부과하는 의무는 변해왔다. 이카가 야자나무 숲에 들어갔을 때, 한 감독자가 그녀에게 1,000루피아(약 7센트)의 수수료를 요구했다. 그건 큰 금액이 아니었지만 (1년에 한 번씩 내는 세금과 함께) 돈을 벌 방법이 거의 없는 사람들에게 만만찮은 부담이었다. 수수료와 세금은 렘바타 섬 남부의 물물교환 지역과 인도네시아 전역의 지역 경제를 국민경제 및 단일 시민체citizenry에 통합하려는 정부 차원의 노력이었다. '문화적 다양성을 존중한다'고 주장하는 인도네시아 정부가 직면한 난관은 생계형 고래잡이를 비롯한 토착민이 세금을 잘 내지 않고 국민의식이 결여

되어 있다는 것이었다. 정부가 고심 끝에 마련한 해결책은 현금으로만 납부할 수 있는 세금을 부과하는 것이었다. 그들의 의도는 토착민으로 하여금 현금수입을 올리기 위해 공사장과 산업형 대규모 농장, 그리고 가사 도우미 등과 같은 직종에 취업하게 함으로써 국민적 유대감을 강화하는 한편 부족적 유대감을 약화시키는 것이었다. 또한 그들은 어린 아이를 학교에 보내게 함으로써 전통적 지식 대신 바하사어Bahasa(인도네시아 국어)와 인도네시아 역사를 배우게 했다. 정령신앙자들은 세계 5대 종교 – 기독교, 이슬람교, 유대교, 힌두교, 불교 – 중 하나로 개종시켰다.[4] 라말레라 부족과 달리 개종을 거부한 부족에는 주州의 혜택을 주지 않았다. 물론 인도네시아 정부가 그런 정책의 원조는 아니다. 그런 유인책을 곁들인 동화incentivized assimilation는 로마 시대부터 아메리카 식민시대에 이르기까지 수천 년 동안 다종다양한 하위집단을 단일국가로 벼려내기 위해 전 세계에서 추구된 전략이다.

시장의 남쪽 귀퉁이에서 현대 경제가 렘바타의 물물교환 경제에 침투하고 있음이 적나라하게 드러났다. 그곳에는 그날 아침 레월레바에서 출발해 산을 넘어온 장돌뱅이들이 주차해놓은 픽업트럭이 가득했다. 이카는 그들을 무시했다. 왜냐하면 외지인은 짐칸에 싣고 온 물건 – 비누, 성냥, 커피, 낚싯바늘, 공장에서 만든 사롱, 미백크림, 고가의 현대식 냄비와 솥 – 에 대한 대가로 루피아만 요구하기 때문이었다. 그런 품목은 시장에서 별도의 물리적 공간에 진열되어 있을 뿐만 아니라 이카의 머릿속에서도 별도로 취급되었다. 그녀는 강철제 칼을 세기 위해 외래어와 서양식 십진법을 사용했지만 토속 상품을 셀 때는 문가munga(라말레라식 셈법과 물물교환 경제의 기본단위인 '6'을 뜻하는 단어)라는 토속어를 사용했다.

이카가 도착한 지 한 시간 남짓 지난 오전 9시경, 휴대전화를 통해 시

울란도니 시장. 히잡을 착용한 이슬람교도 여성들이 맨 앞의 두 줄에 앉아 있다.
그 뒤에는 머리에 아무것도 쓰지 않은 기독교도 여성들이 쪼그리고 앉아 있다.

장 전체에 '발레오' 소리가 울려 퍼졌다. 여자들을 수행했던 소수의 라
말레라 남자들은 세 명씩 한 팀을 이루어 오토바이를 타고 라말레라로
질주했다. 라말레라에 머물던 욘은 많이 치유되었음에도 노를 저을 만
큼 건강이 회복되지 않았으므로, 볼리사팡을 예인하는 존손을 조종하
는 임무를 부여받았다. 그러나 마침내 사냥에 동참하게 되었다는 것만
으로도 큰 의의가 있었다.

이카는 오전 10시쯤 바구니를 카사바, 뭉툭한 밀크 바나나, 플루트처
럼 길쭉한 버지스 바나나, (크리스마스트리 장식용) 방울만큼 작은 토
마토로 가득 채웠다. 그녀는 돌고래 육포를 한 조각당 1달러의 가격으
로 레월레바의 한 상인에게 팔았는데, 그 돈은 저축해두었다가 마리의
학자금으로 사용할 예정이었다. 시장을 떠날 때, 그녀는 반쯤 완성된
기둥을 마무리하려고 서두르는 루키 부족의 남자들을 (도착할 때와 마
찬가지로) 눈여겨보지 않았다. 그들을 에워싼 성난 울란도니 원주민의
수는 계속 불어나고 있었다. 그러나 잠시 후 그녀는 멈춰 서서, 렘바타
남부의 역대급 공사 프로젝트를 유심히 살펴보았다. 그것은 여러 대의

불도저와 굴착기를 동원한 대규모의 방파제 및 철근콘크리트 기둥 공사였다. 정부에서는 항구를 건설하고 있었는데, 완공까지는 아직 1년이 남았지만 완성되고 나면 고립된 해안이 크게 발달할 것 같았다. 주도를 정기적으로 왕래하는 카페리 서비스가 제공되면 상인들은 트럭을 몰고 산을 넘는 비용을 절약할 수 있을 테니 말이다. 이카는 대형 선박을 타고 (영구적인 이주가 되었든 당일치기 여행이 되었든) 수평선 너머의 도시에 도착하는 장면을 상상했다.

그러나 백일몽에 시간을 소비하는 건 어리석은 일이었다. 이카는 집에 가서 점심을 지어야 하기 때문이었다. 자동차는 먼 곳의 나무 밑에 주차되어 있었는데, 그 나무에서는 (노인들이 접착제로 사용하는) 끈끈한 수액이 흘러나오고 있었다. 그녀는 사치를 부리기로 결심하고, 돌고래 육포를 팔아 번 돈 중 일부를 운전기사에게 지불했다. 라말레라에는 할일이 산더미같이 쌓여 있었으므로, 그녀는 11킬로미터를 이동하는 동안 휴식을 취하고 싶었다.

이카가 떠난 후, 여러 명의 루키 부족 남자들이 철근콘크리트 벽에 레미콘을 계속 붓는 동안 그 동료들은 주변에 바리케이드를 쳤다. 기둥이 완성될수록 울란도니 남자들의 분노는 더욱 들끓었다. 그도 그럴 것이, 기둥이란 인도네시아의 마을들이 경계를 표시하는 수단이기 때문이었다. 루키 부족은 (동쪽으로 얼마 떨어지지 않은 곳에 있는) 판타이 하라판pantai Harapan 마을에 거주하고 있었는데,[5] 미래의 항구와 울란도니 마을에 대한 권리를 주장하기 위해 그 기둥을 세우고 있었다. 그로 인해 두 마을 간의 해묵은 영토분쟁이 가열되고 있었다.

누알레라 부족과 루키 부족 간의 적대감은 그게 처음이 아니었다.[6] 데몬 그룹과 파지 그룹이 늘 그랬듯이, 두 부족은 한때 서로를 사냥했다. 그러나 피비린내 나는 전쟁이 벌어지는 동안에도 물물교환은 보호되었다. 왜냐하면 루키 부족은 대체로 어부인 데 반해 누알레라 부족은 주로 농부여서, 살아남기 위해 서로를 필요로 하는 존재이기 때문이었다. 울란도니 시장은 심지어 두 부족 간의 긴장을 완화하는 안전지대safe zone 역할을 수행했다. 1970년대 후반에 쓰나미가 밀려와 루키 부족의 마을을 파괴하자 인도네시아 정부는 복지 프로그램의 일환으로 (루키 부족의 삶의 터전인) 해안 지역을 재건해주었는데, 그 대가로 누알레라 부족을 (접근성이 좋지 않고 낙후된) 산꼭대기의 요새에서 (접근성이 뛰어난) 해변으로 이주시켰다. 따로 떨어져 살던 두 부족이 인접한 지역에 거주하게 되자 긴장이 고조되었고, 정부는 평화를 보장하기 위해 인도네시아군을 투입했다. 그 시기에 울란도니 시장은 완충지대 역할을 톡톡히 했다.

두 부족은 수십 년간 대체로 평화롭게 공존했다. 그런데 루키 부족이 레월레바에서 물고기를 판매하고, 그 대금으로 (울란도니의 기독교도 이웃을 제쳐놓고) 레월레바의 이슬람교도에게서 필요한 물품을 구입하기 시작하면서 긴장이 고조되었다. 이러한 관계 악화는 부분적으로 국제 정세에 의해 추동되었다. 즉 바다 건너에서 교육받은 루키 부족의 젊은이들이 '중동과 인도네시아에서의 이슬람교와 기독교 간 갈등'에 대한 뉴스에 노출되자, 자신들이 알게 된 내용을 부족 구성원들과 공유한 것이었다. (물론 기독교도 부족도 이슬람교도 부족 못지않게 국제 정세의 영향을 받았으며, 라말레라 부족은 '루키는 이슬람 국가다'라는 농담을 공공연히 주고받을 정도였다.) 세월이 흘러가면서 두 부족은 '라마홀롯Lamaholot(데몬과 파지를 포함해 그 지역에 거주하는 모든 부족을 아우르는 민족)이라는 동질적 집단'이라는 의식에서 벗어나 '세계 전쟁에서 반대편에 선 이질적 집단'이라는 의식에 사로잡히게 되었다. 한때 상대방을 거래 파트너로 여기고 존중했던 부족들이 샘물과 경작지에 대한 접근권을 둘러싸고 옥신각신하기 시작했다.

2014년 중반 '인도네시아 동부의 개발을 지원하겠다'는 조코위의 대선공약에 따라 항만 공사가 시작되자 이전까지 별 볼 일 없는 백사장이었던 울란도니 해변이 렘바타 섬 남해안 경제의 블루오션으로 급부상했다. 루키 부족은 이때를 틈타 '울란도니 주변의 땅 전체에 대한 권리를 정부로부터 위임받았다'는 해묵은 주장을 들고 나왔지만 근거 서류를 제시하지는 못했다. 그러자 누알레라 부족은 식민지 시대의 지도를 들이대며 해변에 대한 권리를 주장했다. '울란도니 위쪽의 언덕에서 대대손손 살아온 부족이 그 아래의 해안선까지 지배하는 것은 당연하다'는 게 그들의 주장이었다. 양측의 논쟁은 아귀다툼에서 변호사를 앞세운 법정 싸움으로 발전하더니, 급기야 루키 부족 남자들의 실력 행사(기둥 세우기)로 이어졌다.

그날 열린 장이 막을 내릴 무렵 누알레라 부족 출신의 울란도니 고위 공무원이 현장에 나타나 루키 부족의 남자들에게 공사를 중단하라고 명령했다. 그들은 대답 대신 주먹과 연장을 휘두른 후 자기네 마을로 도망쳤다. 울란도니의 시장이 급히 달려와, 부상한 공무원을 싣고 화산을 우회하여 레월레바의 병원에 입원시켰다. 레월레바의 경찰은 울란도니 시장의 하소연을 못 들은 체하며 "거리가 너무 멀어서 아무런 조치도 취할 수 없습니다"라고 둘러댔다. 게다가 그다음 날은 인도네시아 독립기념일이라서 별문제 없이 잠잠해질 것으로 예상되었다.

그런데 다음 날 아침, 수백 명의 사람들이 울란도니 교회 밖에서 국기 게양식을 거행하고 있을 때 판타이하라판 쪽에서 루키 부족의 청년이 웃통을 벗은 채 달려왔다. 그 청년이 마체테를 휘두르기 전까지만 해도 군중은 '한 괴짜 청년이 흥에 겨워 저러는가 보다'라고 생각했다.

이윽고 오토바이 행렬이 뒤를 이었는데, 모든 바이커는 루키 부족의 구성원으로서 방금 전의 청년과 비슷하게 마체테로 무장하고 있었다. 군중은 비명을 지르며 달아났다. 행사에 참가한 약 50명의 라말레라 고등학교 학생들은 교회 안으로 들어가 바리케이드를 쳤다. 루키 부족이 바위로 교회의 창문을 깨자, 그 안에 있던 학생들은 휴대전화로 라말레라의 가족들에게 생명의 위협을 받고 있다고 알렸다.

그러나 루키의 폭도가 처음에 마체테를 휘두른 것은 누알레라 부족을 위협하기 위함이었을 뿐, 그들을 공격하려는 의도는 없었다. 그들은 뒤이어 누알레라의 땅문서를 찾아내기 위해 시장실을 뒤졌다. 땅문서를 발견하지 못한 그들은 부시장의 집무실을 불태웠는데, 땅문서는 원래 그곳에 있었지만 몇 주 전 레월레바로 이관되는 바람에 위기를 넘겼다. 나중에 떠돈 소문에 따르면 시장은 활과 화살로 무장한 루키의 자객들을 피해 오토바이를 타고 줄행랑을 놓았다고 했다.

(먼 옛날 향토방위를 위해 부족원들을 소집할 때 사용되었던) 징소리가 울려 퍼졌을 때, 대부분의 라말레라 남자는 전날 잡은 향유고래를 해체하던 중이었다. 그들은 바타오나 사당에 모여 로모 신부의 당부를 들었다. "무슨 일이 있어도 폭력을 행사해서는 안 됩니다. 루키 부족 사람들에게, 울란도니는 혼자가 아니며 그 뒤에는 모든 기독교도 마을이 버티고 있다는 증거만 보여주십시오." 약 50명의 남자 무리가 마을을 떠났지만, 많은 남자들(욘, 프란스, 이그나티우스, 벤을 포함해서)은 뒤에 남아 하던 작업을 마무리했다. 그러지 않으면 고기가 썩을 뿐만 아니라 때마침 루키의 공격자들이 물러갔다는 소식이 들려왔기 때문이다. 그 지역 전체에서 수백 명의 남자가 창, 마체테, 활과 화살로 무장하고 울란도니로 달려갔다.

라말레라 남자들이 (고래의 피를 뒤집어쓰고 제육도를 손에 든 채)

울란도니에 도착했을 때는 경찰관들이 시내를 순찰하고 있었다. 누군가가 레월레바 당국에 전화를 걸자 경찰관을 가득 채운 픽업트럭 한 대가 득달같이 산을 넘어왔던 것이다. 그러나 그 정도의 인원으로는 라말레라와 누알레라 부족을 비롯해 (울란도니와 판타이하라판의 경계를 이루는 하천 유역에서 모여든) 수십 개의 기독교도 부족 사람들을 통제할 수가 없었다.[7] 이윽고 반대편에는 루키 부족의 남자들이 모여들었다. 처음에는 서로 으름장을 놓으며 기 싸움을 했지만, 오후 늦게 양측은 마체테를 휘두르며 활을 쏘기 시작했다. 많은 목격자들의 증언에 따르면 경찰관들은 뒷짐을 지고 구경만 하다가 철수해버렸다고 한다. 마침내 한 기독교도 남자의 시체가 다리 근처에 유기되었는데, 잘린 입술 사이로 으스러진 치아가 드러났고 파열된 복부에서 내장이 흘러나왔다. 양측에서 여러 명의 남자가 심각한 부상을 입었다.

　다음 날 아침(울란도니 시장에서 폭력을 조장한 사건이 일어난 지 이틀 후) 인도네시아 특수부대를 상징하는 빨간색/까만색 완장을 찬 병사들이 울란도니에 출동할 때까지 상황은 진정되지 않았다. 인도네시아의 다양성(다수파인 이슬람교도가 소수파인 가톨릭교도, 개신교도, 힌두교도, 불교도와 종종 충돌한다)이 화약고가 될 수 있다는 잠재력을 의식하여, 인도네시아 정부는 종교적 성격을 띤 갈등에 매우 민감하게 반응한다. 특수부대는 여러 날 동안 울란도니에 머물며 상황을 안정시킨 다음 증원된 경찰에 치안권을 넘기고 철수했다. 두 부족 간의 전면전은 재발하지 않았지만 기독교도와 이슬람교도 소년들이 언덕을 사이에 두고 서로에게 활을 쐈다는 소문이 퍼졌다. 많은 루키 부족의 남자가 기독교도를 살해한 혐의로 체포되어 투옥되었고, 몇 명의 누알레라 부족의 남자가 홧김에 루키 부족의 어선을 불태웠다는 이유로 체포되었다. 시장은 폐쇄되었고, 라말레라 남자들은 야간에 활과 화살로 무장한 채 울란도니로 향하는 도로에서 보초를 섰다.

몇 주 후, 루키 부족에서 파견된 평화사절단이 울란도니 시장mayor을 방문해 사과하며, 투악에 취한 일부 청년들의 공격을 비난했다. 그러나 누알레라 부족은 시장을 공격하고 땅문서를 불태우려 했던 남자들을 지목하며 '우발적 행동이 아니라 주도면밀하게 계획된 공격이었다'고 분통을 터뜨렸다. 그리고 사망자의 유가족은 살인자를 용서할 준비가 되어 있지 않았다. 결국 루키 부족의 화해 제스처는 묵살되었다. 울란도니 시장을 다시 열어달라는 요청도 거절당했다. 누알레라 부족의 이러한 결정은 생존권 보장 이상의 의미를 갖고 있었다. 기독교도 부족들은 효율적인 경제봉쇄economic blockade를 통해 루키 부족에 앙갚음을 하고 있었던 것이다. 왜냐하면 이슬람교도는 해안에 고립되어 있어서 마땅한 거래 파트너가 없기 때문이었다. 견디다 못한 루키 부족원들은 레월레바의 친척들과 함께 머물며 직장을 구하기 위해 판타이하라판을 떠나기 시작했다. 울란도니 시장을 다시 여는 대신, 기독교도들은 매주 금요일에 라말레라의 축구장에서 만나 자기들끼리 거래하기로 합의했다.

무력 충돌이 발생한 지 6주 후인 9월 26일 새벽, 이카는 말린 육포 한 바구니를 인 채 대나무 골대를 지나고 먼지 나는 축구장을 가로질러 나무 그늘에서 수다를 떠는 수십 명의 라말레라 여자들을 향해 걸어갔다. 그러는 동안 그날 도착한 유일한 이슬람교도(레월레바에서 온 상인)가 파란 방수포 위에 샌들을 진열했다. 케펠라는 아직 도착하지 않은 상태였다. 라말레라 여자들이 시리피낭을 뱉으며 이런저런 이야기를 하는 동안, 한 나이 든 여자가 "다토가 수백 년 전에 한 약속이 깨졌다"라고 불평하자 다른 노파들이 "울란도니의 갈등은 바깥세상이 조상님들의 방식을 파괴했기 때문에 생긴 결과다"라고 맞장구를 쳤다. 그건 사실이었다. 부족 간의 갈등은 돈, 세금, 영토분쟁이 있기 전부터 존재했지만 물물교환 경제는 평등을 보장하는 제도였다. 잉여물을 서로 교환할 뿐이므로, 누군가에게 불공평한 이익이 돌아가지 않고 모두에게 이득이 되었다. 그러나 이제 삶은 제로섬 경쟁이 되어버린 듯했다. 그들은 이구동성으로 "울란도니 시장이 계속 열리는 게 최선이었는데, 그게 폐쇄되었으니 상황은 더 악화될 게 뻔하다"라고 말했다.

그런데 이카는 내심 기뻐했다. 새로 열린 시장은 그녀가 이동하는 거리를 수 킬로미터나 단축시켰기 때문이다. 게다가 그녀가 생각하는 조상님들의 방식은 여자를 희생시켜 남자와 연장자를 우대하는 악습이었다. 그녀는 외부의 영향력을 개의치 않았다. 인도네시아의 TV 드라마에서 봐왔던 도시 소녀들의 자유를 만끽하게 해줄 것이기 때문이었다. 그녀는 절벽 꼭대기에서 유리같이 맑은 만灣을 내려다보았다. 바람 한 점 없는 바다에서, 점처럼 찍힌 삼판들은 심지어 돛을 올리려고도 하지 않았다. 그녀의 시선은 울란도니와 푸른 안개에 휩싸인 미완성 방파제에 미쳤다. 그녀는 요즘 라말레라를 탈출하는 것은 이제 틀린 일인지 모른다고 생각해왔다. 할아버지와 할머니는 그녀가 매년 가톨릭 청년회의 피정에 참가하는 것을 금지했다. 그러나 또 다른 가능성이 열렸다. 그녀가 설사 부족을 떠나지 않더라도 현대 세계가 언젠가 그녀의 앞으로 다가올 것 같았다. 변화가 다가오고 있지만, 너무 느려 혜택을 보지 못할까봐 두려웠다. 그날이 오기를 기다리는 동안 할 수 있는 최선의 행동은 '한바탕 웃음'이었다.

7

라마파의 방식

2014년 9월 ~ 2014년 11월

요

2014년 10월 말의 어느 날 황혼녘, 욘은 준손인 VJO를 몰고 변화무쌍한 태양을 향해 미끄러지듯 나아갔다. 왼손으로는 15마력짜리 엔진의 손잡이를 잡고, 오른손으로는 수평선을 잘 바라보기 위해 햇빛을 가렸다. 사냥 시즌 내내 부상에서 회복하느라 파리만 날리다 마침내 건강을 회복하자, 나약했던 기억을 지워버리고 케펠라가 아니라는 사실을 부족원 모두에게 증명해 보이고 싶었다. 그러기 위한 최선의 방법은 뭔가를 작살로 사냥하는 것이므로, 그는 만타가오리를 탐지하기 위해 주홍색 수면을 면밀히 살폈다. 그는 조만간 라마파가 되기 위해 한 걸음 더 내딛는다는 꿈을 꾸고 있었다. 건강이 완전히 회복된 것으로 보아, 자신의 부상은 (개인이 아니라) 가문의 죄악에 대한 징벌임이 분명하다고 믿었다. 만약 그게 사실이라면 그를 희생양으로 삼은 조상님들에게서 뭔가 반대급부를 받을 것 같다는 예감이 들었다.

그러는 동안 세 명의 남자가 갑판에 수북이 쌓인 초록색 그물 위에 앉아 잡담을 나누고 있었다. 안드레우스 '안소' 베디오나는 욘의 가까운 친구로, 덥수룩한 머리를 가진 30대의 쾌활한 어부였다. 마르셀Marsel 은 안소의 형으로, 머리가 하얗게 세고 말수가 적었다. 그리고 베르나르두스 '볼리' 타푸나Bernardus 'Boli' Tapoonā는 전설적인 작살잡이의 아들로, 새까만 피부와 우람한 근육을 가진 사나이였다. 그들은 수면을 골똘히 바라보면서도 전혀 지루해하지 않았다. 왜냐하면 설사 사냥감을 발견하더라도 어둠이 내리기 전에 사냥을 마무리하기가 쉽지 않다는 것을 잘 알기 때문이었다.

게다가 때는 바야흐로 *레파보겔Léfa Bogel*(어한기Lazy Season)이었다. 향유고래는 렘바타 섬을 경유하는 이동을 마쳤고, 기온이 연중 최고점을 지났는데도 여전히 화장터를 방불케 하는 열기가 정신을 혼미하게 하며 시시각각 시에스타siesta*의 무게를 더했다. 열대지방의 가을을 맞아 한때 무성했던 정글이 시들시들해졌고, 땅바닥에 떨어진 나뭇잎이 저녁 바람에 뒹굴며 마치 이동하는 곤충 떼처럼 바스락거렸다. 우물이 말라버려 여자들은 양동이를 들고 가파른 비탈길을 엉금엉금 기어 내려가, 썰물 때 보글보글 솟아오르는 '짭짤한 샘물'을 길어 와야 했다. 지속적인 먼지 때문에 탁해진 공기가 콧구멍과 목구멍으로 들어와 건강과 청결을 유지할 수가 없었다. 가장 친절한 마을 사람들까지도 걸핏하면 다투기 시작했는데, 거기에는 그럴 만한 이유가 있다. 자고로 남자들이 대낮에 바다에 나가 작열하는 태양 아래서 일하지 않고 빈둥거리면(선박 창고의 그늘에서 웅크리고 있거나, 미지근한 국물을 마시거나, 투악을 홀짝이거나, 웃통을 벗은

---

* 낮잠 자는 시간. 한낮의 무더위로 일의 능률이 오르지 않으니, 낮잠으로 원기를 보충하고 저녁까지 일을 하자는 취지이다.

248

_{채 산들거리는 바닷바람을 쐬고 있다면)} 별것도 아닌 일로 시비가 붙게 마련이다.

그러나 선외 모터가 도입되면서 상황이 달라졌다. 마을 경제의 현대화를 꿈꾸던 라말레라의 역외 거주자 프란시스쿠스 곤살레스 '살레스' 우세 바타오나의 주장에 따라 라말레라 남자들은 2009년 이후 모터보트를 신형 어선으로 사용하게 되었다. 모터보트는 살인적인 햇빛을 피하여 유자망어업drifnetting을 가능케 했는데, 유자망어업이란 산업형 어업 기술로서 라말레라 사람들의 생활 방식을 바꾸고 조상님들의 방식을 약화시켰다.

라일락빛 하늘이 까맣게 변하고 라발레캉이 (마치 꼭대기를 뒤덮은 구름에 짓눌린 것처럼) 위축된 상황에서, 욘이 존손을 몰고 서쪽으로 간 것은 바로 유자망어업을 하기 위해서였다. 바닷물이 태양을 삼킨 지 몇 분 후, 수평선 전체에서 여섯 개 화산의 봉우리가 황금빛 고산광alpenglow*을 일제히 내뿜었다. 잠시 후 암흑에 휩싸인 공중에서 별이 반짝이기 시작했다. 욘은 갑작스러운 위경련에 휘청거리다가 – 그날 오후 그는 다른 남자들과 함께 그물을 손질하면서 투악 한 통을 나눠 마셨다 – 뱃전에 기댄 채 세 번이나 구토를 했다. 그의 친구들은 "케펠라!"라고 말하며 빙긋 웃었지만 어느 누구도 운전대를 빼앗으려 하지는 않았다. VJO는 욘의 분신과도 같은 존손으로, 10대 시절 (섬 밖에서 사업 기회를 찾던) 살레스로부터 전권을 위임받은 이후 어느 누구에게도 운전대를 넘긴 적이 없었다.

동쪽으로 흐르는 심층해류를 감지하고 욘은 모터를 물 밖으로 끌어올렸다. 멀리서 유자망어업을 하는 다섯 척의 존손에서 비추는 헤드램

---

* 높은 산악 지역에서 해가 뜨기 직전 또는 해가 진 후, 태양과 반대되는 곳의 산꼭대기에 나타나는 분홍색 또는 노란색의 광光을 말한다. 산맥에 반사되는 빛의 산란에 의해서 발생한다.

프 불빛이 보석처럼 반짝였다. 욘은 야구 모자에 끈으로 묶인 램프의 불을 밝혔다. 그러고는 낡은 청량음료 병을 꺼내 그물과 (무릎을 꿇고 앉은) 세 명의 친구에게 (프랑스가 축복하며 건네준) 성수를 뿌렸다. 유자망은 거대한 밧줄에 칭칭 감긴 채 VJO의 선반에 놓여 있었다. 네 명의 고래잡이가 45분간 셔플댄스를 추며 얽히고설킨 그물을 풀어 바닷속에 넣는 동안 수면에서는 하얀 포말의 행렬이 1.5킬로미터에 달하는 띠를 형성했다.

마침내 작업이 완료되자 욘과 친구들은 고래 육포를 씹으며 담뱃불을 붙이려 했지만 바람 때문에 뜻을 이루지 못했다. 그들은 늘 그렇듯 농담 - 어떤 남자가 어떤 예쁜 여자와 바람을 피운다는 둥 - 을 주고받았지만 이내 시들해졌다. 높이 60센티미터의 풍랑이 존손을 때리는 동안 '갑판 위의 통나무'처럼 뒹굴면서도 그들은 아무렇지 않은 듯 잠을 잤다. 별똥별이 지글지글 타오르며 하늘을 갈랐다. 자체 발광하는 플랑크톤과 별들이 합일하듯 대양과 하늘의 암흑이 하나가 되자 VJO는 성간해류interstellar current에 떠 있는 것처럼 느껴졌다. 공기가 차가워질수록 욘은 호니의 사롱을 더욱 세게 끌어당겼다. 마치 그녀를 품에 안듯이.

페이스북에서 다른 소녀들과 시시덕거리다 들키는 바람에 결별 직전까지 갔다가 화해한 후 욘과 호니는 허니문 시기를 즐겼다. 욘은 한때 호니가 렘바타를 떠날 예정이라는 데 몰래 시기심을 느꼈지만, 현실을 직시하고 있다는 그녀의 설명을 들은 후 그녀를 측은하게 여기게 되었다. 자카르타 같은 화려한 메트로폴리스 대신, 그녀는 외딴섬에 자리잡은 인구 100만 명의 단조롭고 오염된 산업도시에서 일자리를 얻었다. 그녀는 깨어 있는 시간을 모두 고용자의 4층짜리 아파트를 청소하거나 가족을 위해 요리하는 데 할애했다. 2주에 한 번씩 쉬는 날이 돌아오면, 너무 피곤한데다 인파에 휩쓸리는 게 두려워 외출할 엄두를 내지 못했다. 그 대신 욘에게 전화를 걸어, (거의 2년 후) 렘바타에 돌아가 함께할 날에 대해 몇 시간 동안 상상의 나래를 펼쳤다. 욘은 통화가 끝난 후에도 전화를 끊지 않은 채 셔츠의 왼쪽 주머니에 꽂아놓고, 그녀가 집 안을 돌아다니며 바스락거리는 소리를 들었다. 휴대전화가 가슴 위에 놓여 있으니, 모든 소리가 자기의 심장에서 울려 나오는 듯한 착각에 빠졌다.

욘은 한밤중에 잠에서 깨어나 신경을 곤두세웠다. 누군가가 "돌고래다!"라고 중얼거렸다. 그물에 걸린 작은 물고기를 훔쳐가려고 돌고래가 나타난 것이었다. 그러나 그들은 도둑질을 우려하기는커녕 기대감에 부풀었다. 웬만한 물고기는 먹잇감을 훔치려다 그물에 걸리지만 '영리한 물고기'(그들은 돌고래를 간혹 그렇게 불렀다)는 신출귀몰한 솜씨로 위기를 모면하기 때문이었다. 아니나 다를까, 용무를 무사히 마친 돌고래는 어디론가 사라졌고 그들은 다시 잠에 곯아떨어졌다.

심층해류 속에 숨어 있는 유자망은 최근 라말레라 부족의 삶에 큰 변화를 가져왔다. 그것은 라마파의 지위를 위협하고 있었으며, 욘은 자신도 모르는 사이에 그 변화를 부채질했다. 그물어업net fishing 자체는 새로운 어업 기술이 아니었다. 그것은 1973년 유엔 식량농업기구Food and Agriculture Organization, FAO가 라말레라의 어업 기술을 현대화할 목적으로 노르웨이 어부들을 2년간 라말레라 마을에 초빙했을 때 라말레라에 도입되었다. 그물어업은 라말레라의 어획량을 증가시킴으로써 (라말레라 부족에 의존하던) 고산족의 영양 상태까지도 개선했다. 라말레라 부족은 초창기에 제공받은 '촘촘한 자망'을 감지덕지한 마음으로 받아들여, 오늘날까지 해변 근처의 산호 정원에서 그와 비슷한 도구를 사용하고 있다. (그러나 라말레라 부족은 '조상님들의 방식에 지나치게 위배된다'며 현대화된 기술 중 일부를 거부했는데,[1] 그중에는 '폭발형 작살explosive harpoon을 발사하는 대포'가 장착된 모터보트가 포함되어 있다.)

그런데 역외 거주자 살레스가 2003년에 귀향한 직후 라말레라 부족은 완전히 새로운 그물어업을 시작했다. 욘의 후견인인 살레스는 '빅 3 가문'인 리카텔로 중 하나의 후손이었다. 그러나 (라말레라 마을의 가톨릭 사제를 돕기 위해 솔로르 군도를 여행한) 살레스의 아버지는 그에게 '귀족의 유산을 포기하고, 먼저 신학대학을 졸업한 후 자카르타의 대학교에서 법학을 공부하라'고 강력히 권했다. 그러나 여러 해가 지난 후 살레스는 바다를 그리워하게 되었다. 그래서 그는 매니저로 일하던 음료 회사를 그만두고 자바에 선적을 둔 50톤급 저인망 어선에 승선해 도제 수업을 받았다. 그는 장거리 낚싯줄과 유자망 — 산업형 어업의 병기兵器 — 의 사용법을 배운 후 '라말레라 마을을 현대로 이끌어야 한다'는 사명감을 품고 30대의 나이에 고향으로 돌아와 새로운 전설을 창조함과 동시에 큰돈을 벌었다. 그는 VJO를 건조해 거대한 유자망을 장착했는데, 그물코의 크기가 5인치^{2}여서 (종전의 2인치짜리 자망으로 잡을 수 있었던) 조그만 날치 대신 수백 킬로그램짜리 참치와 황새치를 잡을 수 있었다.

살레스는 아직 미혼이었고, 친척 동생들은 그의 발자취를 따라 산 너머 학교에서 공부하고 있었기 때문에 마땅한 후계자가 없었다. 그는 궁리 끝에 사고무친한 소년을 갑판원deckhand으로 기용했는데, 그가 바로 욘이었다. 당시 열한 살이던 욘은 삼촌의 존손에서 간간이 도제 수업을 받았는데, 그 배에서는 전통적인 작살 사냥이 주류를 이루는 가운데 일부 숙련된 선원들이 유자망어업을 흉내 내고 있었다. 그러나 새로운 도구의 효율성을 깨달은 욘은 삼촌보다 살레스 쪽에 가담하는 빈도가 점차 증가했다. 그와 살레스는 수 시간 동안 휘발유를 낭비하며 사냥감을 찾아 헤매다가, 마지막에는 라마파의 성공을 비는 대신 그물을 던진 후 잠을 자다가 깨어나 (그물에 걸려 있는) 만타가오리, 황새치, 참치, 돌고래를 거둬들였다. 얼마 후 살레스는 그물 던지기와 선외 모터 작동을 욘에게 일임했다. 왜냐하면 그는 다른 사업(부족의 존손 선단이 팽창함에 따라 선외 모터 구입을 주선하는 일, 존손 선단에 휘발유를 공급하기 위해 마을 최초의 주유소를 개업하는 일, 살레스와 욘이 성공한 것을 보고 유자망의 효율성을 확신한 고래잡이들에게 구입 대금을 빌려주는 일)에 몰두하느라 바다에 나갈 시간이 없기 때문이었다. 살레스는 불과 몇 년 만에 섬 전체에서 벌어지는 사업에 모두 관여하게 되었는데 그중에는 자동차를 구입해 운전자에게 빌려주는 사업도 포함되었다. 그는 종종 아무런 설명도 없이 산 너머로 사라졌다가 몇 주 후에 나타났다. 라말레라 부족은 그에게 큰 감명을 받아 한때 촌장으로 위촉했지만 공무원으로서 부적합한 인물임을 금세 깨닫고 서둘러 해촉했다. 이후 그는 사업에 다시 몰두했다.

이윽고 눈코 뜰 새 없이 바빠지자 살레스는 마침내 욘의 할아버지인 요세프 보코의 양해를 얻어 욘을 VJO의 선장 및 관리책임자(선주가 부재중일 때 선박을 도맡아 관리하는 직책)로 임명했다. 욘을 선택한 이유에 대해, 살레스는 나중에 '불고추를 닮아서 작지만 강하기 때문'이라고 농담을 했다. 그러나 사실을 말하자면, 그는 '위계질서가 지배하는 사회에서 능력을 인정받고 싶다'는 욘의 열망에 깊이 감동했다. 욘은 파격적인 제안을 받고 깜짝 놀랐다. 비록 유자망 시즌에 한해서이지만, 10대의 나이에 자기만의 존손을 조종하고 시즌이 끝나면 다른 모터보트에 승선해 작살 사냥도 할 수 있다니! 물론 살레스의 전폭적인 후원에는 무거운 책임이 수반되었다. 욘은 몇 주에 한 번씩 엔진을 말끔히 세척하고 모든 나사를 해체해 닦은 후 다시 조립하는 등 VJO의 유지·보수에 만전을 기했다. VJO를 만灣에 밤새도록 정박하는 경우에는 다른 부족의 훔쳐 타기를 막기 위해 하마롤로 위에서 새우잠을 잤다. 살레스의 대리인으로 마을 회의에 참석하고, 부족사회의 새로운 소식을 살레스에게 지속적으로 전달하는 임무도 수행했다. 마지막으로, 욘은 어획량의 4분의 3을 (라말레라 마을에 거주하는) 살레스의 올드미스 여동생들에게 제공하고, 나머지 4분의 1을 자기가 갖기로 했다. 그에 더하여, 가족이 급전(이를테면 할아버지 할머니의 말라리아 치료제 구입비, 마리의 학자금)을 필요로 할 때마다 살레스의 도움을 받아 위기를 넘기곤 했다. 그러나 욘이 VJO의 열쇠를 쥐게 되어 누린 가장 큰 혜택은 다년간의 경험을 바탕으로 라말레라 최고의 존손 조종사이자 유자망 어부로 성장했다는 것이었다(부족의 생계 수단이 현대화하면서 존손과 유자망의 중요성이 나날이 증가하고 있었다).

살레스가 유자망을 도입한 지 불과 7년 후인 2010년, 라말레라 마을의 거의 모든 고래잡이는 길이 1킬로미터의 유자망을 보유하게 되었다. 유자망의 증가는 존손의 증가로 이어졌다. 왜냐하면 유자망을 효율적으로 사용하려면 해안에서 멀리 떨어진 곳으로 항해하기 위한 엔진이 필요했기 때문이다. 이러한 관행이 널리 확산되자 2014년 토보나마 파타─고래잡이 시즌이 시작되기 전에 열리는 해변평의회─는 '조상님들이 보내주신 선물이 바다에서 뛰노는 대낮을 외면하고 밤낚시가 웬 말이냐!'라고 한탄하며, 레파 기간에 유자망어업을 금지하기로 결의했다. 그리하여 유자망어업은 고래의 이동이 완료된 9월 이후에만 허용되었다. 살레스는 그해에 VJO와 그 선원들(욘을 포함해서)을 중소기업으로 등록해 인도네시아 정부로부터 중소기업 지원 자금 명목으로 '새로운 그물과 엔진을 구입할 수 있는 자금'을 지원받았다. 이를 본 다른 팀들도 앞다투어 중소기업 지원 자금을 신청했다. 더욱 효율적인 존손의 등장으로 테나가 구식이 된 것과 마찬가지로 작살도 유자망으로 신속히 대체되었다.

새벽 5시가 조금 지나 동쪽 하늘을 수놓은 별들이 떠오르는 태양에 압도되었지만 서쪽 하늘은 아직 어두컴컴할 즈음, 욘과 동료들은 잠에서 깨어나 유자망을 거둬들였다. 첫 번째 부분에서는 길이 60센티미터짜리 태평양고등어가 고작이었지만 다음 부분이 물 아래에서 올라올 때는 커다란 거품이 일었다. 그물이 수면 위로 올라왔을 때 그들은 2미터가 넘는 장엄한 피조물 한 마리를 발견했다. 그것은 황새치였다. 부드럽고 까만 등지느러미는 찢어지고, 노르스름한 눈의 수정체는 피로 물들고, 창처럼 기다란 코는 그물에 휘감긴 채 절명해 있었다. 네 명의 남자는 젖 먹던 힘을 다해 수백 킬로그램에 이르는 전리품을 갑판으로 끌어올린 다음, 선반의 크기에 맞추기 위해 꼬리를 반으로 접어야 했다. 황새치가 그물에 칭칭 감겨 있어, 아무래도 육지에 올라가 그물을 칼로 끊어야 할 것 같았다. 그러나 오후 내내 그물을 손질할 걱정을 하는 사람은 아무도 없었다. 뜻밖의 횡재를 했으니 그럴 수밖에. 그 후 한 시간 동안 그물의 나머지 부분을 거둬들이면서 그들은 1미터 20센티미터 크기의 황새치 한 마리, 고등어 10여 마리, 45킬로그램이 훌쩍 넘는 황다랑어yellowfin tuna 한 마리를 수확했다. 한그물어획량haul*의 증가는 유자망어업의 효율성을 단적으로 보여주는 사례였다. 네 명의 남자가 별로 힘들이지 않고 열 시간 정도 일했을 뿐인데, 무려 450킬로그램 이상의 고기를 확보했으니 말이다.

네 사람이 그물 감아올리기를 완료한 직후, 대형 모터의 헛기침하는 듯한 소리가 유리 같은 바다를 진동시켰다. 길이가 VJO의 두 배쯤 되는 스쿠너schooner**가 통통거리며 서쪽에서 나타나, 도끼날처럼 예리한 뱃머리를 앞세워 그들을 향해 미끄러지듯 다가왔다. 아무런 깃발도 휘

---

* 그물을 한 번 물에 넣어 잡아 올린 어획량.
** 돛대가 두 개 이상인 범선.

날리지 않았지만 욘은 그 모양새로 보아 (북쪽으로 약 850킬로미터 떨어진 곳에 있는) 술라웨시Sulawesi 섬에서 온 배임을 알 수 있었다. 스쿠너를 따돌릴 방법이 없었으므로 욘은 VJO의 기수를 돌려 스쿠너를 마주했다. 그의 동료들은 두리의 위치를 확인했다. 해적질은 사우 해에서 드물지 않았고, 반경 수 킬로미터 이내의 바다는 텅 비어 있었다. 불가사의한 배가 접근해오는 가운데, 욘은 앞갑판foredeck에 버티고 선 네 명의 사내를 알아볼 수 있었다. 그들의 피부는 햇빛과 소금에 절어 있었고, 며칠 동안 바다에서 생활한 듯 몰골이 꾀죄죄했다. 그들의 발 앞에는 거대한 상어 두 마리가 놓여 있었고, 흰 갑판은 온통 피범벅이었다.

욘은 라마홀롯어(그 지역의 방언)로 신호를 보냈지만 그 남자들은 인도네시아어(모든 시민이 사용하는 공용어)로 대답했다. 그들은 *바조라웃Bajo Laut*(바다의 유목민)의 구성원이었는데, 바조라웃은 한때 소함대를 이루어 인도네시아 동부와 필리핀 전역의 해상을 누비던 부족으로서 육지에 거의 발을 딛지 않는 '바다의 수렵채집인'으로 명성을 날렸다. (과학자들에 따르면 그들은 해양 생활에 완전히 적응한 나머지, 육지인들보다 우수한 수중 시력을 보유하고 있을 뿐만 아니라 숨을 참는 능력이 뛰어나 하루에 몇 시간씩 잠수하며 물고기를 사냥할[3] 수 있다고 한다.) 그러나 오늘날 바조라웃은 (라말레라 부족과 마찬가지로) 현대화에 밀려 전통적인 생활 방식을 포기했으며, 그중 대부분은 사주barrier island* 위에 (전통적 양식과 현대적 양식이 뒤섞인) 정체불명의 집을 짓고 산다. 그들은 수렵채집 생활을 포기하고 정착 생활을 시작했으며, 상업적인 원정 어업fishing expedition에 종사하며 근근이 생계를 이어간다.

VJO와 일정한 거리를 유지한 상태에서 네 명의 바조라웃 남자는 욘

---

* 파도와 조류에 의해 해안선에 평행하게 형성된 연안 지형.

을 향해 일제히 "혹시 참치를 좀 잡았나요?"라고 소리쳤다. 그들은 참치를 잡아 냉동한 후 일본이나 미국에 초밥용으로 수출할 요량으로, 집에서 남쪽으로 수백 킬로미터나 떨어진 곳까지 참치 떼를 추격해온 참이었다. 욘과 동료들은 자기들의 노획물을 보여주었다. 바조라웃은 고등어엔 관심을 보이지 않았지만 황다랑어를 원했다. 그 대가로 그들은 스쿠너의 앞갑판에 놓여 있는 청상아리mako shark와 뱀상어를 내놓았다. 상어들은 (마치 이 빠진 노인처럼) 이빨이 제거되었고 지느러미와 꼬리(바조라웃은 이것을 중국의 암시장에 팔아 짭짤한 수입을 올리려 하는 것 같았다)도 없었지만, 고기는 멀쩡했다. 그러나 고기를 찾는 장사꾼은 아무도 없었으므로 상어고기는 사실상 무용지물이었다. 그와 달리 참치는 4,000억 달러의 시장 규모에 빛나는 어종으로, 세계에서 수익성이 가장 높은 상품[4]이었다. 따라서 바조라웃의 입장에서 230킬로그램짜리 상어를 그 5분의 1도 안 되는 무게의 참치와 교환한다는 것은 수지맞는 거래였다. 한편 라말레라 부족의 입장에서도 그건 좋은 거래였다. 왜냐하면 그들의 관심은 오로지 '식육食肉의 양'에 있었기에, 황다랑어를 누군가에게 판매한다는 생각조차 해본 적이 없기 때문이었다. 거래가 성사되자 바다의 유목민은 상어의 사체를 라말레라 부족에게 넘겼다. 스쿠너의 '높은 갑판'에서 낙하한 묵직한 상어가 존손의 '낮은 갑판'에 닿는 순간, 마치 모루가 떨어진 것처럼 선체가 심하게 흔들렸다. 라말레라 부족은 황다랑어를 두 손으로 들어 (마치 아기를 다루는 것처럼 조심스럽게) 바조라웃의 손에 넘겼다. 용무를 마친 바조라웃은 (점점 줄어들고 있는) 참치 떼를 추격하기 위해 파푸아Papua 쪽으로 향했다.

사우 해의 무법자는 바조라웃뿐만이 아니었다. 사우 해는 전 세계에서 가장 풍부한 해양생태계인 산호 삼각지대Coral Triangle(때로는 '바다의 아마존'이라 불린다)의 일부다. 그러나 안타깝게도 삼각지대의 북쪽과 서쪽은 인도네시아와 필리핀의 산업 지대를 통과하는 바람에 지금은 대부분 황량한 해경seascape으로 전락해버렸다. 따라서 렘바타 섬이 속한 동쪽 지역만 비교적 훼손되지 않은 상태를 유지하고 있다. 그러자 해양자원이 점차 고갈되면서[5] 아시아 전역의 어선들이 지구상에 몇 군데밖에 남아 있지 않은 황금 어장 ─ 세계에서 수익성이 가장 높은 참치 어장[6]을 포함해서 ─ 중 하나를 약탈하기 시작했다. 급기야 라말레라 부족의 전통적인 사냥터도 위협받기 시작했다.

이러한 약탈은 5년 전부터 시작되었다. 렘바타 섬에서 480여 킬로미터 떨어진 섬에서 온 소형 선박들이 제2차 세계대전 때 사용된 구식 포탄과 집에서 만든 비료폭탄*으로 라말레라의 산호초를 폭파해 수백 마리의 물고기 사체를 주워 담았다. 그리하여 산호 정원은 폐허가 되었는데, 이는 그들의 고향과 귀향 항로 사이에 있는 환초atoll**가 이미 파괴되고[7] 난 후의 일이었다. 라말레라 부족이 이에 개입하려 들자 폭탄은 라말레라를 향해 투하되었고, 효율적인 해안경비대가 없는 외딴섬 사람들로서는 속수무책이었다. 얼마 후 바조라웃 같은 자생적 기회주의자가 등장했고, 뒤이어 대만과 동남아시아의 녹슨 저인망 어선들이 가짜 인도네시아 국기를 휘날리며 나타났다. 그들은 (무려 1만 2,000개의 낚싯바늘이 달린) 50킬로미터짜리 장거리 낚싯줄을 불법으로 사용해 사우 해의 해양생물을 매일 밤 수 톤씩 싹쓸이했다. 이 모든 것은 조코위 정부가 인도네시아의 어선을 그곳에 대량 투입하고, 수산물 가공업을 위한 인프라를 구축하고, 대선공약(인도네시아 동부의 천연자원을 활용해 국민 경제를 활성화한다)을 실현하기 위한 금전적 인센티브를 제공하기 전에 일

---

* 질산암모늄과 경질유를 목적에 맞게 혼합해서 폭발 감도를 조절해 사용하는 폭탄.
** 고리 모양으로 배열된 산호초.

어난 일이었다.

어획고는 들쭉날쭉하게 마련이므로, 라말레라 사람들은 처음에 어획고 감소를 침입자들 탓으로 돌리기를 주저했다. 게다가 '어장의 쇠퇴'는 라말레라 부족에게 생소한 개념이었다. 왜냐하면 고래와 만타가오리는 조상님들의 선물로, 그것들을 고갈시키는 유일한 방법은 조상님들의 하사품을 탕진하는 것이기 때문이었다. 그러나 이유가 어찌 됐든 어장이 고갈되었다는 사실을 반박하기는 어려웠다. 한때 상어는 상처 입은 고래 주변에 몰려들어 사냥꾼들에게 2차 하사품을 챙기게 해주었다. 그러나 그런 일은 더 이상 일어나지 않았다. 그리고 두 번째로 중요한 사냥감으로, 한 마리당 최대 2톤의 고기를 제공했던 거대한 만타가오리는 희귀해졌다. 그와 마찬가지로 소형 가오리(이를테면 보우와 모쿠*Mōku*)의 개체군도 급감하여, 어떤 추정에 따르면 무려 87퍼센트나[8] 감소했다.

2014년, 라말레라 부족은 '어획고 감소를 초래한 원인'을 정확히 파악하지 못했음에도 상실한 고기를 보충하기 위해 전통적으로 덜 중요한 어종(돌고래 등)을 사냥할 수밖에 없었고, 더욱 현대적인 어업 기술(유자망 기술 등)을 채용해 사우 해의 어장에 더 많은 스트레스를 가하게 되었다. 그러나 자기들의 생태계에 무슨 일이 일어나고 있는지 깨달았더라도 그들이 할 수 있는 일은 별로 없었다. 야간에 침입한 외부 주낙 어선의 얼레를 끊는 것(이는 환경을 보호하기 위해서가 아니라 길이 수 킬로미터의 낚싯줄에 붙어 있는 낚싯바늘과 부표를 훔치기 위해서였다) 외에 해적질을 단념시킬 수 있는 실질적인 방법은 없었다.

이러한 배경이 의미하는 것은 욘이 황새치, 상어, 고등어 같은 노다

---

* 채찍꼬리악마가오리Whiptail devil ray의 현지어로, 정식 학명은 'Mobula diabolus'다.

지를 라말레라의 해변에 내려놓았을 때 두 배의 정당성을 인정받은 듯한 느낌이 들었다는 것이었다. 그건 '부족원들이 전반적으로 고전을 면치 못하는 가운데, 나만 조상님들에게 특별한 사랑을 받고 있다'는 것뿐만 아니라 '유자망어업의 전망이 밝다'는 것을 의미했다. 그와 동료들은 모래밭에서 물고기를 여섯 무더기로 나누었다. 그중 다섯 무더기는 조상님들의 방식에 따라 네 명의 선원과 살레스에게 배분되었다. 그러나 황새치와 고등어로 구성된 2킬로그램 정도의 무더기는 조상님들의 허락을 받지 않아도 되는 것이었다. 그것은 기다리고 있던 한 케펠라 남자에게 약 1달러에 판매되어, 약간의 이윤이 차감된 후 다음번 유자망어업에 사용할 휘발유 대금으로 적립되었다. 그 케펠라는 생선 장수로, 그 물고기를 가지고 고산족 마을로 돌아가 약간의 이윤을 붙여 재판매할 예정이었다. 그 거래는 욘에게 남는 장사였다. 그는 물고기를 현금화할 방법이 거의 없었으므로, 만약 그 케펠라에게 넘기지 않았다면 2킬로그램의 고기는 다른 방식으로 소비될 수밖에 없었기 때문이다. 그러나 일본이나 미국에서 경매에 부쳐졌다면 그 황새치는 수천 달러에 팔렸을 것이며, 그날 아침 바조라웃과 교환한 황다랑어는 그보다 훨씬 더 높은 가격에 낙찰되었을 것이다. 왜냐하면 고급 초밥용 생선은 1킬로그램당 수천 달러를 호가하기[9] 때문이었다.

대부분의 라말레라 사람은 이런 사실을 모르고 있었다. 그러나 살레스는 알고 있었다. 그는 그즈음 자카르타와 쿠팡을 오가면서 해산물 수출업자와 공무원을 만나 렘바타에 국제적으로 공인된 물고기 가공 공장을 세우는 데 필요한 저리융자와 지원금 제도를 알아보느라 눈코 뜰 새 없이 바빴다. 그는 심지어 어획물을 자카르타로 대량 수송한 후 전세계에 유통시키기 위해, 물류 창고를 지을 기금을 조성하고 있었다. 그는 울란도니의 항구가 완공되는 2015년에 라말레라와 바깥세상을 연결하는 항로를 만든다는 야심 찬 계획을 갖고 있었다.

매일 아침 유자망어업을 마친 후 VJO를 몰고 귀항할 때마다 욘은 한 손으로 햇빛을 가린 채 갑판에 널려 있는 물고기의 분출, 펄떡거림, 등지느러미를 감상했다. 그러나 그는 '시렁 위에 줄줄이 놓인 작살의 미래를 너무 비관적으로 생각하지 말자'고 스스로 다짐했다. 라말레라에는 '*프레메 키*Preme ki(희망을 잃지 말되 지나친 낙관은 금물이다)'라는 격언이 있는데, 이는 '기대가 너무 크면 고래가 오지 않는다'는 믿음을 반영한 것이다. 그럼에도 불구하고 모든 기대를 접는다는 건 어불성설이었다. 기대하지 않으려고 애쓴다는 것 자체가 일종의 기대이기 때문이다.

타고난 워커홀릭인 욘은 야간에 유자망어업을 하고 주간에 휴식을 취하는 자신을 용납할 수 없었다. 고심 끝에 그는 주간에 VJO에서 작살 사냥을 주도할 라마파를 물색하기 시작했다. 라마파를 영입한 후, 그는 *베레웅 알렙*bereung alep(보조 작살잡이) 겸 도제로 활동할 계획이었다. 욘이 마음에 둔 사람은 요세프 '오테' 클라케 바타오나였는데, 그는 가장 촉망받는 젊은 라마파로서 작살놀이를 하는 아이들의 롤 모델이었다. 키가 180센티미터가 넘는 오테는 다른 라말레라 사람들을 늘 내려다보았다. 그는 액션히어로를 방불케 하는 체격의 소유자로, 정강이에는 큼직한 상처 자국이 새겨져 있었다. 그는 용수철처럼 튀어오르며 마치 파리채를 휘두르듯 작살을 구사하여 사냥감을 요리했다. 하마롤로 위에서는 (다른 라마파들이 두 손으로 잡는) 거대한 향유고래용 작살을 한 손으로 가볍게 들고 머나먼 수평선을 응시했다. 휴식을 취할 때는 여드름 만발한 얼굴이 유난히 빨개 보였다.

그러나 우락부락한 외모와 달리 오테는 30대 초반부터 지금까지 다른 남자들에게 '장가도 못 간 놈'이라는 놀림을 받았다. "쟤는 바다에

VJO의 하마롤로 위에 우뚝 서 있는 오테.

선 작살잡이의 왕이지만, 육지에선 아무것도 찌르지 못해." 투악에 취한 남자가 그를 지나치며 그렇게 소리치곤 했다. "장담하건대 쟤는 '작살'이 너무 작아 아무것도 찌르지 못할 거야." 다른 남자가 그렇게 덧붙였다. (라말레라어에는 '작살', '찌르기', '사냥'을 기술하는 단어가 아주 많다. 이누이트어에 '눈snow'을 기술하는 단어가 많은 것처럼. 사정이 이러하다 보니, 라말레라어는 지구상에서 '생식기'를 지칭하는 은어를 가장 많이 보유한 언어다.) 너무 많이 놀림받는다 싶으면, 오테는 "난 작살과 결혼했어"라고 대꾸하곤 했다. "난 아내가 필요치 않으며, 사냥에 성공하게 해달라고 신에게 기도드릴 뿐이야"라고 그는 주장했다. 그에 더하여, 오테의 남성적 에너지는 늙은 어머니, 올드미스 여동생, (수년 전에 섬을 떠난 부모에게 버림받은) 조카들을 보살피는 데 할애되었다. 그가 제일 좋아하는 조카는 네 살이었는데, 심지어 생물학적 아버지를 잊어버리고 오테를 '아빠'라고 불렀다.

그러나 욘은 알고 있었다. 오테와 아무리 친한 사이라도 그를 설득해 VJO에서 일하도록 만들기가 쉽지 않다는 것을. 그해 초부터 많은 선주가 그를 스카우트하려고 무던히 애써온 터였다. 하마롤로의 부자 세습 전통이 깨진 이후 라마파를 스카우트하는 것은 프로스포츠 리그의 자유계약 시장을 뺨치는 일이 되었다. 물론 조상님들의 방식에 따르면 모든 선원의 지분이 동일하므로, 어떤 선주도 작살잡이에게 '다른 선원보다 많은 물고기를 배분하겠다'는 조건을 제시할 수 없었다. 따라서 선주들은 최신 설비를 갖춘 선박을 내세워 유능한 라마파를 스카우트하려 했다. 선박이 좋으면 더 많은 사냥감을 잡을 수 있어서 가문은 물론 개인에게 돌아가는 물고기의 양이 늘어날 테니까.

바타오나 가문에서 오테가 속한 파派는 가세가 기울어, 테나는커녕 존손 한 척조차 띄울 수 없는 형편이었다. 그는 지난 20년 동안 선단을 전전하며 갑판원과 프리랜서 라마파를 마다하지 않았으며, 다른 가문의 붙박이 라마파가 결원일 때마다 땜빵 노릇을 했다. 2013년 말에는 프랑스의 의뢰를 받아 (노쇠한 라마파가 몸져누운) 케나푸카의 하마롤로에 올라 향유고래를 잡음으로써 자신의 능력을 과시했다. 그로부터 몇 달이 지난 어느 날 저녁에는 케나푸카의 라마파가 오테의 집을 방문해 은퇴를 선언하면서 베디오나 가문의 붙박이 라마파를 맡아달라고 간청했다. 그 라마파와 대화하는 동안 오테의 곁에는 아버지의 영정 사진이 놓여 있었다. 왜냐하면 인생에서 가장 자랑스러운 순간을 아버지와 함께하고 싶었기 때문이다. 그렇게 계약이 성사되는가 했는데, 다음 날 다른 가문에서 더 좋은 조건을 제시하며 치고 들어왔다. 그 내용인즉, '선원들의 나이가 어리기 때문에 오테가 전권을 행사할 수 있다'는 것이었다. 두 가문 사이에 불꽃 튀는 경쟁이 벌어졌다. 프랑스는 오테에게 이렇게 약속했다. "내 휘하에서 일하면 기량이 더욱 향상될 거고,

자네가 테나를 지휘하는 동안 만에 하나 실수를 하더라도 베디오나 가문의 선원들이 아무런 이의를 제기하지 않을 거야." 오테는 결국 두 가지 이유 때문에 프란스와 케나푸카를 선택했다. 첫째, 요즘 2세대 선원들은 불평불만이 많으며 라마파의 실수를 끝까지 물고 늘어지는 것으로 악명 높았다. 둘째, 그는 형편이 어려운 가운데서도 꿋꿋이 테나를 운영하는 프란스를 존경했다.

오테는 레파 기간 초기에 한 마리의 향유고래, 여러 마리의 고래상어 whale shark, 수많은 가오리를 잡으며 시즌 내내 맹활약했다. 그러나 10월이 되어 케나푸카가 더 이상 정기적으로 출항하지 않게 되자 욘은 살레스를 설득해 오테에게 VJO의 *레카leka* 자리를 제안했다. 레카란 선박에 적재된 작살의 소유권을 가진 자리로, 그 선박의 공식적인 라마파를 상징하기 때문에 가문의 우두머리와 선장의 통제권이 미치지 않는 자리였다. 엄밀히 말해 오테는 케나푸카의 레카 자리를 꿰차지 못하고 있었다. 왜냐하면 오테가 종신직을 감당할 능력을 인정받을 때까지(이 기간을 '수습 기간'이라고 한다) 명예 라마파가 레카 자리를 내놓지 않았기 때문이다. 따라서 오테로서는 살레스의 제안을 거절할 수가 없었다. 왜냐하면 고래잡이의 경력에서 최고봉은 (라말레라에서 활발히 조업 활동을 하는 테나와 존손 한 척당 한 명씩 버티고 있는) 30여 명의 *레카라마파leka lamafa* 중 한 명이 되어 '사냥의 성공'과 '선박과 선원의 영적 건강'을 책임지는 것이기 때문이었다.

그런 지위에 오르기 전까지만 해도, 다른 가문의 선박에 승선한 오테는 다른 라마파(잠깐 자리를 비운 붙박이 라마파)의 작살을 빌려 고래를 사냥해 왔다. 그러나 VJO의 레카가 되기 위해 그는 (뿌연 안개 속에 대나무 숲이 펼쳐져 있는) 라발레캉의 가파른 능선까지 기어 올라가 대나무를 베어 (사냥감과 용도에 따라 크기가 제각각인) 열여섯 개의 작살자루를 준비했다. 그러고는 초벌한 작살자루를 해안으로 운반해, 바위로 눌러 구부러진 부분을 펴고, 햇볕에 쬐어 바짝 말리고, 불 속에 넣어 마디를 담금질한 후 끝부분에 등나무 고리를 끼워 강도를 높였다. 그로부터 며칠 후 욘과 살레스가 찾아와 오테와 대나무 자루에 성수로 세례를 베풀었다. 마침내 오테는 자신의 작살을 VJO의 시렁 위에 올려놓음으로써 자신의 영혼을 VJO의 영혼과 연결했다. 욘은 세상을 얻은 듯한 기분이었다. 부족에서 가장 촉망받는 작살잡이에게 선박을 맡겼을 뿐만 아니라 최고의 실력자에게 한 수 배울 수 있게 되었으니 그럴 수밖에.

새로운 라마파를 모시고 VJO가 출항하는 첫날인 10월 중순의 어느 월요일, 오테는 제일 좋아하는 조카인 루토Luto를 따라 해변을 누볐다. 멀릿과 쥐꼬리를 결합한 헤어스타일의 루토는 네 살배기 남자아이인데, 코딱지로 뒤덮인 손을 휘저으며 (비명을 지르며 달아나는) 누나들을 뒤쫓았다. 루토가 콧구멍에서 코딱지 파내기를 멈추었을 때, 오테는 꼬맹이를 한 팔로 번쩍 들어올린 다음 그의 이마에 엄지손가락으로 성호를 그었다. 그건 '누나들을 그만 괴롭히라'는 경고였는데, 오테는 웃음을 터뜨리지 않으려 안간힘을 썼다. 그러는 동안 욘과 나머지 선원들은 VJO를 얕은 바다에 밀어넣으며 오테에게 "서둘러요!"라고 고함을 질렀다. 그러나 오테가 성큼성큼 걸어 VJO에 올라탔을 즈음, 루토는 이미 전열을 재정비하고 낄낄 웃으며 누나들을 추격하고 있었다.

VJO가 만灣을 미끄러지듯 벗어날 때, 욘은 (물에 비친 자기 얼굴을 들여다보며) 마치 거울 위를 건너가는 듯한 착각에 빠졌다. 사냥터의 심장부로 돌진하는 보트 위에서 다른 선원들이 수평선을 유심히 살펴보는 동안 오테는 하마롤로 꼭대기에 우뚝 서서 양손의 엄지와 검지를 눈가에 대고 (마치 잠망경을 보는 것처럼) 사방으로 휘둘렀다. 전통적으로 보조 작살잡이는 라마파의 뒤에 서는 것이 상례이지만 욘은 보트의 맨 뒤에 앉아 선외 모터를 조종했다. 그는 엔진의 전문가인데다 '낡아빠지고 약간 기우뚱한 구식 보트'와 '못에서 흘러나온 시뻘건 녹으로 얼룩진 채 뒤틀리기 시작한 갑판'의 생리를 누구보다 잘 알고 있었다.

VJO가 전진하는 동안 저만치에서 수면을 박차고 솟아오른 날치들이 넘실거리는 물결 위에서 날개를 반짝이다 사라지기를 반복했다. 그러나 해변에서 까마득히 멀어진 후 거의 한 시간 동안 선원들은 사방에 펼쳐진 텅 빈 사우 해에서 이렇다 할 동물을 찾아내지 못했다. 사실 그건 예사로 있는 일이었다. 값나가는 사냥감을 단 한 마리도 구경하지 못한 채 하루 종일 사우 해를 배회했다는 라말레라 사람이 부지기수였으니 말이다. 왜 그럴까? 그 비밀은 해양생태계의 속성에 있다. 무릇 해양생물은 플랑크톤 대발생plankton bloom, 먹이용 물고기feed fish 무리, 영양분이 풍부한 용승류upwelling 같은 먹잇감 주변에 모이게 마련이다. 그런데 수면에서는 먹잇감의 움직임이 보이지 않으므로, 전 세계에서 가장 풍요로운 해양생태계일지라도 때로 사막처럼 황량해 보일 수 있다. 따라서 라말레라의 사냥꾼들은 대부분의 시간을 기다리는 데 할애한다. 그러다가 그들은 '늘 비슷하지만 늘 변화하는 바다'에서 디테일을 포착하는 초능력을 발휘해, 멀리서 '첨벙거리는 물결'이나 '지느러미에 반사된 햇빛'을 발견하게 된다.

오테가 갑자기 "보우!"라고 외치며 시렁에서 작살 하나를 꺼내 들었다. 욘은 즉시 오테의 손가락이 가리키는 방향으로 기수를 돌렸다. 작살촉이 물에 닿는 순간 거품이 이는 바람에 명중했는지를 알 수 없었지만, 뒤이어 하마롤로 위에서 작살끈이 쉬익 소리를 내며 풀려나가기 시작했다. 안소와 마르셀이 작살끈을 살짝 눌러 보우에게 저항하는 동안 (너무 세게 누르면, 고통을 못 이겨 몸을 홱 틀 수 있다) 오테는 발판 위에서 자세를 바로잡으며 균형을 되찾았다. 이윽고 수면 아래의 그림자가 돌아서며 모습을 드러냈는데, 덩치가 오테보다 컸다. 가오리가 8자를 그리며 왕복 운동을 하는 동안 안소는 그놈이 가까워질 때마다 끈을 조금씩 잡아당김으로써 회전반경을 줄였다. 그사이 욘은 두 번째 작살을 조립했다. '더블링', 즉 두 번째 작살을 꽂는 것은 베레웅알렙인 욘의 임무이기 때문이었다. 오테는 또 하나의 작살을 조립했지만 욘에게 하마롤로를 양보했다.

바닷물이 너무 맑아, 위에서 내려다보는 욘의 눈에는 가오리가 마치 공기 속에서 날개를 퍼덕이는 것 같았다. 가오리의 꽁무니에 박힌 작살 촉 주변에서 피가 연기처럼 뿜어져 나왔다. 그 상황은 언더핸드 피칭을 연상시켰다. 가오리는 짧은 끈에 꿰어 있고, 바다는 잔잔하고, 시간은 하염없이 흐르고…… 물론 자신이 있었지만 – 그는 예전에 나레크와 함께 더 어려운 표적(만타가오리를 포함해서)도 거뜬히 해치웠다 – 시간을 너무 끈다면 동료들에게 놀림을 받을 것 같았다. 그는 점프했다. 잠시 후 수면으로 올라왔을 때 작살끈 하나가 요동치고 있었지만 그의 작살에 연결된 것이 아니었다. 어찌된 일인지 실수한 것 같았다. 배 위에서는 안소와 마르셀이 가오리를 제어하려 했지만 엄청난 힘을 당하지 못해 거의 배 밖으로 끌려나올 판이었다. 그 실수는 욘에게 특히 수치스러운 일이었다. 왜냐하면 가오리가 도망칠 때 작살이 당겨져 느슨해지는 빌미를 제공했기 때문이다. "로롱 *lolong*." 오테가 소리쳤다. 그건 라말레라 사람들이 쓰는 전문 용어로, '가오리에서 한참 멀리 떨어진 앞쪽을 찔렀다'는 뜻이었다.

라말레라어는 다양한 원인 – '하마롤로의 젖은 발판 위에서 미끄러짐(세갈릿 *segalit*)'부터 '공격하는 동안 뜻하지 않은 파도 때문에 균형을 잃고 나동그라짐(슬레더 *sleder*)'에 이르기까지 – 에서 비롯된 라마파의 실수를 기술하는 전문 용어를 모두 구비하고[10] 있다. 예컨대 플레바pleba는 표적을 너무 세게 찌르는 바람에 작살머리가 반대쪽으로 삐져나온 것을 말하고, 로붓lobut은 작살(촉과 자루 모두)이 사냥감을 완전히 관통하는 것을 말한다. 그리고 토데todeb는 아마도 라말레라어에서 가장 조롱 섞인 단어일 것이다. 왜냐하면 '빗나간 작살'이라는 뜻을 가진 단어로, '고래의 가죽을 꿰뚫지 못한 상태'뿐만 아니라 '결혼한 남성이 자식을 낳지 못한 상태'를 기술하는 데도 사용되기 때문이다. (라말레라 사람들이 오테를 조롱할 때 가장 많이 사용하는 단어가 바로 이것이다.) 이러한 초특이적ultra-specific 단어들은 라말레라 사람들에게 '사냥에 대한 정보가 담긴 구절'을 몇 개의 음절로 압축하는 능력을 부여했다.[11] 그에 더하여, 이런 단어들은 모든 생활 방식이 담긴 축소판으로서 만약 라말레라 문화가 약화된다면 가장 먼저 사라질 단어이기도 하다.

안소와 마르셀은 꼬박 10분 동안 가오리와 씨름해 사정권 내로 다시 끌어들였다. 오테는 하마롤로 위에 서서 작살로 바다를 겨누었지만 가오리가 보트로 접근하는 동안 잠자코 지켜보기만 했다. 툭 불거져 나온 가오리의 눈알은 작살을 무시하고 고통스러운 상처 쪽으로 치우쳤다. 가오리가 뱃머리 아래 몇 센티미터 지점을 지나갈 때까지 기다렸다가 오테는 전광석화처럼 작살을 내리꽂았다. 라마파의 가르침은 종종 강의가 아니라 시범이었다. 오테가 욘에게 보여주고 싶었던 것은 '가오리와 작살을 동일한 광면plane of light상에 놓음으로써 물의 굴절 작용에 의한 착시를 피할 수 있다'는 것이었다. 동시에 그는 작살질을 할 때 점프가 반드시 필요한 건 아니라는 점도 상기시키고 싶었다. 존손이 활이라면 라마파는 화살이므로, 만약 잘못 발사된다면 다시 장전하기 위해 시간이 필요하기 때문이었다.

가오리가 공중제비를 넘으며 다시 한 번 탈출을 시도하는 순간, 욘은

자신의 두리로 가오리를 결딴내는 욘.

VJO에서 점프하며 공중에 떠 있는 가오리를 요격했다. 그 인상적인 동작은 방금 전의 당혹스러운 실수를 완전히 만회했다. 가오리는 피구름 속에서 광란의 날갯짓을 하다가 자취를 감추었다. 이제 세 개의 작살이 꽂힌 만큼 선원들은 더 이상 가오리의 탈출을 걱정할 필요가 없어졌다. 그들은 온 힘을 다해 가오리를 VJO 쪽으로 끌어당겼다. 그다음으로 욘이 나서서, 두리를 두 개의 뿔 사이에 꽂은 후 체중을 실어 톱질하듯 썰기 시작했다. 처음에는 날개가 VJO를 드럼처럼 두드리며 욘에게 시뻘건 거품을 뒤집어씌웠다. 그러나 두개골을 가르던 칼날의 날카로운 굉음이 (마치 코코넛 껍질이 열리는 것처럼) 부드러운 바지직 소리로 마무리되자 처절하게 몸부림치던 가오리는 잠잠해졌다. 네 명의 남자가 숨을 헐떡이는 동안 잔물결이 선체를 철썩철썩 때렸다.

　가오리가 너무 커서 갑판 위로 끌어올릴 수 없었기 때문에 그들은 갈고리로 날개를 꿰어 보트의 측면에 매달아놓았다. 그러고는 물속에서 선헤엄*을 치며 아가미의 아랫부분을 도려내어 머리를 분리한 다음, 도끼를 이용해 양쪽 날개를 잘라냈다. 마지막으로, 네 토막(머리, 양쪽 날개, 몸통과 꼬리)을 챙겨 마치 분해된 퍼즐 조각처럼 보트의 밑바닥에 차곡차곡 쌓아놓았다. 가오리의 사체는 마치 마법에 걸린 것처럼 희미한 빛을 발했지만 오래 지나지 않아 은빛 피부는 도로포장용 타르처럼 새카맣게 말라버렸고 둥글납작한 눈은 못 쓰는 백열전구처럼 흐리멍덩해졌다.

1킬로미터 떨어진 곳에서는 또 한 척의 존손이 먹잇감을 쫓아 동쪽으로 항해하고 있었다. 먹잇감을 눈으로 볼 수는 없었지만, 그들은 아타데이 산맥의 라일락빛 배경과 뚜렷이 대비되는 작살잡이와 작살의 윤곽을 어렴풋이나마 알아볼 수 있었다. 오테가 모든 선원을 프랑스의 성수로 축복하자 선원들은 가오리의 희생에 고마움을 표시하는 의미에서 주기도문을 외웠다. 욘은 엔진에 시동을 건 후 사냥 대열에 다시 가담하기 위해 발진했다.

그 후 몇 달 동안 욘은 돌고래와 악마가오리 사냥에서 조수 노릇을 하며 오테가 구사하는 기술을 어깨너머로 배웠다. 오테는 표적으로부터의 거리에 따라 작살축의 위아래로 손을 움직임으로써 작살의 길이를 조절했고, 한쪽 손바닥을 작살의 꽁무니에 갖다 댐으로써 작살의 비거리를 극대화했는데, 욘은 모든 동작을 유심히 지켜본 후 그대로 따라 했다. 만타가오리 같은 대형 표적을 공격하는 경우에는 두꺼운 가죽을 확실히 관통해야 하므로, 먼저 숨을 몰아쉰 후 필살기를 날려야 한다는 것을 배웠다. 그러나 돌고래같이 가벼운 표적을 공략하는 경우에는 힘

---

* 머리가 물 위로 올라온 상태에서 세로로 선 채 헤엄치는 영법.

보다 정확성이 더 중요하므로, 먼저 선禪 상태에 빠져들어야 한다는 것을 배웠다. 그러나 라마파가 되기 전에 마스터해야 하는 것은 신체 기술physical skill뿐만이 아니었다. 라마파의 방식은 사냥 기술보다 '작살과 세상 간의 영적 균형 추구'에 더 큰 비중을 두었다. 라마파가 조상님들을 공경하고 부족의 단합과 단결을 옹호해야만 물고기가 자발적으로 라마파에게 굴복하기 때문이었다.

그럼에도 불구하고 욘은 간혹 라마파의 방식을 따르는 데 혼란을 느끼는 자신을 발견했다. 공식적인 규정집은 없고 구전으로 내려온 지침만 있었으므로, 그가 보기에 조상님들은 현재 벌어지고 있는 수많은 상황에 대해 최소한의 힌트조차 주지 않은 것 같았다. 일부 연장자들이 말하는 것처럼, 휴대전화를 사용하지 말아야 할까? 일부 성공적인 라마파들이 휴대전화로 채팅을 즐기고 있는데도 말이다. 영적 균형이 파괴되는 것을 막기 위해 다른 사람들이 그의 다리에 손을 대지 못하게 해야 할까? 개인적으로 그는 '라마파는 레파 기간에 섹스를 하지 말아야 한다'는 지침이 미신에 불과하다고 믿고 있었다. (그러나 그는 호니와 수백 킬로미터나 떨어져 있기 때문에 자신의 신념을 테스트할 재간이 없었다.) 또한 라마파의 방식은 때로 그에게 슈퍼맨이 되기를 요구하는 것 같았다. 가문의 구성원들에게 단 한순간도 화를 내지 않는 게 어떻게 가능하단 말인가? 벤과 달리 그에게는 지도 편달해줄 아버지가 없었다. 그리고 행동 면에서는 오테만큼이나 탁월하지만, 그는 달변가도 철학자도 아니었다. 궁극적으로 욘은 기존의 전통과 구별되는 자신만의 '독특한 라마파 방식'을 추구할 수밖에 없었다.

11월 한 달 동안 욘의 작살질 기량은 급상승했지만, 12월 들어 습한 바람이 사우 해를 할퀴기 시작하자 그는 2014년에 라마파가 되기는 글렀음을 깨달았다. 매년 이맘때쯤 북쪽으로 수백 킬로미터 떨어진 '아시아의 지붕' 위에 있는 고비 사막Gobi Desert이 식어가면서 서풍을 뿜어내면, 그 바람이 남쪽으로 내려가 태평양에서 수분을 흡수한 후 크리스마스에 계절풍이라는 이름으로 라말레라 마을에 찾아온다. 폭풍해일의 피해를 막기 위해 여러 가문은 밧줄을 이용해 테나와 존손을 들어올려 선박 창고의 처마 밑에 넣기 시작했다. 말라비틀어진 검랙나무gum lac tree의 가지를 바라보면서 욘은 스스로에게 참으라고 말했다. 그는 이렇게 다짐했다. '앞으로 넉 달 후 나무를 장식한 빨갛고 보송보송한 잎눈에서 초록색 이파리가 돋아나고 바다가 잠잠해지면 라말레라 부족은 다시 사냥을 시작하게 될 것이다. 그때가 되면 나는 꼭 라마파가 될 거다.'

제 2 부

2015년

8

~~~~~~~~~~

새해

2015년 4월 ~ 2015년 5월 2일

프랑스, 시프리

라말레라 사람들에게 시간은 선형linear이 아니라 나선형spiral이고[1] 주기적cyclical이다. 향유고래는 한곳에서 다른 곳으로 이동하며, 살아 있는 사람은 세상을 떠나지만 조상님으로 돌아온다. 검랙나무의 잎눈에서 새잎이 나올 때마다 이러한 전통적 방식은 재확립된다. 레파는 늘 돌아온다.

마을은 우기 동안 내내 무덤처럼 보였다. 진흙투성이 개들이 텅 빈 오솔길을 난장판으로 만들었고, 폭풍에 밀려온 파도가 버림받은 해변을 휩쓸었다. 여자와 아이들은 눅눅한 집에서 사롱을 세 겹이나 껴입은 채 옹송그렸다. 많은 남자들이 라발레캉 너머의 공사장에 취직했고, 몇 척의 삼판만 (태풍이 휘몰아칠 경우 즉시 귀항할 요량으로) 해변 근처에 드문드문 흩어져 물고기를 잡았다. 그러나 향유고래 떼가 섬을 지나가고 바다가 웬만큼 잔잔할 때면 한 척의 테나를 띄울 수 있는 선원팀이 수시로 꾸려졌다. 강우량이 제일 많은 1월부터 3월까지의 빈궁기는 그야말로 보릿고개였다. 2015년의 보릿고개에서는 빈번한 폭우로 인해 일부 고산족의 카사바가 수확하기도 전에 썩어버렸고, 라말레라 사람들은 구더기가 나오기 전에 고기를 말리려고 안간힘을 썼다. 라말레라 부족은 먹고살기 위해 *마타가포 mata gapo*를 축내는 수밖에 없었다. 참고로, 마타가포란 비상식량(옥수수와 쌀)이 가득 찬 거대한 등나무 바구니로, 바구미의 침투로부터 보호하기 위해 1년 내내 (매캐한 연기가 나는) 난로 위에 매달려 있었다. 그러나 부족원들은 여전히 빼빼 말랐고, 그 틈을 타서 감기가 유행했다.

마침내 4월이 되어 남반구의 겨울이 오스트레일리아의 사막을 냉각시키자 인도네시아에는 건조한 남풍이 불어왔다. 바다가 잔잔해지면서 고래들이 줄을 지어 고향으로 돌아왔다. 이제 해변에는 고래잡이 시즌을 준비하기 위해 작살촉을 벼리는 남자들과 말린 나무 수지로 선박의 구멍과 틈을 메우는 선원들이 북적였다.

으레 그렇듯, 프란스는 케나푸카를 정비해 다른 배들보다 먼저 사냥을 떠났다. 그런데 하루는 오테가 돌고래를 사냥하는 동안 케나푸카의 영혼줄인 레오가 끊어졌다. 프란스는 정글에서 채취한 재료를 이용해 새로운 레오를 만들어야 했는데, 레오를 만든다는 것은 '의례적 중요성'과 '상당한 소요 기간'을 감안할 때 엄청난 일이었다. 2000년대 초에 천연 소재로 만든 밧줄은 모두 나일론 밧줄로 교체되었지만 레오만큼은 예외였다(나일론은 천연 소재보다 간편하지만 강력하지는 않다). 프란스는 선원들에게 정글에 들어가 공작야자와 히비스커스나무의 껍질을 벗겨 오라고 명령했다. 가문의 여자들은 정글에서 수확한 목화에서 한없이 긴 실을 뽑아냈고, 가문의 연장자들은 세 가닥의 천연섬유를 꼬아 한 가닥의 강력한 레오를 만들기 시작했다. 그러는 동안 연장자들은 (오늘날 거의 부르지 않는) 노동요를 신나게 불렀고, 젊은 남자들은 자기가 알아들을 수 있는 구절을 큰 소리로 따라 불렀다. "우리에게 힘을 다오! 우리에게 투악을 다오!" 연장자들은 48시간 만에 길이 100미터의 레오를 완성한 후 레오의 표면에 벌새나무 수액을 발랐다(벌새나무 수액은 바닷물 속에서 숙성되어 단단하고 새까만 보호막을 형성하게 된다).

예전에는 레오가 완성되는 동안 한시도 눈을 떼지 않았지만 – 조상님들에게 인정받으려면 꼬인 횟수가 정확해야 했다 – 프란스는 멀리 떨어진 – 세 개의 섬을 지나야 했다 – 수도원에서 열린 큰딸의 종신서원식The Perpetual Profession of Solemn Vows에 참석했다. (그는 이 가톨릭 의례를 매우 뜻깊게 여겼으므로, 나중에 모든 부족원을 모아놓고 성대한 잔치를 벌였다.) 그는 머리가리개*를 쓴 딸을 보고 한편으로 무한한 자부심을 느꼈지만, 다른 한편으로 (딸을 신랑에게 넘겨주는 아버지가 느끼는 것과 똑같은) 서운함을 느꼈다. 그 순간 그는 (다음해에 고향에 돌아오기로 약속한) 막내딸 베나를 떠올렸다. 바다 일에 소질이 없는 외아들은 먼 섬에 있는 초등학교에서 체육교사로 일하고, 막내딸은 먼 섬에서 대학교에 다니고 있는데, 큰딸마저 다른 섬에 있는 수녀원에 머물게 되었으니 이 얼마나 기구한 운명이란 말인가!

토보나마파타가 열리기 하루 전에 라말레라로 돌아왔을 때 프란스는 많은 친척들의 영접을 받았다. 그들은 희귀한 물건(각종 향신료와 식용유)이 가득 들어 있는 (덕트테이프duct-tape로 밀봉된) 골판지 상자를 집까지 들어다준 다음, 현관에 함께 앉아 커피를 마시며 그가 가져온 찌그러진 중고 에나멜 보온병의 성능을 극찬했다. 프란스는 격앙된 어조로 이웃 섬에서 구경한 '이동전화 중계탑의 숲'과 '오토바이 군단'에 대

---

* 중세의 여성과 현대의 일부 수녀들이 머리와 목을 가리기 위해 쓰는 장식물.

한 장광설을 늘어놓으면서 그런 것들이 라말레라에 들어오는 건 시간 문제라고 걱정했다. 어떤 연장자들은 (시프리의 요구에 따라 조만간 해변평의회에서 금지 여부가 논의될) 존손에 대해 불만을 털어놓았다. 한 사람은 프란스에게 이렇게 물었다. "시프리가 올해 토보나마파타에 참석할까요?" 그건 아무도 대놓고 말하지 않는 '흑염소의 저주'를 은연중에 암시하는 말이었다. 그에 대해 프란스는 아무런 대답 없이 이상야릇한 미소를 지었다. 고래잡이들은 그 미소의 의미를 만사형통으로 받아들였지만 '샤먼의 일에 대해 왈가왈부하지 않는다'는 불문율을 지켰다. 아무리 라말레라의 원로일지라도 샤먼의 의도를 공공연히 해석하는 것은 금기시되었기 때문이다.

사실을 말하자면, 2014년에 또 한 명의 사절이 우존 가문 – '세상의 주인들' – 을 방문해 리카텔로의 죄악에 대해 용서를 빌었을 때 우존은 라말레라 부족을 저주하겠다는 위협을 철회했다. 그러나 그 사실을 아는 사람은 프란스와 몇몇 가문의 원로들밖에 없었다. 우존의 마음이 돌아선 것은 (2014년의 행사에 불참하여 물의를 일으켰던) 바타오나 가문의 우두머리인 쿠파가 (원로들의 권고를 순순히 받아들여 용퇴한 후) 다른 섬의 집으로 돌아간 덕분에 덕망 있는 친척이 그 자리를 승계했기 때문이다.

더욱 중요한 것은 라말레라 부족에게 경고장을 날렸던 시프리가 쉰두 살인 아들 마르시아누스 두아 우존에 의해 '세상의 주인' 자리에서 축출된 것이었다. 마르시아누스는 아버지의 위협(흑염소의 저주)을 과잉 반응으로 간주하고, 이를 근거로 친척들에게 '70대 중반에 접어든 아버지가 노망이 들었다'고 주장했다. 또한 그는 3년 전 절벽 위에 세워진 이동전화 중계탑 건설에 대한 다른 우존들의 반감을 이용했다. 우존 가문은 문중 땅을 소유하고 있었는데, 이동통신사는 중계탑을 세우는 대가로 시프리에게 5,000달러라는 거금을 지불했다. 마르시아누스를 비롯한 문중의 남자들은 그 돈이 공평하게 배분되기를 바랐지만 시프리는 입을 싹 씻었다. 그는 '뇌졸중으로 쓰러진 아내의 약값을 지불했을 뿐만 아니라 모두에게 혜택이 돌아가는 프로젝트(예를 들어 사당 재건)에 투자했'고 주장했다. 많은 사람들은 '공금을 횡령했을 뿐만 아니라 (부족원들에게는 옛 방식을 고수하라고 강요하면서 자신은 레월레바의 현대적 편의성을 누림으로써) 위선을 저질렀'고 비난하며 그를 용서하지 않았다. 이러한 원성을 지렛대 삼아, 마르시아누스는 다수의 지지를 등에 업고 우존 가문의 우두머리로 등극하는 동시에 이게게렉과 토보나마파타의 지휘권을 거머쥐었다.

프란스와 리카텔로의 입장에서 볼 때, 시프리보다는 마르시아누스가 더 쉬운 협상 파트너였다. 시프리는 옛 규칙을 비타협적으로 고수했지만 마르시아누스는 (여전히 보수적이고, 돛 올리기와 노 젓기로 복귀하는 것을 선호했음에도) 부족의 선택에 이의를 제기할 가능성이 낮기 때문이었다. 그는 언젠가 이렇게 말했다. "난 라말레라에 거주하며 고래고기를 먹고 살 사람이다. 하지만 내 아버지는 그렇지 않다."

그러나 프란스가 '흑염소의 저주라는 뇌관이 드디어 제거되었다'며 안심하고 있는 동안 시프리는 – 마치 '라말레라 부족을 따끔하게 혼내주겠다'는 조상님들의 말씀이 귓가에 맴도는 것처럼 – 섬 반대편에서 공포감에 시달리고 있었다. 쿠데타를 통해 '세상의 주인'의 권좌에 올랐지만 마르시아누스가 해변평의회를 차질 없이 주재하고 이게게렉을 제대로 수행할 수 있을까? 처음에는 괜한 걱정으로 치부하려 했지만, 밤이 깊어갈수록 '조상님의 뜻에 따라 의례를 주관할 적임자는 바로 나'라는 생각이 굳어졌다. 라말레라 사람들과 마르시아누스의 예상을 깨고 시프리는 황당무계한 결정을 내렸다. 그는 다음 날 아침 조카를 불러 자기를 오토바이에 태워 화산 너머 마을에 데려다달라고 요구했다.

다음 날 늦은 오후, 마르시아누스는 아버지의 도착이 임박했음을 모른 채 해변에서 토보나마파타를 주재할 준비를 마친 후 해변의 한복판에 새로 지은 예배당의 상석(이 자리에는 한때 향유고래의 토템이 우뚝 솟아 있었지만, 오늘날에는 바로 그 옆에 길이 5.5미터의 두개골 파편이 마치 돌기둥처럼 모래에 박혀 있다)에 앉았다. 평생 동안 바다에서 이글거리는 태양을 바라보느라 시뻘겋게 충혈된 눈으로 그는 라말레라 사람이 하나둘씩 도착해 자기 앞에 앉는 모습을 지켜보았다. 리카텔로의 세 우두머리는 말석末席에 무릎을 꿇고 앉았고, 약 100명의 고래잡이가 샌들을 벗고 여러 줄로 쪼그려 앉았다. 한 외다리 소년이 (너무 어려서 불구에 대한 자의식이 없는 듯) 친구들과 함께 잡기tag 놀이를 하며 신나게 뛰다가 한 노인에게 "의례 준비에 방해가 되니 그만해!"라는 꾸지람을 들었다.

오테도 군중 속에 섞여 있었는데, 사뿐사뿐 걷는 두 명의 10대 소녀를 넋 놓고 바라보다가 다른 사냥꾼에게 들켜 이런 놀림을 받았다. "네 조카에게 엄마가 필요한가 보군." 오테는 모래 위에서 게의 집게다리를 집어 그에게 던졌지만, (범고래에게 끌려가는 작살끈을 움켜쥐고 버티다 찰과상을 입은) 손에 붙인 반창고가 너덜너덜해진 것을 발견하고 움찔했다. 이그나티우스는 벤과 함께 수다를 떠는 여러 명의 젊은 사냥꾼에게 조용히 하라고 주의를 주었다. 왜냐하면 마르시아누스가 못마땅한 표정으로 자리에서 일어나 파란색 짝퉁 폴로셔츠의 옷깃을 여몄기 때문이다. 욘은 때마침 감기에 걸려 집에서 쉬고 있었다.

마르시아누스는 평의회를 시작하기 위해 "나는 '세상의 주인'이다"라고 선언한 후, '나는 조상님들을 대표하여 너희의 고충을 들으러 왔다'는 내용의 환영사를 했다.

리카텔로 중 한 명이 이렇게 화답했다. "우리는 어부입니다. 우리의 소원은 내일 이게게렉의 기적이 일어나는 것입니다. 우리의 간절한 소원과 희망을 조상님들께 전달하여 라말레라 앞바다에 고래가 넘쳐나게 해주십시오."

마르시아누스와 리카텔로는 정해진 절차에 따라 코코넛, 야자 잎 담배, 시리피낭이 가득 찬 등나무 바구니를 의례적으로 교환했다. 다음으로, 고래잡이들이 한 명씩 돌아가며 자신의 애로 사항을 평의회에 고했다. 처음에 나온 애로 사항은 대부분 시시콜콜한 문제였다. 다양한 선장들이 나와 악마가오리나 향유고래를 라이벌 가문의 선원들이 훔쳐갔다고 하소연하자 마르시아누스와 원로들이 나서서 당사자들의 변辯을 듣고 시시비비를 가렸다. 일상적인 다툼이 원만히 해결되자 평의회는 오래전에 확립된 '테나만 코테켈레마를 잡을 수 있다'는 원칙을 재확인했다. 그다음으로 더욱 첨예한 이슈들이 제기되었다. 어떤 사람들은 레파 기간에 유자망어업을 허용해달라고 주장했지만 평의회는 9월까지 유자망어업을 중단해야 한다는 입장을 고수했다. 가장 첨예한 이슈는 '가톨릭교회의 기념일과 겹치는 것을 피하기 위해 이게게렉을 하루 연기할 수 있는가'였다. 일부 원로들은 '이게게렉은 조상님들이 정한 것'이라며 격렬하게 반대했다. 그러나 결국에는 다수의 의견을 받아들여 이게게렉을 '미사아르와(촛불을 실은 미니 선단을 바다에 띄우는 미사) 다음 날'로 옮기기로 했다.

마지막으로, 평의회는 자주 거론되는 문제인 '존손의 사용을 중단시킬 것인지'의 여부를 다루었다. 논의의 핵심은 '라말레라 부족의 정체성은 무엇이고, 과연 존속할 수 있는가'였다. 무단결석한 우두머리를 대신해 리카텔로의 새로운 구성원이 된 예페리 '예포' 바타오나 Jeffery 'Jepo'

Bataona는 전통 지식이 사라지는 것을 막기 위한 방안으로 '정부나 자선단체 쪽에서 스폰서를 유치해 모터보트 대신 테나를 사용하는 사람들에게 최저임금을 보장해달라고 하자'고 제안했다. 일부 원로들은 열렬히 환영했지만, 다른 원로들은 젊은 사람들을 가리키며 "의당 할일을 하는데 최저임금 보장이 웬 말이요?"라고 반문했다. 젊은 사냥꾼들은 다른 이유를 대며 예포의 제안에 반대했다. "모터 덕분에 존손은 작은 사냥감을 효율적으로 잡을 수 있어요. 게다가 전 세계가 현대화되고 있어요. 이런 상황에서는 설사 최저임금을 보장해준다고 해도 구태의연한 돛 올리기와 노 젓기에 전념하려는 고래잡이가 단 한 명도 없을 거예요."

그러나 어떤 이슈도 다수결 원칙에 입각한 표결로 가지는 않았고, 단순히 '찬성 또는 반대하는 사람의 수'와 '주장의 강렬함'에 기반하여 합의가 이루어졌다. 이처럼 진정으로 민주적인 거버넌스governance―거의 모든 수렵채집사회에 어떤 형태로든 존재하며, 협치協治라고도 한다―때문에 라말레라 사회는 산업사회보다 평등하고 민주적이다. 그러나 이러한 평등을 관리하기는 매우 어렵다. 왜냐하면 어느 한쪽이 다른 쪽에 공식적인 권한을 행사할 수 없기 때문이다. 심지어 가장 명망 높은 가문인 리카텔로일지라도 자신들의 판단을 강제할 수 있는 합법적 도구를 갖고 있지 않다. 부족의 결정 사항을 집행하는 유일한 방법은 사회적 압력social pressure이지만, 아무리 그렇더라도 경범죄―예컨대 레파 기간에 유자망어업 하기―를 뿌리 뽑을 수는 없다. (그러나 살인 같은 중범죄에는 부족 전체가 만장일치 판결을 내릴 수 있는데, 그런 경우에는 샤먼의 처벌이 수반되는 것이 상례다.) 궁극적으로 부족이 현대화를 효율적으로 저지할 방법은 없다. 설사 시프리를 비롯한 강경파가 존손을 금지하더라도 상당한 규모의 집단이 엔진을 계속 사용한다면 어찌할 도리가 없다.

물론 '라말레라 부족이 원하는 것은 무엇인가'라는 문제는 여간 복잡하지 않았다. 왜냐하면 부족의 욕구를 하나로 집약할 수 없기 때문이었다. 시프리, 프란스, 욘이 생각하는 라말레라 부족의 정체성이 크게 달라서 '어떤 변화가 긍정적이고 어떤 변화가 부정적인지'에 대한 합의가 이루어지지 않았다. 욘과 오테는 이글거리는 태양 아래서 몇 시간 동안 노를 저어봤자 실익이 없다고 여겼지만 시프리는 그것을 실존적인 위협existential threat으로 간주했다. 논의가 진행되면서 어떤 고래잡이들은 – 매년 그래왔듯이 – 지루해하며 슬금슬금 꽁무니를 뺐다. 결국 논쟁은 교착 상태에 빠졌다. 그 문제는 다음번 토보나마파타에서 다시 거론되겠지만, 결론이 날 것 같지 않았다.

마르시아누스가 고대 라말레라어(프란스와 다른 원로들조차도 거의 이해하지 못하는 언어로, 오래전에 사라진 의례에서 아버지들이 사용한 단어를 떠올릴 뿐이었다)로 기도문을 외울 때, 수고양이의 앙칼진 짝짓기 소리가 해변에 울려 퍼졌다. 안개에 덮인 화산의 정상에서 번갯불이 번쩍였지만 자연조차 숨을 멈춘 듯 천둥소리는 들리지 않았다. 마르시아누스는 (해변평의회를 참관하기 위해 모여든) 조상님들의 영혼에게 "이틀 후에 열리는 이게게렉에 참석해주십시오"라고 알린 후 해산했다. 마른 폭풍 덕분에 벌어진 구름 사이로 남십자성이 환하게 반짝일 때 고래잡이들은 주기도문을 외웠다. 가파른 비탈길을 기어올라 우존의 사당에 도착한 마르시아누스는 기다리고 있는 시프리를 발견하고 소스라치게 놀랐다.

별빛이 구름에 가려 밤하늘이 어두컴컴해졌지만 비는 한 방울도 내리지 않았다. 저녁 7시, 사람들은 이미 집으로 돌아갔고 그중 상당수는 잠자리에 들 준비를 하고 있었다. 예포가 사는 종갓집의 (벽돌담으로 둘러싸인) 마당에서 욘을 비롯해 많은 사람들이 2014 브라질 월드컵 경기 재방송을 시청하는 가운데, 예포는 건너편의 대나무 벤치에 웃통을 벗은 채 앉아 있었다. 그가 어린 딸들 중 하나와 까꿍 놀이를 하는 동안 뒤편의 정글에서는 메뚜기와 개구리들이 합창을 했다. 정글 합창단의 소리는 크레셴도crescendo를 계속하다 임박한 소동을 감지한 듯 갑자기 멈추었고, 조용한 오솔길에서는 잠시 후 요란한 발걸음 소리가 울려 퍼졌다.

걸리적거리는 사람이 나타나면 박치기라도 하려는 듯, 프란스는 고개를 푹 숙이고 어깨를 잔뜩 치켜올린 채 마당으로 성큼성큼 걸어 들어왔다. 늘 유니폼처럼 입는 낡아빠진 티셔츠와 축구용 반바지 – 그는 미국에서 싼값에 들어오는, 흠이 있거나 판매 불가능한 옷들을 애용했는데 그중에는 (사실은 슈퍼볼 결승전에서 패배한) 미식축구팀의 우승 기념 셔츠도 포함되어 있었다 – 대신 그는 흰색 바탕에 깔끔한 초록색 체크무늬의 사롱을 입고 있었다. "빨리 일어나요!" 그는 명령조로 외쳤다.

딸을 땅에 내려놓으며, 예포는 무슨 안 좋은 일이라도 있냐고 물었다.

"비상사태가 터졌어요. 시프리가 방금 도착했단 말이에요!"

예포는 딸을 데리고 황급히 집 안으로 들어갔다가, 잠시 후 카무플라주 팬츠*와 티셔츠 차림에 듬성듬성 자란 염소수염을 고무줄로 묶은 채 나타났다. 그러고는 자신의 크로커다일 그린 색깔의 오토바이를 몰고 폭풍처럼 질주했다. 오토바이의 전조등이 어둠을 꿰뚫었다. 프란스는 사롱 자락을 무릎에 칭칭 동여매고 양다리를 벌린 채 오토바이의 뒤꽁무니에 올라앉았다. 예포는 울퉁불퉁한 비포장도로를 타고 가파른 고갯길을 지그재그로 올라갔다. 두 사람 모두 '이 망령 난 샤먼이 흑염소의 저주를 실행하러 온 게로군'이라고 생각하며 치를 떨었다.

예포와 프란스는 눈 깜빡할 사이에 우존의 사당에 도착해 자기들을 기다리고 있는 시프리와 마르시아누스를 발견했다. 벽돌담과 양철 지

---

* 잎사귀와 그물의 초록과 밤색이 어우러진 군복 무늬의 바지. 1980년대에 밀리터리룩이 유행하면서 각광받았다.

붕으로 단장된 마을 집들 사이에 대나무 벽으로 둘러싸이고 초가지붕으로 뒤덮인 사당이 버티고 있다는 것은 완전히 시대착오적이었다. 그러나 '세상의 주인들'이 생각하기에, 그들의 조상님들은 현대적인 숙박 시설에 머무는 것을 원치 않았다. 천장에 매달린 고래기름 램프 하나가 샤먼들을 내리비추며 그림자를 드리워 그들의 눈구멍을 어둠 속에 잠기게 했다. 프랑스와 만난 지 불과 1년 만에 시프리는 훨씬 더 수척해져 있었다. 광대뼈가 완전히 튀어나오고 뺨이 푹 꺼져 두개골을 크레이프지crepe-paper* 같은 피부로 진공 포장한 것처럼 보였다.

예포와 프랑스가 '뜻밖의 귀한 손님'의 방문에 감격한 체하는 동안 시프리는 아무 말도 하지 않았다. 예포는 어려운 걸음을 해준 데 감사하며, 이게게렉에서 제물로 바칠 닭 한 마리를 제공하겠다고 약속했다. 프랑스는 수입된 공장제 담배(말린 야자 잎을 말아 만든 일반 담배보다 품질이 우수한 것으로 여겨진다)를 건넸다. 그러는 동안 마르시아누스는 한쪽 구석에 잠자코 앉아 있었다. 시프리는 (시도 때도 없이 눈물이 흐르는) 눈병에서 아직 완쾌되지 않은 상태였다. 계속 흘러나오는 눈물을 자줏빛 사롱으로 연신 문지르다 보니 눈이 시뻘겋게 충혈되었다.

마침내 시프리가 한숨을 쉬면서 말했다. "내가 여기에 온 걸 다행으로 여겨야 해. 만약 안 왔다면 이게게렉이 엉뚱한 날에 거행될 뻔했어. 내 아들에게서 올해부터 매년 5월 2일에 열릴 예정이라는 말을 듣고 얼마나 놀랐는지 몰라. 그런 날짜 변경은 매우 중요한 문제라고!" 마르시아누스에게서 이게게렉의 날짜가 하루 늦춰졌다는 말을 듣자마자 시프리는 불같이 화를 내면서, 조상님들이 자기를 보낸 건 천우신조이며 하마터면 큰 재앙이 일어날 뻔했다고 선언했다. 그러고는 조카를 시켜

---

* 쪼글쪼글한 모양의 주름을 잡은 종이.

프란스와 예포를 즉각 소환한 것이었다.

이제 주도권을 잡은 시프리는 프란스, 예포, 마르시아누스에게 명령을 내렸다. "해변평의회 때 사냥꾼들이 '세상의 주인들'에게 위탁한 메시지가 뭔지 말해보시오. 몇 시간 후 내가 화산으로 올라가 그 메시지를 조상님들에게 직접 전달할 테니. 마르시아누스, 넌 빠져." 그러고 나서 시프리는 이렇게 경고했다. "조상님들이 라말레라 부족에 대한 인내심을 잃은 것은 존손을 포기하지 않을 뿐만 아니라 우존들을 올바로 대우하지 않기 때문이오."

시프리가 한 시간에 걸쳐 장광설을 늘어놓는 동안 프란스는 시프리가 혹시나 흑염소의 저주를 언급할까봐 가슴이 조마조마했다. 그래서 예포와 함께 가능한 한 '옳습니다'를 연발하며 노기를 가라앉히려 애썼다. 그리하여 마침내 시프리가 제풀에 지쳐 잠잠해지고 듣는 이들도 모두 탈진했을 때, 시프리가 저주를 언급하지 않은 데 크게 안도했다. 예포는 시프리에게 "내일 이게게렉을 주관해주십시오"라고 공식적으로 요청함으로써 라말레라 부족과 우존 가문의 영수 회담을 마무리했다. 예포와 함께 우존의 사당을 나설 때 프란스는 '시프리가 공갈 협박을 멈춘 이유가 뭘까?' 하고 의아해하다가 이런 결론을 내렸다. '라말레라 부족이 조상님을 충분히 공경하고 있으니, 군이 처벌할 필요는 없고 교정하는 데 그쳐야겠다고 판단한 모양이다.'

사당에 남은 시프리와 마르시아누스는 우존 가문의 청년들과 함께 제물을 챙기고, 갈색 껍질 달걀과 시리피낭을 바나나 잎으로 포장하고, 사당에 보관된 등나무 상자에서 조상 대대로 내려오는 가보를 꺼냈다. '세상의 주인들'은 매년 같은 날 밤에 화산을 오르기 시작하여, 도중에 다른 부족의 마을에서 1박을 하고, 다음 날 새벽 정상에 올라 조상님들을 뵙는 게 관례였다. 그러나 이번에는 시간이 너무 늦어 그럴 겨를이 없었다. 남십자성이 밤하늘에서 시곗바늘처럼 도는 동안 샤먼들은 사당에서 쪽잠을 자는 데 만족해야 했다. 날이 밝기 전에, 시프리는 마르시아누스와 손자들을 흔들어 깨워 산행 길에 올랐다.

날이 밝아올 즈음 시프리는 과수원 지대에 도착했다. 예년보다 늦게 라발레캉을 오르기 시작했기 때문에 정글까지의 거리는 아직도 한참 멀었다. 시프리는 주변의 캐슈나무를 보고 불안감을 느꼈다. 어둠 속에서는 촘촘히 늘어선 나무가 그가 어린 시절에 보았던 무성한 정글을 연상시켰는데, 새벽녘에 보니 화산 쪽으로 수 킬로미터나 농장들이 들어서 있음을 알게 되었기 때문이다. '용의 창'(우존의 선조들이 지팡이로 사용했던 마법의 무기)을 사용했음에도 그는 몇십 미터를 오를 때마다 휴식을 취해야 했다. (최근 레월레바에서 그는 망가진 우산의 덮개와 살을 제거해 지팡이로 사용하기 시작했다.) 마르시아누스는 아버지를 기다리지 않고 행군했는데, 가끔 어깨 너머로 힐끗 쳐다볼 때마다 관자놀이 정맥이 만화에 나오는 것처럼 꿈틀거렸다. 잠시 후 '첫 번째 의식을 거행하는 장소에 제때 도착하기는 글렀다'는 판단이 서자 시프리는 더 아래쪽에 있는 누바나라 중 하나에서 정지 명령을 내렸다. 그는 '조상님들의 방식을 따르려 최선을 다하지만, 때로 본의 아니게 불가피한 상황(선조들이 정한 시간보다 늦게 의식을 시작하거나 다른 장소에서 의식을 거행하는 경우)에 직면할 수도 있다'고 합리화하려 애썼다.

시프리는 조상님들이 이해해주시기를 바랐다. 자신은 최선을 다하고 있지만 몸과 세상이 허락하지 않는다는 점을. 따지고 보면 라말레라 부족의 사정도 마찬가지였다. 그가 그들에게 흑염소의 저주를 내리겠다고 위협했을 때 그의 마음속에는 '내 지시를 이행하지 않는 부족을 도저히 용서할 수 없다'는 분노심이 가득했다. 그러나 마음이 가라앉은 후 그는 그들을 용서할 수 있겠다는 생각이 들었다. 그의 목표는 사람들을 구원하는 것이지 파괴하는 것이 아니기 때문이었다. 그러나 일단 엄포를 놓았으니, 최선을 다하라고 다그칠 수밖에 없었다. 그가 아무리 노력해도 도도한 변화의 물결을 막을 수는 없었다. 자신이 이게게렉을 주관하는 것은 이번이 마지막임을 잘 알고 있었다. '불쌍한 내 새끼들! 불쌍한 내 새끼들!' 자기가 죽은 후 그들에게 어떤 일이 일어날지 생각하니 등골이 오싹해졌다.

그럼에도 불구하고 그는 해변으로 내려가 라말레라 부족을 '조상님들의 방식'에 가능한 한 가까운 쪽으로 이끌고 싶었다. 그는 다음해에도 살아남아 2016년 해변평의회에 참석하고 싶었다. 그리고 바로 그 순간, 비록 일시적일망정 변화에 저항할 수 있는 방법이 하나 있었다. 그는 시뻘겋게 녹슨 조상님의 징을 꺼내 (끝부분이 빨간색 천으로 감싸인) 징채로 두드렸다. 미세한 울림이 끊일 듯 말 듯 퍼져 나가며 과거를 소환했다. 그는 이렇게 다짐했다. '조상님들의 곁으로 가는 날, 나는 마침내 부족을 옳은 길로 이끄는 영향력을 행사하게 될 것이다.'

5월 1일 저녁, 솜털 같은 구름이 낮게 드리우며 석양에 하늘색 필터를 씌울 때 1,500명에 달하는 라말레라 사람들이 연례행사인 미사아르와에 참석하기 위해 해변으로 몰려들었다. 의례의 절차는 매년 진행된 것과 동일했다. 로모 신부는 바다에서 사라진 영혼들의 명단을 똑같은 순서로 낭독했고, 성가대는 표준 찬송가를 목이 쉴 때까지 계속 불렀고, 사제와 복사服事*와 부족원들은 촛불을 태운 미니 테나를 물 위에 띄워 자신의 소원을 세상 끝으로 보냈다.

---

* 사제를 도와 예식을 보조하는 봉사자.

케나푸카의 선장인 프란스가 재촉하는 가운데, 작살로 고래를 찌르는 라마파.

사냥감을 작살로 찌르기 위해 점프하는 라마파.

배에서 뛰어내리며, 도망치는 향유고래를 작살로 찌르는 라마파.

향유고래는 사상 최대의 육식동물로, 다 큰 수컷의 몸무게는 60톤이 넘는다.
2016년, 새로이 건조한 케바코푸카(테나의 원조)가 성숙한 수컷 고래의 육탄 공세를 가까스로 견뎌내고 있다.

라말레라 사람들은 향유고래 외에도 다른 해양 동물을 잡는데 그중에는 만타가오리,
범고래, 상어, 돌고래 등이 포함되어 있다. 욘 하리오나(위 사진)와 또 한 명의 라마파
(아래 사진)가 각각 돌고래를 잡고 있다.

2014년 어느 날 저녁, 라말레라의 선단이 성공적인 사냥을 마친 뒤 귀항하고 있다.

2011년, 전통적 고래잡이선인 데모사팡이 라말레라 포구에 입항하고 있다.

라말레라 사람들이 고래를 해체할 준비를 하고 있다.

라말레라 사람들이 고래의 상층부에서 살코기를 저민 후,
하층부의 고기를 얻기 위해 고래의 몸통을 뒤집고 있다.

고래고기를 배분한 후, 라말레라 사람들은 자신의 몫을 길이 15센티미터의 조각으로 썰어 햇볕에 말린다.
한 고래 사냥꾼이 자신의 몫을 건조대에 매달고 있다.

말린 고래고기(육포)는 라말레라 사람들이 소비하거나, 여성들이 렘바타 섬의 물물교환 시장으로 가져간다.

물물교환 시장에서 고래 육포 하나는 바나나 열두 개 또는 벼이삭 1킬로그램과 교환된다.

그랜드마더 프란시스카가 욘을 위해 시장에서 구해 온 옥수수로 파타비티를 만들고 있다.

라말레라 여성들은 숲속에서 수확한 재료로 전통 의
상인 사롱을 짓는다. 사롱에 아로새겨진 특이한 디
자인에는 사연이 담겨 있다. 예컨대 만타가오리와
시리피낭 통 문양(위 사진)은 성공적인 사냥을 상징
한다.

라말레라 부족은 공식적으로 가톨릭교만 인정하고 있다. 프랑스의 딸인 베나 베디오나가 성가대 연습을 마치고 마을의 예배당 안에 서 있다. 그녀의 뒤로 보이는 벽화에는 라말레라 해변에서 부족을 개종시키는 예수의 모습이 그려져 있다.

라말레라 부족은 비공식적으로 고대 종교도 인정한다. 그래서 그들은 조상신과 일월신인 레라울란도 섬긴다. '세상의 주인들'인 마르시아누스 두아 우존(한가운데)과 그의 아버지 시프리 라자 우존(뒤)이 이게게렉 의식에서 고래를 소환하고 있다.

오늘날 라말레라 부족은 두 개의 종교를 결합했다. 그들은 아직도 테나의 영혼을 믿으며, 그 영혼들에게 경의를 표하기 위해 고래기름 램프로 샤머니즘 의식을 거행한다(위 사진). 미사아르와(아래 사진)에서, 가톨릭교도들은 기독교 신앙에 정령신앙을 덧씌워 예수와 조상신 모두에게 기도를 드린다.

온 하리오나.

이그나티우스 블리코롤롱이 자기 가문의 테나인 데모사팡을 지휘하고 있다.

건기에 마을 위의 낭떠러지에서 내려다본 라말레라 아랫마을.

라말레라 해변 동쪽 끝에 자리잡은 고래 뼈 사당.
부족을 지탱해주는 고래에게 경의를 표하기 위해 보존되어 있다.

작살질을 연습하는 차세대 라마파들.

감기 때문에 기침을 하는 욘은 미사아르와에 참석하지 않고, 그 대신 사롱으로 온몸을 감싼 채 절벽 꼭대기에 앉아 해변에서 반짝이는 수천 개의 불꽃을 내려다보았다. 그는 우기 동안 오테에게 받는 도제 수업에 싫증이 나자 호니가 고향으로 돌아올 날을 손꼽아 기다리기 시작했다. '왜 나는 늘 기다려야 하는 걸까?' 그는 자카르타로 이주하는 꿈을 다시 꾸고 있었다. 그곳에 가기만 하면 인도네시아의 연속극에서 보았던 젊은 이주민들처럼 크게 성공할 것 같았다.

그러는 동안 이그나티우스는 벤이 이타와 결혼함과 동시에 라마파가 되게 해달라고 기도했다. 그에게는 2014년 한 해가 지난 수십 년과 맞먹는 고통을 안겨준 것처럼 느껴졌다. 그가 바라는 것은 자기가 테레세아의 곁으로 가기 전에 아들이 두 가지 목표를 달성하는 것밖에 없었다.

2015년만큼 벤의 소망이 아버지와 비슷했던 적은 없었다. 발리에서 베모를 이용해 여객운송업에 종사하려던 친구의 계획이 수포로 돌아가는 바람에 자포자기했지만, 최근 몇 달 동안 라말레라에서 조금씩 삶의 재미를 알아가는 중이었다. 물론 그의 어린 두 자식이 버릇없이 굴거나 아버지의 가부장적 횡포가 그를 짜증나게 만들 때면 레월레바로 도망치고 싶기도 했다. 그러나 언제부턴가 그의 마음속에 진짜 라마파가 되고 싶다는 생각이 자리잡았다. 아마도 보이지 않는 '성숙의 선 line of maturity'을 넘어선 것 같았다.

흑염소의 저주라는 두려움에서 해방되었지만, 프란스는 아직도 '성공적인 사냥 시즌'과 '가족과 가문의 건강'을 위해 기도했다. 그에 더하여, 몇 달 후 대학교를 졸업하는 막내딸 베나가 당초 약속했던 대로 먼 섬에서 취직하지 않고 고향으로 돌아오기를 기도했다. (그러나 설사 약속을 지키더라도 미진한 일을 마무리해야 하므로 다음해까지는 돌아오지 못할 가능성이 높았다.)

이카의 소원은 '사랑에 빠진 여자'가 되어, 결혼을 하고 아이를 낳아 자기만의 가정을 꾸리는 것이었다. 그녀는 마을의 한 남자와 몰래 데이트를 시작하고 있었다. 불현듯 또 다른 자아가 '학교로 돌아가 공부를 계속하면 더욱 현대적인 삶을 영위할 수 있다'고 부추겼지만 '그러려면 부족을 떠나야 한다'는 현실론이 고개를 들며 허황된 꿈을 산산조각 내버렸다.

기도가 끝나고 촛불을 실은 배들이 어둠 속으로 사라지자 라말레라 사람들은 요란한 팡파르 없이 해변을 떠나기 시작했다. 이윽고 맹렬한 바람이 불똥을 흩날리는 가운데, 해변에는 경건한 사람과 불쌍한 사람들만 남아 무릎을 꿇고 앉아 있었다. 뒤이어 조류가 밀려들어 모닥불 터를 집어삼키자 낙오자들은 마을의 어스름한 할로겐램프 속으로 황급히 돌아갔다. 탁하고 후끈한 연기가 해변을 지배했다. 늘 그래왔고 앞으로도 그러할 듯이, 머리 위에서는 천상의 샹들리에가 무수한 촛불의 무리처럼 깜박였다.

라말레라 사람들은 다음 날(5월 2일) 새벽에 해변으로 다시 돌아와, 불 꺼진 성냥개비와 (반쯤 녹은 상태로 바닷물에 잠겨) 기묘하게 굳은 양초와 (조상님들이 되돌려보낸) 몇 개의 난파선 잔해를 밟고 섰다. 그들은 *미사레파*Misa Léfa에 참석하기 위해 모였는데, 미사레파란 '바다의 열림Opening of the Sea'을 기원하는 미사로서 미사아르와가 과거에 경의를 표하는 행사라면 미사레파는 미래를 축복하는 행사였다.

강론을 마친 후 로모 신부는 (면도솔로 만든) 성수채aspergillum를 이용해 (정글에서 채취한 덩굴로 장식된) 테나에 하나도 빠짐없이 성수를 뿌렸다. 다음으로, 그는 (마치 요술을 거는 마법사처럼) 두 손을 내밀며 바다를 축복했다. 마지막으로, 레라오나Lelaona 가문이 프라소사팡을 물에 띄웠는데, 행사를 기념하기 위해 꾸며진 그 테나의 제2선미는 야자 잎으로 교묘하게 장식되어 있었다. 선단의 나머지 배들은 다음 날 출항할 예정이었지만 프라소사팡은 레파 기간의 첫 번째 날에 단독으로 사냥하는 것이 관례였다. 그것은 조상님들의 명령이며, 프라소사팡의 어획량은 그해의 결과를 가늠하는 지표이기 때문이었다. 선원들은 다른 가문에 과시하려는 듯 힘차게 노를 저으며 박자를 맞출 요량으로 구호를 외쳤지만 노동요의 시대에 비견될 정도는 아니었다. 라말레라 사람들은 해변에 서서 빨갛고 하얗고 파란 배가 나무토막처럼 보일 때까지 지켜보았다. 섬을 휘도는 해류를 벗어난 후 선원들이 이각마스트bipod mast를 세우고 그 꼭대기에 접힌 돛을 매달자 선장이 밧줄을 홱 잡아당겨 야자 잎으로 된 돛을 펼쳤다. 프라소사팡을 상징하는 문양이 새겨진 마름모꼴의 돛단배가 수평선을 배경으로 수기신호semaphore처럼 도드라지며 라말레라 부족의 고래 사냥이 시작되었음을 알렸다.

모든 라말레라 사람은 조상님들이 사우 해의 수평선 너머에서 무슨 선물을 보내줄지 확인하고 싶어 했다. 그러나 불길하게도 프라소사팡이 아무것도 잡지 못하자 라말레라 부족은 '조상님들이 언짢으신가 보다'라고 수군거리기 시작했다. 레월레바에서 그 소식을 들은 시프리의 의견도 마찬가지였다.

9

~~~~~

네캇

2015년 5월 ~ 2015년 6월

욘

하늘에서 비가 퍼붓는 보릿고개 기간에 욘은 거의 파리만 날리며 주로 이웃집에서 TV를 시청하는 것으로 소일했다. 인도네시아 연속극의 상투적인 줄거리는 유혹적이었다. 그도 그럴 것이, 한 인도네시아 젊은이가 시골에서 자카르타로 이주하자마자 대박을 맞는다는 이야기였기 때문이다. 그런 환상은 급성장하는 도시로 이주한 수많은 젊은이가 현실에서 겪는 끔찍한 경험(열악한 노동환경에서 열두 시간씩 교대근무를 하며 짬짬이 마룻바닥에서 새우잠 자기)을 미화한 것이었다. 그러나 욘은 이주자들이 실제로 경험하는 것을 짐작조차 못했으므로, TV에 나오는 록 스타의 도시 생활과 자신의 생활을 비교하며 처량한 신세를 한탄할 수밖에 없었다.

라마파가 되고 싶다는 생각은 변함없었지만 그는 연장자와 조상님들의 방식에 점점 더 자주 짜증내는 자신을 발견했다. 자신들이 정한 규칙조차 지키지 않는 영감쟁이들의 행태를 볼 때마다 해변평의회를 구시대의 유물로 간주하지 않고는 배길 수 없었다. 특히 짜증나는 위선은 '사냥감을 제일 먼저 발견하는 사람이 독점적인 권리를 갖는다'는 포고령이 해마다 발표되는데도 한 배에서 도망치는 만타가오리를 다른 배가 가로챌 때마다 어김없이 분쟁이 일어난다는 것이었다. 울란도니의 공사장에서는 부두가 이미 완성되어 세관 청사를 짓는 일만 남아 있었다. 욘과 다른 청년들의 바람은 건기가 끝날 무렵에 공사가 완료되어 돈벌이 되는 일자리가 무더기로 생겨나는 것이었다. 그러나 그건 너무나 먼 미래였고, 욘의 관심사는 코앞에 닥친 미래였다.

그는 난생처음 자카르타로 탈출할 기회를 얻은 적도 있었다. 또 한 명의 역외 거주자(자카르타에 있는 유니레버Unilever* 인도네시아 지사의 경영자)인 살레스의 친형이 미사레파에 참석하기 위해 라말레라에 들렀다가 욘에게 호감을 가져, 자카르타에 있는 자기 맨션의 경비원으로 고용하고 싶다고 제안한 것이다. 그 당시에는 그의 진심을 알 길이 없어 제안에 선뜻 응하지 않았다. 그러나 부족사회의 생활에 염증을 느낄 때마다 그는 휴대전화에 저장된 그 노인의 전화번호를 불러내어 들여다보며 '그에게 전화를 걸면 어떤 일이 일어날까?'라고 생각하곤 했다.

그럼에도 불구하고 레파는 모든 사냥꾼의 마음속에서 원초적인 추격 본능을 일깨웠다. 선단 전체의 출항이 허용된 첫날, 오테가 VJO의 하마롤로에서 작살을 휘두르는 동안 욘은 조종간을 잡았다. 하루 전에 단독으로 출항한 프라소사팡이 허탕을 쳤는데도 고래잡이들은 자기만의 희망을 보듬고 악마가오리 떼를 포위하여 도륙했고, 대부분의 배는 여러 마리의 물고기를 잡았다. 욘은 오테의 뒤를 이어 세 마리의 작은 가오리와 한 마리의 만타가오리에 작살을 꽂아 연장자들에게 합격점

---

* 영국의 런던과 네덜란드의 로테르담에 본사를 둔 유지업乳脂業의 세계적 트러스트.

을 받았다.

그날 오후, 라말레라 부족사회에는 '욘 네캇nekat' – '네캇'은 '목표를 달성하기 위해 큰 위험을 무릅쓰다'라는 뜻을 가진 인도네시아어 동사이지만, 연장자들은 '라마파를 제쳐놓고 하마롤로에 올라가는 청년'을 기술하기 위해 사용한다 – 이라는 말이 떠돌았으며, 어떤 사람들은 "욘이 때로는 라마파보다 먼저 점프를 했다고 한다"고 수군거렸다. "우리 같은 베테랑도 누가 라마파인지 분간할 수 없었다"고 이그나티우스는 맞장구쳤다. 욘은 아직 라마파가 아니지만 살아 있는 영혼의 소유자로서 라마파에 성큼 다가섰다.

레파 기간의 첫 번째 출어일 오후, 태양이 (왁스를 다 태운 양초가 심지를 집어삼키듯) 마지막 광선을 뿜어내고 어둠 속에 잠길 때 이카는 욘을 도와 가오리 살덩이를 절벽 위로 운반하기 위해 해변으로 내려왔다. 욘을 수행하는 사냥꾼들 중 한 명인 알로이시우스 엔가 '알로' 케로파가 그녀의 일을 거든 건 이번이 처음이었다. 집으로 가는 동안 이카는 한시도 멈추지 않고 킬킬거렸다.

2014년 하반기 동안 요세프 보코는 손녀와 결혼할 수 있도록 도와달라는 구혼자들의 편지 공세에 몸살을 앓았다. 그러나 이카는 구혼자들(오테를 포함해서) 중 어느 누구에게도 호감을 갖지 못했다. 그렇게 구혼 공세에 시달리던 그녀는 생각다 못해 진짜 남자친구가 생길 때까지 가짜 남자친구를 만들기로 결심했다. 대부분의 라말레라 사람은 알로를 매력적이라고 여기지 않았다. 왜냐하면 숯처럼 새까만 그의 피부가 라말레라 부족의 미적 기준에 한참 미달하기 때문이었다. 설상가상으로 알로는 케로파 가문의 구성원이었는데, 그 가문의 후손들은 시조인 타나 케로파가 코로하마에게 권좌를 빼앗기고 테나의 소유권을 박탈당한 이후 줄곧 빈한한 삶을 살아왔다.

그러나 이카는 알로의 낮은 신분을 개의치 않았다. 왜냐하면 알로와 실제로 결혼할 계획이 전혀 없는데다 '신분을 초월한 사랑'에 대해 막연한 환상을 품고 있었기 때문이다. 그녀는 케로파 가문의 후손들이 연좌제의 희생자임을 알고 나서부터 자신이 단지 여성이라는 이유로 수많은 기회를 박탈당한 것도 그와 다르지 않다고 생각하게 되었다. 부족 전체가 케로파 가문을 대우하는 방식을 혼자 힘으로 바꿀 수는 없지만 알로와 함께 저지르는 '사소한 반란'이 사회의 부조리를 바로잡는 밑거름이 될 거라고 믿었다.

게다가 알로에게는 '뭔가'가 있었다. 이카는 그의 우람한 근육, 스타일리시한 펑크 패션, 미소를 지을 때 거의 새까만 뺨과 대비되는 새하얀 치아를 좋아했다. 그러나 두 사람이 만날 때마다 그녀의 마음을 사로잡은 건 그의 우스꽝스러운 언행이었다. 알로는 어린 시절부터 길에서 이카와 마주칠 때마다 유치한 농담을 지껄였고, 그녀는 그에 뒤질세라 곧바로 맞장구치곤 했다. 두 사람은 뒤이어 박장대소했으므로 사람들은 두 사람을 일컬어 '웃음 제조기'라고 했다.

어한기가 시작될 무렵의 어느 날 오후, 청혼을 거절한 지 얼마 안 된 이카는 물을 길러 우물에 가다가 아무도 없는 오솔길에서 알로와 마주쳤다. 그녀는 그에게 자신의 계획(연인 코스프레하기)을 설명한 후 동참 의사를 물었다.

"진짜 남자친구가 아니고?" 그가 웃으며 말했다.

"가짜 남자친구 맞거든." 그녀가 딱 잘라 말했다.

알로는 동의했다.

알로가 자기에게 추파를 던지는 동안에도 다른 소녀들을 스스럼없이 만났으므로 이카는 그가 자기를 친구로서만 좋아할 거라고 짐작했다. 그래서 여러 달 동안 '거짓 로맨스'를 즐긴 후 '진짜 감정'을 고백 받았을 때 그녀는 소스라치게 놀랐다. (나중에 그녀는 자기가 잠재의식 속에서 그렇게 계획한 건지, 알로의 계략에 넘어간 건지 알 수 없다는 생각이 들었다.) 크리스마스이브 날 성당에서 열린 저녁 미사에 참석한 후, 이카는 알로를 자기 집으로 데려갔다. 요세프 보코의 주먹결절에 이마를 갖다 대는 동안 알로는 옆에서 노려보는 오랜 친구 욘을 상기되고 죄스러운 표정으로 훔쳐보았다. 이카가 커피를 타는 동안 세 남자는 결혼을 전제로 한 교제에 합의했다. 그러나 욘은 자기가 호니와 결혼할 때까지 결혼식을 올려서는 안 된다고 선을 그었다. 여동생이 오빠보다 먼저 결혼할 경우, 할아버지 할머니를 부양하는 기간에 공백이 발생하기 때문이었다.

이윽고 알로는 대부분의 여가 시간을 욘, 이카와 함께 보내면서 하리오나 가족을 도와 집을 새로 지었다. 알로와 이카는 늘 지근거리에서 일했다. 하루는 톱밥을 꼼꼼히 치우는 이카를 보고 욘이 농담을 던졌다. "왜 거기서만 자꾸 빗자루질을 하는 거야? 알로가 거기에 있어서? 자칫하면 걔가 쓸려나갈지 모르니까 조심해!"

욘과 이카는 수년간 '집이 머리 위에서 부서져 내릴지도 몰라'라고 농담 반 진담 반으로 말해왔지만, 곤충이 갉아먹은 기둥과 녹슬고 삭은 지붕을 수리하려면 돈이 많이 들어 엄두를 내지 못했다. 그런데 2015년 우기가 끝날 무렵 기적이 일어났다. 인도네시아 보건복지부에서 라말레라 마을에 1,000달러에 달하는 집수리 보조금을 배정했는데, 욘이 그 수혜자로 선정된 것이다. 왜냐하면 아무리 둘러봐도 하리오나 가족만큼 낡은 집에 거주하는 가족을 찾아볼 수 없었기 때문이다. 맨 처음에 욘은 녹슨 금속 지붕을 새로운 함석판으로 교체했다. 다음으로, 그는 큰맘 먹고 남쪽 벽을 완전히 허물기로 결정했다. 벽이 있던 자리에는 묘목을 이용해 비계를 설치하여, 본 건물보다 두 배나 큰 부속 건물의 뼈대를 세웠다. 레파가 시작될 때쯤 그는 직접 만든 벽돌로 허리 높이의 벽을 쌓고 (마치 공중에 청사진을 그리는 것처럼) 적당한 위치에 문틀을 앉혔다.

욘은 싱글벙글한 표정으로 미완성된 방들을 훑어보며 미래를 구상했다. 그 자신의 경우, 만(灣)이 내려다보이는 널따란 창문이 있는 스위트룸에서 호니와 함께 살게 될 것이었다. 이카의 경우, (샤워부스나 다름없는 지금의 방과 달리) 천장까지 올라가는 벽으로 둘러싸인 방에서 숙면을 취하다가 알로에게 시집가게 될 것이었다. 욘의 할아버지와 할머니는 일손을 놓고 아늑한 베란다에서 편히 휴식을 취하고, 그의 자식들은 눈에 띄게 달라진 '우리 집'을 자랑스러워하게 될 것이었다.

욘은 그동안 하루하루 근근이 살아가면서 '희망을 잃지 말되 지나친 낙관은 금물이다'라는 라말레라의 격언을 실천하려고 노력해왔다. 그런데 오테의 베레웅알렙으로서 평판이 좋아져 라마파에 성큼 다가섬과 동시에 새로 짓고 있는 집이 형태를 갖추자 욘은 '라말레라에 뼈를 묻는 것도 괜찮지 않을까?'라는 생각을 품기 시작했다. 그는 휴대전화를 통한 페북질(페이스북 접속)을 중단하고 자신의 비밀번호를 호니에게 알려주었다. 그녀는 욘이 페이스북을 통해 다른 여자들과 바람을 피울까봐 걱정해왔지만, 솔직히 말해서 그는 대부분의 페북질을 자카르타 생활에 대한 사진을 들여다보는 데 할애했다. 그는 '살레스의 형이 제안한 일자리를 받아들이면 어떨까?'라는 백일몽을 더 이상 꾸지 않게 되었다. 그러는 동안 그와 이카는 각자 저축한 돈을 합친 뒤 이웃과 함께 키오스크를 열어 군것질거리, 휴대용 간장통과 샴푸, 낱담배를 팔았다. 가파른 계단을 오르는 사람이 필요한 물건을 달라고 외치면, 욘이나 이카가 부리나케 달려가 요구에 응했다. 그들은 얼마 안 되는 이윤의 일부를 마리의 학자금 용도로 떼어놓았지만 그중 상당 부분은 건축 자재비(시멘트와 못 구입비)로 전용되었다. 욘은 '라마파가 되려고 마음먹은 이상, 라말레라 생활에 투자하는 것이 바람직하다'고 생각하기 시작했다. 탁월한 작살질에 대한 대가로 더 많은 고기를 확보한 것은 큰 의미가 있었다. 사생아라는 낙인이 찍힌 채 라말레라의 위계질서 아래서 밑바닥 생활을 해온 터라, '숨은 잠재력을 마을 사람들에게 인정받았다'는 자존감은 자카르타에 사는 부자들의 자만심을 훨씬 능가했다.

그러나 그것도 잠시, 5월 중순이 되자 오테가 안 좋은 소식을 전해왔다. 케나푸카가 다시 출항했으니, 그리로 돌아가고 싶다는 것이었다. 그동안 케나푸카의 출항이 지연된 것은 베디오나 가문을 위해 새로운 레오를 만들어야 했기 때문이다. 욘은 'VJO의 레카 자리는 확정되었지만 케나푸카의 라마파 자리는 미정'이라는 점을 강조하며 오테를 VJO에 머물게 하려고 설득했다. 그런데 며칠 후 새벽, 욘과 알로와 VJO의 다른 선원들은 희한한 장면을 목격했다. 오테와 베디오나 가문이 케나푸카에 승선한 후 선미에 장착된 선외 모터를 이용해 발진한 것이다. 그것은 테나가 '거대한 존손'으로 변신했음을 의미했다.

그 모터는 프랑스가 여러 해 전에 제시한 타협안이었다. 그 당시 '모터를 사용한 가문은 모두 고래를 잡지만 조상님들의 방식에 충실한 사냥꾼은 허탕을 치는 현실'에 분개한 선원들이 선박의 현대화를 주장하며 조업을 거부하는 초유의 사태가 벌어졌다. 존손을 보유하지 않은 여러 가문(베디오나 가문을 포함해서)은 고심 끝에 타협안을 제시했다. 그 내용인즉, '테나에 모터를 장착하고 향유고래를 제외한 모든 동물을 잡다가 조상님들의 선물(향유고래)이 나타나면 모터를 떼어낸다'라는 것이었다. 그리하여 코테켈레마를 사냥하지 않을 때는 모든 테나가 이런 편법을 쓰게 되었지만 존손을 보유한 사람들은 모터를 수시로 사용했다. 왜냐하면 모터가 달린 배가 그렇지 않은 배보다 유체역학적으로 훨씬 더 유리하기 때문이었다.

온은 오테의 배신에 큰 충격을 받았다. 그는 믿는 도끼에 발등을 찍혔다고 생각했다. 그러나 다른 라말레라 사람들은 오테의 결정을 비난하지 않았다. 테나를 지휘하는 것과 존손을 지휘하는 것은 급이 다르다고 여겼기 때문이다. 설상가상으로 스타 작살잡이가 떠난 후 두 명의 수습선원까지 등을 돌렸다. 부모에게 버림받은 후 잠재해 있던 히스테리가 폭발한 듯, 온은 알로에게 "VJO와 케나푸카의 경쟁에서 승리해 오테의 코를 납작하게 해줄 거야"라고 맹세했다. 그는 오테의 작살을 자기가 차지할 수 있을 거라고 생각했지만, 그것이 도를 넘는 행위임을 곧 알게 되었다. 아무도 그를 라마파로 인정하지 않았기 때문이다. 그가 선박을 지휘하려면, 먼저 부족사회의 인정을 받아야만 했다. 그날 저녁, 그는 새로운 작살잡이를 채용하려고 백방으로 노력했다. 그러나 이름난 작살잡이들은 선약이 있다며 모두 정중히 거절했다.

사실을 말하자면, 온은 별로 낙담하지 않았다. 왜냐하면 잔류한 선원들 - 알로와 또 한 명의 충성파 청년 - 이 다음 날 아침 해변에 나타났을 때, 그중 한 명이 그에게 작살을 잡아달라고 강력히 요청했기 때문이다. 그날 밤 그는 해변에서 잤는데, 다음 날 새벽 해변에서 열리는 인력시장에서 유리한 위치를 선점하기 위해서였다. 그는 여섯 명의 정원을 채우기 위해 세 명 - 한 명의 라마파와 두 명의 선원, 또는 그가 라마파가 될 경우에는 세 명의 선원 - 을 추가해야 했다. 온은 300여 명의 어부들 중에서 자기를 신뢰하는 3인방이 없을 리 만무하다고 생각했다.

아침의 첫 햇살이 듬직하고 우호적인 바다를 드러냈다. 해변에 내려온 남자들 중 대부분은 이미 약속된 배가 있었지만, 약 3분의 1은 프리랜서였다. 욘, 알로, 또 한 명의 청년은 선박 창고에 보관된 VJO 앞에서 결원을 채우려고 호객 행위를 했다. 욘은 뒷짐을 지고 바다를 바라보는 척했지만, 그의 눈은 반사형 선글라스 뒤에서 해변에 널린 '무소속 사냥꾼'들을 물색하고 있었다. 태양이 절벽 위로 고개를 내밀자 음양이 화합해 있던 해변이 양지와 음지로 양분되었다. 웃통을 벗은 그의 등에 땀방울이 맺혔지만 그는 포기하지 않았다. 그러는 동안 알로와 충성파 선원은 선박 창고의 그늘 속으로 피신했는데, 그것은 (태양의 열기가 아니라) 다른 사람들의 시선을 피하기 위해서였다. 그러나 나이 든 프리랜서들은 그들에게 접근하지 않았다. 모두가 실적이 좋고 유능한 라마파를 보유한 배에서 일하고 싶어 했다. 많은 고래잡이들은 욘이 하마롤로를 차지하고 싶어 한다는 사실을 알고 있었지만, 그를 두둔하는 사람은 아무도 없었다. 보조 작살잡이로 명성을 쌓았지만 배를 지휘할 능력을 지녔는지는 아직 검증되지 않았기 때문이다.

오테는 욘을 알아보지 못한 채 그를 지나쳤고, 잠시 후 케나푸카는 오테를 하마롤로 위에 세우고 출항했다. 케나푸카에는 키잡이 프란스와 나이 든 남자 한 명이 승선했는데, 그 반백의 남자는 한 세대 전만 해도 은퇴할 나이였지만 후계자를 찾지 못해서 계속 일하고 있었다.

서쪽으로 항해하는 블리코롤롱 가문의 존손인 카니발에서, 벤은 하마롤로의 끄트머리에서 뒷짐을 진 채 어깨를 움츠리고 무릎을 굽히고 서 있었다. 그의 아버지가 왕년에 하마롤로에 섰을 때 취했던 자세 그대로였다. 그날은 이그나티우스가 막내아들에게 존손을 지휘할 기회를 부여한 첫 번째 날이었다. 욘은 친구의 의젓한 모습을 보고 흐뭇했지만, 벤의 위치에 오르지 못한 자신의 처지를 한탄하지 않을 수 없었다.

해가 중천에 떠오르자, 더 많은 존손이 수평선을 향해 쏜살같이 내달으며 프리랜서의 수가 급속히 줄어들었다. 이제 남은 사람들 중에서 몸이 성한 사람은 벤의 큰형인 요세프와 두 명의 망나니밖에 없었다. 요세프는 덜 완쾌된 발 부상 때문에 (그렇잖아도 못된) 성격이 더욱 포악해져 외톨이가 되어 있었고, 두 망나니는 배 안에서 툭하면 싸움을 걸기로 악명이 높았다. 욘은 마침내 조각상 같은 자세를 풀고 (예배당 앞에 앉아 있는) 세 명의 프리랜서를 굳은 표정으로 지나쳤다. 그들은 서로 잘 아는 사이였으므로, 세 명이 그를 알아보지 못하자 무례해 보였다. 그의 입은 히죽히죽 웃었지만 반사형 선글라스 뒤에 숨은 눈은 찡그리고 있었다. 얼굴과 벌거벗은 상반신에서 굵은 땀방울이 흘러내렸다. 그는 이를 악다물고 '오테처럼 강하지도 않고 벤처럼 연줄이 좋지도 않으므로, 성공하려면 라이벌보다 더 열심히 노력하는 수밖에 없다'라고 뇌까렸다. 그가 깨닫지 못한 것은 다른 사냥꾼들이 그의 용감함을 건방짐으로 해석한다는 사실이었다.

자기들 앞으로 지나가는 욘을 두 번이나 무시했는데도 요세프와 두 명의 망나니는 그날의 마지막 테나 선원으로 선발되어 사우 해로 나갔다. 마치 버림받은 선원처럼 욘은 아타데이 반도의 산맥 위에 피어오른 라벤더빛 버섯구름을 향해 항진하는 선단을 응시했다. 두 친구가 기다리는 VJO로 돌아가는 대신 욘은 해변의 반대쪽으로 걸어가 집으로 향했다. 가슴을 파고드는 분노와 슬픔을 안고서.

케나푸카와 오테가 그날 저녁 빈손으로 돌아오자 욘은 정당성을 입증 받은 듯한 느낌이 들었다.

그러나 그날 고전을 면치 못한 것은 오테뿐만이 아니었고, 선단 전체가 좌절한 것처럼 보였다. 미사레파 이후 단 한 마리의 고래도 나타나지 않았으니 그럴 수밖에. 어떤 사람들은 프라소사팡의 실망스러운 첫 사냥을 떠올렸지만, 대부분의 사람은 지난 4월 말에 30개의 포장 상자 – 아이맥스 스타일의 카메라, 잠수용 공기압축기와 스쿠버 장비, 휴대용 스토브, 슬리핑 백, 아이스박스에 넣은 한국 식품으로 가득 차 있었다 – 를 실은 덤프트럭을 몰고 들이닥친 한국의 다큐멘터리 팀을 탓했다. 라말레라 마을에 들이닥친 촬영팀은 한국 팀이 처음은 아니었다. 이전에도 라말레라 사람들은 여러 촬영팀을 유치했으며, 마을을 방문한 외국인을 환영하는 게 상례였다. 그런데 한국 사람들은 시도 때도 없이 마을을 배회했으며, 사전 허락을 받지 않고 개인적인 기념행사와 가정집의 부엌을 기웃거렸다.

라말레라 사람들은 한국 촬영팀을 '비아왁 *biawak*'('썩은 고기 청소부'로 알려진 도마뱀의 일종)이라고 부르기 시작했는데, 그 이유는 두 가지였다. 첫째, 그들은 파이브핑거스 신발(일명 '발가락 신발')을 신었는데, 그게 그들을 파충류처럼 보이게 만들었다. 둘째, 그들은 불철주야로 드론을 사용했는데, 그게 라말레라 사람들을 '민망한 순간을 막무가내로 촬영하려는가 보다'라고 의심하게 만들었다. 사실 욘은 외국인에게 사진 찍히는 것을 좋아했지만 머리에 두건을 두르고 자기가 제일 좋아하는 레알 마드리드 유니폼을 착용한 후에만 촬영을 허용했다. 이그나티우스는 너무 속상한 나머지, 데모사팡의 출항 장면을 촬영하는 카메라맨에게 돌멩이를 던졌다. 그는 나중에 그 일을 대수롭지 않게 여기며 말했다. "걔네들 칼침 맞지 않은 걸 다행으로 여겨야 해." 급기야 프란스가 암울한 예언을 하는 지경에 이르렀다. "한국 촬영팀이 라말레라를 떠날 때까지 고래가 나타나지 않을 거야."

1990년대 이후 소규모의 여행자와 저널리스트들이 라말레라 마을을 정기적으로 방문해왔다. 라말레라 부족과 함께 생활한 어느 인류학자가 제작한 다큐멘터리를 신호탄으로[1] 여러 편의 다큐멘터리가 잇따라 라말레라의 존재를 세상에 알린 게 계기가 되었다. 2015년에는 1년에 약 200명의 외국인 배낭여행족이[2] 주로 레파 기간에 라말레라를 찾았지만 그중 상당수는 '현대적인 오락 시설이 없고 고래 사냥을 구경하려면 몇 주일 동안 기다려야 한다'는 사실을 깨닫고 하루 만에 떠나버렸다. 그러는 동안 그보다 훨씬 더 많은(추측컨대 약 2,000명) 인도네시아 방문객이[3] 정부가 지원하는 문화 여행이라는 미명하에 라말레라를 찾았다. 그것은 국내 여행객을 그 지역에 유치하려는 계획의 일환이었지만 여행객들은 물물교환 시장과 마을의 이곳저곳을 몇 시간 동안 대충 훑어보기만 할 뿐 하룻밤을 묵으려 하지 않았다.

일부 연장자들은 마을 청년들이 외국의 관습(이를테면 비키니 착용)에 오염될까봐 걱정했지만 짧은 체류 기간과 언어장벽 때문에 마을의 생활방식은 본질적으로 변화하지 않았다. 이방인들은 부족의 경제를 왜곡하지도 않았다. 왜냐하면 배낭여행족은 하루에 고작 20달러를 썼는데 그중 대부분이 세 명의 홈스테이 소유자에게 돌아갔기 때문이다. 그리고 여행객이 여행사에 지불한 돈은 대부분 정부 기관에 귀속되었으므로 마을의 행정기관은 여행자 1인당 1달러밖에 챙기지 못했다. 많은 여행객이 오가는 것을 바라보면서, 라말레라 사람들은 그들을 (약간 무심하지만) 공손하게 대우하며 별다른 생각 없이 자신들만의 고유한 삶을 지속적으로 영위했다.

각설하고, 한 달간에 걸친 한국 촬영팀의 일정이 끝나갈 무렵 라말레라 부족의 통상적인 인내심은 극에 달했다. 욘을 비롯한 존슨의 선장들은 "오지 않는 고래들을 찾으러 우리와 함께 떠나요"라는 촬영팀의 제안을 일언지하에 거절했다. 그렇잖아도 그들 때문에 고래가 달아나버렸는데, 그들과 함께 고래를 찾으러 떠난다는 것은 어불성설이었다. 촬영팀이 눌러앉아 있는 동안 고래는 코빼기도 비치지 않았다. 결국 실망한 한국 촬영팀이 5월 말에 라말레라를 떠나자 사냥꾼들은 "드디어 전화위복이 되겠군"이라며 안도의 숨을 내쉬었다.

그러나 촬영팀이 떠난 후에도 케나푸카의 상황이 나아질 기미를 보이지 않자, 오테는 그 원인이 선원들에게 있다고 판단하고 VJO로 돌아왔다. 선원들의 시력이 노화하여 사냥감을 제대로 포착하지 못한다는 것이었다. 그동안 대부분의 시간을 '집수리하기'와 '자망을 이용한 날치 잡기'에 할애했던 욘은 오테를 다시 만나 대형 사냥감을 잇따라 잡아 올리며 희열을 느꼈다. 그러나 두 사람의 재결합은 오래가지 않았다. 프란스가 오테를 설득해 케나푸카로 다시 데려갔기 때문이다. 프란스는 오테의 불운이 새로운 레오의 직조織造 방법 때문이었다고 설명하고, 자신이 모든 문제점을 직접 해결했다(이를테면 꼬인 횟수를 짝수에서 홀수로 바꿈)고 호언장담했다. 욘은 샤먼이 얄미웠지만 자기의 다리를 치료해준 은인이었으므로 분노의 화살을 오테에게 돌렸다. 물론 두 사람은 미래에 동업자로 다시 만나게 되지만, 욘이 오테의 베레웅알렙으로 활동할 때 맺어진 우정은 물건너가고 말았다.

오테가 VJO를 두 번째로 버렸을 때, 욘은 이를 갈며 영원히 네캇하기로 결심했다. 먼저 그는 정당한 절차에 따라 오테의 작살을 인수할 라마파를 여러 차례 수소문했지만, 그들이 손사래를 칠 줄 이미 알고 있었다. 그런 방법이 통하지 않자 그는 VJO의 선원들에게 함축적인 제안을 하기 시작했다. 그는 말했다. "난 라마파를 구하느라 머리가 아플 지경이야. 이제 두 손 들었어." 그러나 알로와 다른 선원이 말뜻을 알아채지 못하자 욘은 이렇게 선언했다. "라마파 영입을 포기하고 내가 오테의 자리를 차지하겠어." 그는 친구와 친척들의 팔을 비틀어 다섯 명의 동의를 받아냈다. 설사 욘이 관습을 어겼더라도 라말레라 원칙의 유일한 시행자는 사회적 여론이었다. 따라서 지지 세력을 충분히 확보할 수 있다면 관습을 무시해도 무방했다. 그러나 출항하기 하루 전날 저녁, 신입 선원 중 한 명이 마음을 바꾸었다. 그는 욘이 케펠라라는 꼬투리를 잡아 계약을 취소했다. 비록 최적 인원은 아니지만 다섯 명으로도 존슨을 운항하는 것은 여전히 가능했다. 그래서 욘은 나머지 네 명이 약속을 지켜주길 간절히 바라며 불면의 밤을 보냈다. 그중 한 명이라도 약속을 어긴다면 출항할 수 없기 때문이다.

5월 25일, 욘은 닭이 울기 전에 일어나 제일 좋아하는 레알 마드리드 유니폼과 새로 산 청바지를 입고 장작불 위에서 커피를 끓였다. 뒤늦게 일어난 이카가 '으깬 옥수수' 몇 숟갈을 억지로 권했지만 그는 너무 긴장한 나머지, 숟갈을 드느니 마느니 했다. 그는 동이 트기도 전에 휘발유 한 통을 들고 어두컴컴한 계단을 쏜살같이 내려갔다. VJO는 선박 창고 안에서 식기세척기와 같은 냄새를 풍기고 있었다. 왜냐하면 전날 오후에 VJO를 분해해 부품을 말끔히 닦은 후 조립하고 작살끈, 작살촉, 대나무 자루를 이중 삼중으로 체크했기 때문이다. 그는 하마롤로에 걸터앉아 연푸른 바다가 (마치 가벼운 현탁액에서 무거운 액체가 분리되듯) 암자색 하늘과 분리되는 과정을 지켜보며 선원들이 나타나기를 기다렸다.

맨 먼저 나타난 사람은 오목가슴을 가진 가냘픈 연장자였다. 그는 이미 은퇴했는데도 VJO에 합류하겠다고 약속한 사람이었다. 다음으로 욘의 이웃 중 한 명이 도착했는데 선원보다는 주정뱅이로 더 유명한 사람이었다. 그다음으로 알로가 이카를 대동하고 도착했는데 그들은 사랑의 밀어를 나누는 대신 불그레한 동녘 하늘을 물끄러미 바라보다가 아타데이 반도의 산맥 위에 떠 있는 새털구름에 시선을 고정했다. 욘은 길거리를 획획 훑어보다가 네 번째이자 마지막 선원인 베르나르두스 '볼리' 타푸나를 발견했다. 근육질 체격에 어울리지 않게 새된 목소리를 가진 볼리는 종종 VJO에 합류해 유자망어업을 한 적이 있었고, 몇 달 전 사우 해에서 바조라웃을 만나 참치와 상어 두 마리를 바꿀 때 욘과 함께 있었다.

그즈음 다른 존손과 테나는 바람 한 점 없는 바다에서 사냥을 하고 있었다. 평소와 다름없이 오테는 케나푸카를 지휘하는 동안 욘에게 눈길 한 번 주지 않았다.

마침내 선박 창고의 뒤편에서 볼리의 '헬륨 가스 마신 소리'가 들렸다. "오늘 라마파가 누구야?"

볼리는 마을의 외곽에 거주하고 있기 때문에, 욘은 그를 찾아가 모든 상황을 시시콜콜 설명하지 않았다. 그 대신 문자메시지로 '내일 하루 동안 VJO에서 일해주지 않을래요?'라고 물었을 뿐이었다. 볼리는 오테가 작살을 잡을 거라고 짐작하고 있었다.

"나예요." 욘이 대답했다.

볼리는 (마치 거대한 바벨이 어깨 위에 떨어진 것처럼) 모래밭에 털썩 주저앉으면서 자기 콧수염을 손가락으로 문질렀다.

"살레스는 내게 이 배의 작살을 휘두를 권리를 부여했어요." 욘이 말했다. 그는 자신이 간혹 실수를 저지른다는 점을 인정했다. 그러나 위대한 라마파, 이를테면 오테조차도 간혹 실수를 저지를 수 있었다. "난 할 수 있어요." 욘은 단호하게 말했다.

볼리는 그 자리에 앉은 채 눈맞춤을 피했다. 짐작하건대 그의 생각은 많은 라말레라 사람들의 생각과 다르지 않았을 것이다. 욘은 아직 20대 초반인데, 라마파가 되기 전에 30대 중반까지 도제 수업을 하는 남자도 드물지 않았다. 볼리 자신은 서른다섯 살이고 전설적인 라마파의 아들이지만, 레카 자리를 얻기 위해 10여 년 동안 베레웅알렙으로서 구슬땀을 흘리고 있었다. 논리적으로 볼 때, VJO에서 작살을 휘두를 기회를 얻어야 하는 사람은 욘이 아니라 볼리였다. 욘이 볼리를 추월할 수 있었다면 단 하나, 살레스가 부여한 선장이라는 직위 때문이었다. 물고기를 집에 가져올 수 있다는 근거가 없는 이상, 볼리처럼 성공적인 실적(요컨대 그는 두 명의 자식과 한 명의 임신한 아내를 부양하고 있었다)을 보유한 작살잡이를 기용하는 것이 합리적이었다.

볼리의 반응을 예상했던 욘은 자신의 약혼녀 호니에게 먹혔던 것과 동일한 수법('갈 테면 가라'는 식의 최후통첩)을 썼다. 그는 볼리에게 말했다. "다른 존손에 가고 싶다면 말리지 않을게요. 손해 보는 쪽은 내가 아니라 당신이니까요." 그런데 호니와 달리 볼리는 전혀 망설이지 않았다. 그는 벌떡 일어나 작별 인사도 없이 가버렸다.

욘은 볼리의 뒷모습을 차마 바라볼 수 없었다. 그는 끔찍한 느낌이 들었다. 자기가 라마파가 될 기회를 놓쳤을 뿐만 아니라 자기를 지지하는 세 명의 남자가 사냥할 기회를 놓쳤기 때문이다. 마지막 한 척을 제외하고 다른 존손은 모두 바다에 나가 있었다.

"여러분도 다른 존손에 가고 싶다면 말리지 않겠어요." 욘은 다른 선원들에게 말했다.

"너도 다른 존손에 탈 거지?" 알로가 욘, 이카, 마지막 존손을 차례로 바라보며 말했다. 마지막 존손은 출항하기 일보 직전이었다.

"아니야, 난 여기에 있을 거야. 해변에서 할일이 좀 있어서."

알로와 다른 두 명의 선원은 자신의 물병, 간식, 담배 용기를 VJO에서 꺼내어 출발하는 모터보트로 달려갔다. 욘이 혼자 있고 싶어 한다는 걸 눈치챈 이카는 슬그머니 자리를 떴다. 만약 그를 성가시게 한다면 불같이 화를 낼 게 뻔하기 때문이었다. 욘은 선박 창고에 앉아 만灣에서 400미터도 채 안 떨어진 곳에서 뛰노는 가오리 떼를 추격하는 선단을 물끄러미 바라보았다. 너무 가까운 거리에서 벌어지는 일이라 어떤 라마파가 사냥감을 잡는지도 분간할 수 있었다. 마지막으로, 그는 사우해를 등진 채 선외 모터를 VJO에 연결하는 클램프를 풀어 (버려진 금속 지붕재로 만든) 보관함에 넣고 맹꽁이자물쇠로 잠갔다. (몇몇 가문도 그와 비슷한 구조물을 만들었지만, 자물쇠를 채우는 사람은 살레스밖에 없었다.) 욘은 나중에 돌아와 밧줄과 작살까지 치워버릴 생각이었지만 – 그의 생각에, VJO는 레파 기간이 끝날 때까지 드라이독에 머물 것이었다 – 그 당시에는 그럴 용기가 나지 않았다.

집에 돌아온 욘은 멋진 외출복을 누더기 작업복으로 갈아입었다. 그러고는 해변에서 퍼온 모래를 물, 시멘트 혼합물과 섞어, 나무틀을 이용해 벽돌을 만들기 시작했다. 그는 거친 모서리를 주걱으로 신중히 마무리했는데, 그 이유는 절벽의 맨 꼭대기에 드러나는 부분이라 모든 사람의 눈에 띄기 때문이었다. 그는 조업하는 선단을 무시하려 애썼지만, 선단을 계속 응시하며 "내가 저기에 있다면 뭐라도 하나 잡을 텐데"라고 중얼거렸다.

살레스가 욘에게 전화를 걸어, 그날 아침에 바다에 나갔냐고 물었다. 욘이 대답했다. "선원이 부족했어요. 그래서 지금은 벽돌이나 만들고 있어요." 그는 잠시 말을 멈추었다가 작살과 밧줄을 금속제 창고에 보관하는 게 나을 것 같다고 제안했다. "이번 시즌에 작살 사냥은 좋난 것 같아요." 그렇게 말했지만 그는 자망으로 날치를 잡아 살레스의 여동생들에게 갖다 바쳐야 했다.

이카와 할아버지 할머니가 무슨 속상한 일이라도 있냐고 묻자 욘은 담배 때문에 샛노래진 치열을 드러낸 채 찡그리며 지껄였다. "누가 그래요? 내 사전에는 속상하다는 말이 없어요. 그런 말은 개나 줘버려요!"

바로 그때 이웃의 수탉 한 마리가 (햇볕에 마르고 있는) 벽돌 위를 활보하며 날카로운 발톱으로 아직 촉촉한 콘크리트를 사정없이 후벼팠다. 욘이 돌멩이 하나를 힘껏 던졌지만 그놈은 잽싸게 피하며 멀찌감치 달아나버렸다.

그날 밤 욘은 휴대전화의 주소록을 뒤져 몇 주 동안 잊고 살았던 전화번호를 찾아냈다. 그것은 욘에게 맨션의 경비원 자리를 제안했던 살레스 친형의 전화번호였다. 라마파가 되려고 아등바등하면서 부족원들에게 손가락질을 받느니, 자기만의 길을 가는 게 낫겠다는 생각이 들었다. 사실 모든 연장자는 위선자였다. 젊은 사냥꾼들에게 '마을에 머물며 고래잡이의 전통을 지켜야 한다'고 일장 훈시를 하면서도 그들에게 정작 아무것도 허용하지 않았으니 말이다. 더욱 풍요롭고 간편한 생활을 영위하기 위해 섬을 떠나겠다고 작정한 청년들을 백안시하는 이유를 납득할 수 없었다. 라말레라를 파멸로 이끄는 장본인은 청년들이 아니라 바로 늙은이들이었다.

욘은 휴대전화 화면에 뜬 번호를 뚫어지게 바라보는 데 그치지 않았다. 그는 가족 몰래 전화번호를 눌렀다. 다행히도 그 사업가가 했던 말은 진심이었다. 그는 심지어 자카르타행 항공료까지 지불하겠다고 했다. 두 사람은 사냥 시즌 말일에 열리는 축제에서 만나 세부적인 계약 조건을 마무리하기로 했다. 그 후 몇 주 동안 욘은 자카르타행 계획을 가족은 물론 친구들에게도 비밀로 했다. '발 없는 말이 천 리 간다'는 속담 때문이기도 했지만, 가까운 사람들이 반대하면 마음이 약해질까 두려워서였다. 해변 출입을 삼가고 의식에 참석하지 않는 등 그는 부족에게서 서서히 멀어지기 시작했다. 육신은 라말레라에 남아 있었지만 마음은 이미 자카르타에 가 있었다.

10

~~~~~~

결혼

2015년 5월 9일 ~ 2015년 6월 7일

벤, 이그나티우스

5월 9일 아침, 잠에서 깨어난 이그나티우스의 차남 온두는 (마치 뭔가에 긁힌 것처럼) 눈이 따끔거림을 느꼈다. 아메바 비슷하게 생긴 까만 점이 그의 시야에서 떠다니고 있었다. 라말레라 사람들이 '불타는 눈'이라고 부르는 그 현상은 바다에 반사된 햇빛을 며칠 동안 응시할 때 생기는 증상이었다. 사냥 시즌이 시작된 지 얼마 안 되었는데도 그 증상은 오테를 비롯해 많은 작살잡이를 무력화한 상태였다. '불타는 눈'에 걸린 사람들은 초점조차 맞출 수 없었기 때문이다. 그 증상을 치료하는 유일한 방법은 휴식이었다. 온두는 아버지에게 그날 하루 동안 카니발을 지휘할 수 없다고 알리는 수밖에 없었다. 한편 요세프는 최근 발목을 접질린데다 이그나티우스와 다시 냉전 중이었다. 엄밀히 말해 이그나티우스는 (테나인 데모사팡은 물론이고) 존손인 카니발에 대한 레카 자리를 여전히 손에 쥐고 있었으므로, 작살잡이를 결정하는 건 그의 소관 사항이었다. 그런 경우 종전에는 사촌인 스테파누스 셍아지 케라프(2014년 이그나티우스가 이타의 부모와 협상을 벌이던 중 데모사망을 지휘했던, 나이 든 프리랜서)를 부르는 게 상례였지만, 이번에는 사상 최초로 벤을 불렀다. 솔직히 말해 그는 오래전부터 막내아들 벤을 부를 구실을 찾고 있었다. 왜냐하면 그가 바다에 나가고 싶어 안달하는 기색을 보이는데다 스테파누스의 솜씨가 (고래의 꼬리에 맞아 팔이 부러진 후, 구부러진 채 회복된 상태여서) 예전 같지 않았기 때문이다.

억눌렸던 자부심이 되살아나 남자다움을 빛내며 벤은 아버지의 부름에 응했다. 그달 초 이타의 부모가 '블리코롤롱 가문은 과도한 신붓값을 감당할 수 없다'는 사실을 체념하고 받아들여 이번 사냥 시즌에 양가의 자식을 결혼시키는 데 동의한 이후, 모든 일이 술술 풀려나가는 것 같았다. 벤과 이그나티우스는 카니발에 승선하여, 노를 저어 산호정원을 건넜다. 잠시 후 벤의 이웃 중 한 명이 엔진에 시동을 걸자 벤은 하마롤로에 우뚝 서서 아버지와 선원들(그리고 해변에서 선원을 모으는 데 실패한 후, 부러운 눈으로 그를 바라보는 욘)에게 등을 돌린 채 사우 해를 마주했다. 그의 기분은 배의 어느 곳에 서 있었을 때와도 달랐다. 하마롤로의 끄트머리에 서서 발가락에 힘을 주었을 때 그의 눈앞에 펼쳐진 것은 수은빛 바다, 반듯이 누운 수평선, 구름 한 점 없는 새벽하늘뿐이었다. 엔진이 그의 뒤에서 부르릉거리고 바람이 뺨을 때리는 동안 그는 마치 하늘을 나는 것 같았다. 그는 무의식적으로 아버지가 그 자리에서 수백 번 취했던 자세를 모방했다. 양손을 깍지 낀 채 뒷짐을 지고 이마를 앞으로 내민 것까지는 똑같았지만, 뒤꿈치를 들고 발볼로 균형을 잡는 대신 발바닥을 발판에 바짝 붙였다.

이그나티우스는 벤 바로 뒤에 서서 베레웅알렙 노릇을 하며, 아들을 관찰하기 위해 헐렁한 낚시 모자의 넓은 챙을 치켜올렸다. 그는 아직도 하마롤로의 터줏대감을 자처하고 있었지만, 한때 나무 몸통 같았던 목이 최근 1년 동안 나뭇가지처럼 가늘어졌고 우람했던 근육은 볼품없이 시들시들해졌다. 이타와 벤이 테레세아를 대신해 아무리 지극정성을 다해도 천하무적인 듯했던 라마파는 점점 더 늙고 야위어갔다. 그의 체중이 줄어든 결정적 이유는 끝에서 세 번째 이가 부러졌기 때문이다. 그래서 밥이나 육포를 물에 푹 담가놓았다가 잇몸으로 오물오물 씹어 먹어야 했다. 그렇게 하더라도 잇몸이 아파 제대로 먹을 수가 없었다. 손과 다리가 부들부들 떨리는 통에 오랫동안 서 있거나 걸을 수도 없었다. 느릿느릿 걷다 지쳐 쓰러지고, 얼마 후 일어나 떨리는 발걸음을 겨우 내딛기 일쑤였다. 언제부턴가 카니발이 사냥을 하는 동안 군소리 없이 해변에 남아, 아침에는 그물을 손질하고 오후에는 나무 그늘에 앉아 꾸벅꾸벅 졸며 지나가는 사람들을 구경하는 경우가 많아졌다. 사정이 이러하다 보니, 그 스스로 한물간 퇴물임을 인정할 수밖에 없었다.

발리에서 베모의 운전기사로 일하려던 계획이 수포로 돌아간 2014년 11월, 벤은 레월레바에서 픽업트럭을 몰며 벽돌을 운반하고 있었다. 그는 예비 장인·장모가 탐탁지 않았지만 사회적 관습에 따라 처갓집에서 숙식을 해결했다(심지어 이타의 첫 번째 임신 직후 분위기가 가장 험악했을 때도 그랬다). 그런데 어느 날 저녁, 예비 장인인 카롤로스 아문토다Carolos Amuntoda(벤의 아들과 이름이 똑같다)가 관공서에서 일해보지 않겠냐고 물었다. 카롤로스는 30년간 렘바타 산림청에서 요직을 맡아왔는데, 그에게 일자리를 구해주겠다고 약속한 것이었다. 가난한 인도네시아 지역사회에서 공무원이 된다는 것은 로또에 당첨된 거나 마찬가지였다. 왜냐하면 비교적 높은 수입, 안전성, 혜택이 보장되기 때문이었다. 그러나 벤은 아버지와 의논해보겠다고 대답한 뒤, 라말레라에 돌아와 이그나티우스에게 자초지종을 얘기했다.

아버지가 말했다. "네가 공무원이 된다면 누가 날 돌봐주지? 온두와 요세프는 각자 먹여 살릴 식구가 있는데."

"아버지의 뜻이 정 그렇다면, 아버지의 뜻에 따르겠습니다. 제 생각도 아버지와 똑같습니다." 벤은 대답했다.

마음을 다잡은 후, 벤은 자신이 딴사람이 되어 있음을 알고 소스라치게 놀랐다. 전에는 맥주 광고에 나오는 향락적인 도시 생활을 동경했지만, 이제는 우기 동안 레월레바에서 공사장 트럭을 운전하면서도 야간에 투악 바를 드나들거나 예쁜 소녀들과 시시덕거리지 않았다. 그에 더하여, 자신이 한때 품었던 환상이 모두 허구임을 깨달았다. 고등학교 때 쾌락을 추구했던 친구들을 살펴보니, 대부분 나이 들수록 지치거나 빈털터리가 되거나 고립되어 있었기 때문이다. 주말에 레월레바에서 신나는 밤을 보내는 대신 벤은 힘들게 고향으로 돌아와 이타, 두 자식, 아버지와 오붓한 시간을 보냈다. 비록 물질적으로 부족할망정 라말레라에는 그에게 소중한 사람들이 있었다. 현대 세계에 대한 환상에서 벗어날수록 그는 조상님들의 전통에 더 많은 시간과 노력을 투자하고 싶어졌다. 아버지와 다른 연장자들에게 설사 가난하더라도 충만한 삶을 영위하게 해드리려고 노력했다. 그는 라마파가 꼭 되고 싶었으며, 자신의 걸음마쟁이 아들 카롤로스도 언젠가 작살잡이가 될 거라고 상상하기 시작했다.

카니발이 어느덧 렘바타 섬의 무풍지대를 벗어나자 사우 해의 활주로를 논스톱으로 달려온 강풍이 흰 파도를 일으키며 카니발을 떠밀었다. 벤은 바람을 등지려고 몸을 비틀었다.

그때 누군가가 외쳤다. "모쿠다!"

벤이 바라보는 동안 가오리는 수면 아래에서 솟구쳐 올라와 뾰족한 뿔로 거품 섞인 파도를 찔렀다. 자신이 조종사의 시야를 가리고 있었고 엔진 소리가 너무 시끄러워 목소리를 집어삼켰기 때문에, 소리친 사람은 조종사를 위해 가오리의 솟구침과 비틂, 그리고 다이빙 과정을 왼손으로 (마치 공중에 자필 서명을 하는 것처럼) 그려냈다. 오케스트라의 지휘자처럼 그는 자신의 수신호에 해석적인 디테일을 가미했다. 예컨대 예리한 회전을 묘사할 때는 손목을 훨씬 더 많이 비틀었다. 채찍꼬리악마가오리가 갑자기 백팔십도 회전하며 오른쪽 뱃머리를 가로지르자 벤은 기회를 놓치지 않고 양손으로 작살을 내리꽂았다. 작살이 가오리의 상반신에 명중하자 이그나티우스는 작살끈을 조절하기 시작했다. 또 한 명의 남자가 보트용 갈고랑이boat-hook*로 가오리의 입을 찔렀다. 벤은 두리를 이용해 확인 사살을 한 직후 이그나티우스를 돌아보았다. 만약 지적할 게 있다면 그 자리에서 호통을 쳐야 직성이 풀리는 아버지였다. 그러나 이그나티우스는 미소를 지으며 남아 있는 두 개의 이를 드러냈다. 이그나티우스에게 침묵보다 더 큰 찬사는 없을 터였다. 벤은 나중에 그 순간의 감정을 이렇게 묘사했다. "나의 어깨를 짓누르던 중압감이 사라졌다." 인도네시아어와 영어에 똑같은 구절이 존재하는 것으로 보아, '어깨를 짓누르는 중압감'은 매우 보편적인 감정인 듯하다.

그날 저녁, 해변에 모인 사람들은 이구동성으로 "벤은 라마파다!"라고 외쳤다. 노인들은 자못 심각하게, 어머니들은 농담으로 "성공했다고 자만하지 마라"고 경고했다. 젊은 여자들은 호감 어린 표정으로 재잘거렸고, (아직 라마파가 되지 못한) 젊은 남자들은 시기심과 반가움이 뒤섞인 표정으로 수군거렸다. "아들이 전부 라마파가 되었으니 뿌듯하겠네요?"라는 질문을 받을 때마다 이그나티우스는 그저 웃기만 했다. 그는 저녁 식사 자리에서 벤에게 '첫 번째 사냥에 성공한 후 두 번째 사냥에 실패하는 경우'에 대해 일장 훈시를 했지만 벤은 별로 개의

---

* 보트를 밀거나 당길 때 쓰는, 갈고리가 달린 긴 장대.

치 않았다. 왜냐하면 자신의 능력이 이미 증명되었기 때문이다.

그 후 벤은 1주일 내내 카니발을 지휘했다. 하루는 개복치 한 마리, 모쿠 한 마리, 만타가오리 한 마리를 잇따라 잡은 후 비틀거리며 귀항했다. 흡사 만취한 것처럼 눈이 충혈되어, 오래 감춰두었던 슬픔이 일순간에 폭발하는 것처럼 눈물을 흘렸다. 이타는 달걀 모양의 다마르damar 나뭇잎을 끓였고, 벤은 얼굴에 헝겊을 덮은 후 스펀지를 코에 바짝 대고 몇 분 동안 '퇴비 냄새 나는 증기'를 흡입했다. 그는 온몸에 힘이 빠져 쓰러졌고 - 두 팔만 겨우 약을 붙들고 있었다 - 마호가니색 피부는 시뻘겋게 달아올랐다. 마침내 그는 얼굴을 들고 눈알을 뒤쪽 머릿속으로 굴리며 영롱한 눈물을 쏟아냈다.

벤이 3일 동안 치료받으며 건강을 회복하는 동안 온두가 돌아와 카니발의 뱃머리에서 작살잡이 역할을 수행했다. 그는 또다시 '불타는 눈'에 걸릴 때까지 일하다가 벤으로 교체되었고, 벤은 또다시 '불타는 눈'에 걸릴 때까지 일하다가 온두로 교체되었고, 온두는 세 번째로 '불타는 눈'에 걸릴 때까지…… 벤은 네 번째로 '불타는 눈'에 걸릴 때까지…… 모든 위치에 있는 선원들이 '불타는 눈'에 걸릴 수 있었지만 라마파의 위험성이 제일 높았는데, 강렬한 자외선 아래서 사냥감을 노려보는 게 그들의 임무이기 때문이었다. 따라서 라마파들의 눈은 대부분 흠집이 많고 울퉁불퉁하고 혈관이 파열되어 있어, 노인이 되면 요세프 보코처럼 백내장을 거쳐 실명에 이를 수 있다. 벤의 눈은 늘 따끔거렸고, 그의 시력은 그 순간에도 악화되고 있었다. 그러나 그는 그럴 만한 값어치가 있다고 생각했다. 어찌 됐든 그것은 라마파의 상징이기 때문이었다.

벤이 라마파가 되고 얼마 지나지 않아 이타의 부모가 딸에게 전화를 걸어 '신붓값이 확정되기를 기다리다 목이 빠졌다'고 불만을 토로했다.

지난 1년간 협상 과정은 중단된 상태였고, 이그나티우스가 주교에게 보낸 '논쟁을 합리적으로 해결해달라'는 탄원서는 감감무소식이었다. 그리하여 결국에는 관습법에 의거해 처리할 수밖에 없게 되었다. 그런 상황에서 이타의 부모인 아문토다 부부가 그녀에게 전화를 걸어 '아쉬운 대로 이그나티우스가 지난번에 제시한 1,000달러라도 받아야겠다'고 통보한 것이었다. 그들은 나이 든 라마파를 바꿔달라고 요구했다. 몇 번의 인사치레를 거친 후, 이타의 아버지는 이그나티우스에게 이렇게 말했다. "곰곰이 생각해보니 우리 아이들이 결혼할 때가 된 것 같습니다. 준비되셨나요?"

"나는 준비됐습니다." 이그나티우스가 대답했다.

이타도 물론 준비되어 있었다. 그녀는 그날 이후 전혀 다른 사람이 되어 있었다. 그러니까 7년 전 어느 날, 10대 중반의 임신부였던 그녀는 벤과 함께 승용차를 타고 알락돌고래의 두개골이 죽 늘어선 길을 따라 라말레라에 들어왔을 때 자기가 알던 인도네시아 중산층과 거리가 먼 곳에 왔음을 깨달았다. 그녀는 더 이상 연속극을 보지 않았고, 다른 섬에 있는 대학교에 진학하려 하지도 않았다. 그녀는 하룻밤 사이에 현대인에서 수렵채집인으로 변해버린 것이었다. 고향에 돌아가는 꿈을 꾸기는 했지만 부모에게 완전히 버림받은 존재였다. 그러나 절망 속에서 몇 달간 허우적거린 후 그녀는 '이건 내가 기대했던 삶은 아니지만 신이 나를 위해 계획한 삶이다'라는 깨달음을 얻었다. 마치 다른 대안이 전혀 없는 것처럼 그녀는 라말레라에서의 삶에 모든 것을 쏟아부었다. 전기밥솥을 사용하는 대신 장작개비 모으는 법, 수도꼭지를 트는 대신 우물에서 물 길어 오는 법, 슈퍼마켓에서 쇼핑하는 대신 향유고래 고기를 식료품과 바꾸는 법을 배웠다. 그녀는 케당 부족 출신이라 처음에는 라말레라어를 할 줄 몰랐지만, 결국에는 'f'를 'v'로 발음하게 되었고 자음을 비음으로 발음하게 되었을 뿐만 아니라 '작살질'의 뉘앙스를 가진 무수한 단어를 알게 되었다. 그녀는 살아생전의 테레세아와 친해졌고, 다른 라말레라 여자들과 친분이 두터워지면서 외로움을 점점 덜 타게 되었다. 그녀는 벤, 자기가 낳은 아이들, 이그나티우스를 사랑하게 되었으며, 라말레라 마을을 점점 더 고향처럼 느끼게 되었다.

그녀의 아버지가 결혼을 공식적으로 제안하게 되었을 즈음, 그녀는 더 이상 레월레바로 돌아가고 싶지 않았다. 라말레라에서의 삶은 신이 그녀에게 준 최고의 선물이었다. 그녀는 결혼을 '과거의 마지막 연줄hanging thread'을 끊고 '다른 부족의 일원'이 되는 공식적인 방법으로 간주했다. 그녀는 우물가에서 다른 여자들에게 말했다. "새하얀 가운을 입는다고 생각하니 가슴이 뛰어요!"

벤과 이그나티우스를 대신해 온두는 아문토다 가족을 아홉 번째로 (이그나티우스는 다섯 번 방문했다) 방문했다. 한 시간 동안의 화기애애한 대화 끝에 무려 7년간에 걸친 협상이 타결되었다. 온두는 라말레라로 돌아와 약 한 달 후 결혼식을 올리기로 했다고 발표했다. 유일한 문제점은 장소가 (라말레라가 아니라) 레월레바라는 것이었다. 블리코롤롱 가족에게 던진 마지막 잽에서 아문토다 가족은 '만약 결혼식을 블리코롤롱 가문의 사당에서 올리자고 주장한다면 신붓값을 세 배로 인상하겠다'고 고집했다. 직전의 결혼 협상이 마지막 순간에 결렬되었던 것을 상기하며 약간 긴장하고 있었지만, 온두의 이야기를 듣던 블리코롤롱 가족들 사이에서 환호성이 터져 나왔다. 벤은 혼전 관계에 별로 개의치 않았지만—사실 그는 자신의 오명을 즐겼다. 왜냐하면 혼전 관계는 동년배들 사이에서 선망의 대상이기 때문이었다—결혼 날짜가 다가오면서 공식적인 결혼 생활을 은근히 기대하는 자신을 발견했다. 이그나티우스는 불과 몇 주 사이에 겹경사가 터졌다(막내아들이 라마파가 되었을 뿐만 아니라 드디어 결혼에 골인했다)며 얼굴에 희색이 가득했다.

5월 들어 이타를 대하는 아문토다 가족의 태도가 눈에 띄게 달라지면서 이그나티우스는 갑자기 찾아온 행운에 감사하며 매사에 관대해졌다. 그가 악마 같은 향유고래에게 끌려가 '이젠 죽었다'고 여겼던 날 밤에 태어난 막내딸 마리아 '엘라' 블리코롤롱은 산 너머에 있는 간호전문학교에 다니다가 최근에 미혼모가 되었다. 애아비라는 놈이 나타나 그녀와 결혼하겠다고 했을 때 이그나티우스는 신붓값을 얼마나 요구할지 결정해야 했다. 그는 처음에 나쁜 생각을 품었다. '내 딸의 인생을 망친 벌로 신붓값을 두둑이 받아내야겠다.' 그러나 벤과 이타가 온갖 수모를 겪은 것을 생각하니 엘라에게 차마 그런 고통을 겪게 할 수가 없었다. 자기 나이가 되면 힘이 약해지고 마음이 무덤덤해지고 시력이 흐려지게 마련이지만 관대함마저 약해지는 것을 용납할 수 없었다. 그는 명목상의 신붓값을 정도껏 요구했고, 결혼 생활에 도움이 될 만한 일이라면 뭐든 해주었다.

결혼식을 올리기 1주일 전, 벤과 이타는 가톨릭교회에서 개설한 결혼 강좌를 수강하기 위해 레윌레바를 방문했다. 그것은 약혼자들을 대상으로 '결혼의 일상적·종교적 의무'를 가르치는 강좌로, 교구의 축복을 받고 싶어 하는 커플이 반드시 거쳐야 하는 코스였다. 그들은 '혼전 출산 자식'을 둔 커플로 구성된 반에 등록했는데, 그런 학급이 별도로 구성된 이유는 특별한 도덕적 가르침이 요구되기 때문이었다. 주일학교의 어린아이용 책상에 쪼그리고 앉아, 두 사람은 사제들이 진행하는 질의응답식 강의에 몰입했다. 강의의 주제는 '월경주기를 이용한 자연 피임법', '자식의 세례를 준비하는 방법', '남편이 다른 섬에서 일하는 경우 직면하는 독수공방의 스트레스에 대처하는 방법' 등이었다.

강좌가 끝나는 날, 벤과 이타의 고해성사를 맡은 신부가 그들에게 진지하게 물었다. "결혼이 얼마나 중대한 결정인지 이해하나요?" 두 사람은 엄숙하게 대답했다. "예." 그들은 나중에 사제관의 콘크리트 계단에 나란히 앉아 풀밭에서 한가로이 풀을 뜯는 염소를 내려다보며, 강좌의 전반적인 분위기와 사제들의 진지함에 대해 환담을 주고받았다. 그들은 얼마나 오랫동안 불안정한 생활을 해왔던가! 물론 그들은 자신들의 행동을 잘 이해하고 있었다. 돌이켜보면 처음에는 너무나 엄청난 일을 저질렀다는 생각에 갈팡질팡했지만 차츰 적응해가며 평정심을 되찾았다. 이윽고 그들은 침묵을 지키며 스킨십조차 하지 않았지만 – 사실 이건 부적절한 행동이 될 것이다 – 일거수일투족에서 친밀감이 배어났다. 마치 자기들만의 비밀을 공유하듯, 그들은 서로 바라보며 미소를 나누었다.

결혼식에 참석하기 위해 레월레바로 떠나기 전날 저녁, 이그나티우스는 양초 한 상자를 들고 윗마을로 향하는 비탈길을 올라갔다. 초저녁 어스름 속에서 간간이 걸음을 멈추고, 몇 시간 동안 입방아를 찧던 평소와 달리 가벼운 인사말만 건네며 부족원들을 지나쳤다. 블리코롤롱 사당 밖에서는 (쓰레기를 태우던) 가문의 우두머리에게 인사치레로 고개만 까딱하고 지나쳤다. 교회당 앞에 도착했을 때는 거대한 인동꽃의 요란한 향기를 외면한 채 묘지를 한 바퀴 돌며 기억을 더듬었다. 그가 이처럼 서두른 이유는 단 하나, 날이 완전히 저무는 바람에 마음이 다급해졌기 때문이다. 그는 (굳은 촛농이 얼음 폭포처럼 주렁주렁 매달린) 평범한 콘크리트 유골함 앞에 무릎을 꿇고 앉았다. 뚜껑 위에는 유골함 위에 드리운 프란지파니frangipani 가지에서 떨어진 흰 꽃들이 흩뿌려져 있었다. 뚜껑 밑에는 그의 할아버지와 할머니, 아버지와 어머니,

여동생과 형제, 심지어 (요세프 투베가 잃은) 손주 둘의 유골이 한 겹의 해진 천으로 분리된 채 모셔져 있었다.

테레세아는 그들과 함께 안장되어 있지 않았다. 그녀의 시신은 지난 1년 동안 벽돌 관棺 속에 누운 채 유골함 앞에 놓여 살과 내장이 녹아버린 상태였다. 그녀의 뼈는 조만간 수습된 후 조상님들과 함께 안장될 예정이었다. 이그나티우스는 관 앞에 널려 있는 벽돌 조각으로 작은 바람막이 벽을 만든 후, 그 속에 세 개의 촛불을 켰다. 그러고는 관을 어루만지면서 그녀의 발가락, 배꼽, 두개골이 있는 부분에 차례로 입맞춤했다. 마지막으로, 그는 자리에서 일어나 십자성호를 그었다.

시뻘게진 눈가에 눈물이 그렁그렁한 가운데, 그는 테레세아에게 자기만 남겨놓고 떠난 이유를 물었다. 그는 벤의 결혼 소식을 전하며 이렇게 말했다. "우린 그 아이를 처음부터 함께 돌봤어. 그런데 지금은 나 혼자서 결혼식을 치러야 해." 그는 이타의 부모를 원망했다. 그들과 다투느라 몇 년을 허송세월하지만 않았어도 테레세아가 막내아들의 결혼식을 볼 수 있었을 텐데. 이그나티우스는 아쉬워했다. "난 종종 이런 생각을 하곤 해. 당신이 살아 있다면 얼마나 좋을까!"

싸구려 왁스가 거품과 헛헛 소리를 내며 금세 연소되는 바람에 양초한 상자가 모두 소진되었다. 마지막 남은 한 자루의 양초가 수명을 다한 뒤, 하늘의 별이 반짝이고 귀뚜라미가 울기 시작했다. 그는 밤이 이슥하도록 테레세아의 무덤가에 머물다가 그녀를 다시 만날 날을 기약하며 돌아섰다.

라말레라에는 조상 대대로 전해 내려오는 이야기가 있다. 이그나티우스가 죽으면 그의 영혼이 몸에서 빠져나와 렘바타 섬 동쪽 해안을 걸어 아타데이 반도의 해식동굴에 도착할 것이다. 거기에서 기다리던 배한 척이 그를 태워 조상님들의 섬에 데려다줄 것이다. 그 섬에서는 테레세아가 노래를 부르며 그를 맞이할 것이다. 그녀가 그의 손을 마주 잡고 오아 댄스의 첫 스텝을 밟을 때, 그녀의 반짝이는 새까만 머리칼이 전후좌우로 흔들리며 그녀의 허리를 휘감을 것이다. 영원히 성장하지 않는 자식 셋이 달려와 그녀의 허리를 감싸 안을 것이다. 그는 부서진 데모사팡의 용골로 만든 식탁에 앉아 진수성찬을 대접받을 것이다. 주간에는 조상님들과 함께 (이승에서는 오래전에 사라진) 찬송가를 부르며 사냥을 떠날 것이다.

그러나 이그나티우스의 육신은 라말레라에 머물러 있을 것이다. 시간이 흘러 살과 내장이 사라지고 뼈대만 남으면 후손들이 무덤에서 꺼내 코코넛 기름을 바른 후 조상님들의 뼈 위에 아내의 뼈와 함께 안장할 것이다. 뒤이어 요세프, 온두, 벤의 유골이 그 위에 쌓이고 그다음으로 '손주'와 '그 후손'과 '그 후손의 후손'의 뼈가 그 위에 켜켜이 쌓일 것이다. 세상이 끝나는 날까지.

다음 날 아침 차를 타고 산을 넘어 레월레바의 버스 터미널에 도착했을 때, 이그나티우스는 벤이 어디에 있는지 전혀 몰랐다. 왜냐하면 휴대전화가 없어서 연락할 수가 없었기 때문이다. 그런데 벤은 빌린 오토바이를 타고 일찌감치 레월레바에 도착해 있었다. 아버지가 우는 모습을 보고 벤도 눈시울을 붉혔다. 두 사람은 서로에게 눈물의 이유를 설명할 필요가 없었다. 벤은 담배에 불을 붙여 아버지와 번갈아가며 한 모금씩 빨았다.

그다음 날 점심때에는 벤의 형들과 20여 명의 블리코롤롱 가문 사람들이 대절한 차를 타고 레월레바에 도착했다. 요세프와 온두가 차에서 (잔치에 사용할) 염소 한 마리를 끌어내릴 때, 벤은 눈을 휘둥그렇게 뜨며 이렇게 중얼거렸다. "염소와 맞바꾸려면 뭘 잡아야 하는 걸까?" 그건 라마파가 되기 전에는 떠오르지 않았던 생각이었다. 아문토다 가문은 라말레라 사람들을 집으로 초청해 잔치를 벌였다. 맨 먼저 이타의 아버지가 자리에서 일어나 '수년간 티격태격해왔던 가문'을 입이 마르도록 칭찬하며, 한 눈으로는 이그나티우스를 응시하고 다른 눈으로는 허공을 더듬었다(딸과 마찬가지로 그는 약시弱視였다). 뒤이어 일어난 이그나티우스의 힘줄이 드러난 근육과 다부진 체격은 푸둥푸둥한 체형의 카롤로스와 판이한 생활 방식을 암시했다. 사실 (아문토다 가문이 속한) 케당 부족은 수십 년 전 현대 인도네시아에 흡수되었기 때문에 대부분의 아문토다 가문 사람은 이중 턱과 볼록한 배와 하얀 피부를 갖고 있었다. 또한 그들은 청바지, 에나멜가죽으로 만든 정장용 구두(또는 짝퉁 구두), 하이힐을 착용했다. 그와 대조적으로 라말레라 사람들은 새까맣게 탄 피부와 (고된 수렵채집 생활에 단련된) 인상적인 근육을 갖고 있었으며, 설사 정장을 차려입더라도 가려움증이나 접촉성 피부염을 호소하기 일쑤였다.

양가 어른의 인사가 끝난 후, 두 집안 사람들은 집 마당에서 한바탕 어우러졌다. 어떤 케당 부족원은 이그나티우스에게 인도네시아어로 "고래잡이 시즌이 시작되었나요?"라고 물었다. "예년에는 이맘때 여러 마리의 고래를 잡았지만 올해는 사냥감이 아직 도착하지 않았어요"라고 그는 대답했다. 그런 다음 온두에게 자기의 고래 사냥 장면이 담긴 휴대전화 동영상을 하객들에게 보여주라고 부탁했다. 아문토다 가문은 예의상 '와우!'와 '아하!'를 연발했지만 크게 놀라는 기색을 보이지는 않았다. 인도네시아의 중산층 중 상당수는 전통사회에서 태어난 후 산업 경제에 편입되었기 때문에 전통사회의 모습을 (대단찮게 여길망정) 낯설어하지는 않았다.

잔치가 끝난 후, 두 사람은 결혼 강좌를 수강한 모든 커플과 함께 결혼식 리허설을 위해 버스를 타고 교회당으로 향했다. 모든 커플에게 자리를 지정해준 후, 나이 들고 왜소한 사제가 (실물 크기의 십자가상 아래에 놓인) 사무용 의자에 앉아 예비 신랑·신부를 한 명씩 차례로 불러냈다. 십자가에 매달린 예수의 손과 발에는 못 대신 초록색 LED가 박혀 있었고, 유럽인 스타일의 얼굴은 (그 아래에 무릎 꿇고 앉은) 죄인들을 감시하는 듯 아래로 기울어져 있었다. 어느덧 이타와 벤은 마지막으로 남은 두 쌍 중 하나가 되었다. 자신의 죄가 신속히 사함을 받자 이타는 얼른 일어나 벤을 돌아보지도 않고 복도로 성큼성큼 걸어나갔다.

다음으로, 왜소한 사제는 그녀의 약혼자인 벤에게 이리 오라고 손짓했다. 사제보다 키가 훨씬 더 큰 벤은 무릎을 꿇고 이마에 흘러내린 머리칼을 옆으로 젖혀, 사제가 (성수를 묻힌 엄지손가락으로) 성호를 그을 공간을 마련했다. 이글거리는 태양이 수평선을 향해 떨어지는 동안 그는 자신이 범한 죄를 하나씩 떠올리며 (몬스터 에너지 드링크 상표가 새겨진) 까만색 폴로셔츠의 가슴을 손으로 문질렀다. 세 개의 연두색 발톱을 형상화한 로고가 그의 심장 위에 길게 그어져 있었다. 저무는 태양의 황금빛 광선이 건물의 콘크리트 블록벽에 뚫린 구멍을 통해 비스듬히 들어왔다. 어두침침한 교회당 내부가 환해지는 동안 벤은 친구와 가족을 저주하고 다른 사람들(아내와 자식을 포함해서)을 구타한 적이 있다는 사실을 고백했다. 그는 아버지를 버리고 발리에 갈 계획이 있으며, 간혹 술을 마시거나 소녀들과 시시덕거리거나 베모를 운전하고 싶은 욕망을 느낀다고 실토했다. 그는 모든 것을 털어놓은 후 새 출발을 하고 싶었으며, 과거의 그 어느 때보다도 마음이 편안했다. 이제 한 명의 남편이 될 준비를 하고 있었던 것이다.

다음 날 아침 7시 30분, 콘크리트 성당의 계단 앞에 서 있던 벤은 (아문토다 가족이 빌려준) 새로 광낸 미쓰비시 픽업트럭에서 내리는 이타를 부축했다. 그녀의 정장 코트 단춧구멍에서는 핑크빛 난초 부토니에르boutonniere가 만발했다. 그의 목에 새겨진 (마오리족Maori을 연상케 하는) 문신은 흰색 셔츠의 칼라 덕분에 끝부분을 제외하고 거의 완벽하게 은폐되었다. 이타는 헤어스타일이 바람에 흐트러질까봐 노심초사했지만 헤어스프레이로 단단히 고정된 앞머리 곡선은 여간해서 움직이지 않았다. 그녀가 착용한 노란 드레스, 금귀고리, 보석 박힌 펜던트가 달린 금목걸이는 아버지에게서 결혼 선물로 받은 것이었다. 벤은 이타를 먼저 들여보낸 후 이그나티우스의 에스코트를 받아 교회당으로 들어갔다. 그의 표정은 행복하면서도 자못 엄숙해 보였다.

교회당 안에서 사제는 짧은 기도문을 읊조리며 회중을 인도했다. "나는 죄악을 저질렀습니다. 나는 죄악을 저질렀습니다. 나는 죄악을 저질렀습니다." 그런 다음 그는 고린도전서를 낭독했다. "내가 어렸을 때에는 말하는 것이 어린아이와 같고 깨닫는 것이 어린아이와 같고 생각하는 것이 어린아이와 같다가 장성한 사람이 되어서는 어린아이의 일을 버렸노라."* 교회당 밖에서는 야자 잎들이 강풍 속에서 좌충우돌하며 서로에게 흠집을 냈다.

흰 머리칼만 까칠까칠하게 돋아 있던 머리를 깎았으므로, 이그나티우스의 두개골이 더욱 도드라져 보였다. 그는 뺨에 맺힌 눈물방울을 주먹으로 훔쳤다. 아문토다 가족이 딴죽을 걸지만 않았어도 테레세아가 결혼식에 참석할 수 있었을 거라고 생각하니 울화통이 치밀었다. 그녀가 얼마나 애타게 기다렸는데!

그는 벤과 이타를 위해 '그 순간'과 '그 장면'을 마음속 깊이 간직하려 애썼다. 그러나 문득 기억이 떠오를 때 물밀듯이 밀려오는 감동을

---

* 고린도전서 13장 11절(개역개정 성경).

주체할 수 없었다. 그는 플로레스 섬에 5년간 유배되었던 기억을 떠올렸다. 유배 생활이 끝나던 날 그는 테레세아의 친구들 앞으로 편지를 보냈고, 친구들은 테레세아에게 몰래 다가가 "네 예비 신랑이 라말레라에 돌아오는 날, 레우카Lewuka(라말레라 산간지대의 상업 도시)에서 만나자고 전해달랬어"라고 말했다. 그는 답장을 받지 못했지만 전 재산을 어깨에 짊어지고 배낭 하나를 멘 채 숲이 우거진 산길을 강행군했다. 그러고는 해가 질 무렵 레우카에 도착해, 한 친구가 그를 위해 비워놓은 집으로 향했다. 전혀 기대하지 않았는데, 테레세아가 거기서 기다리고 있었다. 5년의 세월이 모든 것을 바꿔놓았지만 그녀의 마음은 그대로였다. 둘은 서로 부둥켜안고 울었다.

"여기서 뭐 하고 있어?" 이그나티우스가 못 미더운 듯 물었다.

테레세아가 말했다. "자기 미쳤어? 여기서 만나자고 했잖아. 내가 없으면 자기가 미칠까봐 걱정돼서 찾아왔는데." 그녀는 부모의 눈을 피하기 위해 물물교환을 하러 가는 체했다고 설명했다.

둘은 입맞춤을 했다. 더 이상의 말이 필요 없었다.

그들은 집으로 가는 길에 손전등을 켜지 않았다. 왜냐하면 이그나티우스가 모든 디벗divot*과 전환점을 속속들이 기억하고 있었기 때문이다. 마을이 가까워졌을 때 이그나티우스는 동행임을 들키지 않으려고 그녀를 앞세웠다. 어둠 속으로 걸어가는 그녀의 뒷모습을 보면서 그녀의 부모를 설득할 방법을 궁리했지만 그저 막막할 뿐이었다. 그러나 그는 그녀가 언제까지나 자기를 기다려줄 것임을 알고 있었다, 둘은 서로의 마음을 들여다보는 사이였으므로.

이그나티우스의 유일한 안식은 테레세아가 그를 다시 한 번 환영하

---

* 골프 용어로, 잔디가 파여 생긴 자국을 말한다.

기 위해 기다리고 있는 곳 – 조상님들의 섬 – 에 도착하는 것이었다. 드디어 벤이 이타의 손가락에 반지를 끼워주는 순간, 이그나티우스는 현실로 돌아와 기쁨을 주체하지 못했다. 이그나티우스는 바로 앞의 신도석pew*에 기대어 팔짱을 끼고, 머리를 그 위에 얹은 채 흐느꼈다. 온두가 아버지의 등을 두드렸고, 아버지의 우는 모습을 차마 보지 못해 요세프는 벌떡 일어나 교회 밖으로 나갔다.

신랑 신부가 반지를 주고받은 후 키스나 손잡기 따위의 해프닝은 없었다. 벤과 이타는 제단 앞에서 입술을 꼭 다문 채 미소를 지으며 카메라를 향해 포즈를 취했다. 라말레라 사람들은 사진을 찍기 위해 이가 드러나도록 웃는 것은 미친 사람들이나 하는 짓이라고 여기기 때문이었다. 사진을 찍은 후 하객들은 기뻐 어쩔 줄 모르면서도 근엄한 표정을 지으며 신도석으로 돌아갔다. 이제 신랑 신부가 가족을 떠나 자기들만의 길을 개척하려면 마지막으로 한 가지 절차가 남아 있었다.

아문토다 가족의 집으로 돌아온 이타와 벤은 텐트 안에 설치된 무대로 올라가 (새로 짠 사롱으로 뒤덮인) 세련된 나무의자에 앉았다. 무대 뒤에는 '사랑은 희생이다 : 벤과 이타'라고 적힌 현수막이 걸려 있었다. 방수포로 된 텐트 안에는 미풍조차 들어오지 않아 후텁지근했으므로, 잠시 후 이타의 짙은 화장이 녹아내리고 머리칼이 후줄근해지기 시작했다. 땀에 흥건히 젖은 하객들이 한 명씩 무대로 다가와 두둑한 돈 봉투와 함께 축하 인사를 건넸다. 돈 봉투를 건네는 풍습은 그즈음 라말레라에서 시작된 것으로, 그 결혼식의 하이라이트였다. 왜냐하면 케당의 친척들이 기대했던 게 바로 돈 잔치이기 때문이었다.

---

* 교회 내에 있는 벤치형 좌석.

하객 응대와 축의금 접수를 끝낸 후 이타와 벤은 부모와 공식적으로 이별하기 위해 무대에서 내려왔다. 그들은 손수건을 움켜쥐고 눈을 내리뜬 채 아문토다 가족을 향해 떨리는 발걸음을 옮겼다. 이타가 가까이 다가오자 카롤로스 부부는 떨리는 손으로 눈을 가렸다. 이타는 신부 의상 차림으로 땅바닥에 무릎을 꿇고 앉아, 아버지의 손을 들어 자기 이마에 갖다 댔다. 그녀는 아버지의 무릎을 감싸 안고 딸꾹질하듯 흐느끼다가, 급기야 호흡이 다할 때까지 목놓아 울었다. 그녀의 부모는 그녀와 함께 얼굴을 손수건에 파묻은 채 삼중창을 했다. 그 순간 이후, 더 이상 어린애가 아닌 이타는 자신의 운명을 스스로 책임져야 했다. 그녀가 친척들에게 항렬 순으로 구슬픈 작별 인사를 하는 동안 벤은 그녀의 뒤를 따르며 친척들의 주먹결절에 공손히 머리를 갖다 댔다. 코를 쿵쿵거리는 케당 부족원들이 그를 껴안을 때 그의 얼굴 표정은 대략 난감했다. 항렬의 맨 끝에 이르렀을 때 이타의 신부 화장은 엉망진창이 되었고 코이프coif*는 헝클어져 있었다. 벤의 까만색 정장의 등에는 허연 손바닥 자국이 찍혀 있었다.

아버지와 블리코롤롱 가문의 친척들에게 다가가는 동안 벤은 고뇌에 잠겼다가 느닷없이 웃음을 터뜨리고는 다시 비통함에 휩싸였다. 이타와 마찬가지로 그는 마치 딸꾹질하듯 흐느꼈다. 이타가 그보다 먼저 이그나티우스 앞에서 무릎을 꿇었다. 이그나티우스는 그녀의 이마에 주먹결절을 대고 손목으로 콧구멍의 콧물을 훔친 후 아들 쪽으로 고개를 돌렸다. 아문토다 가족과 달리 이그나티우스는 손수건으로 얼굴을 가리지도, 먼 산을 바라보지도 않았다. 대신 그는 다가오는 아들에게 시선을 고정했다. 벤을 무릎 꿇리는 대신 이그나티우스는 손을 들어 아

---

* 숙녀들의 두건.

가족에게 작별 인사를 하는 이타.

들의 이마를 만졌다. 벤은 머리로 아버지의 어깨를 누른 다음, 나이 든
라마파의 몸통을 팔로 둘렀다. 아버지와 아들은 서로 부둥켜안고 울음
을 터뜨렸다. 벤은 아버지에게서 서서히 떨어지려 했지만 이그나티우
스가 아들의 두개골을 손바닥으로 감싸는 바람에 꼼짝달싹할 수 없었
다. 두 사람의 눈동자에는 자신을 응시하는 상대방의 얼굴이 아로새겨
졌다.

이그나티우스는 눈을 감고 아들의 머리를 부드럽게 밀었다.

벤은 자유로이 떠다니는 배처럼 멀어졌다.

벤과 이타가 매무새를 고친 후 결혼 축하연이 시작되었다. 두 부족의
여자들은 별도의 부엌에서 각각의 요리를 만들어 다른 식탁에 차려놓
았다. 라말레라 부족과 케당 부족은 안마당에서 서로 반대쪽에 자리를
잡고 앉아 식사를 했는데, 고래잡이들이 쌀밥과 삶은 야채와 그들이 잡

벤을 축복하는 이그나티우스.

은 물고기를 손가락으로 먹는 동안 아문토다 가족과 그 친척들은 '포장
된 인도네시아 국수'에 '병에 든 소스'를 뿌린 후 포크와 나이프로 먹었
다. 한편 통로에서는 라말레라 부족의 어린아이들(벤과 이타의 아이들을 포함
해서)이 라마파 놀이를 하며 쓰레기통을 창으로 찌르는 동안 케당 부족
의 어린아이들은 부모의 휴대전화를 갖고 놀았다.

식사를 하는 동안 카롤로스는 이그나티우스에게 다가가 이렇게 말
했다. "우리 가족의 행동에 대해 더 이상 신경 쓰지 마세요." 이그나티
우스는 그게 일종의 사과임을 알고 있었다.

그 후에 이그나티우스와 그의 아들들은 테레세아에 대한 절절한 그
리움을 토로했다. 교회에서 아버지가 우는 모습을 차마 보지 못했던 요
세프도 마찬가지였다. 그런 자기 고백은 라말레라 사람들에게 익숙하

지 않았으므로, 그들은 한참 동안 아무 말 없이 (결혼 축하연용으로 특별히 독하고 달달하게 만든) 투악 한 통을 비웠다. 유독 요세프만 찡그린(그러나 득의만만한) 표정으로 코코넛 껍질 잔을 마다했는데, 거기에는 그럴 만한 이유가 있었다. 그는 최근에 술을 끊겠다고 공개 선언한 후 자신과의 약속을 지킴으로써 가족에게 깊은 인상을 주고 있었다.

벤은 잠시 후 불려 나가 레퍼토리가 몇 곡밖에 없는 사운드 시스템을 매만졌다. 그는 10여 개의 스피커를 차곡차곡 쌓아 2.5미터의 벽을 형성한 후 빨갛고 파란 와이어를 연결했다. 그러자 인도네시아 유행가가 쩌렁쩌렁 울려 퍼지며 타폴린tarpaulin 지붕을 뒤흔들었다. 아문토다와 블리코롤롱 가문 사람들은 순식간에 의자와 식탁을 비우고 마당으로 뛰어나가 막춤을 추기 시작했다. 이윽고 대부분의 케당 부족원은 의식을 잃고 의자 위에 쓰러져, 정장의 단추를 비집어 열거나 종이 접시로 부채질을 했다. 그러나 라말레라 부족원들은 이제 시작일 뿐이었다. 그들은 덩실덩실 춤을 추며 굳은살 박인 맨발로 맨땅을 사정없이 밟아 풀밭을 초토화했다. 남자들이 허공에 담뱃재를 털 때마다 불꽃이 마치 폭죽처럼 흩어졌다. 여자들은 ─ 마치 풍요제fertility rite를 지내듯 ─ 시리피낭을 질겅질겅 씹어 땅바닥에 뱉었다.

온두와 그의 아내는 시종일관 서로 뒤질세라 현란한 춤사위를 구사하다가, 급기야 몸을 밀착하며 서로의 몸을 쓰다듬는 것으로 피날레를 장식했다. 두 사람은 라말레라에서 소문난 사랑꾼 겸 몸짱이었다. 요세프는 쪼그리고 앉아 엉덩이를 들썩들썩하며, 한 손으로는 땅바닥에 글씨를 쓰고 다른 손으로는 허공에서 '상상 속의 올가미'를 빙빙 돌렸다. 요세프의 아내는 그 옆에서 새 울음소리를 흉내 냈다. 사운드 시스템을 주무르는 동안 벤은 수년 전 레월레바의 파티에서 디제잉했던 관록을 유감없이 발휘하며 깊은 감회에 젖었다. 몇 명의 불청객(대절된 차량에 무임

승차해 레월레바에 온 라말레라 청년들)이 축하연장에 난입해 와자지껄하며 자이브 jive*를 추었다. 실로폰의 떤꾸밈음 trill에 이어 우렁찬 징소리가 나자 벤이 기다렸다는 듯이 돌로 dolo(라말레라의 전통적 짝짓기 댄스인 오아의 현대화 버전) 댄스를 제안했다. 부족원들이 일제히 손에 손을 맞잡고 커다란 돌로 원을 만들려 했지만 텐트의 크기가 너무 작아 역부족이었다. 부족원들은 포기하지 않고 몇 개의 동심원을 만들어 댄스를 이어갔지만 몇 명의 할머니 – 그리고 이그나티우스 – 는 끝내 가담하지 않았다.

신랑의 아버지는 원 밖에 앉아 고개를 숙인 채 회상에 잠겼다. 먼 옛날 테레세아와 함께 오아를 출 때, 그는 약속의 표시로 그녀의 손바닥을 손톱으로 긁었다. 그녀가 춤을 추고 있지 않은 지금 그게 무슨 의미가 있으랴만, 그의 약속은 거의 다 이루어진 셈이었다. 벤이 라마파가 되었고 결혼까지 했으니 말이다. 이그나티우스는 최근 자신의 유언장을 공개했는데 그 내용인즉, '아들과 딸에게 데모사랑의 지분을 균등하게 상속하고, 벤에게 집을 상속한다'는 것이었다. 그의 오랜 사냥 친구들은 대부분 조상님들의 섬에서 오아를 추고 있었고, 그의 아내는 바냥나무의 칸델라브룸 candelabrum** 밑에 앉아 파트너가 나타나기를 손꼽아 기다리고 있었다. 그녀가 자기를 기다리고 있다면, 그녀와 다시 한 번 춤출 때까지 다른 사람과 춤을 추지 않을 작정이었다.

그러나 그녀와 오아를 춘 지 수십 년이 흘렀는데도 그의 자식, 조카, 조카딸(그리고 장차 손주들)이 그의 눈앞에서 새로운 버전의 오아를 추고 있었다. 이 얼마나 경이로운 세상인가! 그는 종말감에 짓눌려 살고 있었는데, 종말 이후에 새로운 시작이 있다니. 그때 블리코롤롱 가문의 한

---

* 1950년대에 유행한 강한 비트의 빠른 춤곡.

** 가지가 달린 촛대.

사촌 – 술을 많이 마셔 눈은 게슴츠레했고 콧수염에서는 땀과 투악 방울이 떨어지고 있었다 – 이 나타나 노란 스카프를 흔들었다. 그는 이그나티우스의 목에 스카프를 두른 후 돌로 원 안으로 끌어들일 요량으로 스카프를 홱 잡아당겼다. 이그나티우스는 손사래를 치며 버텼지만 사촌은 그를 계속 끌어당겼다. 부족 전체가 이그나티우스에게 어서 들어오라고 고함을 질렀다. 하는 수 없이 그는 원의 중심으로 끌려 들어갔다. 그는 사롱의 매듭을 느슨하게 만들어 다리를 자유롭게 했다. 그러고는 사촌에게서 노란 스카프를 낚아채어 마구 흔들며 웃음을 터뜨렸다. 라말레라 사람들은 순식간에 그를 에워쌌다.

결혼 축하연은 다음 날 아침까지 이어졌고, 숙취에 시달리던 블리코롤롱 가문 사람들은 희미한 여명을 보고 움찔했다. 이그나티우스는 조카딸에게 물을 갖다달라고 은밀히 말했다. 요세프는 칼을 이용해 (마당에서 춤을 추는 동안 빼곡히 들어찬) 손톱 밑의 모래를 긁어냈다. 벤의 헤어스타일을 구성한 곡선은 탄력을 잃고 흐물흐물해졌다. 몇 시간 전에 이미 결딴난 스테레오 스피커는 아직도 '양철 부딪히는 소리' 같은 인도네시아 팝송을 토해내고 있었다.

벤이 떡과 바나나를 먹는 동안 카롤로스가 그에게 다가와 물었다. "정말로 죽을 때까지 어부로 일하고 싶은가? 만약 자네가 레월레바에 머문다면 에어컨 딸린 사무실에서 근무하거나 관용 버스의 운전기사로 일하도록 해주겠네." 장인의 표정은 사뭇 진지했다. 공무원이 되었든 관용 버스의 운전기사가 되었든, 업무량이 적고 안전하고 월급이 많을 거라고 카롤로스는 장담했다.

벤은 말했다. "고맙지만, 고향으로 돌아가고 싶습니다. 두 형과 함께 아버지를 공양하는 것이 저의 의무입니다." 만약 현금이 필요하다면 몇 달 동안 레월레바에서 일할 수도 있겠지만, 그러는 동안에도 그의 아내와 자식은 라말레라에 머물 예정이었다.

잠시 후 벤과 함께 승용차에 오를 때, 이타는 아직도 (아버지에게서 결혼 선물로 받은) 황금빛 귀고리와 목걸이를 주렁주렁 매달고 있었다. 그 후로도 몇 주 동안 그녀는 장작을 패든 청상아리를 해체하든 피투성이 세탁물을 돌과 나무판에 문지르든, 귀고리와 목걸이를 풀지 않았다. 긁히고 마모되면서 광택을 잃어갔지만, 그녀는 부지런한 윤내기와 다듬질로 광택을 웬만큼 복구했다. 그러나 계속 착용하면 부서질 수밖에 없음을 깨닫고, 결국에는 안전한 장소에 잘 보관했다. 그녀는 그해에 레월레바를 딱 한 번만 방문했는데, 집안일이 너무 많았기 때문이다. 3일 동안 짬을 내어 어린 시절의 집을 슬그머니 방문했을 때, 그녀는 고이고이 모셔두었던 귀고리와 목걸이를 꺼내 다시 착용했다. 그녀의 부모는 라말레라를 단 한 번도 방문하지 않았는데, 먼지가 많고 전기가 들어오지 않아 불편하기 짝이 없기 때문이었다.

11

삶의 태풍 한복판에서

2015년 6월 13일 ~ 2015년 9월 10일

욘

레파 기간이 시작된 후, 욘은 처음 몇 주 동안 사냥을 회피하며 '자카르타로 떠나 살레스 친형의 맨션에서 경비원으로 일한다'는 비밀 계획을 곰곰이 생각했다. 간혹 VJO 이외의 존손에 승선했지만 대부분의 시간을 자신의 삼판에서 혼자 자망어업을 하거나 집을 개보수하는 데 할애했다. 그러면서 (부족의 축제에 참석하기 위해 라말레라를 방문하는) 살레스의 형을 만나 일정을 조율하는 8월까지 때를 기다렸다. 그는 라말레라(그리고 어쩌면 호니)와의 관계를 깨끗이 정리할 계획이었지만 그녀와 이별하는 시점은 상황(예컨대 갑자기 무슨 일로 다투는 경우)에 따라 유동적이었다. 자망에 꽂힌 날치를 뽑아내면서 욘은 예쁜 소녀를 데리고 술집이나 근사한 영화관에 들어가는 장면을 상상했다. '대도시 생활은 TV에 나오는 것처럼 화려하지 않다'는 호니의 주장을 도저히 납득할 수 없었다.

사실 사고무친한 대도시에서 생활한다는 것은 특히 부족의 품속에서 평생을 살아온 그에게 견디기 힘든 고통일 터였다. 그러나 그에게는 고독을 갈망하는 측면도 있었다. 그는 다른 사람들―여동생과 조부모가 되었든 다른 부족원이 되었든―을 뒷바라지하는 데 싫증난 나머지, 다 때려치우고 혼자 살아가고 싶었다. 이카와 함께 운영하던 키오스크는 외상을 너무 많이 주는 바람에 파산하고 말았다. 왜냐하면 '도움을 요청하는 부족원을 절대로 외면하지 말라'는 것이 조상님들의 지상명령이기 때문이었다. 그가 매일 오후 삼판을 해안에 댈 때마다 하루 종일 선박 창고에서 낮잠을 자던 남자들이 "우리 가족이 굶고 있어"라고 외치며 그의 양동이를 습격했다. 그는 그들을 차마 제지하지 못했는데, 그러다 보면 자기 식구에게 돌아갈 몫이 턱없이 부족하기 일쑤였다. 그는 때때로 이런 의문을 품었다. '조상님들의 방식이 나에게 도움이 될까, 아니면 방해가 될까?'

지난 5월, 욘은 그물을 끌어당기다 요추에 좌상을 입었다. 통증이 얼마나 심했던지 프랑스의 처방도 무용지물이었고, 6월 중순의 어느 토요일 아침에는 출항을 포기할 정도였다. 하루 종일 대나무 돗자리에 누워 그동안 모든 사람을 위해 개고생한 기억을 떠올렸지만 그에게 도움의 손길을 내미는 사람은 아무도 없었다. 호니와 통화하려고 애썼지만 신호만 갈 뿐 전화를 받지 않았다. 그녀의 가정부 생활이 노예 생활이나 다름없다―그녀는 매일 동트기 전부터 늦은 저녁까지 일했고, 한 달에 두 번(한 주 걸러 일요일)밖에 쉴 수 없었으며, 주인의 허락 없이는 4층짜리 맨션 밖으로 나갈 수 없었다―는 점을 잘 알고 있었음에도 불구하고, 그런 힘든 상황은 그녀를 '자카르타 드림의 롤 모델'로 둔갑시키기 십상이었다.

그와 대조적으로 호니는 고향으로 돌아가 농경 생활을 영위하는 것을 이상화하고 있었다. (순전히 추측에 기반한) 상대방의 목가적 존재idyllic existence에 대한 막연한 반감이 그렇잖아도 위태위태했던 두 사람의 관계 – 따지고 보면 '한 주일 남짓한 뜨거운 만남'과 '거의 2년간에 걸친 장거리 통화'가 전부였다 – 를 더욱 멀어지게 한 것 같았다. 욘은 호니를 그리워했고, 그녀가 자기를 그리워한다는 사실을 알고 있었다. 그러나 그들의 감정은 좌절로 얼룩져 있었다. 따라서 그는 그녀가 자신의 불행의 원천인지, 아니면 치료제인지 확신할 수 없었다. 그럼에도 그는 그녀에게 계속 전화를 걸었고, 전화를 받지 않는 횟수가 증가할수록 불안감은 점점 더 고조되었다.

늦은 오후, 이카가 부엌에서 벼 타작하는 소리를 듣고 욘은 그녀에게 물 한 잔을 갖다달라고 소리쳤다. 아무런 반응이 없자 그는 다시 소리쳤다. 벼이삭 부딪히는 소리는 멈추었지만 그녀는 여전히 묵묵부답이었다. 그들은 그날 아침에 이미 한바탕 싸운 뒤였다. 제리캔이 빈 것을 안 욘이 그녀에게 "우물에 가서 물을 길어 와"라고 명령한 게 화근이었다. 그녀가 딱딱거렸다. "우물이 말라버린 게 언젠데. 도대체 어쩌란 말이야?" 그녀의 말은 사실이었다. 건기이기 때문에 수량이 크게 줄어들고 수질이 악화되어 어찌할 도리가 없었다. 게다가 그녀 역시 욘과 마찬가지로 집안일에 치여 기분이 다운되어 있던 참이었다. 그러나 결국에는 그녀가 어찌어찌하여 물을 구해 옴으로써 사태가 진정되었다.

노발대발한 욘이 세 번째로 소리치자 이카는 마지못해 흙탕물 한 잔을 들고 부엌에서 나왔다. 그녀가 돗자리로 다가왔을 때 욘은 담배를 꼬나물고 말했다. "라이터도 갖고 와."

이카는 아무런 대구 없이 그에게 물잔을 들이밀었다. 그녀의 표정은 몇 달 전과 전혀 딴판이었다. 오동통했던 뺨은 움푹 꺼져 광대뼈를 드러냈고, 탈진한 나머지 눈 밑 지방이 도드라져 보였다. 그녀를 늘 들뜬 듯 보이게 만들었던 웃음소리는 침울함으로 바뀐 지 오래였다. 최근에는 욘의 무례한 언행을 웃어넘기는 대신 맞받아치는 빈도가 부쩍 늘어났다. 욘과의 관계가 소원해지다 보니 알로와의 관계가 더욱 깊어져, 그와 매 순간을 함께하며 비밀스런 농담을 주고받으며 킬킬거리는 것이 유일한 낙인 듯했다. 알로는 가족이나 다름없는 집 안의 활력소로, 하루 종일 마을의 공사장이나 바다에서 일한 후에도 장작을 패거나 물고기 써는 일을 헌신적으로 도왔다. 그의 우직함은 침울한 집 안을 환하게 밝히는 유일한 등불이었다.

그런데 그즈음 마을 일각에서 '이카와 알로의 행실이 도덕적·사회적으로 적절한가'라는 우려가 제기되었다. 알로가 이카의 집에 밤늦도록 머무는 경우가 잦다 보니, 많은 연장자는 혀를 쯧쯧 차며 "이카가 빨리 결혼하고 싶은 게로군"이라고 말하곤 했다. 그것은 '청춘 남녀가 혼전 동거를 하고 있다'는 사실을 빗대어 경멸하는 말이었다. 하지만 이카와 알로가 정식으로 결혼식을 올려도 문제였다. 두 사람은 독립하여 그들만의 가정을 꾸리게 될 텐데, 조부모와 장가를 못 간 욘의 시중은 누가 든단 말인가!

욘은 지저분한 물을 못 본 체하며 말했다. "라이터도 갖고 오라니까."

이카는 물잔을 그의 면전에 들이댔다.

욘은 그녀의 손에서 물잔을 가로채어 테라스에 내동댕이쳤다. 유리잔은 테라스의 돌판에 부딪혀 쨍그랑 소리를 내며 산산조각 나버렸다.

이카는 뒤도 돌아보지 않고 부엌으로 쪼르르 달려갔다. 완전히 마감되지 않은 벽은 동거자들의 프라이버시를 완전히 차단하지 못했으며, 이카와 욘의 경우도 예외는 아니었다. 욘은 다음과 같은 구슬픈 노랫소리를 분명히 들을 수 있었다.

테낭-테낭 멘다융,　　　　잔잔하고 고요하게 노 저어라,
　디달람 옴바크 셀레파스 판타이.　　파도가 해변을 어루만지는 동안.

테낭-테낭 메레눙,　　　　　　　백일몽은 잔잔하고 고요하다,
디텡아 타우판 히두프 양 라마이,　삶의 태풍 한복판에서,
디텡아 타우판 히두프 양 라마이.　삶의 태풍 한복판에서.

빌라 테르바와 아루스 디달람 도아.　만약 해류에 휩쓸려 떠내려간다
　　　　　　　　　　　　　　　　　면 기도하라.

라우트 테레낭.　　　　　　　　　이 바다를 능히 헤엄쳐 건너리니.
샤브다 펭구앗 도아.　　　　　　　말씀에 몸을 맡겨라.
레사프칸라 디다사르 하티무　　　　말씀이 너의 심장 깊숙이 잠기게
　　　　　　　　　　　　　　　　　하라

세달람 라웃 메단 히두프무.　　　　그러면 너의 삶이 바다만큼 깊고
　　　　　　　　　　　　　　　　　넓어질 테니.

　욘은 노래를 들은 티를 내지 않았다. 대신 그는 때마침 테라스 아래
로 지나가는 소녀를 불러 "건너편 키오스크에서 물 한 병만 갖다줘요"
라고 부탁했다. 그 키오스크는 한때 이카와 욘의 경쟁 상대였는데, 간
혹 라말레라를 찾는 여행자에게 판매하기 위해 물병을 비치해놓고 있
었다. 그 소녀가 물병을 가져오자 그는 1만 루피아짜리 지폐를 건네준
후 '구정물이나 다름없는 사치품'을 호기롭게 마셨다. 이카의 노래는
계속되고 있었다. "삶의 태풍 한복판에서……."
　그날 저녁, 욘은 이카가 요리한 쌀과 옥수수를 먹지 않았는데 라말레
라 사회에서 식음을 전폐하는 것보다 강력한 항의는 없었다. 조부모는
어떻게든 욘을 설득하려 했지만, 두 분 모두 백내장 때문에 시력을 잃
어 욘에게 전적으로 의존하고 있었으므로 이래라저래라 할 처지가 못
되었다. 그 대신 욘은 친구인 나레크의 집에 가서 저녁을 얻어먹었다.

그런데 밤늦게 귀가하려는 참에 그의 후견인인 살레스에게서 뜻밖의 전화가 왔다. 살레스는 여행에서 돌아오자마자 늦은 시간인데도 라말레라 아랫마을 외딴곳의 자택에서 그를 호출했다. 간선도로로 내려가는 도중에 욘은 타마린드나무 아래에 옹송그리고 앉아 속삭이는 두 명의 10대 소녀를 지나쳤다. 한 소녀는 흐느끼고 있었고, 다른 소녀는 그 소녀를 위로하고 있었다. 듣자 하니 상심한 소녀는 그날 오후 레월레바의 고등학교 입학시험에 낙방했는데, 그건 여생을 라말레라에서 보내야 한다는 것을 의미했다. 그녀를 위로하던 친구는 그 시험에 합격했으므로 조만간 마을을 떠날 예정이었다.

살레스가 소유한 2층 콘크리트 벽조 건물 – 손꼽히는 재력가의 사저치고는 (부족원들을 자극하지 않기 위해) 소박하게 설계되었지만 주변의 단층 벽돌 건물에 비하면 여전히 대저택처럼 보였다 – 에서 욘은 보스의 첫째 형인 페테르Peter의 '가톨릭 사제 서품 25주년 기념 축제'를 준비해달라는 요청을 받았다. 그 축제는 살레스의 둘째 형 요세프Josef(욘의 장래 고용주)가 라말레라를 방문하는 이유이기도 했다. 욘의 임무는 (행사가 진행되는 동안 하객에게 나눠줄) 수천 개의 야자 잎 담배를 만들 청년을 모집하는 것이었다. 살레스는 그에게 일급비밀을 알려주었는데 그 내용인즉, 하객들에게 '그해 8월, 레월레바에서 어류 가공업체가 문을 열 예정'이라고 발표한다는 것이었다. 살레스의 계획은 렘바타 섬의 어부들에게서 매입한 참치와 새치를 가공해 해외에 수출하는 것이었다. 살레스는 10년간 구상해온 프로젝트가 마침내 완성되었다는 데 흥분하여 기쁨을 감추지 못했다.

신학대학을 졸업한 후 사제의 길을 포기하고 20대 중반의 나이에 음료 수탁 제조기업의 매니저로 일하던 중, 리카텔로의 후손인 살레스는

(자신의 부족이 매년 육포로 만드는) 참치가 부두에서 수천 달러에 거래되는 장면을 목격했다. 그는 그 장면에서 영감을 얻어, 2003년 고향으로 돌아와 자신과 부족 모두를 부자로 만드는 사업에 투신했다. 그는 VJO를 건조해 최초로 유자망어업을 시도함으로써 독자적으로 생존 가능한 어장이 존재한다는 사실을 만선滿船으로 증명했다. 그의 야망은 거기에서 멈추지 않았다. 그로부터 4년 후 촌장으로 선임되었을 때, 그는 정부 관리와 사업가들을 이끌고 자카르타에서 라말레라까지 시찰하며 – 1,600킬로미터에 달하는 대장정으로, 당시에는 비행기와 연락선을 이용해 약 4일이 걸렸다 – 라말레라 부족이 얼마나 큰 어장을 놀리고 있는지를 똑똑히 보여주었다. 모든 시찰단원은 '귀중한 자원이 낭비되고 있다'는 데 의견을 같이했지만, 사업가들은 엄청난 어획량을 현금화할 방법이 딱히 떠오르지 않았다. 라말레라에는 얼음이 없는데다 설사 얼음을 구하더라도 전력 공급이 턱없이 부족해 – 라말레라 지역에 설치된 발전기는 하나같이 너무 작아 대량의 전력 수요를 충족할 수가 없었다 – 냉동고를 가동할 수 없기 때문이었다. 그렇다면 레월레바에 도착하기도 전에 물고기가 상해버릴 테니, 효율적인 선적 방법이 없다면 자원이 아무리 많아도 허탕이었다.

그로부터 1년 후 촌장 자리에서 물러난 뒤에도 살레스는 쿠팡과 자카르타에 출장을 가 있는 동안 투자자와 공무원을 계속 만났다. 그러던 중에 2014년 조코위가 '인도네시아 동부에 거액의 투자를 유치한다'는 공약을 내세워 대통령에 당선되자, 발 빠른 외부 사업가들은 유망 사업(광산업과 어업)에 투자할 지역 파트너를 물색하기 시작했다. 2015년 5월 초, 살레스는 자카르타의 공무원들을 다시 한 번 해변에 초청해 존손이 어획물을 하역하는 장면을 선보였다. 그 장면을 본 공무원들과 후임 촌장은 5분도 채 지나지 않아 살레스의 사업을 지원하는 데 동의했다. 그날 밤 살레스는 고위 관리들에게 고래 스튜를 대접하고, 범고래 이빨로 만든 반지를 선물했다.

살레스가 욘을 불러 어류 가공업체의 출범 소식을 알릴 무렵 제빙 공장과 국제 표준규격의 어류 가공 공장은 그의 감독하에 거의 완성되었고 스물한 명의 종업원이 미리 고용되어 있었다. 종업원들 중에 라말레라 사람은 단 한 명도 없었는데, 그 이유는 최소한 고졸 이상의 학력을 요구했기 때문이다. 건축자재를 트럭에 싣고 산을 넘는 건 무리였기 때문에 공장은 레월레바 주변에 건립할 수밖에 없었다. 이러한 사정을 감안해 살레스는 라말레라를 비롯한 어촌에 특별한 냉동창고 – 콘크리트 벙커로, 얼음은 레월레바의 제빙 공장에서 공급되었다 – 를 짓고, 그곳들과 도시 사이를 왕복하는 덤프트럭에는 거대한 아이스박스를 설치했다. 덤프트럭이 집채만 한 얼음을 싣고 마을에 도착해 '기존의 어획물'과 교환하면 마을 사람들은 그 얼음을 이용해 냉동창고 안에 '새로운 어획물'을 신선하게 보관할 수 있었다. (물론 트럭에 적재된 물고기도 신선하게 보관해야 하므로, 트럭에는 약간의 얼음이 남아 있었다.)

한편 살레스는 가공된 어류를 자카르타까지 수송하기 위해 인도네시아 서부에서 1,000톤짜리 화물선을 건조하고 있었다. 그의 목표는 라말레라에서 레파 기간이 끝난 후 유자망어업이 다시 시작될 때 그 어획물을 매입할 수 있도록 향후 몇 개월간 모든 인프라를 구축하는 것이었다. 그는 마침내 오랫동안 감탄해 마지않았던 글로벌 자본주의의 힘을 이용하려 하고 있었던 것이다.

물론 살레스는 잘 알고 있었다. 자신의 사업으로 인해 라말레라 부족이 작살 사냥을 포기하고, 자기가 지불한 현금이 물물교환 경제의 몰락을 가속화할 것임을. 그러나 그는 가까운 친구들에게 장밋빛 청사진을 제시했다. "앞으로 10년 후 라말레라의 모든 가족은 승용차를 갖게 될 거야." 그는 이렇게 예측했다. "고래잡이들은 유자망어업에 고용되고 ─ 레파 기간에 유자망어업을 금지하는 규정은 이미 폐지되었다 ─ 라말레라 부족은 어획물을 팔아 큰돈을 벌게 될 거야." 그때가 되면 전력이 안정적으로 공급될 것이므로, 많은 여행자가 해변에 들어선 국제 수준의 호텔에 투숙하고 부족원들이 사냥보다 여행 가이드를 선호하게 될지도 모르는 일이었다. 물론 그렇게 되면 '조상님들의 방식' 중 상당 부분이 사라질 게 불을 보듯 뻔하지만 라말레라 부족이 여전히 '발레오'를 외치고 테나를 이용해 향유고래를 잡는 한, 라말레라인의 정체성은 유지된다는 게 살레스의 지론이었다. 불확실한 어획량에 전적으로 의존해 생계를 꾸려나갈 필요는 없었다. 게다가 현대화는 더 이상 '저지할 수 있는 대상'이 아니었다. 그가 사업을 시작하든 말든, 세계화는 조만간 부족사회를 접수할 예정이었다. 어떻게든 변화의 쓰나미에 올라타지 않으면 라말레라 부족은 익사할 수밖에 없었다. 그의 역할은 부족사회가 시대에 뒤처지거나 불순한 의도를 가진 사업가에게 이용당하지 않도록 해주는 것이었다.

그러나 자신의 일급비밀을 욘과 공유하는 동안 살레스는 구체적인 계획을 (최소한 공장이 완공되어 가동될 때까지) 비밀에 부치는 게 좋겠다고 판단했다. 잘 알려져 있는 바와 같이, 그가 잠깐 동안 머물렀던 촌장 자리에서 물러난 건 자신의 뜻이 아니었다. 부족사회의 현대화를 위한 노력이 참담한 실패로 끝난 7년 전, 그는 촌장 자리에서 쫓겨난 후 살해 위협을 견디다 못해 마을을 탈출한 적이 있었다. 그러나 살레스는 믿고 있었다, 이번에야말로 부족이 바깥세상을 포용할 준비가 되어 있을 거라고.

6월이 7월에게 자리를 내준 데 이어 8월로 접어들자, 부족 전체가 개점휴업에 들어간 것처럼 보였다. 욘은 아직까지도 이카의 불손함에 분노하고 있었지만, 표면상으로 그러할 뿐 사실은 자기 자신의 삶에 좌절하고 있었다. 그는 나레크의 집에서 저녁을 먹으며, 자카르타에 갈 수 있는 기회를 엿보았다. 살레스는 어류 가공 공장의 진척도를 모니터링하면서 툭하면 완공이 늦어진다며 조바심쳤다. 호니가 돌아올 때까지 결혼을 미루겠다고 욘에게 약속했음에도 불구하고 이카는 욘과 조부모의 굴레에서 벗어나려고 안간힘을 썼다. 그녀는 욘 몰래 알로를 닦달해, 케로파 가문의 우두머리를 찾아가 결혼을 위한 사전 절차를 밟게 했다. 그와 동시에 그녀는 혼전 임신이 빠른 결정을 강요할까봐 은근히 걱정되었다. 그녀는 의무감이 아니라 욕망에 이끌려 결혼하기를 원했다.

레파 기간 내내 물줄기가 하나도 보이지 않는 바람에 모든 부족원이 향유고래의 도착을 학수고대하고 있었지만, 고래의 도착을 가장 애타게 기다리는 사람은 벤과 이그나티우스였다. 그도 그럴 것이, 아버지와 아들 모두 '신출내기 라마파'인 벤이 고래를 잡길 간절히 바라고 있었기 때문이다. 부족의 요청을 받아들인 프란스가 "고래를 다시 소환해 주십시오"라고 우존 가문에 간청했을 때, '세상의 주인들'은 "선외 모터를 포기하라"고 명령했다. 그러나 그것은 이미 여러 차례 묵살된 명령이었다. 세상이 많이 달라졌으므로 고래가 잡히지 않는다고 라말레라 사람들이 굶어 죽는 건 아니었다. 그러나 날치를 주식으로 삼다 보니, 많은 사람들이 부쩍 여위고 치아 사이에 바늘 같은 가시가 끼이게 되었다. 남자들은 조수바위tidal rock에 붙어 있는 거대한 따개비를 쇠지렛대로 떼어낸 후 껍질 밖으로 나온 핑크빛 살점을 후루룩 들이마셨다.

8월 중순이 되어 살레스와 욘이 기다려온 축제가 다가오자 부족사회에 만연했던 긴장감이 일시적으로 완화되었다. 마을 입구에 차곡차곡 쌓인 범고래의 두개골 위에는 '페테르 바타오나 신부의 가톨릭 사제 서품 25주년 환영'이라고 적힌 현수막이 걸렸고, 그 밑에서는 '낯설지만 왠지 익숙한 사람들'이 베네통-Benetton 후드티와 자라Zara 청바지 차림으로 왔다 갔다 하며 바하사어로 수다를 떨었다. 그들은 라말레라어를 너무나 많이 까먹어 당황하는 기색이 역력했다. 축제를 위해 총 아홉 마리의 돼지가 도축되었다. 식사가 끝난 후 무려 세 시간 동안 연설이 이어졌는데, 맨 뒤에 앉은 노인들이 "고래는 왜 안 오는 거요?"라고 소리치는 바람에 잠시 중단되었을 뿐 별다른 문제는 없었다. 연설이 끝난 후 주최 측에서 의자를 모두 치우자 참석자들은 세 개의 돌로 원을 만들어 모래를 걷어차며 댄스파티를 시작했다. 잠시 후 흥이 돋워지며 분위기가 과열되자 수녀들까지 끼어들어 하얀 수녀복 치마의 밑단에 흙을 묻혔다. 살레스의 사업가 형인 요세프는 욘과 함께 한쪽 구석에 처박혀 자카르타로 이주하는 문제를 협의했다.

그런데 살레스는 사업 계획을 발표하거나 파티를 즐기지 않고 방진 마스크를 착용한 채 오토바이를 몰고 레월레바로 향했다. 그가 일찍 자리를 뜬 공식적인 이유는 다음 날인 8월 17일 – 인도네시아 독립기념일이자 울란도니의 물물교환 시장이 문을 닫은 날 – 레월레바에 짓고 있는 어류 가공 공장에서 300명이 참석하는 성대한 기념식을 열기 때문이었다. 그것은 주지사를 모시고 렘바타 섬 경제의 새 시대를 여는 뜻깊은 행사였지만, 개업일이 몇 주 후로 잡혀 있는데도 건물이 아직 완공되지 않아 애로 사항이 이만저만이 아니었다. 하지만 살레스가 라말레라에 잠깐 머물렀다가 황급히 떠난 진짜 이유는 따로 있었다. 그는 라말레라에 큰 집을 갖고 있지만, 촌장 자리에서 쫓겨난 이후 렘바타 섬에 돌아올 때마다 라말레라 집에 기거하는 것을 가급적 삼가고 레월레바의 별장에 머물렀다. 소도시에서 활동하는 정치가들이 그렇게 갑자기 인심을 잃는 것은 드문 일이었다. 사실 부족원들은 그를 죽이기 위해 마법을 걸 정도였다.

　유자망어업으로 성공했다는 점과 리카텔로의 혈통을 갖고 있다는 점을 감안할 때, 라말레라 부족을 이끌고 '전통과 혁신이 균형을 이루어야 하는 오늘날'을 헤쳐 나갈 수 있는 완벽한 지도자감은 살레스밖에 없는 것처럼 보였다. 적어도 처음에는 그랬다. 그런데 이윽고 세계야생생물기금World Wildlife Fund, WWF 인도네시아 지부[1]의 대표단이 레월레바에 사무소를 열고, 그 지역 전체를 자연보호지역(해양국립공원)으로 지정하려는 노력의 일환으로[2] 라말레라 부족을 방문하기 시작했다. 부족원들은 약 20년 전 그린피스Greenpeace와 대립했던 경험에 기반하여 '그린피스와 마찬가지로 WWF도 고래 사냥을 종식시키려 한다'는 의구심을 품었다.[3] 이에 WWF 측에서는 '라말레라 사람들이 참치 어업과 생태 여행 사업(이를테면 고래의 생태 관찰)을 확립하도록 도와주는 게 목적일 뿐 다른 뜻은 없다'[4]고 강조했다. WWF를 비롯한 NGO Non-Governmental Organization(비정부기구)가 인도네시아 정부의 지원을 받는다는 사실을 알고 살레스는 부족원들을 설득해 NGO와 손잡고 마을을 부흥시키기로 마음먹었다.

　문제의 발단이 된 것은 2009년 2월 한 신문이 WWF에 반대하는 정부 관리의 말을 인용해 보도한 '자연보호지역은 향유고래를 라말레라 부족으로부터 보호하기 위해 지정된 것이다'라는 기사였다. 그 보도를 전해 들은 라말레라 사람들은 '정부의 개발 지원 정책은 라말레라 부족원들을 꾀어 고래 사냥whale hunting을 고래 관찰whale watching로 대체하기 위한 술책에 불과하다'고 간주하게 되었다. 부족원들은 테나 선단을 몰고 레월레바 항구에 집결한 뒤, 그중 한 척을 통나무 롤러에 싣고 렘바타 의사당으로 진격해 주지사에게 항의했다. 역외에 거주하는 라말레라 부족 출신 중에서 정치가나 사업가로 성공한 사람들은 공중파 방송을 통해 고래 사냥의 존속을 지지하는 캠페인을 벌였다.

그러자 WWF는 살레스를 중개인으로 내세워 라말레라 사람들과 쿠팡에서 만나[5] '신문 보도와 달리 자연보호지역은 고래의 개체군이 안정적으로 유지되는 한, 라말레라 부족의 고래 사냥을 제한하지 않을 것'[6]이라고 재차 강조했다. 라말레라 사람들이 납득하지 않자 WWF는 라말레라에 홍보팀을 파견했지만[7] WWF의 트럭이 마을에 진입했을 때 50여 명의 고래잡이에게 큰 봉변을 당했다. 그들은 트럭의 문을 박살내고 '자연보호주의자들은 물러가라!'는 구호를 외치며 '고래잡이가 아니면 죽음을 달라'고 선언했다. WWF는 결국 레월레바 사무소를 폐쇄했고, 몇 달 후 인도네시아 최대의 자연보호지역으로 부상한 '사우 해 해양보호구역Savu Sea Marine Protected Area'의 경계선은 레월레바를 비껴갔다.[8]

나중에 발견된 WWF의 내부 문서를 보면 'WWF는 정직하지 않다'는 라말레라 사람들의 생각이 옳았음을 알 수 있다. WWF의 궁극적인 목표가 '라말레라를 부흥시키고 그들의 환경을 보호하는 것'이긴 했지만 고래 관찰 등과 같은 개발 프로젝트를 내세워 작살 사냥을 종식시키려 한 것도 사실이었기 때문이다. WWF의 라말레라 사무소장은 다른 환경보호 활동가들에게 보낸 이메일에서 이렇게 말했다. '라말레라 사람들에게 필요한 것은 두 가지입니다. 첫째는 지역 경제를 발전시키는 것이고, 둘째는 고래잡이 제한을 통해 전통문화를 보존함과 동시에 생태 여행으로 전환하는 것입니다.' 그리고 다음과 같은 결론을 내렸다. '이를 뒷받침하는 것이 WWF의 임무입니다.'[9]

WWF의 대표단이 철수한 직후 NGO에 협력했던 라말레라 사람들 (살레스를 포함해서)은 블리코롤롱 사당으로 불려가 부족 대표들에게 호된

추궁을 받았다. 살레스는 '자바 억양의 라말레라어'로 이방인들을 불러 들인 것에 대해 사죄하며 "그들의 진의를 몰랐습니다"라고 해명했다. 그러나 부족 대표들은 납득하지 않았다.

리카텔로는 렘바타 섬의 먼 화산에 특사를 보내 유목민이 기르는 양 떼에서 양 한 마리를 구입해왔다. 라말레라의 샤먼은 그 양을 제물로 삼아 '흑염소의 저주'의 치명적 버전 – 조상님들을 불러, 불행과 질병 을 몰고 온 부역자를 죽음으로 응징해달라고 비는 의식 – 을 거행했는 데, 라말레라의 샤머니즘에서 가장 영험한 제물로 알려진 것은 염소가 아니라 양이었다. 살레스는 부족의 분노를 회피하기 위해 촌장 자리에 서 물러나고 레월레바로 이주했는데, 이후 신경쇠약과 각종 질병에 시 달렸다. 라말레라 사람들은 그게 다 자기들의 저주 때문이라고 여겼다. WWF에 부역질을 한 하위직 공무원들은 마을을 떠날 형편이 안 되었 으므로, 수년간 도편추방ostracism – 부족원들은 그들에게 말을 걸지도, 의식에 초대하지도 않았다 – 을 감내해야 했다. 부역자들은 시간이 흘 러 지역사회에 복귀했지만 완전히 사면을 받은 건 아니었다. 저주받은 사람들 중 한 명이 6년 후 심장마비와 유사한 증상으로 사망했을 때, 마 을 사람들은 역시나 '양의 저주'가 통했다고 수군거렸다.

살레스는 신경쇠약에서 회복한 뒤에도 라말레라에 머무는 것을 꺼 렸다. 그는 고래잡이와 환경보호 활동가들 간의 갈등을 애석해했는데, 그 이유는 '해양공원 지정이 주변의 폭파 낚시와 불법적인 주낙을 줄일 수 있고, 개발 지원 정책이 마을 사람들의 삶의 질을 향상시킬 수 있다' 고 믿기 때문이었다. 타협안을 도출할 수만 있다면 양쪽 모두에 득이 될 거라고[10] 그는 확신했다. 그러나 실제로 부딪쳐보니 그렇지 않았다. 그는 '양쪽의 세계관이 너무 달라서 화해하기가 어려우며, 사냥이 끝나 거나 이방인들이 포기할 때까지 양측의 충돌은 계속될 것'이라는 결론에 도달했다.

사실 라말레라 사람들과 환경보호 활동가들 간의 대립은 특이한 현상이 아니었다. 왜냐하면 전 세계에 존재하는 6,000개의 국립공원 중 대부분은 토착 부족의 전통적 생계 수단이나 영토를 박탈하는 결과를 초래했기 때문이다. 토착 부족의 영토는 생태 여행 수익을 창출하게 되었는데 그중 대부분은 추방된 부족이 아니라 지역의 공무원이나 사업가의 호주머니로 들어가기 일쑤였다. 원주민의 권리에 대한 유엔의 특별보고서에 따르면 '세계에서 가장 취약한 사람들이 오늘날의 환경보호 비용을 지불하고 있다'.[11]

이러한 갈등의 중심에는 '자연자원을 어떻게 활용할 것인가'에 대한 상반된 견해가 도사리고 있다. 라말레라 사람들의 입장에서 볼 때, 환경보호라는 아이디어는 생소하기 짝이 없다.[12] 단도직입적으로 말해서, 만약 고래가 조상님들의 선물이라면, 조상님들의 선물로 가득 찬 밥상을 싹 비우는 것이 그분들의 호의에 보답하는 최선의 방법일 것이다. 반면 조상님들이 하사한 동물을 사냥하길 거부한다는 것은 그분들을 모욕하는 것에 지나지 않는다. 게다가 라말레라 사람들이 생각하기에 그들의 사냥은 수 세기 동안 지속 가능했으며, 그들의 생태계를 망가뜨린 주범은 아이러니하게도 (환경보호 활동가들의 사회가 초래한) 오염, 남획, 기후변화다. 그런데 환경보호 활동가들이 '더욱 영향력 있는 악당' 대신 '힘없고 빽 없는 라말레라 사람들'을 표적으로 삼은 이유가 뭘까? 더욱이 라말레라 사람들이 '사냥을 못하게 되면 끝장이다'라고 걱정하는 건 잘못이 아니다. 주지하는 바와 같이, 생계 수단을 박탈당한 원주민은 한 세대(30년) 안에 정체성을 상실하고 역사의 뒤안길로 사라지기 때문이다. 도대체, 고래 사냥을 하지 않는 고래잡이whalers who do not whale를 과연 뭐라고 불러야 할까?

환경보호론자들의 입장에서 볼 때, 라말레라 사람들을 비롯한 원주민은 새로운 도구 – 유자망, 선외 모터(또는 정글에 사는 부족인 경우에는 동력 사슬톱과 총) – 를 이용해 자원을 더욱 빠른 속도로 고갈시킴으로써 생태계를 유의미하게 손상시키고 있다. 수렵채집인이 더욱 현대화된 생존 수단을 보유하고 있다는 이유로 일부 환경보호론자들은 그들에게 '취약한 생태계를 파괴하지 말고 보존하는 방안을 모색해야 한다'라고 제안한다. 물론 환경보호론의 밑바탕에 깔려 있는 믿음은, 설사 고래 사냥을 허용하는 것이 전통문화를 보존하는 데 필수적이더라도 인간과 유사한 뇌를 갖고 있는 고래를 사냥하는 것은 비도덕적이라는 것이다.

그것은 해결하기가 불가능해 보이는 갈등일 수도 있고, 전통문화가 세계화에 압도됨으로써 해결될 수밖에 없는 갈등일 수도 있다. 그러나 세계은행World Bank을 비롯한 여러 기관의 분석[13]에 따르면 '원주민이 정부와 손잡고 자신들의 영토를 관리할 때, 이방인에게 맡기는 것보다 훨씬 더 효과적이고 비용 효율적cost-effective으로 생태계를 보호할 수 있다'고 한다. 그런 동반자 관계는 취약한 생태계와 전통문화를 튼튼하게 만들 수 있다. 그러나 이러한 접근 방법은 양측 모두에 외면당하고 있다. 라말레라 사람들과 WWF의 사례에서 보는 것처럼, 원주민은 서양식 환경보호론을 여전히 분노·공포·혐오의 눈으로 바라보고 있다.

살레스가 형의 사제 서품 기념식장을 일찌감치 떠난 지 얼마 후, 욘은 돌로에서 빠져나와 (등판에 두 개골이 아로새겨진) 남방셔츠에 묻은 먼지를 털었다. 인파에 섞여 걸음을 옮기던 그는 웬 노인에게 잡아채여 길가로 나왔다. 성장기에는 영양실조로 발육이 부진했지만 이제는 백만장자가 되어 배만 볼록해진 남자, 바로 살레스의 형 요세프였다.

"아직까지 자카르타에 오지 않은 이유가 뭐지?" 요세프가 농담조로 말했다. 그가 이미 말한 바와 같이, 욘의 유일한 임무는 맨션을 경비하는 것이었다. 예컨대 세탁 같은 허드렛일은 가정부의 몫이었다.

욘은 자카르타로 이사할 실질적 준비가 되어 있지 않다고 솔직히 털어놓았다. 그는 계절풍 시즌 초기부터 일을 시작해도 되냐고 물어본 후, 가족을 위해 몇 가지 문제를 마무리해야 하므로 시간이 더 필요하다고 설명했다. 요세프는 괜찮다고 대답했다.

여전히 이카 – 그리고 이카를 싸고도는 조부모 – 에게 분노하고 있었지만 욘은 (자카르타에서 생활비를 보낼 때까지 가족이 먹고살 수 있는) 건어물을 비축하려 마음먹고 있었다. 또한 그는 이별의 선물로 집의 신축공사를 끝내고 싶었다. 그가 신축공사에 매달릴 수 있었던 것은 아이러니하게도 '한가한 사냥 시즌' 덕분이었다. 유자망어업조차 흉년이었기 때문에 욘은 대부분의 날을 집에 머물며 콘크리트 벽돌을 찍어낸 후 회반죽을 발라 차곡차곡 쌓아올렸다. 그리하여 벽은 마치 스톱모션 애니메이션처럼 차츰차츰 완성되었다. 다른 한편으로 그는 지붕을 마치 직소 퍼즐 조각을 맞추듯 야금야금 조립해나갔다.

기분이 우울해 친구들을 멀리했으므로 욘은 늘 혼자 일했다. 그를 도우려고 애쓰는 사람은 할아버지뿐이었다. 욘은 (이카의 역성을 드는) 할아버지를 구박하며 '백내장 때문에 도움은커녕 방해만 된다'는 점을 일깨우려 했지만 요세프 보코는 손자의 불편함을 전혀 의식하지 못하는 것 같았다. 그는 다양한 길이의 못을 더듬더듬 분류하느라 몇 시간이 걸렸고, 벽돌을 한 번에 한 장씩만 욘에게 갖다주었고, 뭔가를 밟지 않으려고 피하다 발이 꼬였고, 뼈만 앙상한 팔에 매달린 피부는 헐렁한 추리닝을 연상시켰다. 욘은 마침내 '걸리적거리는 영감탱이 쫓아내기'를 단념했다. 칠순 노인인 할아버지는 '먹을 것과 쉼터를 제공하라'는 조상님들의 지상명령을 충실히 따르고 있을 뿐임을 잘 알고 있었기 때문이다.

거의 50년 전 요세프 보코가 그랜드마더 프란시스카에게 청혼했을 때 마을의 사제들은 그에게 먼저 집을 장만하라고 요구했다. 그러나 모든 평지에는 이미 임자가 있었기 때문에 요세프 보코는 '없는 공간'을 새로 만들어내야 했다. 그는 지반이 약한 낭떠러지를 골라, 일요일마다 그 기슭으로 가서 커다란 돌덩이를 쌓아 높이 20미터의 옹벽을 완성한 후 그 뒷면을 흙으로 메웠다. 그리고 1년 동안 총 네 개의 테라스를 더 가진 지구라트ziggurat*를 축조해, 자신과 예비 신부를 위해 약 50제곱미터(15평)의 생활공간을 창조했다. 그와 그랜드마더 프란시스카는 그 위에 대나무 집을 짓고, 담벼락에는 고래의 모티브를 형상화하기 위해 까맣고 하얀 슬랫slat**을 번갈아 이어 붙였다. 두 사람은 초가지붕 밑에서 1남 2녀를 낳았는데 그중 첫째 딸이 욘의 어머니였다. 결국 그 집은 1980년대 후반에 벽돌과 콘크리트를 이용해 개축됨으로써 욘의 생가로 재탄생했다.

10대 시절 욘이 요세프 보코에게 대놓고 은퇴를 종용한 것은 사람들이 자신의 부양 능력을 의심할까봐 은근히 걱정되었기 때문이다. 그러나 요세프 보코의 시력 저하를 비꼰 이후 그는 되레 입을 다물었다. 왜냐하면 '손자의 보살핌을 받아야 한다'는 수치심에서 벗어나려고 안간힘을 쓰는 할아버지의 모습이 안쓰러워 보였기 때문이다. 요세프 보코는 한때 무뚝뚝한 사냥꾼이었고, 가정에서도 마치 훈련 교관처럼 군림했다. 바다에서 표정 하나만으로 선원들을 쥐고 흔들던 것처럼 말이다. 그러나 나이 들어 망령이 들고 나서부터는 말수가 부쩍 많아졌다. 욘과 함께 일할 때 그는 욘이 듣든 말든 계속 주절거렸다. 욘이 듣기에 그

---

* 고대 메소포타미아 지역에 세워진, 꼭대기에 신전을 가진 중층 기단(3~7층)의 성탑聖塔.
** 가구나 담장 등에 연이어 붙이는 목재, 금속, 플라스틱 조각.

것은 할아버지가 '더 젊고 투박한 자아'에게 늘어놓는 변명이었다. 그는 루시아가 욘의 아버지와 결혼하지 못하도록 한 게 잘못이었음을 인정했다. 자기 아들, 즉 욘의 외삼촌의 '불안정한 항해술'을 비난한 것도 후회했다(그는 결국 쿠팡으로 도망쳐 죽는 날까지 아버지를 보지 않았다). 그 당시에는 조상님들의 방식에 부합하는 것처럼 보였지만 오늘날에 와서 생각해보니 실수였던 것도 많았다. 그런데도 이카와 욘이 자기를 먹여 살리고 있다니, 경이로운 일이 아닐 수 없었다. 그는 손주들의 봉양에서 신의 은총을 느끼고 있었다. 신이 손주들을 강건하게 하여, 앞 세대의 실패를 극복하고 지금껏 경험하지 못했던 보살핌을 제공하게 하고 있다고 믿었다. 비록 부족하지만, 새 집을 짓고 있는 욘에게 벽돌 한 장이라도 보태주려 하는 것은 바로 그 때문이었다. 그러나 그가 자위하는 게 하나 있다면, 오래전 낭떠러지 위에 부지를 조성함으로써 손주들에게 영구적인 삶의 기반을 제공했다는 것이었다. 그리고 그 부지에 바야흐로 새 집이 들어서고 있었다.

할아버지가 혼자 중얼거리는 동안 욘은 일언반구도 하지 않았다. 자기의 삶을 인정해주는 늙은이를 바라보다가 문득 솟아오르는 격한 감정을 주체할 수 없었기 때문이다. 그가 레월레바에서 일할 때 본능적으로 느낀 것은 가족이 자기를 아무리 좌절시키더라도 라말레라를 떠나는 순간 가족을 애타게 그리워하리라는 것이었다. 그때를 돌이켜보면, 할아버지 할머니는 이카를 시켜 욘에게 전화를 걸어, 울음 섞인 목소리로 "언제 돌아오는지 알려줘"라고 말했다. 라말레라에서는 살가운 말 한마디 건넨 적이 없었는데 말이다. 욘은 다음과 같은 역설적 감정에 사로잡혔다. '내가 만약 라말레라에 머문다면 이카, 할아버지, 할머니와 늘 옥신각신할 것이다. 그러나 자카르타에 간다면 그들을 미치도록 보고 싶어 할 것이다.' 무엇보다도 그가 명심하고 있는 것은 '나날이 악화되는 조부모의 건강을 감안할 때, 그들을 남겨두고 떠난다는 것은 영원한 이별을 의미할 수도 있다'는 점이었다. 그랜드마더 프란시스카의 건강상태는 요세프 보코보다 훨씬 더 심각했는데, 열대의 열기에도 불구하고 하루 종일 사롱을 세 겹씩이나 껴입고 지냈으며 말라리아의 한기 때문에 벌벌 떨다가 간혹 환각 상태에 빠졌다.

그들을 위해 식량을 비축해두려는 욘의 계획은 뜻대로 되지 않았다. '조상님들의 선물'은 여전히 코빼기도 비치지 않았기 때문이다. 레파 기간에 고래 사냥과 자망어업이 최악이었으므로, 유자망어업이 예년보다 일찍 시작되었다. 그에 따라 욘을 비롯해 많은 라말레라 사람들은 8월에 '유자망어업 모라토리엄'을 위반했는데, 이는 공식적인 레파 종료일인 9월 말보다 한 달 이상 앞선 것이었다. 그렇게 (마치 조상님들이 벌이라도 내린 것처럼) 어획량이 신통치 않을수록 욘은 더 열심히 일했다. 그는 야간에 유자망어업을 하고, 다음 날 아침에 변변치 않은 어획물을 해체해 살레스의 몫을 그의 여동생들에게 배분하고, 물고기의 피와 비늘로 뒤범벅된 채 잠깐 눈을 붙인 후 일어나 오후 내내 집 지을 벽돌을 만들었다. 그리고 해질녘에 VJO를 몰고 바다로 나가 유자망어업을 다시 시작했다. 그는 늘 요통에 시달렸다.

그는 미래에 대해 너무 많이 생각하지 않으려 했다. 그가 다년간 체득한 대응기제*는 끊임없이 현재에 집중하기였다. 만약 '오늘밤에 물고기를 몇 마리 잡아야 하나' 혹은 '자카르타로 떠나는 날까지 얼마나 남았나' 같은 문제를 너무 많이 걱정하면, 걱정이 그의 에너지를 축내게 마련이었다. 그는 주문을 외우듯 몇 번이고 되뇌었다. "짱구만 굴려봤자 아무런 소용이 없다. 닥치고 일에 몰두하자." '난 케펠라가 아니라

---

* 위협, 도전, 위험 등에 처해 있을 때 그에 대처하는 생리적·심리적·사회적 수준의 반응 양식.

진정한 라말레라 부족이다'라는 것을 증명하기를 마침내 포기한 것처럼, 그는 기분을 착 가라앉히고 자존심을 내려놓았다. 그는 난생처음으로, 그해 초에 라마파가 되려고 발버둥친 것은 도가 지나친 행동이었음을 스스로 인정했다. 그러나 그의 분노는 더욱 똬리를 틀었다. 다른 청년들과 두 번 주먹다짐을 했고, 호니와 통화하면서 긴 말싸움을 벌이기 시작했다. 연장자들은 그의 등 뒤에서 "사냥 시즌 초기에 보였던 패기와 기백이 사라졌어"라고 쯧쯧거렸다. 그렇게 속마음이 엇갈리는데도 불구하고 욘은 시간이 날 때마다 '더 이상 작살 사냥을 하지 않는다는 데 개의치 않는다'고 공공연히 말했다.

VJO의 작살을 창고에 보관할 위험에 끊임없이 직면하면서도 욘은 그러지 않았다. 작살촉을 도난당하는 바람에 텅 빈 작살자루가 시렁 위에 덩그마니 놓여 있는 것을 보고, 욘은 사냥 시즌 내내 작살촉을 소중히 여겼다. 언제라도 즉시 사용할 수 있도록 그는 뱃머리에 가지런히 놓인 밧줄 무더기의 꼭대기에 작살촉을 (마치 나침반의 바늘처럼) 올려놓았다. 그리고 일단 유자망어업이 시작되어 존손을 조종하게 되면 한 손으로 키를 잡은 채 다른 손으로 햇빛을 가리고 수평선을 감시했다. 마침내 대박이 터지길 기다리면서.

8월 말로 접어든 어느 날 새벽, 드디어 올 것이 왔다. 라말레라 사람들은 약 5개월 만에 처음으로 소리쳤다. "발레오! 발레오!" 유자망을 실은 채 뒤뚱뒤뚱하는 존손에 의해 예인된 후 테나 선단은 (마을 여자들이 산꼭대기에서 구경하는 가운데) 해식애를 따라 죽 늘어선 번식기의 고래 떼에 맹공을 퍼부었다. 고래 한 마리가 공격을 받자마자 수 톤의 바닷물을 튕겨 올렸고, 뒤이어 엄청난 물 폭탄이 바다로 자유 낙하해 미니 쓰나미를 일으키며 공격자들에게 카운터펀치를 날렸다. 몇 명의 연장자와 노련한 작살잡이들이 최근 은퇴하는 바람에 신참들이 여러 척의 테나를 장악하고 있었다. 초보 라마파들이 선원들을 무모하게 몰아붙이다 보니, 선박들은 부주의하게 서로 좌충우돌하다가 겨우 새끼 코테켈레마 한 마리를 잡는 데 만족해야 했다. 나머지 고래들은 사냥꾼들이 설치해놓은 저지선 밑으로 잠수해 유유히 사라졌다. 그러나 여러 달 동안 상실감에 빠져 살아온 탓에 고래잡이들은 조상님들이 내린 작은 축복에 감지덕지했다.

욘은 데모사팡에 사냥꾼으로 가담했지만, 블리코롤롱 가문의 테나는 그해에 고래를 한 마리도 잡지 못한 네 척 중 하나였다. 그러므로 그는 빈손으로 귀항했을 때 이그나티우스, 벤과 함께 물고기 대신 좌절감을 공유했다. (하리오나 가문의 테나인 볼리사팡은 그해에 단 한 번도 출항하지 않았는데, 그 원인은 가문의 우두머리인 크리스핀과 볼리사팡을 예인하는 존손의 소유주 사이에 벌어진 다툼이었다.) 프란스와 케나푸카도 운이 없기는 마찬가지였다. 그래서 고래를 해체할 때 욘, 이그나티우스, 벤, 프란스는 넋 놓고 앉아 베파나를 기다리는 수밖에 없었다.

신통찮은 작살 사냥 시즌 때문에 더 그러했는지는 몰라도, 2015년에는 불공정한 배분에 대한 불만이 팽배했고 우마와 베파나 시스템의 변화가 서서히 진행되었다. 많은 연장자들은 존손을 비난했다. 테나와 마찬가지로 조합 형태로 조직화되어 있지만 존손의 소유주는 일반적으로 가문 전체가 아니다. 존손의 우마는 사유화되어 통상적으로 (수천 달러짜리 선외 모터의 구입 자금을 동원할 만한) 대여섯 명의 재력가에게 돌아간다. 따라서 테나와 달리 존손의 이익은 종종 '모두'가 아니라 '소수의 부유층'에 귀속된다. 2000년대 들어 존손을 이용한 사냥이 테나를 이용한 사냥을 점차 대체해가면서 테나의 우마에만 의존했던 가족들은 궁핍에 시달리게 되었다. 설사 테나가 고래를 잡더라도 부족원들이 나눠 먹을 고기는 줄어들었다. 왜냐하면 테나를 예인한 존손이 2우마 – 1우마는 예인비, 1우마는 연료비 – 를 요구했기 때문이다.

궁극적으로 '공동체적 테나의 혜택'이 감소함으로써 가장 큰 피해를 본 사람들은 라말레라의 극빈층이었다. 8월의 어느 날 오후, 우마를 받은 가족들 중 상당수를 향해 (옥수수 알맹이나 튀긴 경단 한 접시를 든) 늙은 여자들이 다가갔다. 그것을 *파파라마 pafa lama*라고 하는데, 여자들이 소정의 토큰물token offering을 커다란 고깃덩어리와 바꾸는 불균등 교환을 말하며, 사실상의 자선 행사였다. 조상님들의 시대에는 극소수의 여자들이 파파라마에 의지했지만 최근에는 파파라마가 더욱 흔한 관행으로 자리잡았다. 왜냐하면 우마에 의존하는 사람들 중 상당수가 더 이상 우마를 신뢰할 수 없기 때문이었다. 게다가 모든 사람의 식품 저장고가 텅텅 비어 고래고기가 절실히 필요한 상황에서 어느 누구도 자신이 베파나를 받는 행운아가 될 거라고 장담할 수 없었다.

욘은 억세게 운이 좋았다. 그는 한 육촌이 베파나로 제공한 고래고기 덩어리와 내장 한 접시를 받아 이카, 조부모와 나눠 먹었다. 아무런 사과의 말도 주고받지 않았지만 욘은 최근 들어 그들과 함께 다시 밥을 먹기 시작했다. 그는 허구한 날 다른 사람들에게 민폐를 끼쳐 면목이 없었다고 둘러댔지만, 사실은 가족이 그리워졌기 때문이다. 할아버지 할머니의 스테이크를 적당한 크기로 썰어드리고 자기 것은 통째로 먹다가 – 참고로, 구운 고래 스테이크는 수년간 소금에 절인 소고기 맛이 나고 얼기설기 얽힌 혈관이 자근자근 씹힌다 – 간혹 씹기를 멈추고 "조상님들의 음덕에 힘입어 더 많은 사냥감을 잡게 될 거예요"라고 자신 있게 말했다.

다음 날 새벽 '세상의 주인들'이 고래의 머리를 들여다보는 동안 이카는 다른 여자들과 함께 줄을 서서 기다렸다. 고래의 머리는 전날과 마찬가지로 온전했지만 몸통은 이미 완전히 해체되어 등뼈만 앙상했다. 지방층에 뚫린 구멍에서 아몬드 향이 나는 노란색 액체가 분출하는 동안 이카는 자신의 양동이를 채웠다. 19세기에 한 번 출항했다 하면 수년간 전 세계의 바다를 누볐던 유럽과 아메리카의 고래잡이들을 매혹시켰던 것은 바로 경랍유 spermaceti oil였다. 경랍유를 태우면 '연기가 나지 않는 안정된 빛'을 내뿜었는데, 그 불빛은 전기가 발명되기 전에 '최고의 등불' – 라말레라 사람들은 아직도 이 등불을 사용한다 – 로 명성을 날렸지만 라말레라에서는 경랍유를 요리와 의학적 치료에 더 많이 사용했다. 고래의 머릿속을 비우고 지방층과 살코기를 모두 도려낸 후, 우존들은 텅 빈 두개골과 다른 자투리를 해변의 끄트머리에 쌓아놓고 조상님들께 더 많은 선물을 보내달라고 기원했다.

그러나 조그만 고래 한 마리를 더 잡은 후, 멀리 보이는 물기둥을 보고 출격한 선단은 두 번 연거푸 간발의 차이로 향유고래를 놓쳤다. 사냥꾼들은 건기가 끝나는 날까지 쌍안경을 이용해 수평선을 샅샅이 뒤졌지만 더 이상 운이 따라주지 않았다. 라말레라 부족이 2015년 사냥 시즌에 잡은 고래를 다 합치면 고작 여섯 마리였다.

지난 몇 달 동안 욘의 삶은 다람쥐 쳇바퀴처럼 느껴졌지만 제자리에서 맴돌던 시간이 갑자기 직진하며 예기치 않은 사건이 매달 한 건씩 일어났다. 첫째, 인도네시아 해양수산부의 직원들이 어느 날 갑자기 들이닥쳐 라말레라 부족의 선박과 고래잡이 수를 조사했는데, 그로부터 얼마 후 테나는 국가 데이터베이스의 주낙 어선 부문에 등재되었다. 둘째, 울란도니 항구의 부두가 마침내 완공되었지만 누알레라와 루키 간의 갈등이 아직 해결되지 않은 탓에 승객 터미널이 건립되지 않아, 개통식이 다음해로 연기되었다. 셋째, 프랑스의 나이 든 친척인 '라말레라의 스크루지'는 산을 넘는 새로운 아스팔트 포장도로를 이용하기 위해 에어컨을 갖춘 15인승 미쓰비시 밴을 수입해 자동차와 경쟁하는 한편, 한 샤먼을 고용해 닭의 목을 자르고 그 피를 하얀색 차에 덕지덕지 바름으로써 '도로의 테나'에 세례를 베풀었다.

레파 기간의 '건조한 동풍'이 계절풍 시즌의 '습한 서풍'에게 길을 내줄 때 욘은 마침내 자카르타로 떠날 준비가 되어 있었다. 그가 날치를 충분히 비축해놓았으므로, 그의 가족은 그가 봉급 중 일부를 송금할 때까지 먹고살 수 있었다. 그러나 살레스의 형이 전화를 걸었을 때 욘은 가족을 위한 집을 완성해야 하므로 조금만 더 말미를 달라고 부탁했다. 동쪽 벽이 아직 지붕에 닿지 않은 것을 제외하면, 나머지 부분은 모두 마무리되었다. 그러나 욘은 '지금까지의 열정'을 더 이상 쏟아붓지 않았다. 오래전 유도선_{guide wire}으로 쓰려고 준비해두었던 전선을 빨랫줄로 사용하기 시작했으며, 때로는 공사를 마무리하려 하지 않고 결정을 미룰 요량으로 빈둥거리는 것처럼 보였다.

최근에 일어난 사건들이 그에게 '고향에 머무는 게 좋겠다'고 권유하는 듯했다. 가족들에게는 자카르타행 계획을 아직 언급하지 않았지만, 호니에게 말했더니 울며불며 파혼하겠다고 으름장을 놓았다. 처음에는 '내가 자카르타에서 새로운 여자친구를 사귈까봐 걱정하는가 보다'라고 생각하며 실망하고, 지금까지 잘해온 것을 봐서라도 자신의 일편단심이 더 이상 의심받지 않기만을 바랐다. 그러나 변함없는 사랑을 다시 맹세했다가 "자기가 렘바타에 있다는 사실과, 자기에게 돌아갈 수 있다는 생각이 나의 향수병을 달래주곤 해"라는 대답이 돌아와 깜짝 놀랐다. 한편으로 그는 그녀를 어리석다고 생각했다. 왜냐하면 라말레라에 있든 자카르타에 있든, 떨어져 있는 건 마찬가지이기 때문이었다. 또 다른 한편으로 그는 자기가 그녀를 고향과 이어주는 강력한 연결고리임을 알고 감동했다. 심지어 그들이 그동안 티격태격한 데는 긍정적인 측면도 있었다. 그의 말에 자극받은 호니가 "다 때려치우고 1년 일찍 고향으로 돌아가겠어!"라고 말하기 시작했기 때문이다. 그녀의 조기 귀환은 욘을 고향으로 이끄는 또 하나의 인센티브였다.

그러던 중에, 어느 날 아침 알로의 어머니가 욘 앞에 나타나 이카가 임신을 했다고 알려주었다. (이카와 알로는 욘에게 혼날까봐 두려워서 그동안 임신했다는 사실을 숨겨왔다.) 욘은 이카가 어머니의 전철을 밟고 있다는 데 실망했고, 알로가 그녀를 험한 길로 유도했다는 데 분노했다. 그러나 그들은 욘의 가장 좋은 친구였고, 서로 사랑하는 게 분명했으며, 그가 인정하든 말든 아기는 태어나게 마련이었다. 그는 "내가 호니와 결혼할 때까지만 결혼을 미뤄줘"라고 그들에게 요구했고, 그들이 동의하자 임신에 대해 더 이상 왈가왈부하지 않았다. 사실 임박한 출산은 모든 사람을 일치단결하게 해주었다. 왜냐하면 욘은 조카가 생길 거라고 기대하기 시작했고, 알로가 이카를 적극적으로 거든 덕분에 역할 분담(예컨대 우물에 가서 물을 길어 오는 문제)을 둘러싼 갈등이 줄어들었기 때문이다.

그에 더하여, 조부모가 점점 더 쇠약해진다는 점을 감안할 때, 임신한 여동생 대신 가족을 돌볼 사람이 필요하다는 사실이 더욱 명확해졌다. 그리고 그해에는 라마파가 되지 못했지만 다음 사냥 시즌에는 재도전할 기회가 얼마든지 있었다. 그런데 무엇보다도 중요한 것은 자기가 뼛속까지 라말레라 부족원이기 때문에 망설여진다는 것이었다. 라말레라에서는 상호적 이타주의 원칙에 따라 무상급식이 되었든 고래잡이 파트너가 되었든 누군가의 도움을 받을 수 있었다. 그와 달리, 듣자하니 자카르타는 피도 눈물도 없는 곳이었다. 그렇게 살벌한 곳이라면 아무리 영험한 조상님들이라도 그를 지켜주지 못할 것 같았다. 조상님들의 방식이 적용되지 않는다면 도대체 어떤 방식으로 살아가야 한단 말인가!

관련된 논문을 한 편도 읽어본 적이 없지만 욘은 과학적 증거가 보여주는 것을 직감적으로 알고 있었다. 그 내용은 '전통사회의 부족은 산업사회의 시민보다 더 많은 성취감을 느낀다'[14]는 것이었다. 전통사회는 산업사회보다 더 평등적이고 포용적이어서 모든 사람이 집단적인 삶에서 일익을 담당하기 때문에, 고독감과 우울증을 호소하거나 외상후스트레스장애 같은 사회적 기반의 정신건강 문제로 고통을 받지 않는다. 또한 수렵채집인의 노동시간은 현대인의 '주 40시간'보다 훨씬 더 적었다. 그 차이는 수렵채집인의 생활 방식과 계절 등에 따라 다르지만 – 예컨대 이누이트 부족의 일상생활은 칼라하리Kalahari 사막에서 살고 있는 부시먼Bushman 부족과 매우 다르다 – 수렵채집인은 일반적으로 1주일에 20시간씩 일했다.[15] (그러나 명백한 예외도 있는데, 이카의 경우 거의 쉬지 않고 일했다.) 수렵채집인은 나머지 시간을 예술, 여가 생활, 사회생활 – 특히 종교 생활 – 에 할애했는데, 인류학자들의 관찰에 따르면 이처럼 균형 잡힌 삶 덕분에 수렵채집인의 정신생활이 현대인보다 훨씬 더 풍요롭다고 한다.

아무리 그렇더라도 산업사회에는 전통사회의 부족원이 이주하고 싶게 만드는 독특한 이점이 있다. 첫째, 산업사회에서는 가난한 시민일지라도 편의 시설 – 에어컨, 슈퍼마켓 등 – 에 접근할 수 있는데, 이런 시설은 수렵채집인이 듣도 보도 못한 것들이기 때문이다. 엔진, 동력 사슬톱, 총, 전화기 같은 도구는 한때 많은 인력이 요구되었던 성과를 혼자서 달성할 수 있게 해준다. 둘째, 국가 사회는 전통사회보다 훨씬 더 안전하다. 만약 경찰력이 없다면 개인은 각자의 힘으로 정의를 구현해야 하는데, 그러다 보면 '울란도니 항구를 둘러싼 루키 부족과 누알레라 부족 간의 충돌' 같은 사건이 일어날 수밖에 없다. 셋째, 여성과 소수 집단(게이나 레즈비언)은 전통사회보다 현대사회에서 더 많은 자유를 누리는 경우가 많다. 그런데 가장 중요한 것은, 수렵채집인은 한창 때 현대인을 능가하는 건강과 체력을 향유함에도 불구하고 유아사망률이 선진공업국보다 훨씬 더 높으며, 노년기에 세상을 떠나는 나이가 서양 사회의 시민보다 10년쯤 적다는 것이다.

전통사회가 되었든 현대사회가 되었든, 하나의 생활 방식이 다른 생활 방식보다 더 많은 추종자를 거느리고 미래를 지배하게 된다는 원칙에서 벗어날 수 있는 사람은 아무도 없을 것이다. 첫비가 내리기 시작할 때 욘이 마음을 정하지 못하고 갈팡질팡한 것은 양쪽 사회 모두 일장일단이 있기 때문이었다. 그는 간혹 휴대전화를 꺼내 살레스 친형의 전화번호를 몇 분 동안 응시했다.

그로부터 며칠 후 아직 어두컴컴한 새벽, 짐칸을 냉장 박스로 개조한 노란색 덤프트럭 한 대가 레월레바와 라말레라를 가로막은 화산을 덜컹거리며 넘었다. 동틀 무렵 해변을 어슬렁거리던 두 명의 레게 머리 남자 – 둘 다 살레스의 종업원이었다 – 는 어부들이 쌓아놓은 악마가오리 더미를 단 1초도 바라보지 않고 지나쳤다. 그러나 두 마리의 작은 참치가 있음을 알아채고, 그들은 그 주週의 시세가 적힌 라미네이트 종이를 어부들에게 들이밀었다. 어부들은 가격이 너무 싸다고 투덜댔지만, 이윽고 5만 루피아(약 3달러 50센트)짜리 지폐 두 장을 받고 그들에게 참치를 넘겼다.

다음 날 밤, 다른 마을의 부족에게서 물고기를 구입한 노란색 덤프트럭은 허름한 벽돌 건물이 즐비한 마을을 통과해 살레스의 냉장 공장에 도착했다. 그 공장은 길이가 수백 미터에 달하는 초현대식 건물로, 거대한 배기팬과 외장형 금속제 환기관을 갖추고 있었다. 늦은 시간인데도 창고 밖에서는 인부들이 제2공장을 짓느라 여념이 없는 가운데, 철근을 자르는 원형톱에서 불꽃이 튀었다. 덤프트럭이 후진해 하치장으로 들어가자 청바지 위에 작업복을 입은 수십 명의 인부들이 기숙사에서 몰려나와 트럭을 맞이했다.

마스크를 착용한 인부들이 거대한 황새치 세 마리를 양철제 활송 장치chute*에서 끌어내리는 동안 자주색 바틱**와이셔츠를 입고 값비싼 가죽샌들을 신은 자카르타 출신의 감독관이 겁먹은 표정으로 살레스에게 물었다. "라말레라 사람들이 이 많은 황새치를 다 잡은 건가요?" 살레스는 고개를 끄덕였다. 두 사람 모두 황새치를 '소드피시swordfish'라는 영문명으로 불렀는데, 그들은 모든 수출용 어류를 현지어가 아닌 영문명으로 불렀다. 그들은 황새치가 한 마리당 수천 달러를 호가한다는 사실을 알았고 그 물고기들을 다 팔면 수익을 얼마나 올릴 수 있는지 암산하기 시작했다. 살레스는 1등급 황새치를 렘바타 공항에서 비행기에 실은 뒤 자카르타 국제공항으로 보내, 24시간 후 도쿄나 뉴욕의 식탁에 오르게 할 예정이었다. 일단 공장이 풀가동되면 한 달에 120톤 이상의 물고기를 처리할 것으로 예상되었다.

이제 살레스를 통해 라말레라와 글로벌 시장을 잇는 사슬의 마지막 연결고리가 완성되었다. 욘이 바깥세상으로 나가기 위해 부족사회를 탈출하려고 궁리하는 동안 외부 세계는 이미 그를 향해 쉬지 않고 달려오고 있었다.

---

* 물건을 미끄러뜨리듯 이동시키는 장치.

** 인도네시아를 원산지로 하는 초wax 염색의 독특한 기하학적 무늬나 천의 명칭.

제3부

2016년

12

새로운 케나푸카

2016년 4월

프란스, 벤

4월의 어느 일요일, 프란스는 자기 집의 앞 베란다에 앉아 자망을 손질하며 덜컹덜컹 다가오는 차 소리에 귀를 기울이다가 우기의 끝물인데도 극성을 부리는 메뚜기 떼의 고동치듯 웅웅거리는 소리를 듣고 바짝 긴장했다. 그의 아내 마리아는 먼지 날리는 마당의 언저리를 짚빗자루로 두들겼는데, 그건 도로와 가까운 쪽에 오랫동안 머물기 위한 평계에 불과했다. 그녀는 간간이 허리를 숙이고 듬성듬성한 풀을 하나씩 뽑기 시작했다. 왜냐하면 라말레라 사람들에게 존경의 징표는 '무성한 풀밭'이 아니라 '반듯한 땅'이기 때문이었다. (문명은 원시림 같은 정글을 개간함으로써 탄생하는데, 정글은 계절풍 시즌일수록 잡초가 무성하게 마련이다. 그러므로 계절풍 시즌에 땅을 반듯하게 일군 사람은 존경받아 마땅하다고 여겨진다.) 프란스는 마리아에게 너무 열심히 일하지 말라고 핀잔을 주었다. 그도 그럴 것이, 그녀는 두 달 전 시장에 가는 길에 오토바이에서 떨어져 머리를 크게 다쳤기 때문이다. 그의 치유 능력이 영 신통치 않아, 그녀는 레월레바의 병원에서 거의 1주일 동안 치료를 받았다. 증상은 대부분 회복되었지만 그는 그녀의 건강을 끊임없이 걱정했다. (사실 프란스는 제 코가 석 자였다. 고래에게 맞아 부러진 팔에 성수를 뿌리고 사냥터로 나갔던 그는 어느새 건강염려증 환자가 되어, 50대에 시작된 자신의 통증이 조만간 영구적인 불구로 귀결될 거라고 예감하고 있었다.)

무적foghorn* 소리가 언덕 아래로 울려 퍼졌다. 대학을 갓 졸업한 프란스의 딸이 고향으로 돌아오고 있었다. 그녀는 최근 1년 동안 고향을 방문한 적이 없었으므로, 프란스는 그녀의 귀환과 다가오는 레파를 계기로 새 출발을 다짐하고 있었다. 2015년 사냥 시즌 말에 테나가 파손되는 바람에 프란스가 속한 베디오나 가문의 미쿠랑구파가 큰 타격을 입은 상태였다. 그로 인한 상실감이 엄청나게 컸으므로, 가장 사랑하는 자식이 고향에 돌아온 데서 느끼는 행복감으로만 만회될 수 있었다. 마리아는 활짝 웃으며 오솔길을 달려 도로로 내려갔다. 그러나 벽돌 베란다에 그대로 앉아 있는 프란스는 차가 멈추는 것을 볼 수 없었으므로, 기쁨에 찬 인사 소리를 들으며 얼굴을 찡그렸다. 그러나 그의 인내력은 '딸을 보고 싶다'는 욕망에 압도되고 말았다. 그는 자리에서 벌떡 일어나 난간에 기댄 채 사람들이 웅성거리는 곳을 내려다보았다. 거기에서는 그의 '천사'인 베나가 마리아와 일곱 명의 가족구성원에게 둘러싸여, 끈으로 묶인 골판지 상자를 누구에게 건네야 할지 몰라 즐거운 비명을 지르고 있었다. 그는 얼굴 가득 환한 미소를 지은 후 제자리로 황급히 돌아가, 그들에게 들키기 전에 옷매무새를 바로잡고 땀전을

---

* 항해 중인 배에 안개를 조심하라는 뜻에서 부는 고동.

피웠다.

베나는 계단을 단숨에 뛰어 올라와 자신의 이마를 프란스의 오른손에 댔다. 고개를 연신 끄덕이는 동안 평소에 시무룩하던 그의 입은 귀에 걸릴 정도로 씰룩거렸다. 베나는 10년 넘게 집을 떠나 있었다. 프란스와 마리아는 그녀를 레월레바의 고등학교에 보낼 형편이 되지 않아, 중학교를 졸업함으로써 정규교육을 마감할 것인지 – 당시만 해도 라말레라에는 고등학교가 없었다 – 아니면 (한 삼촌의 제안에 따라) 먼 섬에 있는 신탕Sintang이라는 도시에서 삼촌과 함께 살며 그의 금전적 도움하에 고등학교까지 마칠 것인지를 그녀에게 물어보았다. 그녀는 돌아오겠다고 약속하고 눈물을 글썽이며 부모에게 작별을 고했다. 아직 열두 살밖에 되지 않았지만 그녀는 가장 어린 자식인 자기가 노부모를 보살펴야 한다는 사실을 잘 알고 있었다. 삼촌이 '교사자격증을 주는 대학교'의 장학금을 주선해주는 바람에 그녀의 체류 기간은 당초 예상보다 5년 이상 길어졌다. 그리고 마침내 교사자격증을 취득했는데도 그녀는 어린 시절의 약속을 지키기 위해 고향에 돌아왔다.

"귀향을 환영한다, 내 딸아! 귀향을 환영한다!" 프란스는 라말레라어로 말했다.

다른 식구들이 벤치에 앉아 있는 동안 베나는 나이가 20대인데도 아버지의 무릎 위에 앉았다. 이는 라말레라에서 드물지 않은 행동이었다. 왜냐하면 아무리 장성한 자식이라도 부모 앞에서는 재롱을 떨기 때문이었다. 모두가 베나에게 그동안 신탕에서 어떻게 지냈느냐고 묻고, 그녀가 행복한 표정으로 인터넷 카페, 소셜 미디어, 피자에 대한 이야기보따리를 풀어놓는 동안 프란스는 잠자코 앉아 그녀의 모습을 요모조모 살폈다. 그러는 동안 마리아는 딸의 허벅지에 자기 손을 올려놓고 있었다. 몇 년에 한 번씩 1주일간 방문한 것을 제외하면, 그들은 근 10년간 딸의 얼굴을 보지 못한 셈이었다.

프란스는 자기 딸을 잘 안다고 늘 자신했지만, 이제 와서 보니 그녀는 딴사람이 되어 있었다. 실내 생활이 그녀를 포동포동하고 창백하게 만든데다 미백파우더는 그녀의 피부를 심지어 유령처럼 만들어버렸다. 그녀는 꽉 끼는 청바지와 얼룩말 무늬의 블라우스를 입고 미키 마우스 단추형 귀고리와 핑크빛 네일 폴리시를 하고 있었다. 다른 라말레라 사람들이 나중에 이구동성으로 말했듯이, 그녀는 한마디로 '도시녀city girl'처럼 보였다.

저녁이 되자 프란스는 손님들을 돌려보내고 '집에 돌아왔으니 촛불을 밝혀야 한다'고 베나의 주의를 환기했다. 그는 베나를 데리고 라말레라 윗마을의 교회 묘지로 올라갔다. 그곳은 테레세아가 세상을 떠난 지 거의 3년이 지났는데도 이그나티우스가 매일 저녁 아내를 위해 촛불을 밝히는 장소였다. 베나는 조상님들의 무덤 곁에 무릎을 꿇고 앉아 세 개의 양초에 불을 붙였다. 그녀가 한 행동을 인도네시아어로 '짝짓기pairing'라고 하는데, 그 의미는 '유골에 불을 밝힘으로써 사자死者와 함께 살고 과거와 함께 존재한다'는 것이다. 집으로 돌아오는 길에 프란스는 베나와 함께 간선도로를 우회하여 해변으로 내려왔다. 선박 창고를 밝히는 등불이 없었으므로 베나는 가문이 소유한 최신 테나의 윤곽만 볼 수 있었다. 새로 칠한 페인트의 화학적 냄새와 톱밥의 기분 좋은 냄새가 번갈아가며 코를 자극했다. 프란스는 우기 동안 테나를 재건하는 데 몰두했다. 베나는 잠시 멈칫거리다가 뱃머리에 손을 얹고 바다에서 뛰노는 커다란 동물의 모습을 떠올렸다. 잠시 후 두 사람은 함께 기도했다.

날치 튀김, 모링가 잎 수프, 적미를 곁들여 저녁 식사를 한 후 베나는 오래전에 자신이 사용했던 방으로 들어가 문을 닫았다. 그녀는 여러 켤

레의 하이힐(레이스로 된 주름 장식이 달린 핑크빛 하이힐을 포함해서), 메이크업 키트와 헬로키티 핸드백, 세 개의 커다란 스피커가 달린 사운드 시스템, 랩톱 컴퓨터를 꺼냈다. 이윽고 그녀는 휴대전화에 대고 수다를 떨었는데, 노래하는 듯한 라말레라어는 '신탕식 억양이 가미된 어수선한 인도네시아어'로 바뀌었다. 통화가 끝나고 난 후 그녀의 가라오케 시스템에서 케이티 페리Katy Perry의 「지난 금요일 밤Last Friday Night」 반주가 흘러나오자, 도마뱀붙이들이 깜짝 놀라 벽돌 벽 틈새로 숨어들었다. 가사를 제대로 이해하지 못하면서도 베나는 신탕의 가톨릭 성가대에서 익힌 노래 실력을 발휘해 미국의 파티 노래를 멋들어지게 따라 불렀다. "It's all a blacked-out blur, but I'm pretty sure it ruled……… last Friday night(기억이 나지 않지만, 죽여줬다는 건 분명해……… 지난 금요일 밤에)!"

평소에 조용했던 동네가 그녀의 노랫소리 때문에 들썩거렸다. 그런 노래를 들으면 경기驚氣를 하는 프란스였지만, 이제는 마리아 옆에 가만히 누워 딸의 노래에 귀를 기울이기 시작했다. '라말레라 마을이 행복해지려면 모든 사람이 조상님들의 방식을 따라야 한다'고 믿었던 그였지만, 문득 이런 걱정이 들었다. '딴 세상에서 살다 온 베나에게는 라말레라 부족원들과 함께 사는 게 불편할지도 모른다.' 고향에 돌아온다는 데 아무런 불만을 제기하지 않았지만, 솔직히 말해 베나는 부모를 보살피기 위해 '신탕에서의 밝은 미래'를 희생하고 있는 것이었다. 초등교원자격증을 취득했으니 초등학교 교사 자리는 따놓은 당상이고, 돈 걱정을 할 필요가 없을 터였다. 그러나 라말레라 마을에 눌러앉는다면 그녀가 자신의 기대 수준을 충족하는 건 불가능해 보였다.

프란스뿐 아니라 어느 누가 물어봐도 베나는 서슴없이 '고향에 돌아와서 기쁘다'고 대답했다. 그녀에게는 가족과 전통이 최우선적 고려 사항인 것처럼 보였다. 그런데 몇 주 동안 베나를 유심히 관찰한 결과, 프란스는 그녀의 라말레라 생활이 예상했던 것보다 혹독하다는 것을 알 수 있었다. 그녀는 이마에 돋아난 뾰루지를 손톱으로 할퀸 후, 메이크 업으로 상처를 덮으려 무진 애를 먹었다. 에어컨에 익숙해진 터라 그녀 는 끊임없이 땀을 흘렸다. 한때 아무렇지도 않았던 화산 등반이 그녀를 녹초로 만들었다. 옛 친구들의 아기와 노는 것을 즐겼지만, 친구들은 가정이 있는 몸이라 그녀와 놀아줄 시간이 별로 없었다. 심지어 극소수 의 처녀들 – 예컨대 이카(비록 임신 중이었지만) – 도 산더미 같은 집안일 때 문에 그녀와 노닥거릴 여유가 없었다. 그리고 무엇보다도 중요한 것은 아무리 눈을 씻고 봐도 '가방끈이 긴 총각'을 찾아볼 수 없다는 것이었 다. 프란스는 이런 생각마저 들었다. '심지어 라마파도 베나를 만족시 킬 수 없을 걸?' 거의 매일 밤 그녀는 부모와 식사를 한 후 자기 방에 틀 어박혀 휴대전화를 붙들고 문자메시지, 전화 걸기, 페이스북에 몰두했 고, 며칠마다 한 번씩 다른 섬에 사는 친척과 친구들에게 통화 선불카 드를 충전해달라고 졸라댔다.

20여 년 전에 악마고래가 케나푸카를 못 쓰게 만든 후 망망대해에서 표류하며 방향감각을 잃었을 때, 프란스는 구름이 갈라지며 드러난 남 십자성을 바라보고 라말레라가 있는 방향을 알아낸 적이 있었다. 그는 남십자성이 가리키는 방향으로 항해하며, 살아남아서 베나가 성장하 는 모습을 볼 수 있기를 간절히 기도했다. 이제 그는 확신하고 있었다, 조상님들과 신께서 자기를 살려주신 덕분에 베나와 그 후손들의 미래 를 준비해줄 수 있게 되었다고. 성인이 된 후 대부분의 기간에 그는 부 족을 이끌고 현대화에 슬기롭게 대처해왔고, '테나를 예인하는 존손'을 합법화하는 협상을 주도했으며, 우존 가문을 반복적으로 무마해왔다. 그는 부족사회에 베나 같은 사람들이 머물 수 있는 공간을 마련해주고 싶었다. 그러나 그는 '도시녀'를 행복하게 해주는 방법을 알지 못했다.

그리고 조상님들의 방식이 현대 여성에게 보람 있는 삶을 제공해줄 거라고 확신할 수도 없었다. 현대화의 물결을 헤쳐 나가려고 아무리 발버둥쳐도 과거의 그림자(특히 조상님들이 제시한 방식대로 케나푸카를 다시 건조하던 때의 기억)가 길게 드리울 뿐이었다. 이제 신구조화新舊調和라는 가장 개인적인 도전에 직면하여 그는 자신이 오랫동안 간직한 '신구의 공존이 가능하다'는 신념이 무너질지도 모른다는 우려를 잠재울 수 없었다.

예전의 케나푸카는 2015년을 마지막으로 사냥에 참가한 이후 더 이상 출항하지 못했다. 그 당시 강풍을 동반한 파도가 선단을 가로막아서 바다에 나간 고래잡이들은 새끼들을 동반한 고래 떼를 추격할 수가 없었다. 테나들이 빈손으로 해변에 돌아왔을 때 썰물인데다 풍랑이 거세져, 평소에는 물속에 잠겨 있던 (바위의 노두露頭와 동쪽 갑岬 사이에 자리잡은) 화산암 지대가 물결 사이사이에 드러났다. 그쪽 해변에 있는 선박 창고에 접근할 방법이 없는데다 바다에 무작정 머무는 것은 위험천만했으므로 선단은 (엄청난 물결이 밀려와 배를 한 방에 모래밭으로 보내주기를 기대하며) 일렬종대로 서서 기다렸다. '발레오'를 깜빡 놓쳤던 프란스는 해변에 서서 테나가 하나씩 하나씩 물결에 올라탄 채 화산암 지대를 넘어 모래밭에 안착하는 광경을 지켜보았다. 상륙한 선원들은 배에서 잽싸게 뛰어내려, 나머지 배들을 위해 자기들의 배를 안전한 곳으로 떠밀었다.

맨 마지막으로 바다에 남은 건 케나푸카였다. 설사 프란스가 케나푸카를 지휘했더라도 선원들을 이끌고 무사히 귀환할 거라고 장담할 수는 없었다. 그런데 해변에 있던 그는 케나푸카의 선원들이 잘못 계산했음을 직감했다. 밀려드는 파도가 해변에 도달하기 전에 부서지며 테나를 암석 위에 사정없이 내동댕이치는 순간, '나무 신음하는 소리'가만灣 전체에 울려 퍼졌다. 선원들이 급히 뛰어내려 배를 육지로 밀어 올리려 애썼지만 미끌미끌한 조류藻類를 밟고 뒤뚱거리는 통에 어찌할 도리가 없었다. 불과 몇 초 후에 비좁은 공간을 통과한 파도가 그들을 덮쳤다. 바닷물이 화강암 지대로 쇄도하는 가운데, 선원들이 맹렬한 파도를 피하려고 허우적거리는 동안 프란스는 속수무책으로 바라보기만 했다. 배 안에 남아 있는 사람은 오테밖에 없었다. 그는 하마롤로 위에서 몸을 웅크린 채 작살자루로 테나를 버티게 하려고 안간힘을 썼지만, 새로운 파도가 그의 머리를 덮치자 무릎을 굽히며 주저앉아 발판을 꽉 움켜잡았다. '물의 벽'이 테나를 단단한 화산암반에 긁어댈 때, 세 개의 바위가 배를 잇따라 강타해 목재를 산산조각 냈다.

성난 바다의 공격은 거기서 멈추지 않았다. 훨씬 더 커다란 파도가 밀려오는 동안 역류가 케나푸카를 화강암 지대로 다시 끌어내렸다. 테나는 다시 한 번 바위에 부딪힌 후 위험지대로 되돌아왔다. 세 번째 파도가 들이닥쳤을 때, 바닷물은 더 이상 배를 우회해 흐르지 않고 그냥 통과해버렸다.

파도가 소강상태를 유지하는 동안 해변에 있던 모든 사람이 난파된 선체를 황급히 안전지대로 옮겼다. 프란스는 온몸이 마비된 것처럼 그 자리에 서 있었다. 해변에 흩어진 테나의 잔해를 살펴본 그는 심장이 산산이 부서진 듯한 느낌이 들었다. 용골은 두 동강이 나고 널빤지는 떨어져 나가 양팔을 벌린 것보다 널따란 구멍을 남겼다. 이그나티우스는 그 손상이 치명적이라는 판정을 내렸다. 프란스와 가문의 구성원들에게 그것은 눈앞에서 가족을 잃은 것이나 마찬가지였다. 그 후 몇 주 동안 욘의 유자망어업 친구이자 케나푸카의 선원인 안소는 밤마다 흐느끼며 잠을 이루지 못했다.

툭툭 털고 일어나는 서양 사람들과 달리 프란스는 사라진 부분품을 모조리 다시 만들려 했다. 그는 쓸 만한 널빤지를 가능한 한 모두 회수해 타폴린으로 감싼 뒤 (케나푸카가 한때 휴식을 취했던) 러너runner* 위에 놓아두었다. 쓸모없어진 널빤지는 망가진 케나푸카의 썩어가는 목재 위에 차곡차곡 쌓아놓았다. (테나는 몇 세대에 한 번씩 다시 건조되므로, 망가진 테나는 선박 창고 뒤의 공터에 마치 무덤 속에 쌓여 있는 조상님들의 유골처럼 누워 있게 마련이었다.) 2015년 12월, 프란스는 가문의 구성원들과 함께 배를 타고 아타데이 반도를 둘러보다가 그 해안에서 3일 동안 머물며 원시림 속의 아름드리나무를 열세 그루나 베었다. 선체 하부용으로는 방수가 되는 버마화리Burmese rosewood를 선택하고, 선체 상부용으로는 그보다 부드러운 케이폭나무kapok의 몸통을 선택했다. 수십 그루의 중국 순비기나무chaste tree를 샅샅이 뒤져, 가장 중요한 부분인 용골 모양으로 구부러진 것을 발견했다. 선박 창고의 지붕에서 빗방울이 떨어지던 1월과 2월, 프란스는 케바코푸카 – 라말레라 부족이 사용하는 테나의 원조로, 모든 테나의 표준이 되었다 – 의 설계도를 들고 새로이 건조할 케나푸카의 구조를 면밀히 검토했다.

선박의 건조 과정을 총지휘하는 것은 가문의 우두머리이자 조선공인 프란스에게 가장 중요한 일이었다. 케나푸카가 마지막으로 건조된 해는 선박 창고의 서까래에 숯으로 '1989'라고 적혀 있었다. 케나푸카는 1994년에 악마고래와 함께한 오디세이의 유일한 생존자로, 프란스는 고향에 돌아온 후 수석 조선공의 문하에서 손상된 선체를 수리하는 방법을 연구했다. 그로부터 22년이 지난 지금, 감개무량하게도 새로운 선박의 건조를 눈앞에 두고 있었다. 라말레라 마을에서 새로운 테나가 건조되는 것은 7년 만에 처음이었으므로, 처음 구경하는 아이들은 휘

---

* 가구의 위나 바닥 등에 까는 길고 가느다란 천이나 카펫.

둥그런 눈으로 쳐다보았고 연장자들은 지나가는 길에 들러 옛날식으로 훈수를 두거나 덕담을 건넸다.

먼저, 프란스와 그 문중 사람들은 (동력 사슬톱 같은 현대식 도구가 아니라 조상님들이 사용했던 손자귀를 이용해) 32개의 선체 판hull board을 다듬어 선박 조립에 필요한 퍼즐 조각을 완성했다. 그들은 선체 판을 차례로 용골에 부착했는데, 판의 끄트머리를 겹침이음 갈고리lap-jointed hook 형태로 마무리함으로써 직소 퍼즐처럼 단단히 맞물리도록 했다. 전 과정을 통틀어, 프란스는 문중 사람들에게 조상님들의 방식을 엄격히 준수하라고 다그쳤다. 판의 형태에서 약간의 미비점이라도 발견되면 그는 가차 없이 재작업을 지시했다. 못이나 나사는 일절 용납하지 않았는데, 모든 자재가 정글에서 조달되었으며 조상님들은 못이나 나사를 단 하나도 사용하지 않았기 때문이다. 프란스가 허용한 유일한 현대식 도구는 전기드릴이었는데, 구멍이 말끔하게 뚫리고 (조상님들의 시대에 사용되었던) 나무망치와 수동식 드릴보다 훨씬 더 빠르기 때문이었다.

마지막으로, 모든 조각을 밀착시키기 위해 조선공들은 선체를 등나무 밧줄로 동여맨 뒤 말뚝을 이용해 밧줄을 팽팽히 잡아당겼다. 그 상태로 며칠간 놓아두면 모든 연결 부위와 그 내부의 목심이 고정·융합되어 선박의 구조와 형태가 안정화될 수 있었다. 이러한 밧줄고정법lashed-lug method은 청동기시대에 아시아와 유럽에서 개발되었지만 유럽의 식민지 확장 시대에 이르러 대부분 자취를 감추었다. 오늘날 라말레라 부족은 밧줄고정법을 대규모로 사용하는 유일한 부족으로 알려져 있다.[1] 전통을 확실히 이어가기 위해 프란스는 안소를 공들여 가르쳤다. 서른다섯 살인 안소는 가문의 차세대 우두머리 겸 조선공으로 육성되고 있었는데, 프란스가 세상을 떠난 후 수십 년간 테나를 건조하는 것은 그의 몫이기 때문이었다.

프란스는 선박 건조장에서는 물론 조상님들을 숭배하는 의식에서도 가문 사람들의 행동을 단속했다. 또한 그는 문중 사람들 간의 분쟁도 해결하려 애썼다. 왜냐하면 라말레라 사람들은 '모든 다툼이 배아기 테나embryonic téna의 발육에 나쁜 영향을 미칠 수 있다'고 믿기 때문이었다. 새로운 테나를 건조하는 것은 신성하고 거룩한 출산에 비견되는 것으로, 단순한 신체 활동을 넘어서는 영적 활동으로 간주되었다. 예전의 케나푸카가 파손된 후 프란스는 쪼개진 널빤지를 (새로운 테나가 건조될 때까지) 사당에 모시고 케나푸카의 영혼을 위로하는 위령제를 지냈다. 그렇게 공정이 진행되면서 케나푸카는 인간적인 면모를 풍기게 되었다. 뱃머리의 양쪽에 뚫린 구멍이 케나푸카의 귀라면, 바우스프릿bowsprit* 한복판에 파인 홈은 입이고, 물가름cutwater**에 그려진 동그라미는 눈이었다. 선박 창고라는 자궁에서 새로운 생명이 형태를 갖추어 가고 있었던 것이다.

태풍이 열대성 저기압으로 바뀌는 가운데, 레파 기간이 다가오자 프란스는 사당에 모셔진 예전 케나푸카의 널빤지를 새로이 건조한 케나푸카에 옮김으로써 새로운 육체에 테나의 영혼이 깃들게 했다. 그는 옛배의 쓸 만한 널빤지를 새 배에 이미 장착해 테나의 영혼에게 친숙한 보금자리를 제공한 터였다. 그러나 케나푸카는 아직 태아기에 머물러 있는 상태로, 태어날 준비가 되어 있지 않았다. 가문에서는 사냥 시즌이 시작되기 직전에 성대한 마을 축제를 열 예정이었는데, 축제가 끝날 즈음 건조장에서 나와 통나무로 만들어진 산도birth canal를 통해 사우 해

---

* 앞 돛대의 밧줄을 묶도록 배의 앞부분으로 돌출시킨 장대.
** 뱃머리의 물을 가르는 부분.

로 들어가는 것이 진정한 탄생이었다. 재탄생이 임박했는데도 프란스는 케나푸카 앞에 '새로운'이라는 수식어를 붙이지 않았다. 케나푸카는 새로이 탄생한 것이 아니라 옛것의 환생이기 때문이었다. 그에 더하여, 프란스는 새로이 건조한 케나푸카를 통해 '조상님들과의 약속'을 이행한 셈이었다. 비록 다른 분야에서는 현대적 변신에 양보했지만 테나에서만큼은 전통의 자존심을 지켰다. 새로이 건조한 케나푸카는 '한 치 앞도 내다볼 수 없는 시대'에 '영원히 변하지 않는 뭔가'가 존재한다는 것을 보여준 쾌거였다.

최근 베디오나 가문의 젊은이들이 걸핏하면 프란스를 찾아와, 유자망어업을 해야 하니 존손을 건조하게 해달라고 졸라댔다. 그도 그럴 것이, 베디오나 가문의 미쿠랑구파는 모터보트를 보유하지 않은 마지막 가문 중 하나였기 때문이다. 유자망어업의 우위를 인정한 프란스가 마침내 두 손을 들자 청년들은 새로운 케나푸카와 거의 같은 시기에 (프란스가 '신성한 배'를 건조할 때 금지했던 나사와 동력 사슬톱을 이용해) 존손을 건조했다. 일단 새로운 존손이 완성되자 베디오나 가문은 새로운 과제 – 그걸 어디에 보관할 것인가 – 에 직면했다. 라말레라 부족이 보유한 존손은 모두 35척이었으므로, 고래잡이들이 농담 삼아 '존손의 교통체증'이라고 부르는 해변에는 새로운 존손을 보관할 공간이 거의 없었다. 그렇잖아도 하리오나 가문과 누덱 가문은 존손을 보관하는 공간을 둘러싸고 분쟁 중이었다. 선박 창고를 넓혀 새로운 존손을 수용하기 위해 베디오나 가문의 남자들은 한 주일 동안 기둥을 옮기고 (벽을 지탱하는) 버팀돌을 다시 쌓았다. 그렇게 힘들여 확장공사를 했는데도 여전히 폭이 좁아서 테나와 존손을 좌우로 나란히 배치할 수 없었다. 모터보트가 테나보다 훨씬 더 자주 사용된다는 점을 감안해 프란스는 어렵지만 실용적인 결정을 내렸다. 케나푸카를 뒤로 밀고 존손을 전면에 배치하기로 한 것이다. 그는 명분보다 실리가 더 중요하다고 판단했다.

레파가 시작되기 며칠 전날 밤 12시, 프란스는 집 옆의 수도관 속을 흐르는 물의 속삭임 소리에 잠이 깼다. 고산족이 갑자기 산꼭대기의 물탱크 밸브를 여는 바람에 라말레라의 공동 수도꼭지에서 물이 조금씩 흘러나오고 있었다. 그 수도꼭지는 평소에 거의 메말라 있어서, 마을 사람들은 멀고 불편한 우물에 의존할 수밖에 없었다. 몇 시간 후 케나푸카의 완성을 축하하는 축제를 주관해야 했지만, 공동 수돗물을 마을 사람들에게 공급하는 것은 그의 의무였다. 프란스는 열두 개의 플라스틱 통을 챙겨 밖에 내놓았다. 수압이 너무 낮아 (감질날 정도로) 쫄쫄쫄 흘러나왔으므로, 물통을 다 채우려면 아침까지 기다려야 할 것 같았다. 잠시 후 마리아가 (어깨에 사롱 하나만 두른 채) 나와, 그의 옆에 있는 돌 위에 앉았다. 그것은 '내가 밤새도록 물통을 채울 테니, 당신은 축제를 위해 휴식을 취하라'는 무언의 권유였다.

"들어가서 눈 좀 붙여." 그가 그녀에게 말했다.

"조금만 더 있다가요."

5분 후 그가 다시 말했다. "들어가서 눈 좀 붙여."

"조금만 더 있다가요." 그녀가 다시 대답했다.

새벽 5시가 거의 다 되어 열두 개의 물통이 모두 채워질 때까지 그들은 함께 있었다. 환하게 빛나던 보름달이 서쪽 하늘로 질 때까지 두 사람은 말 한마디 없었고 손끝 하나 대지도 않았다. 그러나 그들의 표정에서는 오랜 세월 동안 동고동락한 부부의 '삶에 대한 자족감'이 물씬 풍겼다. 필요한 것을 서로에게서 모두 얻었으니, 그들이 원하는 건 더 많은 시간을 공유하는 것밖에 없는 듯했다.

모든 물통에 물을 가득 채운 후, 프란스는 어두컴컴한 새벽녘에 제일 멋진 사롱을 차려입고 앞 베란다를 거닐었다. 해변에 모여든 문중 사람들의 수다 소리에 계속 귀를 기울였지만 정작 들려온 건 수탉이 홰치는 소리였다. 까맣던 하늘이 회색으로 바뀌었을 때, 방금 깨어난 베나를 불러 바닷물 한 양동이를 퍼 오라고 시켰다. 그녀는 무슨 소린지 알아들었다는 의미로 히죽히죽 웃은 후 ─ 프란스는 사람들에게 너무 설친다는 인상을 주고 싶지 않았다 ─ 그를 대신해 해변으로 느긋하게 내려갔다. 그로부터 몇 분 후 오솔길이 떠나갈 듯한 비명소리가 들리더니, 뒤이어 누군가가 맨발로 후다닥 뛰는 소리가 들렸다. 아니나 다를까, 베나가 물을 뚝뚝 흘리며 앞마당으로 달려 들어왔는데 그 뒤에는 한 청년이 양동이를 머리 위로 치켜든 채 활짝 웃고 있는 게 아닌가! 자신을 노려보는 프란스와 시선이 마주친 순간, 청년은 그 자리에 얼어붙었다. 출렁거리는 물은 양동이의 가장자리를 넘어 그에게 쏟아졌다. 청년은 '똥 씹은 얼굴'과 '겁먹은 얼굴'의 중간으로 표정을 바꾼 후, 뒤도 돌아보지 않고 삼십육계 줄행랑을 쳤다.

조상님들의 시대에는 테나 진수식의 기념행사로서 라말레라 윗마을과 아랫마을의 젊은이들이 등장해 난투극을 벌임으로써 테나에 투철한 용기를 불어넣었지만, 가톨릭교회에 의해 폭력 행위로 간주되어 금지되었다. 오늘날에는 주먹싸움이 물싸움으로 대체되었는데 남자들이 주최 측 가문의 사람들 ─ 특히 젊은 여자 ─ 을 표적으로 삼아, 일종의 애정 표현으로 물을 뿌리는 행사가 열리고 있다. 베나는 헝클어진 머리에서 물을 짜낸 후 입술을 뿌루퉁하게 내밀고 "선원들이 해변에서 아버지를 기다리고 있어요"라고 전했다. 그러나 안채에서 아버지가 보이지 않는 곳에 이르자 그녀는 만면에 웃음을 띠었다.

베나가 옷을 갈아입은 후 프란스는 그녀와 함께 해변으로 내려왔다.

해변에서는 베디오나 가문 미쿠랑구파의 남자들이 케나푸카를 마치 호위하듯 에워싸고 있었고, 뱃머리에는 '호랑이 무늬체'로 적힌 테나의 이름 – 페인트가 채 마르지 않았다 – 이 눈부시게 빛나고 있었다. 프랑스가 성수를 뿌려 테나를 축복한 후 남자들은 통나무 롤러를 이용해 케나푸카를 (마치 걸음마를 시키는 것처럼) 조금씩 전진시켰다. 이윽고 우존 가문이 도착했다. 마르시아누스는 한 달 동안 낚시 여행을 하느라 출타 중이었으므로, 포도나무 덩굴에 묶인 새끼 돼지를 가져온 사람은 그의 아들이었다. 그 돼지를 파피코테켈레마*fafi kotekëlema*(고래돼지)라고 하는데, 테나에 경의를 표하기 위해 '작살로 잡힌 향유고래'를 상징하는 것이었다. 프랑스가 희생 제물을 받아들이자 '세상의 주인들'은 돼지의 심장을 칼로 찌른 후 불붙은 야자 잎으로 털가죽을 문질러 털을 그슬렸다. 다음으로, 10여 명의 조선공(이그나티우스를 포함해서)이 '금이 그어진 돼지'를 우마 단위 – 그게 마치 '조상님들의 선물'인 것처럼 – 로 썰어 베나를 비롯한 베디오나 가문의 여자들에게 나눠주었고, 그녀들은 그것을 구웠다. 프랑스는 결딴난 테나에서 부서진 네피*néfi* 판 – 가장 길고 중요한 널빤지 – 을 어렵사리 회수했는데, 그것은 통나무의 맨 위에 놓여 연회용 식탁으로 거듭났다. 연회가 끝나자 프랑스는 다른 가문의 조선공들에게 이렇게 선언했다. "나는 조상님들의 본보기를 따르려 노력했소. 만약 문제가 있다면 지적해주시오."

누덱 가문의 우두머리인 요고는 끌을 이용해 테나를 두드린 최초의 라말레라 사람이었다. 왜냐하면 그 자신은 조선공이 아니었지만 원조 아타몰라의 몇 안 되는 직계 후손 중 한 명이기 때문이었다. 잠시 후 조선공들이 테나 주위로 떼 지어 몰려와, 어떤 사람은 꼭대기로 기어 올라갔고 어떤 사람은 밑에서 꿈틀거렸다. 이그나티우스는 선체를 주먹으로 두드린 후 면의 고름새를 측정하기 위해 갈고리 같은 손톱으로 널

빠지 사이의 틈을 찔렀다. 몇몇 조선공은 구조적 결함을 교정하기보다
는 자신들의 주장을 관철하기 위해 자기네 자귀를 이용해 널빤지에서
나무를 깎아내기까지 했다.

프란스는 한 걸음 뒤로 물러선 채 팔짱을 끼고 심각한 표정으로 지켜
보았다. 이그나티우스는 점검을 끝낸 후 프란스에게 미소를 지었다. 다
른 모든 조선공도 '프란스가 과거를 충실히 재현했다'는 판정을 내린
후 한 명씩 돌아가며 축하의 의미로 고개를 끄덕였다. 그러나 라말레라
사람들은 알고 있었다, 진정한 평가는 향유고래의 몫이라는 것을. 왜냐
하면 조상님들의 사절인 향유고래가 '케바코푸카와 다른 곳'을 정확히
찾아내어 파괴할 거라고 믿기 때문이었다.

과거에 경의를 표했으니, 다음 순서는 미래를 축하하는 것이었다. 베
디오나 가문의 남녀들은 부족의 모든 어린아이에게 파타비티가 담긴
작은 통을 나눠주었다. 그러는 동안 청년들은 양동이로 바닷물을 퍼서
베디오나 가문의 소녀들에게 뿌렸고, 소녀들은 '까악' 하고 소리를 지
르며 파안대소했다. 베나는 먼 친척 아저씨를 습격했다. 그는 열 명의
자식을 둔 아버지인데도 라말레라에서 제일 짓궂은 남자 중 한 명이었
다. 그녀의 당돌함에 놀란 사람들은 배꼽을 잡고 웃었다. 프란스는 뒤
에서 몰래 다가오는 청년들을 모르는 체하다가, 그들이 자신의 팔과 다
리를 움켜쥐자 저항하는 시늉만 했다. 청년들은 그를 번쩍 들고 갑岬까
지 내달려, 사우 해에 내동댕이치지 않고 그와 함께 주저앉아 파도 속
에서 캑캑대며 낄낄거렸다. 다음으로, (알딸딸하게 취한) 그 청년들은
베디오나 가문 미쿠랑구파의 나머지 남자들을 차례로 습격해 사우 해
에 메다꽂았다.

축하 행사가 계속되는 동안 프란스는 멀찌감치 떨어져 앉아 흐뭇한
마음으로 담배를 피우며 물을 뚝뚝 흘렸다. 잠시 후 케나푸카가 베디

새로운 케나푸카의 탄생을 축하하기 위해
베디오나 가문의 구성원을 들고 바다로 달려가는 라말레라 남자들.

오나 가문 미쿠랑구파의 신세대 사냥꾼들을 바다로 인도할 거라고 생각하니 마음이 뿌듯했다. 그는 자기의 테나가 다른 테나와 다를 거라고 자신할 수 있었다. 몇 개의 선박 창고는 개점휴업 상태에 들어가, 닭똥이 가득하고 이끼가 잔뜩 끼어 있었다. 근 60년의 지나온 세월을 되돌아보면서 프란스는 케나푸카를 곤경에 빠뜨린 변화가 일어난 과정을 더듬었다. 각각의 변화는 별로 중요하지 않은 것 같았지만 궁극적으로는 엄청난 변화로 귀결되었다. 한때 파국적이었던 것처럼 보였지만, 이제 와 생각하니 불가피하거나 최소한 받아들일 만했던 변화를 떠올리며 감탄을 금치 못했다. 우존 가문과 다른 완고한 보수주의자들이 만류하는데도 라말레라 마을에서는 변화가 늘 끊이지 않았기 때문이다. 조상님들이 이웃 부족으로부터 '쇠로 된 작살촉 버리는 법'을 배워 '브라질우드로 만든 작살촉'을 대체하지 않았다면 무슨 일이 일어났을까?

보데 신부에 의해 기독교가 가미되어 세련화된 레라울란의 종교조차 결코 영원할 수 없었다.

지난 수 세기 동안 라말레라 부족이 고수해온 추론 방식 – '어떤 것이 타당한 이유는, 늘 그렇게 해왔기 때문이다' – 은 나름의 생존 전략이었다. 렘바타 섬과 같이 열악한 환경에서 사회는 보수적인 방향으로 진화하는 경향이 있다. 왜냐하면 사람들은 '잘 작동하는 것'을 바꾸지 않으려는 강력한 동기를 갖고 있기 때문이다. 아무리 작은 실수라도 필수식량의 상실을 초래할 수 있고, 궁극적으로 심각한 곤경이나 기아로 이어질 수 있으니 그럴 수밖에. 프란스는 어린 시절에 기근을 경험한 적이 있었다. 생과 사의 간격이 그렇게 좁다 보니, 모든 테나가 케바코푸카의 설계도를 정확히 따르는 것은 논리적인 것처럼 보였다.

그러나 정태적 환경static environment이 급속히 변화하기 시작할 때, 사회에 대한 보수적 견해의 이점은 사라지게 마련이다. 그런 환경에서는 생존의 핵심 열쇠가 '완고함'이 아니라 '적응'이기 때문이다. 프란스는 아무리 발버둥쳐도 과거를 부활시키거나 현재를 동결하는 게 불가능하다고 깨달았다. 그렇다면 유일한 선택은 '얼마나 많이 진화할 것인가'였다. 만약 변화가 불가피하다면, 바깥세상의 나쁘고 해로운 점을 걸러내고 이로운 점만 선별적으로 받아들이고 싶은 게 그의 솔직한 심정이었다. 그건 가능했다. 2001년 라말레라 부족이 존손에 대한 타협안을 도출한 것은 그런 접근 방법을 모델로 삼은 결과였다. 해변평의회 같은 기관이 고래잡이들의 지속적인 협동을 가능케 함으로써 과거와 미래를 통합하는 길이 열리게 된 것이다.

프란스는 라말레라 사람들이 조상님들의 방식을 이어갈 수 있는 경우의 수가 하나뿐임을 알게 되었다. 그것은 조상님들의 방식에 투자함과 동시에 현대 세계의 현실과 균형을 유지하는 경우였다. 자기가 세상을 떠난 후 케나푸카를 재건하는 데 필요한 모든 것을 안소와 다른 베디오나 가문의 청년들에게 가르쳤음에도 불구하고 존손을 반대하지 않은 것은 바로 그 때문이었다. 그러나 궁극적으로 '라말레라 부족의 현대화 방법'은 조만간 그의 손을 떠날 예정이었다. 조상님들의 방식을 최선의 상태로 유지하는 것은 베나와 안소를 비롯한 신세대 젊은이들의 몫이었다.

그러므로 그동안 프란스의 마음을 옥죄었던 케나푸카가 완성되는 것은 큰 의미가 있었다. 이제 그는 조상님들의 방식을 전해야 한다는 부담감을 덜게 되었다. 사냥을 완전히 그만두지는 않았지만, 시간이 지나면서 해변에 머물며 가문의 문제를 해결하는 빈도가 점점 더 늘어났다. 그러나 '바람을 보내달라'거나 '요동치는 고래상어를 굴복시켜달라'는 기도문을 외우는 동안에도 종손주를 보살피고 젖먹이들을 달래는 일을 소홀히 할 수는 없었다. 그가 옛 노래를 부를 기회는 그런 때밖에 없었다. 아이들이 성장했을 즈음에는 기억되지 않겠지만, 조상님들의 노래는 잠재의식 속 어딘가에서 영원히 메아리칠 테니까.

새로 태어난 케나푸카를 위한 축제를 밤늦도록 마무리한 후, 프란스와 베나는 지친 몸을 이끌고 선박 창고로 돌아왔다. 동녘 하늘에서는 화성이 잉걸불처럼 타오르고 있었다. 케나푸카 위의 서까래에는 알전구 하나가 매달려 있었고, 전구에서 나와 인근의 집에 연결된 구불구불한 전깃줄은 영락없는 뱀의 모습이었다. 라말레라 사람들은 새로운 테나가 어린아이처럼 어둠을 무서워할 거라고 믿었다. 그리고 아직 성숙하지 못한 위장이 커다란 먹이를 감당할 수 없을 거라 여겨 처음에는 채찍꼬리악마가오리같이 작은 사냥감을 잡은 다음, 차츰 난이도를 높여 맨 나중에 향유고래를 잡는 것이 관례였다. 프란스는 모래밭에서 남은 음식을 찾고 있는 개들을 쫓아버린 뒤, 물결이 밀려오는 깜깜한 모래밭에 딸과 나란히 앉았다. 베나의 휴대전화에서 나오는 인공조명이 두 사람의 얼굴을 환하게 비추었다. 프란스는 그녀가 (인도네시아 군도 전역에 분포된) 친구들과 문자메시지를 주고받는 모습을 잠자코 지켜보았다. 그녀는 전혀 딴 세상에 몰입해 있는 듯했다.

다른 많은 라말레라 사람들과 마찬가지로 프란스는 종종 '현대화와 그 도구가 젊은이들의 존재 자체를 바꿔버린 게 아닐까?'라는 의문을 품었다. 확실히 그는 현대화가 그 자신에게 미친 영향을 느낄 수 있었다. 어렸을 때만 해도 그는 부족원과 조상님들의 방식에 주의를 집중하며 영적·자연적 세계와의 일체감을 즐겼고, 뭔가에 뒤처지고 있다고 느껴본 적이 거의 없었다. 그러나 지금은 끊임없이 미래를 걱정하고 있으며, 자연이나 조상님들과의 관계가 약화되었음을 느끼고 있다. 자신과 가족이 배불리 먹는 것으로 족했던 '단순한 삶'이 이제는 세금도 내고 모터보트도 구입해야 하는 등 '복잡한 삶'으로 바뀌었다. 게다가 비용이 너무 많이 든다. 그리고 젊은이들은 휴대전화, TV 등 기계장치에 갈수록 점점 더 많이 좌우되고 있다. 그는 젊은이들의 뇌가 자기의 뇌와 다른 방식으로 작동하게 되었다[2]고 믿고 있다.

베나도 사정은 마찬가지였다. 그녀는 최근 자신의 경험과 아버지의 경험 사이에 간극이 존재하는 건 아닌지 의심해왔다. 왜냐하면 어린 시절에 살았던 집에 돌아오자마자 자신과 라말레라 중 어느 쪽이 바뀌었는지 도무지 갈피를 잡을 수 없게 되었기 때문이다. 그녀는 신탕의 슈퍼마켓, 전기, 상하수도, TV, 인터넷, 그리고 학교에서 사귄 친구들이 그리워졌다. 라말레라 마을의 가공할 만한 더위와 먼지에 시달리는 그녀에게 예전의 도시 생활에의 향수는 감당하기 힘들 정도였다.

그러나 시간이 거듭될수록 그녀는 점차 적응해나갔다. 일단 육체노동에 익숙해지자 그녀의 몸은 시골 생활의 스트레스에 단련되었다. 다른 라말레라 사람들은 그녀가 도시에서 사용하던 속어를 해독했고, 그녀의 셔츠에 그려진 애니메이션 캐릭터는 더 이상 그들의 시선을 끌지 않았다. 시장에서 물물교환을 하면서 그녀는 서양식 십진법이 아니라 문가로 셈하는 법을 터득했다. 그리고 초등학교 교사 자리를 얻지 못했지만, 새로이 건조한 케나푸카의 진수식을 준비하는 과정에서 친척 여자들을 진두지휘하여 수백 명의 축하객에게 음식을 차질 없이 대접하는 수완을 발휘했다. 그녀는 현대 생활과 전통 생활의 양립이 가능하다는 것을 깨달았으며, 궁극적으로 양자 간의 차이점을 전혀 느끼지 않게 되었다. 대부분의 사람과 마찬가지로 베나는 자신의 생활 방식을 늘 자연스럽게 여겼다. 요컨대 그녀는 '과거와 미래'를 본능적으로 융합해 현재를 창조한 것이었다.

요즘 들어 그녀는 어딜 가든 신바람을 일으켰다. 자신의 전매특허인 자유분방함을 내세워, 그녀는 요리하고 있는 어머니 마리아의 뺨을 꼬집었고 그물을 수선하고 있는 아버지의 무릎 위에 앉았다. 그 연장선상에서 그녀는 케나푸카 축제에서 벌어진 전통적인 힘자랑 대회의 우승자에게 수여할 상품인 '가장 튼실한 염소'를 자기 손으로 골랐다. 그뿐만이 아니었다. 그녀는 온라인으로 색색 가지의 매니큐어를 꼼꼼히 선택한 후 다른 섬에 사는 사촌에게 우편 주문을 부탁했다. 그녀는 집 안에 앉아서도 마음만 먹으면 뭐든 다 하는 슈퍼우먼이었다.

물결이 조금씩 가까이 밀려오는 가운데, 베나가 휴대전화를 만지작거리는 동안 프란스는 그녀를 거의 경외에 찬 눈으로 응시했다. 마치 그녀를 바라보는 것이 삶의 전부인 것처럼. 얼마나 지났을까, 베나는 문득 고개를 들어 하늘의 별을 쳐다보았다. 하늘에 흩뿌려진 한 상자의 다이아몬드처럼, 신비로운 빛을 발하는 별들은 신탕에서 파는 싸구려 스팽글*과 견줄 바가 아니었다. 그녀는 아버지의 어깨에 고개를 얹고 어린 시절 자기에게 들려준 '조상님들의 별자리 이야기'를 해달라고 졸랐다. 그녀가 물었다. "저건 뭐예요? 그리고 저건 또 뭐예요?"

프란스는 굽은 팔로 하늘의 이곳저곳을 가리키다가 마침내 남십자성을 가리켰다. "저게 '지시자'란다." 그가 말했다. 20여 년 전 악마고래의 추격에 실패한 후 바다에서 표류할 때, 그는 바로 그 별자리를 응시했다. 처음에는 고향에 있는 가족과 베나에게 돌아가는 방향을 일러주었고, 얼마 후 죽음을 예감했을 때는 선원들의 현주소 ─ 고향에서 얼마나 멀리(아마도 까마득히) 떨어져 있는지 ─ 를 알려주었다. 그는 딸에게 말했다. "저 별자리는 우리가 지금 어디에 있는지를 알려주는 별들이란다."

프란스가 베나에게 조상님들의 별자리 이야기를 들려주는 동안 문중 사람들은 모래밭에 펴놓은 대나무 돗자리에 눕거나 투악 통 주위에 둘러앉아 있었다. 달이 떠올라 황금빛 조명등처럼 사우 해를 환하게 비추며 지나가자 아버지의 불룩한 배를 베고 자는 베나의 모습이 드러났다.

자정쯤 되어 해변을 잠식하는 파도의 쉿쉿 소리가 꿈결에 잠긴 문중 사람들을 단잠에서 깨웠다. 여자들은 (고래기름이 밴 헝겊으로 대나무를 감싸 만든) 손전등에 불을 붙여 바다로 향하는 '불길'을 형성했다. 남자들이 '조-헤! 조-헤!'를 소리 높여 외치며 테나를 힘껏 떠밀자 케나푸카는 통나무 트랙을 따라 미끄러져 내려갔다. 경사가 너무 가팔라 하마롤로가 아래로 기울고 선미가 위로 들리는 바람에 선미를 꼭 붙잡고 있던 프란스가 공중으로 솟아올랐다. 이윽고 테나가 마치 고향으로

───────────────

* 반짝거리도록 옷에 장식으로 붙이는 작고 동그란 금속 조각.

388

돌아가는 것처럼 사우 해로 부드럽게 진입함으로써 재탄생이 완료되었다.

라말레라 사람들이 아는 범위에서 그것은 첫 여행이 아니라 (레판바탄을 출발해 라말레라에 도착하여 교두보를 마련한 후, 쿠팡까지 갔다가 라말레라로 귀환한) 기나긴 항해의 연장이었다. 그것은 이제 미래를 향해 나아가는 '현재진행형 항해'였다. 프란스는 조상들이 마대포로 만든 깃발을 올렸다. 그러고는 문중 사람들과 함께 케나푸카를 저어 어둠 속으로 들어갔다.

13

~~~~~~~~~~~~~~~~

리바이어던에 맞서다

2016년 4월 21일 ~ 2016년 5월 2일

욘, 벤, 이그나티우스

욘은 결국 라말레라를 떠나지 않았을 뿐만 아니라 레월레바의 공사장에 취직하지도 않았다. 그 대신 자기 집을 완성하는 데 박차를 가해, 소나기가 내리기 직전에 마지막 금속 지붕재에 나사를 박았다. 그러고는 몇 달 동안 거센 바람을 헤치며 유자망어업에 몰두했다. 자카르타의 매력에도 불구하고 그는 조부모와 이카를 차마 포기할 수가 없었다. 라말레라를 떠난다고 생각하니 부족사회에서의 아름다운 추억 – 지역공동체, 전통, 심지어 자신을 괴롭힌 문중 사람들 – 이 갑자기 너무 소중하게 느껴져 도저히 저버릴 수 없었기 때문이다. 게다가 2016년에는 라마파가 될 가능성이 한층 높아 보이기 시작했다. 살레스는 욘을 붙들어두기 위한 인센티브로서 새로운 VJO를 건조했는데, 이는 욘이 몇 년 동안 끈질기게 요구해온 사항이었다. 기존의 VJO는 거의 10년간 출어하다 보니 전반적으로 노후화한데다 뒤틀린 나무판자가 못에서 나온 시뻘건 녹으로 얼룩져 있었다. 그런데 살레스는 두 가지 의도를 품고 있었다. 그중 하나는 욘을 달램으로써 그의 임무(마을에서 살레스의 대리인 역할을 수행하는 일)를 인계받을 후임자를 충원하는 부담을 더는 것이었고, 다른 하나는 자신의 가설을 검증하는 것이었다. 그가 판단하기에 라말레라 사람들은 조만간 작살 사냥과 자망어업을 겸하게 될 텐데, 새로운 존손은 그러한 어업 환경에 안성맞춤이었다.

새로운 존손인 리틀 VJO little VJO의 세부적인 사양은 살레스가 단독으로 결정했다. 길이 6미터, 너비 1.2미터의 리틀 VJO는 기존의 VJO보다 길이가 3분의 1쯤 짧고 폭도 좁았다. 이처럼 작고 날씬한 체형의 유체역학적 의미는 (가오리 개체군이 줄어들면서 라말레라 사람들의 관심이 집중되고 있는) 돌고래를 추격하는 데 유리하고 연료를 적게 소모한다는 것이었다. 살레스는 오래전에 욘을 지칭했던 농담('불고추를 닮아서 작지만 강하다')을 각색해, 새로운 존손을 가리키며 '선장을 닮아서 작지만 화끈하다'고 했다. 그런데 욘을 가장 흥분시킨 것은 정원이 단 세 명이라는 점이었다. 종전에는 '딱 한 명'의 선원이 부족해 작살잡이가 되려는 그의 시도가 무산되었지만, 이제는 그런 걱정을 할 필요가 없었다.

레파가 시작되기 약 2주 전에 욘과 알로, 그리고 또 한 명의 친구인 코르넬리우스 타푸나Cornelius Tapoonā는 태양이 수평선을 벗어날 무렵 리틀 VJO를 바다에 띄웠다. 알로가 모터에 시동을 걸었고, 욘은 하마롤로 위에 웅크리고 앉아 손으로 햇빛을 가린 채 바다를 유심히 살폈다. 드디어 욘은 라마파가 될 기회를 잡은 것이었다. 라말레라에 머물기로 결심한 후 그는 음주를 비롯한 비행飛行의 빈도를 줄이고 과거의 '일벌레 모드'로 복귀했다. 연장자들은 그런 낌새를 눈치챘고, 프란스는 욘에게 "조만간 테나에서 베레웅알렙이 될 기회가 생길 거야"라고 귀띔해주기까지 했다. 어떤 연장자들은 심지어 그를 부를 때 '결혼한 남자'를 뜻하는 대명사를 사용하기 시작했다. 그건 그를 존중한다는 뜻이었으므로, 욘은 결혼을 하는 것은 물론 그에 걸맞은 자격을 갖춰야 한다는 의무감을 느꼈다. 그는 자신을 사실상의 기혼남으로 여기고 있었다. 왜냐하면 2016년 사냥 시즌이 끝난 후 솔로르 군도를 건너가, 호니를 데리고 귀향할 예정이기 때문이었다. 그는 우기 동안 몸이 무거워진 듯한 느낌이 들었지만 체중은 조금도 늘어나지 않았다. 아마도 발랄했던 청년기를 뒤로하고 진중한 성년기로 접어들었기 때문인 것 같았다.

리틀 VJO가 반짝이는 바다를 가르며 나아갈 때 '물방울 비슷한 것'들이 튀어 올랐다. 그러나 호™를 그리며 낙하하는 대신 그것들─사실은 날치 새끼였다─은 화살처럼 직선을 그리며 멀리 날아갔다. 파스텔색조의 바다와 하늘이 한데 어우러져, 까마득히 먼 화산들이 공기 중에 떠 있거나 바다에 잠겨 있는 듯한 환상을 연출했다. 해변에서 3킬로미터쯤 떨어진 연안에서 세 남자는 하얀색 자망을─마치 레이스를 두르듯─수면에 설치했다. 그러면서 그들은 커다란 사냥감을 찾기 위해 눈을 가늘게 뜨고 광활한 바다를 살펴보았다.

살레스가 리틀 VJO라는 변종을 선보이기 전까지 (자망을 이용해 날치를 잡는) 1인용 삼판과 (작살 사냥을 위해 설계된) 존손은 엄격히 구분되었다. 존손은 연료비가 너무 많이 들기 때문에 어획량이 제한된 유자망어업에는 적합하지 않았다. 그리고 레파 기간에는 유자망어업이 금지되었지만, 작살 사냥이 불가능한 야간에는 유자망어업이 버젓이 행해졌다. 그런데 리틀 VJO가 등장하면서 이야기가 달라졌다. 욘은 그물을 부표에 걸어놓은 채 작살 사냥을 할 수 있었으므로, 설사 작살 사냥에 실패하더라도 날치를 싣고 귀향할 수 있었다. 그리고 '초밥용 물고기'는─작살로 잡았든 그물로 잡았든─살레스가 새로 지은 공장에 판매할 수 있었다.

욘은 바다를 뚫어지게 응시했다, 마치 점프하는 악마가오리나 파도를 내려치는 고래의 등지느러미를 제일 먼저 발견하려는 듯이. 반투명한 해파리가 흐느적거리며 지나갈 때, 네 개의 동심원 같은 초록색 내장이 조류藻類처럼 포근해 보였다. 잠시 후 바다거북의 머리가 잠망경처럼 물속에서 튀어나와 리틀 VJO를 관찰했다. 욘은 잽싸게 작살을 움켜잡고 알로는 엔진의 스위치를 다시 켰지만, 바다거북은 곧바로 잠수한 뒤 두 번 다시 수면으로 부상하지 않았다.

마침내 그물을 향해 돌진하는 10여 마리의 긴부리돌고래를 발견했을 때, 잔잔했던 아침 바다는 요동치기 시작하고 있었다. 욘은 몇 초 만에 작살로 무장했고, 알로는 엔진을 가동했으며, 코르넬리우스는 보트에 연결된 그물을 풀어 자유로이 떠다니게 했다. 돌고래의 머리들 사이에서 그물의 위치를 확인하게 해주는 것은 바닷속의 그물을 지탱하는 부표뿐이었다. 갑자기 습격한 돌고래 떼의 위세에 잠시 당황했지만, 세 명의 선원은 이내 정신을 가다듬었다. 그러고는 파도와 함께 일렁이는 보트에 몸을 맡긴 채 돌고래들을 추격했다.

노련한 라마파는 별로 힘들어 보이지 않게 하마롤로에 올라가, 파도를 타고 달리는 존손이 위로 치솟았다 떨어지고 좌우로 요동치는 것에 우아하게 적응한다. 욘에게는 그러한 우아함이 부족했지만, 굳이 변명을 하자면 그는 신체적인 핸디캡(다리 부상)을 안고 있었다. 그런데 살레스가 예상하지 못한 문제점이 하나 있었으니, 리틀 VJO는 (그보다 큰 존손이 가졌던) 묵직함이 부족하여 물결이 크게 일렁이면 안정성이 떨어진다는 것이었다. 그런 경우 하마롤로 위에서 균형을 잡기가 더 어려울 수밖에 없었다. 특히 높은 파도에 휘말렸을 때, 욘은 허공으로 치솟았다가 바닥으로 내동댕이쳐졌다.

돌고래들은 고등어 떼를 따라 북쪽으로 이동하는 중이었으므로, 리틀 VJO가 기수를 돌려 남쪽에서 몰려오는 거친 파도를 등졌을 때 모든 것이 바뀌었다. 파도는 이제 존손을 가로막는 대신 사냥감을 쫓아가도록 뒤에서 밀어주는 게 아닌가! 욘은 결의를 다졌다. 종아리의 위아래에서 잔근육이 꿈틀거리고 발목에서는 정맥이 실룩거렸지만, 그의 다리는 꿈쩍도 하지 않았다. 돌고래들이 밑에서 소용돌이를 일으키며 올라오자 고등어 떼는 바다의 천장에 갇힌 채 공중에 내팽개쳐졌다. 돌고래들은 사냥감에만 눈이 팔려 자기들이 사냥감이라는 사실을 망각한 듯했다. 이제 욘은 돌고래들의 '새까만 단추 같은 눈'과 '잔주름 잡힌 분수공'을 분간할 만큼 아주 근접해 있었다. 돌고래 한 마리가 몸을 비틀어 공중으로 솟구치며 나선형 물줄기를 뿜었다. 욘은 양발을 벌리고 쪼그려 앉아 (어깨너머로 배웠던 오테의 동작처럼) 오른손을 작살의 밑동에 살며시 갖다 댔다. 마치 자연이 그를 축복하는 듯, 바람과 파도와 너울이 모두 그의 편이었다. 알로와 코르넬리우스가 한목소리로 "던져!"라고 외쳤다. 그러나 돌고래는 사정거리에서 불과 몇 센티미터 벗어나 있었다.

그 순간 갑자기 돌고래들이 고등어 떼의 속임동작에 넘어가 방향을 확 틀었다. 리틀 VJO도 그들을 따라 갑뼈 쪽으로 진로를 바꿔 너울과 정면으로 맞닥뜨리게 되었다. 첫 번째 너울이 지나가는 동안 욘은 물속에 빠지지 않기 위해 작살의 밑동을 하마롤로에 대고 누르며 버텨야 했다. 욘이 물보라를 흠뻑 뒤집어쓰고 우왕좌왕하는 사이에 회색 등지느러미들은 멀찌감치 달아나, 급기야 시야에서 사라져버렸다.

욘은 친구들의 거센 반대를 무릅쓰고 오랫동안 돌고래들을 추격했다. 그러나 결국에는 알로의 주장을 받아들여 그물을 쳐놓은 곳으로 돌아왔다. 그물에서는 날치들이 – 마치 거미줄에 걸린 잠자리처럼 – 아등

바둥하며 반짝이고 있었다. 코르넬리우스가 그물을 거둬들이는 동안 욘은 (뱀처럼 돌돌 말린) 날치들을 그물코 사이로 한 마리씩 끄집어내며, 그 과정에서 날치들의 유일한 아름다움 – 섬세한 무지갯빛 날개 – 을 갈기갈기 찢었다. 욘은 간간이 동작을 멈추고 물고기의 눈알을 빼내어 입안에 넣고는 껌처럼 씹으며 텅 빈 바다를 물끄러미 바라보았다. 그로부터 몇 시간 후 날치가 가득 찬 그물을 두 번째로 끌어올렸지만 그들은 돌고래에 버금가는 커다란 사냥감을 단 한 마리도 구경하지 못했다. 그들은 여섯 시간 동안 일해서 약 300마리의 날치를 잡아들였는데, 그 정도면 시간을 투자한 가치가 충분했다.

저녁 어스름이 깔려오는 가운데, 리틀 VJO의 조종간을 잡은 알로는 (화산암 절벽을 만들어낸) 위험천만한 급류를 간발의 차이로 피해, 순방향 해류를 타고 렘바타 섬의 언저리를 항해했다. 해양 동물이 감히 얼씬거리지 않는 그런 위험지대에서도 욘은 하마롤로 위에서 감시의 눈을 번득였다. 정글 위로 라말레라의 교회 탑이 보일 때 욘은 비로소 작살자루에서 작살촉을 제거했다.

그런데 욘은 밧줄을 감다가 뭔가를 발견하고 소리쳤다. "저기 있다! 저기 있다!" 그는 방금 시렁에 얹어놓은 대나무를 다시 꺼내 작살촉을 손바닥 두덩*으로 때려 박았다. 알로는 엔진에 시동을 걸었다. 욘은 하얀 파도 속에서 들락날락하며 반짝이는 등지느러미를 겨냥하다가, 갑자기 풀이 죽으며 작살을 축 늘어뜨리고 말았다.

파도 속에서 춤추던 시커멓고 울퉁불퉁한 물체는 고래가 아니라 썩은 통나무였던 것이다.

"방금 통나무에 작살을 겨눴던 거야?" 알로가 박장대소하며 말했다.

---

* 손바닥의 볼록한 부분. 발뒤꿈치를 연상하면 된다.

욘은 이를 드러내며 힘없이 웃었다.

"안경이 필요해?" 코르넬리우스는 빙그레 웃으며 짝퉁 라이방Ray-Ban을 건넸다.

그러나 욘은 어느샌가 다시 고개를 들어 먼 바다를 응시하고 있었다.

어느 토요일 오후, 이카는 낮잠을 자다가 일어나 배 아래쪽을 만졌다. 남산만 한 배 때문에 티셔츠에 적힌 'Hello Kitty'의 'o' 부분이 확대되었고, 그렇잖아도 튀어나온 배꼽이 천 위로 도드라졌다. 임신 7개월 이상으로 추정되었지만, 제대로 된 산전 관리를 받지 않았기 때문에 태아의 정확한 재태기간gestational age은 알 수가 없었다. 배가 부풀어오르면서 다른 부분이 위축되어, 한때 토실토실했던 뺨은 움푹 들어갔고 오동통했던 팔은 가늘어져 팔꿈치가 스파이크*처럼 뾰족해 보였다. 눈 아래에는 다크서클이 생겼고 온몸이 나른했다. 그러나 아무리 기진맥진해도 저녁은 지어야 했다. 그녀는 한 손으로 배를 움켜잡고 느릿느릿 움직이다가, 먼지 덮인 마루 위를 맨발로 걸을 때는 자유로운 손으로 벽을 짚으며 다리를 질질 끌어 먼지를 자욱이 일으켰다.

몇 가지 공사(이를테면 콘크리트 바닥 깔기)가 마무리되어가는 가운데, 욘은 벽과 새로운 양철 지붕을 완성했다. 그러나 부엌으로 사용될 대나무 오두막은 아무런 진전이 없었다. 그가 지금까지 한 일은 (확장된 집에 걸맞게 방을 더 만들 요량으로) 다른 남자들의 도움을 받아 구옥舊屋을 들어올린 후 동쪽으로 6미터를 옮겼을 뿐이었다.

부엌용 오두막에서 이카는 꼬꼬댁거리며 돌아다니는 닭들을 훠이훠이 구석으로 쫓았다. 그녀는 한 손으로 배를 받치고 서서, 나무 조각과

---

* 달릴 때 미끄러지지 않도록 운동화 바닥에 뾰족하게 박은 못이나 징.

부스러기를 긁어모아 원뿔 모양으로 쌓았다. 그러고는 길이 30센티미터의 녹색 플라스틱 조각에 라이터로 불을 붙여, 녹아내리는 플라스틱을 마치 네이팜napalm*처럼 불쏘시개에 던졌다. 그녀는 선명한 녹색 불꽃을 바라보면서 미국에 있는 친구 린지Lindsay를 생각했다.

3년 전 이카는 물건이 가득 담긴 광주리를 머리에 이고 울란도니 시장에 가던 도중, 한 통통한 백인 여자에게서 (인도네시아어로) 함께 걸어가자는 제의를 받았다. 알래스카에서 온 여대생 린지는 한 학기 동안 휴학계를 내고 해외여행을 하고 있었다. 먼 길을 함께 걷는 동안 이런저런 이야기를 주고받으면서, 이카는 두 사람의 생활에 공통점이 있다는 사실을 알고 무척 반가웠다. 이카는 매일 아침 장작을 팼는데 린지는 집 주변을 돌아다니며 동력 사슬톱으로 덤불을 다듬었고, 이카는 날치를 소금에 절였는데 린지는 연어를 연기로 익혔다. 그 주의 나머지 기간에, 린지는 매일 아침 이카의 집에 나타나 (작은 주스 병에 담긴) 농축 우유 한 상자 ─ 이카가 좋아하지만 거의 엄두를 내지 못하는 ─ 를 선사한 후 이카의 허드렛일(장작 모으기, 가오리 썰기 등)을 도우면서 사진을 촬영해 페이스북에 올리곤 했다. 그러나 린지와 더 많은 시간을 함께하며 그녀의 계획(대학을 졸업한 후 전 세계를 여행한다)을 더 자세히 알게 될수록 이카는 두 사람의 실생활이 얼마나 다른지를 더욱 분명히 깨달았다.

린지가 떠난 지 몇 주 후, 수신인이 '이카'인 닳고 닳은 편지 봉투 하나가 마을 촌장의 집으로 배달되었다(라말레라에는 우체국이 없었다). 편지 봉투 안에는 크리스마스카드와 사진 한 장이 들어 있었다. 사진 속의 이카와 린지는 함박웃음을 지었는데, 특히 린지는 장작더미를 두 팔로 안

---

* 화염성 폭약의 원료로 쓰이는 젤리 형태의 물질.

은 채 이카를 압도하고 있었다. 이카는 그 사진을 성경책 갈피 사이에 소중히 보관했지만, 싸구려 잉크색이 (마치 이카의 기억처럼) 차츰 바래는 바람에 결국 두 사람의 표정과 모습은 뭉개지고 윤곽만 남았다.

이카는 마법 같은 불꽃을 응시하면서 자기와 린지의 운명이 어떻게 갈라졌는지 곰곰이 생각했다. 만약 동생인 마리가 그녀보다 먼저 태어났다면, 언니인 마리가 동생인 이카를 보살피고 이카는 고등학교에 진학했을지도 모르는 일이었다. 그리고 이카의 오랜 친구인 베나가 학교 선생님이 되어, 부족에서 가장 촉망받는 총각들에게 프러포즈를 받고 있을지도 모르는 일이었다. 이카는 "임신은 하늘의 뜻이야!"라고 되뇌었다. 처음에는 임신을 '가족, 집, 자유를 얻는 길'로 간주했지만, 이제는 '어머니의 전철을 밟은 혼전 임신'을 후회하며 자신의 품행 불량이 자식에게 유전될지도 모른다고 걱정했다. 그녀는 심지어 요고가 주장하는 정식 결혼을 바라지도 않았다. 요고는 누덱 가문의 우두머리이고 이카의 가장 가까운 모계친족이므로, 신붓값을 결정할 수 있는 위치에 있었다. 그는 '알로와 이카가 진정 사랑하는 사이라고 해서, 요고를 비롯한 나이 든 친척들이 이득을 보지 말란 법이 없다'는 이유를 내세워 높은 가격을 불렀다. 그녀의 인생이 어쩌다 이 모양 이 꼴이 되었을까?

임신한 티가 나기 시작한 뒤로 이카는 가능한 한 집에 틀어박혀 지냈다. 해변에서 욘의 어획물을 챙겨야 할 때는 일이 끝난 후 다른 여자들과 수다를 떨지 않고 칼퇴근했다. 영성체 참가와 성가대 재가입을 갈망했지만 로모 신부의 훈계를 두려워한 나머지 교회 출석을 꺼렸다. 더 이상 독창을 하지 않았으므로 이웃들은 한때 오솔길에 울려 퍼졌던 그녀의 찬송가를 그리워했다. 그녀는 더 이상 웃지 않았으며, 설사 웃더라도 웃는 시늉만 했다. 입안이 곪아서 웃는 것조차 고통스러웠기 때문이다. 임신으로 인한 경련과 어지럼증이 찾아오자 욘과 알로가 일부 허드렛일(이를테면 우물에서 물 길어 오기)를 떠맡았지만, 그녀가 할 일은 여전히 끝이 없어 보였다. 특히 나날이 쇠약해져가는 조부모는 점점 더 많은 보살핌이 요구되었다. 그들을 보살피다 지친 그녀는 '언젠가 나도 늙는 다'든지 '조부모도 어린 나를 보살피느라 고생이 많았다'고 자신을 일깨우려 애썼지만 종종 감정이 복받쳐 울음을 터뜨렸고, 그 모습을 본 조부모도 따라 울기 시작했다.

이카는 미래가 두려웠다. 그녀는 아이를 임신한 후 레월레바에 있는 주민복지센터를 난생처음 방문했다. 그런데 그곳에서 어머니가 자기의 출생신고를 한 적이 없다는 사실을 알게 되었다. 그렇다면, 엄밀히 말해 그녀는 존재하지 않았던 것이었다. 주민복지센터 직원의 유권해석에 따르면 설사 복잡하고, 혼란스럽고, 값비싸기로 유명한 시민권 심사 과정을 통과하더라도 신원이 불분명한 여성이 레월레바의 공립 병원에서 아이를 낳는 건 불가능했다. 결과적으로 그녀의 유일한 선택지는 (파트타임 간호사가 산모와 아기를 돌보고, 쓸 만한 의약품도 별로 없는) 라말레라의 동네 병원이었다.

이카는 아기의 성별을 확신할 수 없었는데, 동네 병원의 의사는 심드렁하게 딸이라고 한 데 반해 간호사는 배를 두드려본 뒤 '남자아이는 자궁의 오른쪽을 선호한다'는 속설을 내세워 아들이라고 단언했다. 그러나 이카의 생각은 달랐다. 사람의 운명이 결정되는 데 있어서, 성은 부차적인 요인이라는 게 그녀의 생각이었다. 노동요의 시대에는 사내아이가 태어나면 가문의 남자들이 바다를 가리키며 '저기가 네 삶의 터전이다'라고 진지하게 말했다. 만약 여자아이가 태어나면 여자들이 땅을 가리키며 '여기가 네 삶의 터전이다'라고 선언했다. 오늘날에는 그런 의식이 거의 사라졌지만 이카는 아기에게 땅이나 바다를 지정해주지 않을 계획이었다. 라말레라는 변화를 거듭하고 있으므로, 그녀의 아기는 자신의 미래를 스스로 결정할 수 있을 터였다.

　살레스의 사업은 우기 동안 나름 번창했지만, 참치와 황새치 어획량이 가장 많을 때도 일본의 시장을 압도할 만한 물량을 확보하지 못했다. 그 대신 그는 참치와 황새치를 자카르타의 레스토랑에 팔아 겨우 체면치레를 했다. '황금알을 낳는 거위'는 뜻밖에도 (레월레바에서 선망어업purse seine*에 종사하는 어부들이 잡는) 정어리인 것으로 밝혀졌다. 살레스는 4월 한 달에만 250톤의 정어리를 처리해, 그중 일부를 미국에 수출하는 실적을 거두었다. 2015년 늦여름에 사업을 시작한 이후 그는 채용 인원을 이미 두 배로 늘려 약 70명의 종업원을 거느리고 있었으며, 정기적으로 물고기를 납품하는 어부를 100명 이상 확보하고 있었다. 그에 더하여, 그는 30톤급 주낙 어선을 조만간 구입할 예정이었다. 그럴 경우 그는 세계시장을 넘볼 수 있는 참치 물량을 확보할 것으로 보였다.

　최근 6개월 동안 살레스는 '라말레라의 현대화는 불가피하다'는 자신의 예언이 정확했음을 더욱 확신하게 되었다. 울란도니 항구는 거의 완성되어 있었고, 렘바타 주지사는 더 많은 여행객을 라말레라에 유치하기로 결심하고[1] 그곳을 인도네시아 최고의 관광 명소 중 하나로 만들겠다고 선언했다. 그것은 고래 사냥 대신 고래 관찰 여행을 주요 관광 상품으로 개발하려던 공무원들의 노력을 장려하겠다는 신호탄이었다. 또한 살레스는 내부 정보에 기반하여 인도네시아 정부가 2016년 8월

---

* 기다란 사각형 그물로 어군을 둘러싼 후 그물의 아랫자락을 죄어 대상물을 잡는 어업. 주요 대상 어종은 고등어, 전갱이, 정어리, 삼치, 쥐치 등이다.

부터 라말레라에 24시간 연중무휴로 전기를 공급할 예정이라는 사실을 알고 있었다. 뒤이어 2017년 초에는 인터넷이 가능한 컴퓨터가 레월레바의 초등학교에 공급될 예정이었다.

살레스는 때때로 사업의 중압감에서 벗어나기 위해 욘과 함께 리틀 VJO에 승선했다. 제아무리 다방면에서 성공한 사업가라 해도, 그는 뼛속까지 어부이기 때문이었다. 어린 시절 아버지와 함께 항해할 때 그랬던 것처럼, 뺨을 어루만지는 소금물 스프레이는 그의 마음을 들뜨게 했다. 바람의 방향이 시시각각 바뀌는 것을 보면서 '야자 잎으로 만든 거대한 돛'의 각도를 능수능란하게 조절하던 아버지의 모습을 떠올렸다. 옛날 노래를 불러달라는 요청을 받으면 잠시 머뭇거리다가 떨리는 목소리로 한 곡조를 뽑았다. 글로벌 마인드의 소유자임에도 조상님들의 방식이 점차 사라져가는 것을 안타까워했지만, 그게 라말레라의 종말을 의미하는 건 아니라고 생각했다. 고래 사냥이 어떤 식으로든 계속되는 한, 라말레라는 죽는 게 아니라 바뀌는 거라고 생각했다.

살레스에게는 가업을 이을 아들이 없었다. 그러나 '아버지 없는 욘'에게 다년간 유자망과 선외 모터 다루는 법을 연마하게 하면서, 자신이 재창조하는 라말레라에서 그에게 적합한 자리를 물색해왔다.

레파가 시작되기 이틀 전, 해가 중천에 뜰 무렵 욘은 여느 날처럼 그물을 손질하고 있었다. 맨 윗부분을 이로 문 상태에서 발가락으로 그물코를 벌린 채 너덜너덜해진 구멍을 기워 깔끔한 다이아몬드 형태로 만들었다. 작업을 하는 동안 호니와 이야기를 나눌 수 있도록 휴대전화를 셔츠의 칼라에 끼워 넣고 있었다. 집주인이 2016년 12월 말일자로 계약을 해지하는 데 동의했기 때문에 더 이상 다툴 거리가 없었으므로, 두 사람은 조만간 다시 만날 계획을 세우는 데 많은 시간을 할애했다.

욘은 유람선을 타고 1주일 동안 솔로르 군도를 건너 신탕에 도착하여, 그녀를 데리고 귀향하기로 했다. 더 이상 할 이야기가 없었지만 두 사람 모두 미련이 남아 전화를 끊지 않았다. 욘은 귀를 쫑긋 세우고 휴대전화에서 흘러나오는 빗질이나 요리하는 소리를 – 그녀가 마치 옆방에 있는 것처럼 – 마냥 듣기만 했다.

바로 그때 '발레오' 소리가 우렁차게 들렸다. 욘은 호니에게 작별 인사를 하고 서둘러 그물 손질을 마쳤다. 그러고는 순식간에 절벽 너머에 있는 나레크의 집으로 달려가 쌍안경을 빌렸다. 쌍안경으로 사우 해를 살펴보니 분출하는 간헐천 하나가 눈에 띄었다. 나레크의 아내는 고래가 얼마나 많으냐고 물었다.

욘이 대답했다. "한 마리뿐이에요. 하지만 굉장히 커요." 사실 그 고래는 욘이 본 것들 중에서 가장 큰 수컷 고래로, 전함의 항적을 남기며 동쪽으로 유유히 헤엄치고 있었다.

욘은 집으로 쏜살같이 달려가 셔츠를 입고, 담뱃가루를 찌그러진 약병에 쑤셔넣고, 제리캔에 물을 가득 채웠다. 해변으로 달려 나갔을 때, 벤이 그에게 다가와 카니발을 물에 띄우려는데 도와달라고 했다. (2015년에 벌어진 가문 내 분쟁이 해결되지 않아, 하리오나 가문의 테나인 볼리사팡은 여전히 드라이독에 정박해 있었다.) 욘은 벤을 도와 존손을 물에 띄웠지만 승선해달라는 부탁은 거절했다. 그 대신 그는 이그나티우스를 도와 데모사팡을 (통나무 트랙에 태워) 바다에 밀어넣고 그 대가로 뱃머리에 놓여 있던 왼쪽 베파제 노 – 2년 전에 다리를 다쳤던 바로 그 자리 – 를 차지했다. 이그나티우스는 (노쇠한 라마파인) 사촌 형제인 스테파누스 셍아지 케라프에게 작살을 맡겨왔는데, 스테파누스는 최근 몇 번의 레파 기간에 손쉬운 사냥 기회를 놓치는 실수를 여러 번 저질렀다. 욘의 속셈은 이러했다. '만약 스테파누스가 실패한다면 나에게 기회가 올지도 모른다.' 욘의 맞은편에는 가브리엘 올레오나Gabriel Oleona가 앉아 있었는데, 그는 공식적인 베레옹알렙 자격으로 오른쪽 베파제 노를 젓는 블리코롤롱 가문 사람이었다.

카니발은 데모사팡을 동쪽으로 끌고 갔다. 블리코롤롱 가문은 '발레오'에 신속히 대응했으므로, 사우 해에서 데모사팡을 앞지른 테나는 한 척밖에 없었다. 나머지 배들은 선두 그룹을 뒤쫓고 있었다. 테나에 승선한 다른 고래잡이들(스테파누스를 포함해서)이 모두 자리에 앉아 있는 동안 욘은 일어서 있었다. 고래에게 가까이 다가가면서 모든 고래잡이는 물줄기의 높이에 감탄해 입을 다물지 못했다. 선원들은 고래의 엄청난 덩치에 압도되었다. 코에서 꼬리까지의 길이가 무려 21미터로, 테나의 두 배였다. 선단은 나이 든 수컷 고래를 라발라 만으로 몰아 절벽에서 800미터쯤 떨어진 천해淺海에 어렵사리 고립시켰다. 테나는 하나씩 하나씩 예인선에서 분리되었고, 뒤이어 수 세기 동안 ─ 라말레라 부족에게나, 테나에게나, 코테켈레마에게나, 조상님들에게나 ─ 낯익었던 장면이 재현되었다. 욘은 버팀발을 선체에 고정하고 이그나티우스의 구령에 따라 베파제 노를 힘껏 저었다. 그러나 웬걸, 고래는 갑자기 방향을 틀어 데모사팡을 외면하더니 뒤따라온 다른 테나들과 정면으로 마주쳤다.

이제 총 아홉 척의 배가 사냥에 가담했다. 호로테나Horo téna가 고래에게 충분히 접근하자마자 그 배의 라마파가 있는 힘을 다해 작살을 꽂았는데, 그 순간 작살자루가 부러지며 튀어오른 파편에 그만 턱을 베이고 말았다. 고래는 그에 대한 반응으로 꼬리를 휘둘렀는데, 명중하지는 못했지만 집채만 한 파도를 일으킴으로써 어쨌든 배를 뒤흔들었다. 다음 순서는 테티헤리였는데, 격노한 수컷 고래가 꼬리로 반격하는 바람에 베레옹알렙이 (때마침 하마롤로에서 뛰어내리지 않았다면) 자칫 목

숨을 잃을 뻔했다. 거대한 고래가 두 척의 테나를 유린하는 동안 사냥꾼들은 버팀대 밑에서 몸을 웅크리고 있었다. 고래는 후다닥 도망치려 했지만 선단에 완전히 포위되어 있는 자신을 발견했다. 너무 호흡을 못해서 잠수할 수가 없었으므로, 그놈은 물속에 몸을 담그고 머리만 수면 위로 연신 내밀며 스파이 호핑spy-hopping*을 계속했다.

경랍을 헬멧처럼 뒤집어쓴 머리는 철옹성이므로, 선단을 이루는 테나들은 '물속에 잠긴 부분'을 공략하는 데 유리한 위치를 선점하려고 서로 밀치며 경쟁했다. 데모사팡이 왼쪽에서 접근하려고 시도하는 동안 오테가 버티고 있는 케룰루스가 재빨리 오른쪽에서 접근했다. 욘이 노를 간신히 젓고 있는 사이에 케룰루스가 약 6미터 차이로 데모사팡을 따돌렸다. 오테가 고래에 작살을 꽂는 동안 데모사팡의 선원들이 스테파누스에게 "아독Adok! 아독Adok(더 늦기 전에 점프하며 작살로 찔러요)!"이라고 소리쳤다. 스테파누스는 몸을 웅크렸지만, 뛰어오르려는 순간 파도가 뱃머리를 때리는 바람에 선체가 뒤뚱거렸다. 스테파누스는 발을 디딜 곳이 없었다. 그의 발이 공중에서 바람개비처럼 도는 동안 팔은 표적을 맞히기 위해 작살자루를 잔뜩 움켜쥐고 있었다. 그러나 그의 손을 떠난 작살은 불과 몇 센티미터 차이로 표적을 빗나갔다. 잠시 후 스테파누스가 수면으로 올라왔을 때 작살자루는 작살촉이 박힌 채 그의 옆에 둥둥 떠 있었다.

스테파누스의 노력이 물거품이 되자 욘은 노를 내팽개친 채 베레옹 알렘인 가브리엘을 제쳐놓고 하마롤로의 꼭대기로 올라갔다. 그는 두 손으로 번갈아가며 작살끈을 감아 한 사리**씩 가브리엘에게 넘겨주었

---

* 수면 위에서 무슨 일이 일어나는지 엿보려고 물속에서 수직으로 선 채 머리만 물 밖으로 내미는 행동.
** 가늘고 기다란 물건을 세는 단위로서 국수, 새끼줄, 실 따위를 동그랗게 포개어 감은 뭉치를 말한다.

하마롤로에서 미끄러지는 바람에 향유고래를 놓친 스테파누스.

다. 가브리엘은 욘의 대담함에 놀라 멈칫거리다가 이내 거들기 시작했다. 너무나 많은 작살끈이 풀려나가 있었으므로, 욘이 아무리 많이 거둬들여도 작살은 바다 위에 뜬 채 꿈쩍도 하지 않았다.

스테파누스가 헤엄쳐 배로 돌아왔을 때 노잡이들이 소리쳤다. "기다리는 배가 저렇게 많은데, 두 번째 기회는 어느 세월에 돌아올까요?"

"장담컨대 반드시 돌아올 거야!" 이그나티우스는 선원들에게 맹세했다.

그러는 동안 케룰루스에서는 오테가 버팀발을 하마롤로에 고정하고 작살자루에 체중을 실은 채 작살촉으로 고래의 살을 후벼파고 있었다. 그러나 고래도 호락호락하지 않았다. 그동안 숨을 조금씩 들이마시며 잠수할 기회를 엿보고 있었기 때문이다. 사냥꾼들이 뒷전에서 사우 해의 깊이를 가늠하는 동안 욘은 작살끈을 부지런히 감아 가브리엘에게 한 사리씩 계속 건네주었다. 물속에서 솟구쳐 오른 수컷 고래에게 들이받힌 케룰루스가 빙글빙글 도는 가운데 하마롤로 위에 서 있던 오테가 그로기 상태에 빠지기 일보 직전, 욘은 작살끈을 거의 다 감은 상태였다.

마침내 욘은 밧줄과 연결된 작살의 무게를 느낄 수 있었다. 그가 밧줄을 마지막으로 잡아당기자 물에 떠 있던 작살이 벌떡 일어서서 다가와 그의 손아귀에 들어왔다. 고래는 2미터가 채 안 되는 거리에서 허우적거리면서도 무지막지한 머리로 또 다른 테나를 겨냥했다. 그 순간, 고래의 등에 새겨진 흰색 흉터가 욘의 눈에 들어왔다. 그는 등지느러미에서 60센티미터 아래에 위치한 '연한 살'에 초점을 맞추었는데, 거기서 몇 센티미터 떨어진 곳에서는 호로테나가 이미 꽂은 작살이 피거품을 뿜고 있었다. 그는 잠깐 멈추고 마음을 가다듬었다. 작살로 고래를 잡는다는 것은 '막무가내로 찌르는 것'이 아니라 '정확한 부위'를 '충분한 힘'으로 '깊이 30센티미터'만큼 관통하는 것이었다. 그 순간을 얼마나 오랫동안 기다려왔던가!

이그나티우스의 고함소리가 욘을 몽상에서 깨웠다. "*세겟 Segêt* (서서 찔러)!"

욘은 이그나티우스의 충고를 듣지 않았다. 대신 그는 하마롤로를 박차고 뛰어오른 후 작살에 자신의 체중을 실었다. 작살촉의 끄트머리가 고래의 지방층을 찔렀다. 그러나 곧이어 작살자루가 손에서 미끄러졌고, 그의 손바닥은 '소금물에 절인 대나무' 표면을 주르륵 훑고 내려갔다. 바닷물에 풍덩 빠지는 순간, 자신의 힘이 작살에 거의 실리지 않았음을 깨달았다. 그가 혼자 힘으로 데모사팡에 올라탔을 때 가브리엘이 소리쳐 물었다. "명중했어?"

욘이 말했다. "깊이 박히지 않았어요! 내 손이 미끄러웠어요." (나중에 이그나티우스가 설명한 바에 따르면 고래와의 거리가 너무 가까울 때는 점프를 하지 말아야 했다. 왜냐하면 점프를 하면 힘이 아래로 쏠려 작살과 고래가 이상적인 각도를 유지할 수 없기 때문이었다. 그런 경우에는 점프를 할 게 아니라 발판을 디딘 상태에서 앞으로 찔러야 했다. 이그나티우스가 '뛰어내려!'가 아니라 '서서 찔러!'라고 소리친 것은 바로 그 때문이었다.)

가브리엘이 두 번째 작살을 준비했지만 스테파누스가 먼저 하마롤로를 차지했다. 무기를 라마파에게 넘긴 베레웅알렙은 다시 밧줄을 감기 시작했다. 나머지 선원들이 (테나들 사이를 비집고 원위치로 돌아가기 위해 노를 저으라고 소리치는) 스테파누스에게 집중하는 동안 욘은 *노다푸카* nodab puka(악마가오리를 잡는 데 사용하는 소형 작살)를 조립했다. 왜냐하면 대형 작살은 이미 스테파누스가 사용하고 있기 때문이었다. 데모사팡이 고래에게 다시 접근했을 때, 고래가 급정거를 하는 바람에 추돌 사고 직전까지 갔다. 스테파누스가 기겁하며 작살을 놓치자 욘은 난간을 뛰어넘어 하마롤로의 밑바닥으로 달려갔다. 그는 스테파누스를 밀치고 하마롤로 위에서 몸을 웅크린 채 노다푸카를 들어올렸다.

고래의 웅대함이 욘의 취약함을 더욱 두드러지게 했다. 그의 체중은 겨우 50킬로그램이었으니 말이다. 자기보다 1,000배나 무거운 피조물을 때려잡을 수 있다고 생각했다니, 제정신이었을까? 그는 오로지 한 가지만 생각했다, 그 자신과 부족을 위해 기필코 작살을 명중시키겠다는.

스테파누스는 다시 한 번 하마롤로에서 물러나 완전히 드러누웠다. 0.5초 후 욘이 한쪽 다리를 들어올리자 새하얀 발바닥이 반짝임과 동시에 작살촉이 고래를 관통했다. 뿜어져 나오는 핏줄기가 그를 기쁨에 겨워 부르르 떨게 했다. 작살촉의 철심이 지방층을 통과해 살코기에 닿았다니! 아직 라마파가 아니었지만 그는 부족원들 앞에서 최종 심사를 통과한 셈이었다.

필사적으로 헤엄쳐 배로 돌아오는 동안 욘은 고래의 (이를 부드득 가는) 턱과 (요동치는) 꼬리에 얻어맞지 않으려고 일정한 거리를 유지했다. 배 위에 올라오고 나서야 고래와의 전투에서 자기가 맡은 임무가 완료되었음을 비로소 깨달았다. 다른 테나들이 달려들어 잇따라 후속

난생처음 작살로 고래를 잡는 욘(왼쪽).

타를 날렸고, 데모사팡은 뒷전에서 구경만 하고 있었다. 욘은 두 다리 뻗고 휴식을 취할 수 있었다. 더 이상 증명할 게 없었으므로.

고래는 오후 내내 계속 저항했다. 놈은 우르테나인 케바코푸카의 밑으로 헤엄쳐 들어간 후 솟구쳐 오르며 배를 뒤집어엎고 기고만장했다. 결국에는 아홉 척의 테나가 모두 달라붙었지만 그 리바이어던은 대수롭지 않게 선단 전체를 잡아당겼다. 체중이 거의 70톤이었으므로 배의 무게를 다 합친 것보다도 무거웠다. 이윽고 라말레라 부족의 팀워크가 빛을 발하기 시작했다. 테나들이 닻처럼 작용함으로써 항력drag*을 만들자 고래는 기진맥진하여 잠수할 수가 없었다. 100명 이상의 남자가 협공을 하다가 – 누구는 멀리서 창으로 찔렀고, 누구는 가까이 다가가

---

* 물체가 유체 내에서 운동하거나 흐르는 유체 내에 물체가 정지해 있을 때 유체에 의해 운동에 방해되는 힘을 받는데, 이를 항력이라고 한다.

두리로 베었다 - 놈이 반격을 가하려고 방향을 틀 때마다 약점을 파고들었다. 바다가 자줏빛으로 변한 후에도 난도질은 계속되었고, 라말레라 사람들은 마침내 고래의 꼭대기로 기어 올라가 칼을 (팔뚝이 안 보일 때까지) 꽂아 넣었다. 고래는 - 최후의 발악으로 - 꼭대기에 앉아 있는 남자들을 흔들어 떨군 다음 물어뜯으려 했지만 기력이 쇠한 나머지, 멀찌감치 헤엄쳐 달아난 철천지원수들을 해치우기엔 역부족이었다. 고래는 얼마 지나지 않아 제풀에 잠잠해졌다.

현대화의 압력 때문에 분열과 갈등이 심화되었는데도 라말레라 부족은 사냥터에서만큼은 여전히 일치단결했다. 그들이 고래를 물리치는 방법은 단결밖에 없으며, 조상님들이 일찍이 말씀하신 바와 같이 '탈레 토우, 케무이 토우, 오나 토우, 마타 토우'이기 때문이다. 선진공업국이 세계화에 박차를 가하고 있는 오늘날에는 부족의 정체성이 국민적·세계적 정체성으로 대체되는 추세여서, 한때 토착 부족에게 목적의식과 생존력을 부여했던 끈끈한 연대 의식이 점점 더 약화되고 있다. 이에 따라 서양 사회의 시민은 갈수록 정신적·사회적으로 고립되고 있으며, 이는 - 과학 문헌에 체계적으로 기술되어 있는 바와 같이[2] - 정신건강장애mental-health disorder의 증가로 이어지고 있다.

조상님들의 시대에 라말레라 부족원은 서로에게 의지하는 수밖에 없었다. 벼농사를 짓고, 성당을 건립하고, 향유고래를 격파하기 위한 솔루션은 누적된 힘cumulative strength이었다. 바깥세상에 저항하고 조상님들의 방식을 옹호하는 데 있어서, 라말레라 사람들은 이러한 협동 정신을 최우선적으로 수호하려고 노력해왔다. 패배한 리바이어던을 끌고 귀항하는 지금, 그들은 서양 사회의 시민에 비할 바 없는 승리자였다.

데모사팡을 드라이독에 정박한 후, 이그나티우스와 벤은 선박 창고의 나무 기둥에 등을 기댄 채 모래밭에 털썩 주저앉았다.

"피곤하군." 이그나티우스는 짜증 섞인 미소를 지으며 말했다. 마치 신나게 놀다가 탈진한 아이처럼.

벤은 의아한 표정을 지었다. 그도 그럴 것이, 아버지는 좀처럼 피곤하다고 말하지 않는 성격이기 때문이었다. 나머지 선원들은 빙 둘러앉아 담배를 피우면서, 첫 번째 기회를 놓친 스테파누스에 대해 불만을 털어놓기 시작했다. 그 노쇠한 라마파는 선원들을 볼 면목이 없어 이미 귀가한 상태였다.

이그나티우스가 헛기침을 하자 모두가 입을 다물었다. 그가 설명했다. "처음에는 하마롤로를 벤에게 맡길 계획이었어. 왜냐하면 데모사팡의 레카 자리는 아직 벤의 것이거든. 그러나 스테파누스가 작살을 잡겠다고 나섰을 때 난 연장자를 우대하는 게 적절하다고 판단했어." 그러고 나서 이그나티우스는 선원들에게 분명히 말했다. "앞으로는 이런 일이 없을 거야. 다음부터는 꼭 벤에게 하마롤로를 맡기겠어."

벤은 터져 나오는 웃음을 참느라 진땀을 흘렸다. 그가 바라는 것은 단 하나, 아버지 앞에서 보아란듯이 첫 번째 고래를 잡는 것이었다. 그는 그런 날이 곧 올 거라고 믿어 의심치 않았다. 지난 1년간 존손인 카니발을 타면서 그는 가장 유명한 청년 작살잡이 중 한 명으로 등극했다. 그는 아버지와 형제들의 그늘에서 벗어나 (아버지와 형제들이 작은 체구를 만회하기 위해 사용했던) 유도 품새를 토대로 물리학적 계산을 가미하여 자신만의 작살질 스타일을 개발해놓고, 완벽한 기회가 오는 날만 손꼽아 기다리고 있었다. 욘을 비롯한 야망 있는 라마파들은 그의 스타일과 기법을 이미 벤치마킹하고 있었다.

이그나티우스는 종종 하마롤로에서 벤을 배제했다. 한때 벤은 '아버지가 나를 무시해서 저러는가 보다'라고 여겼지만 언제부턴가 아버지의 머뭇거림이 아들을 사랑하는 징표임을 이해하게 되었다. 아들이 라마파로 무럭무럭 성장해가면서 이그나티우스의 충고는 점차 '고압적 훈계'에서 '애정 어린 교훈'으로 바뀌어갔다. 그는 벤에게 "만타가오리의 등으로 뛰어내리지 말거라"라고 신신당부했는데 그 이유인즉, '엄청난 날개에 휩싸일 경우 심연으로 끌려 들어가 익사할 수 있기 때문'이었다. 그리고 코테켈레마의 철옹성 같은 이마를 찌르지 말라고 경고했는데, 그 이유는 충격으로 말미암아 팔이 부러질 수 있기 때문이었다. '아들을 라마파로 육성하려고 너무 다그치다 보면 자칫 위험의 구렁텅이에 빠뜨릴 수 있다'는 이그나티우스의 우려가 갑자기 현실로 다가온 듯했다. 벤은 이해하고 있었다, 아버지는 아들을 조금만 더 안전하게 지켜주려 노력하고 있을 뿐이라는 것을.

그날 저녁 서쪽 하늘이 사프론색으로 눈부시게 빛날 때, 부모들은 (고래 사체의 등에서 미끄럼 타기를 하는) 자식들에게 이제 그만 집으로 들어가라고 소리쳤고 연장자들은 평의회에 참석하기 위해 줄지어 해변으로 향했다. 2년 전만 해도 군중이 해변을 꽉 채웠지만, 이제는 겨우 서른 명쯤 되는 노인들이 시프리와 마르시아누스 앞에 모였다. 프란스와 몇 명의 늙은이는 지각생을 확인하려고 연신 고개를 돌려 뒤쪽을 훔쳐보았다. 그들은 목소리를 낮춰, 저조한 출석률을 그날 낮에 거대한 고래를 사냥하느라 탈진한 탓으로 돌렸다. 프란스와 그 문중 사람들은 그날의 추격 작전에 가담하지 않았는데, 그 이유는 울란도니 부족에게 선물을 갖다주기 위해 케나푸카의 노를 저어야 했기 때문이다. 그 항해는 상징적인 제스처로, 두 가지 의미를 지니고 있었다. 첫 번째 의미는 시장을 연 계기가 되었던 '전사 다토와의 물물교환'을 상기시키는 것이었고, 두 번째 의미는 새로이 건조한 케나푸카가 전 지역을 누비게 될 것임을 암시하는 것이었다. 케나푸카는 나중에 아무런 타격도 입지 않고 첫 번째 고래를 잡았는데, 그건 조상님들이 그 배의 완벽함을 인정한다는 증거였다.

기다리다 못한 시프리는 참석자의 머릿수를 세더니, 샌들을 벗어 던진 후 가부좌를 틀고 앉았다. 아마도 추위를 느끼는 듯, 그의 목에는 성기게 짠 사롱이 휘감겨 있었다. 마르시아누스는 가문의 우두머리 자리를 굳건히 지키고 있었으므로, 다음 날 열리는 고래 소환식(이게계렉)을 주관할 예정이었다. 다만 나이 든 아버지의 체면을 세워줄 요량으로 해변평의회만큼은 그 '종이호랑이'에게 양보한 것이었다. 시프리의 얼굴에는 슬픔의 그림자가 드리웠다. 왜냐하면 오랫동안 내리막길을 걸어온 아내가 '더 이상 개미의 깨묾을 느끼지 못하기' – 이는 라말레라식 표현으로, 최근에 세상을 떠났음을 의미한다 – 때문이었다. 시프리는 "무거운 짐을 내려놓으시오"라는 훈계로 개회사를 대신했다, 그래야만 자기가 라말레라 부족을 조상님들에게 인도할 수 있다면서. '고래잡이들끼리의 사냥감 가로채기'에 대한 불만은 단골 메뉴였고, 가오리와 상어의 개체수가 줄어들고 있다는 우려도 제기되었다. 레파 기간에도 유자망어업을 허용하자는 결의안은 부결되었다. 그와 달리 바다에서 휴대전화를 사용할 수 있게 하자는 결의안은 가결되었지만 '다른 배나 해변의 사람들과 사냥감의 위치에 관한 정보를 주고받는 용도로만 사용해야 하며, 노래를 듣거나 동영상을 시청해서는 안 된다'는 단서가 붙었다.

시프리가 갑자기 손을 흔들며 정숙을 요구했다. 연장자들은 파도 소리와 뒤섞인 쉰 목소리를 알아들으려 안간힘을 썼다. 그는 하소연하듯 물었다. "내가 누차 지시했건만, 돛 올리기와 노 젓기로 복귀하지 않는 이유가 뭐요?" 그러나 그의 음성에는 전혀 위압감이 없고 기진맥진함과 패배감뿐이었다.

리카텔로 중 바타오나 가문의 대표인 예포가 참석자들에게 물었다. "'세상의 주인'의 질문에 대답할 사람 없나요?" 푹 숙인 고개를 드는 사람이 아무도 없자 예포는 시프리에게 고개 숙여 사과하며 덧붙였다. "라말레라 사람들은 테나에 승선해 더 많은 고래를 잡으려 최선을 다했지만, 아시는 바와 같이 아무런 소득이 없었습니다."

저녁 어스름이 내려앉을 즈음, 존손을 배척하고 테나를 옹호하는 해묵은 주장이 다시 고개를 들었다. 교회당에서 알전구가 깜박이며, 진짜 작살을 움켜쥐고 참석자들을 응시하는 성 베드로상이 모습을 드러냈다. 그의 콘크리트 발 주변에는 고래와 돌고래의 말린 내장이 흩어져 있었다. 뒤이어 별들이 나타나 하늘을 수놓으며, 모든 사람의 개별성이 어둠 속에 묻혀버렸다. 조상님들이 평의회에 참석했다는 사실을 망각하고 너나없이 그 자리에서 중구난방으로 구시렁거리기 시작했다. 결론 없는 논쟁은 멈출 기미를 보이지 않았다. 그러자 고래잡이들이 하나둘씩 어둠 속으로 사라져, 끝내 극소수의 사람들만 남아 해묵은 논쟁을 되풀이했다. 해변 아래에서는 부서지는 파도가 죽은 고래의 꼬리를 때리며 밀려왔다 밀려갔다. 고래는 아직도 살아 있는 것처럼 보였다. 아이들은 모두 집에 가버리고 없었다.

40분에 걸친 격론 끝에 시프리가 내뱉은 가래 끓는 소리가 놀랍도록 강렬한 울림으로 다가왔다. 그가 말했다. "라말레라는 세계적으로 유명한 문화를 가진 부족이오. 우리는 그것을 잃어서는 안 되므로, 사냥을 멈춰서는 안 될 일이오. 그러나 존손은 도구에 불과하다는 점을 명심해야 하오." 그는 마지막으로 이렇게 결론지었다. "라말레라 부족은 문화를 잃지 않는 범위 내에서 존손을 사용하도록 신중에 신중을 기해야 할 것이오." 요컨대 그는 '현대 세계를 전적으로 거부해서는 안 된다'는 점을 인정하면서도 '그것이 부족의 삶에 미치는 영향이 최소화되도록 조율해야 한다'는 단서를 달았다. 이로써 '세상의 주인'이자 '조상님들의 청지기'로서 20여 년간 존속을 줄기차게 반대해왔던 시프리가 공식적인 반대 방침을 철회했다. 그는 여전히 마음속으로 '라말레라 부족은 모터보트가 없어야 더 잘 살 수 있다'고 느꼈지만, 조상님들의 지상명령을 기억하고 있었다. '탈레 토우, 케무이 토우, 오나 토우, 마타 토우.' 이미 패한 전투를 질질 끌기보다는 부족의 단결과 화합이 더 중요하다고 판단한 것이다. 설사 조상님들의 사냥 방법이 사라질 운명에 처했더라도 최소한 부족의 단결과 화합은 유지되어야 했다. 게다가 그가 더 이상 할 수 있는 일이 없었다. 우존 가문의 권력이 마르시아누스에게 공식적으로 이양된 이상, 시프리는 명목상으로만 '세상의 주인'이기 때문이었다.

다음 날, '고래바위' 옆에서 기다리는 시프리가 주체할 수 없는 눈물을 훔치려 애쓰는 동안 그의 아들은 젊은 문중 사람들을 이끌고 정글을 헤치고 올라가 조상님들을 찾아뵈었다. 시프리의 몸으로는 더 이상 산길을 오를 수 없었다. 시프리에게 알리지도 않고 마르시아누스는 '낮은 누바나라' – 2015년, 마을에서 너무 늦게 출발하는 바람에 (몇 킬로미터 위에 있는) 전통적인 출발점에 도착하지 못하자 그의 아버지가 어쩔 수 없이 이게게렉을 시작했던 곳 – 에서 이게게렉 의식을 시작했다. 마르시아누스는 마땅한 핑곗거리가 없었으며, 단지 땀을 뻘뻘 흘리며 산꼭대기까지 올라가고 싶지 않을 뿐이었다. 그는 자신에게 이렇게 반문했다. '지난해에도 아무런 문제가 없었잖아?' 물론 – 시프리의 말을 빌리면 – 라말레라 마을에서 조상님들의 방식이 서서히 사라지는 것은 바로 이런 태만함 때문이었다. 편의성이라는 미명하에 의미 있는 절차는 대충대충 넘어가고 정체불명의 절차가 우후죽순처럼 늘어난다면 궁극적으로 남아나는 전통이 하나도 없을 터였다.

　현대 산업사회의 생활 방식이 세상을 장악한 것은 인간의 정서적·정신적 수요를 가장 잘 충족했기 때문이 아니었다. 그보다는 월등한 무력을 바탕으로 자기들의 배를 불리기 위해 사람과 영토와 자원을 수탈했기 때문이다. 일단 전통사회에 식민지를 건설한 후, 산업사회는 전통적인 부족사회에 물질적 부, 교육, 보건의료 인프라를 적절히 제공함으로써 '돌아올 수 없는 다리'를 건너게 했다. 토착 부족은 산업사회의 이점에 완전히 매혹된 나머지, 종종 전통적 생활 방식을 포기하고 산업사회에 동화되고 말았다. 스위치만 켜면 세탁기가 알아서 빨래를 척척 해준다는 사실을 알고 나면 과연 누가 세탁물을 빨래판에 대고 박박 문지를까? 미국이나 일본의 시민 중에서 수렵채집인이 역사적으로 경험해왔던 높은 유아사망률, 짧은 수명, 식량 위기, 상존하는 폭력의 위협에 노출되고 싶어 하는 사람은 아무도 없을 것이다. 그리고 전통사회에서 불이익을 받았던 사람들 ─ 여성에서부터 케로파 가문 같은 천민에 이르기까지 ─ 이 평등사회를 선호하리라는 것은 두말할 나위가 없다.

　그러나 아무리 낙관적으로 보더라도 모든 발전이 이로운 건 아니다. 뒤집어 생각하면, 진보란 뭔가를 상실한다는 것을 의미한다. 진보와 관련된 변화 중에서 50퍼센트 이상은 상실이다. 문명이 발달한 나라에서 일시적으로 유행하는 복고주의 ─ 구석기 다이어트paleo diet에서부터 뉴에이지 영성운동New Age spiritualism, 자연캠프wilderness retreat에 이르기까지 토착민을 낭만적으로 묘사하는 수많은 사상과 행동 ─ 는 그런 나라의 시민들이 '뭔가를 상실했다'고 직감하고 있음을 의미한다. 현대화의 부작용은 중독과 유사한 경향을 띠는데, 그 해독제는 바로 조상님들의 방식이다.

수렵채집 시대의 생활 방식과 현대적 생활 방식의 이점을 둘러싼 논쟁은 종종 어느 쪽이 절대적으로 우월한지를 결정하는 방향으로 흐른다. 그러나 그런 접근 방법은 논점을 이탈한 것이다. 왜냐하면 양쪽 모두 장단점이 있기 때문이다. 그 대신 '우리는 서로 간에 뭘 배워야 할까?'라는 질문을 던져야 한다. 모든 문화권에 속하는 사람들은 자신들의 생활 방식을 '자연스러운 것'이라고 선언하길 좋아하지만, 지구촌에 존재하는 다양한 문화 ― 현대적인 문화가 되었든 전통적인 문화가 되었든 ― 중에서 절대적인 것은 없다. 우리는 두 가지 문화를 비교하여 그중에서 좋은 점과 나쁜 점을 취사선택할 수 있는데, 라말레라 사람들이 해변평의회에서 하는 일이 바로 그것이다. 그들의 훌륭한 점은 엄청난 역경에도 불구하고 두 문화의 충돌로 인해 (전통문화가 지닌) 인간미가 상실되지 않도록 최선을 다한다는 것이다.

'기술과 세계화가 인간의 삶에 미치는 영향'이 최소화되도록 조율하는 능력은 인간의 행복, 심지어 생존에 필수적이다. 돌이켜보면 지금까지 이루어진 현대화는 세심히 계획된 과정이 아니었다. 그보다는 새로운 기술이 등장할 때마다 (움츠린 개구리가 어느 방향으로 뛸지 모르는 것처럼) 일련의 충동적 도약을 통해 이루어졌다. 사정이 이러하다 보니, 우리는 현대화 과정을 통제하지 못하고 수동적으로 받아들이는 데 급급할 수밖에 없었다. 우리도 해변평의회와 같은 방식으로 현대화 과정을 조율할 수는 없을까?

전통문화를 보존함으로써 지구상에서 가장 취약한 부족을 보호하는 것은 바야흐로 윤리적 의무로 떠오르고 있다. 세심한 관찰자가 아니더라도 세계화라는 것이 매우 불공평한 과정임을 단박에 알 수 있을 것이다. 막대한 보상은 돈과 권력을 쥔 소수의 엘리트가 차지하고, 전 세계 3억 7,000만 명의 원주민은 도시 빈민가와 산업형 대규모 농장에 편입

됨으로써 조상 대대로 전해 내려온 삶의 터전과 유대 관계를 상실하고 알거지가 되었으니 말이다.[3] 많은 선진국과 다국적기업은 반성해야 한다. 최선의 생활 방식을 알고 있는 사람은 토착 부족들 자신임에도 불구하고 제멋대로 판단하고 행동함으로써 전통사회에 큰 해를 끼쳤으니 말이다. 지금 당장 그들에게 권한을 부여하고 선택권을 돌려줘야 한다.[4]

자신만의 경로를 자유로이 선택할 수 있는 사람만이 미래에 스스로 자구책을 마련할 수 있다. 요컨대 모든 전통문화는 특정 환경에서 최선의 생존 방법을 결정하기 위해 수 세기 동안 자연실험natural experiment을 해온 결과물이며, 그 과정에서 서양의 과학이 짐작조차 못하는 지식이 축적되었다. 생태계의 건강을 위해 생태적 다양성ecological diversity이 중요한 것처럼, 세계화가 초래할 단일 문화의 치명적 약점에 대비해 인류의 회복력을 높이려면 문화적 다양성이 필수적이다. 라말레라 문화 같은 전통문화가 사라진다면 인간이 인간답게 살기 위한 방법의 가짓수가 줄어들 것이다. 그것은 인류 전체뿐 아니라 개개인이 보유한 잠재력이 줄어드는 것을 의미한다. 따라서 전통사회를 보호한다는 것은 개개인에게 '정신적으로 가장 충만한 삶'을 추구할 수 있는 권리를 보장하는 것을 의미한다. 그것은 모든 인간이 마땅히 누려야 할 권리다.

욘, 벤, 프란스를 비롯한 라말레라 사람들이 경험하고 있는 대변동은, 따지고 보면 모든 현대인의 조상이 – 속도가 느릴망정 – 경험했던 것이다. 또한 그것은 인류사상 유례없는 변동으로, 모든 문화의 시발점이었던 수렵채집 문화가 완전히 사라진다는 것을 의미한다. 우리의 몸과 마음과 심장은 수만 년 동안의 진화와 수렵채집 시대를 통해 형성되었다. 아무리 시대에 뒤떨어진 것처럼 보이더라도 수렵채집인의 문화와 생활 방식은 인간의 본성을 반영한다. 그렇다면 인간의 원형을 간직한 그들에게 최소한의 경의라도 표해야 하지 않을까? 앞으로 무슨 일이 일어날지는 알 수 없지만, 만약 인간의 원형을 망각한다면 우리는 미래의 본질적인 부분을 잃게 될 것이다.

　다음 날 아침, 라말레라 사람들은 해변에 모여 '조상님들의 선물'을 해체했다. 휘두르는 칼에서 튕겨 나온 고래기름이 해체하는 사람들의 눈에 들어가 자극을 유발하더니, 급기야 시뻘겋게 충혈되도록 만들었다. 고기를 배분하는 – 이 임무는 통상적으로 고래를 잡은 일등공신에게 부여된다 – 시간이 되자 데모사팡의 선원들은 욘을 지목했다. 욘은 빙 둘러선 남자들의 한복판으로 엄숙하게 걸어 들어간 뒤 양손으로 큼직한 고깃덩어리를 집어 들어 이그나티우스에게 건넸다. 이그나티우스는 그 무게를 이기지 못해 허리를 앞으로 숙였다. 다음으로, 욘은 (모든 남자에게 공평히 배분되도록 신중을 기하며) 나머지 '피투성이 블록'을 배분함으로써 자기 자신을 위해 유혈이 낭자한 이정표를 세웠다.
　임신한 이카의 도움을 받을 수 없었으므로, 욘은 고깃덩어리를 등에 지고 가파른 절벽을 올라가 집 뒤의 (기름에 절어 새까매진) 나무 탁자 위에 올려놓았다. 요세프 보코는 실명에 가까워졌음에도 욘을 도우려 애쓰며 어림짐작으로 어렵사리 고기를 썰었다. 그러나 걸리적거리기만 했을 뿐, 실질적인 작업은 하나부터 열까지 모두 욘의 몫이었다. 그는 마체테로 고기를 길게 썬 후 대나무 장대에 걸었다. 지난 몇 년간의 투덜거림은 온데간데없었다. 고래를 작살로 찌른 후, 그는 조부모가 아무리 노쇠하더라도 혼자 힘으로 너끈히 부양할 수 있다는 자신감을 얻었다. 그가 집에서 일하는 동안 계속 배분된 우마는 베파나에까지 할애되어, 한 마리의 고래가 거의 모든 부족원을 배불리 먹일 수 있게 되었다.

자기가 잡은 고래의 고기 한 조각을 들고 있는 욘.

그날 밤에는 매년 열리는 '길 잃은 영혼들을 위한 미사'인 미사아르와가 거행되었다. 물 한 동이로 샤워하고 나서 욘은 혼자 해변으로 내려갔다. 이카는 자신의 볼썽사나운 배를 사람들에게 보이기 싫다며 거절했고, 조부모는 더 이상 계단을 오르내릴 수 없었기 때문이다. 그들이 매년 미사아르와에 참석할 때마다 성가대는 다음과 같은 찬송가를 불렀다. '잔잔하고 고요하게 노 저어라, / 파도가 해변을 어루만지는 동안. / 백일몽은 잔잔하고 고요하다, / 삶의 태풍 한복판에서, / 삶의 태풍 한복판에서.' 욘은 해변의 외딴 구석에서 혼자 촛불을 켜고 '올해에 라마파가 되었으니, 이제 호니와 결혼해 절벽 위의 집에서 살고, 많은 아이가 태어나 조상님들의 방식을 이어나가게 해주세요'라고 기도드렸다.

베나는 자기가 부족의 품으로 돌아온 것을 계속 응원해달라고 기도했다. 프란스는 새로운 테나를 축복해달라고 기도했다. 벤은 향유고래를 잡게 해달라고 기도했고, 이그나티우스는 막내아들이 안전하게 고래를 잡게 해달라고 기도했다. 그들의 기도는 다른 라말레라 사람들의 기도와 뒤섞여 하나의 합창—조상님들에게만 들리는—이 되었다. 그 합창은 부족이 존재하는 동안 계속되어왔으며, 부족이 사라지지 않는 한 앞으로도 계속될 것이다. 왜냐하면 인간의 마음은 간절히 소망하기를 멈추지 않기 때문이다.

그날 밤 바다는 잠잠했으며, 잃어버린 영혼들을 위해 띄워진 미니 함대는 (마치 바깥세상으로 나가기 위해 쾌속 항진하는 부표처럼) 서쪽 절벽을 따라 퍼레이드를 벌였다. 몇 개의 촛불은 물속에 가라앉았지만 (라말레라 사람들의 소망이 담긴) 대부분의 촛불은 섬을 벗어났다. 그러나 그 촛불 하나하나에 담긴 소망의 내용을 아는 사람은 각각 한 명밖에 없었다.

거의 모든 라말레라 사람은 학수고대하고 있다. 조상님들의 선물을 갈망하며 아무런 생각 없이 오로지 수평선만 바라본다. 그러다가 고래가 뿜어내는 물줄기가 보일 때, 숫돌로 간 작살촉이 섬광을 뿜을 때, 조상님들이 작살잡이들의 편에 설 때, 매 순간 생과 사의 무게를 온몸으로 느낄 때 어느 것 하나 소중하지 않은 것이 없다. 라말레라 사람들에게 사냥은 늘 새롭다.

5월 1일 아침, 라말레라 사람들은 고래 뼈 앞에 모여 미사레파를 축하했다. 그날은 일요일이었으므로, 그들은 프라소사팡이 출항하는 것을 보기 위해 다음 날 새벽까지 기다렸다. 테나가 예인되어 나갈 때 노래를 부르는 선원은 아무도 없었다. 한때는 부족 전체가 노래를 불렀다. 노래는 라말레라 사람들에게 삶의 활력소였으므로, 어딜 가나 노래가 끊이질 않았다. 그러나 노동요의 시대는 끝났다. 그럼에도 프라소사팡의 선원들이 야자 잎으로 만든 돛을 펼쳤을 때, 까마득히 먼 곳에서 조상님들이 사냥을 시작하는 것처럼 보였다. 각자 자기 일을 하느라 분주한 중에도 해변에 있는 라말레라 사람들의 시선은 모두 바다에 고정되었다. 왜냐하면 프라소사팡의 성적이 2016년 사냥 시즌의 성패를 좌우하기 때문이었다.

늦은 아침, 오테는 쌍안경으로 거두고래pilot whale의 동향을 관찰함과 동시에 프라소사팡을 감시하고 있었다. 조상님들의 명령에 따르면 사냥 시즌 첫날에는 프라소사팡만 출어할 수 있었지만 오테는 반기를 들었다. 총 여덟 척의 존손이 출항해 시끄러운 엔진 소리를 내고 있었다. 조상님들의 뜻을 어긴 데 분노한 프란스는 베디오나 가문이 소유한 존손의 출항을 금지했다. 여덟 척의 존손은 프라소사팡 곁을 쌩하고 지나가 거두고래와 조우했다. 오테의 작살은 거의 백발백중이지만, 그날따라 그는 물론 어느 라마파도 작살을 명중시키지 못했다. 그러자 거두고래는 잠수하여 사라지고 말았다. (라말레라 사람들은 아직 모르고 있었지만, 2016년 사냥 시즌은 2015년과 마찬가지로 흉어기였다. 향유고래는 겨우 여섯 마리밖에 못 잡았고, 다른 사냥감 – 특히 만타가오리 – 의 어획량도 현저히 줄어들었다.)

통상적으로 일단 레파가 시작되면 동풍이 분다. 그런데 2016년 5월 2일에는 달랐다. 거두고래가 사라진 후 귀항하는 동안 계속 서풍이 불며 라말레라 사람들의 얼굴을 때렸고, 화산 꼭대기를 뒤덮었던 구름을 모두 동쪽으로 날려버렸다. 그러나 고래잡이들은 수평선에서 눈을 떼지 않았다. 무슨 일이 일어나든 수평선 너머에서 시작되게 마련이기 때문이었다. 그들이 할 수 있는 일은 그저 기다리는 것이었다, 미래가 가져다줄 모든 것에 대비하며.

하마롤로에 선 운명

2016년 5월 ~ 2018년 5월

그 후 2년 동안 다방면에 걸쳐 조상님들의 방식을 위협해온 위험천만한 요소들의 뇌관이 제거된 듯했다. 울란도니 항구는 2017년 중반에 마침내 완성되었지만, 연락선 운항 일정은 전혀 잡혀 있지 않았다. 새로 취임한 관료들은 낙후된 지역의 상업적 잠재력을 거의 인정하지 않았고, 여전히 앙숙 관계인 누알레라 부족과 루키 부족을 대면하지 않으려 했다. 정치적 성향의 관료들은 울란도니 항구 프로젝트를 '불만 세력을 무마하기 위한 예산 낭비'로 폄하했다. 그러는 동안 살레스는 라말레라 부족을 비롯한 해양족들로부터 어류 수출의 수지타산을 맞추는 데 충분한 참치를 확보하지 못했다. 그 대신 그는 레월레바의 상업적 저인망 어부들로부터 톤 단위로 미끼용 물고기를 구입해, (그의 주장에 따르면) 분말 사료로 만들어 그중 일부를 미국에 수출했다. 젊은 라말레라 부족원들 중 일부는 여전히 고향을 떠나고 있었지만, 핵심 그룹은 마을에 남기로 마음을 굳힌 상태였다.

2016년 말 호니의 고용계약이 해지될 즈음, 욘은 그녀를 고향으로 데려오기 위해 솔로르 군도를 가로질러 신탕에 도착했다. 여행 도중 인도네시아 서부의 오염된 거대도시를 보면서, 그런 곳에서 살고 싶다는 생각은 눈곱만큼도 들지 않았다. 고향에 돌아온 호니는 짐을 싸 들고 그의 집으로 이사해 조부모 공양을 도왔는데, 그즈음 두 분의 건강은 위중한 상태였다. 2017년 레파 기간에 욘은 한 존손의 레카 자리를 꿰찼고, 여러 가문으로부터 테나를 지휘해달라는 요청이 쇄도했다. 그러는 동안 향유고래를 잡지는 못했지만 어느 누구도 그를 더 이상 케펠라라고 부르지 않았다. 2017년 말 그와 호니는 아들을 낳아, 할아버지의 이름을 따라 '요세프 보코 주니어'라고 불렀다. 아이러니하게도 출산 때문에 정식 결혼이 늦어지는 바람에 가톨릭교회로부터 혼전 출산을 인정받기 위한 서류를 꾸미느라 무진 애를 먹었고, 그 과정에서 두 사람의 관계는 더욱 돈독해졌다. 2018년 레파 기간이 시작되었을 때 욘은 '뒤뚱뒤뚱 걷는 아들'을 간혹 존손의 작살잡이 발판 위에 올려놓고 균형 감각을 테스트했다. 그의 눈에 요세프 보코 주니어는 타고난 라마파처럼 보였다.

알로와 이카는 행복한 결혼 생활을 해나갔으며, 그들의 걸음마쟁이 딸은 엄마와 똑같이 자유분방한 표정으로 웃었다. 이카는 임신 기간에 우울증에 시달렸지만 궁극적으로 그녀의 트레이드마크인 활달함을 되찾아가고 있었다. 그녀는 엄마이기를 즐겼고, 호니가 라말레라에 도착한 후에는 알로와 함께 시댁으로 거처를 옮겨 친정 조부모와 오빠를 보살펴야 하는 스트레스에서 해방되었다. 대부분의 동년배가 그렇듯, 이카는 길쌈을 배운 적이 없었다. 왜냐하면 다른 라말레라 청년들과 마찬가지로 (야생 목화에서 뽑아낸 실로 짠) 전통적인 사롱 대신 주로 공장에서 만든 옷을 입었기 때문이다. 그러나 최근에는 알로의 어머니에게 길쌈을 가르쳐달라고 졸랐는데, 그 이유는 (이젠 나이가 들어 학업을 계속할 수 없음을 인정하지만) 부족의 전통적인 생활 방식 중에 배워야 할 게 많음을 깨달았기 때문이다. 알로의 경우 욘을 위해 베레웅알렙으로 일한 후 존경받는 라마파로 부상하고 있었으며, 종종 다양한 존손의 하마롤로로 초빙되었다.

프란스는 나이가 들면서 매일 바다에 나가지 못했지만, '발레오'에는 여전히 동참하곤 했다. 그는 젊은 문중 사람들(특히 욘의 친구인 안소)에게 조선술과 샤머니즘에 대한 지식을 전수하는 데 상당한 시간을 할애했다. 그의 딸 베나는 아직 배필감을 정하지 못했지만 즐거운 마음으로 부족에 재통합되고 있었다. 그러나 그녀의 영어 실력은 녹슬지 않아, 케이티 페리의 「지난 금요일 밤」을 한 단어도 틀리지 않고 부를 수 있었다.

시프리는 2016년의 이게게렉이 치러지는 동안 기진맥진해 보였지만 최근 몇 달 동안 몰라보게 건강해졌다. 그가 건강을 회복한 것은 아마도 뇌졸중으로 누운 아내를 더 이상 돌보지 않아도 되기 때문인 듯했다. 이게게렉이 시작되기 직전에 그녀가 세상을 떠났기 때문이다. 그는 얼마 지나지 않아 우존 가문의 통제권을 마르시아누스에게서 되찾았지만, 그로 인해 부자간의 갈등이 생기자 레월레바를 떠나 라말레라 부족의 각종 샤머니즘 의례에 자주 참석했다.

이러저러한 이유로 라말레라 부족의 구성원들은 2018년 5월 1일 밤 미사아르와에서 '촛불 실은 미니 함대'를 바다에 띄울 때 조상님들이 행복해하실 거라고 믿었다. 5월 2일에는 더 좋은 징조가 엿보였다. 왜냐하면 미사레파에서 단독으로 첫 사냥에 나선 프라소사팡의 요세프 투베가 커다란 악마가오리를 잡았기 때문이다. 그다음 주 내내 선단 전체가 유례없는 성공을 거뒀는데, 수십 마리의 가오리와 고래를 잡아들였다.

그러나 모든 일이 그들의 소원대로 마무리되지는 않았다. 레파 기간의 두 번째 주말 새벽, 벤은 블리코롤롱 가문의 존손인 카니발을 몰고 출항했다. 시커먼 물체가 수면 밑으로 미끄러지듯 지나가는 것을 보고 선원들은 처음에 하늘에 떠 있는 구름의 그림자려니 생각했다. 웬만한 만타가오리의 날개 너비가 그 정도는 되므로, 벤은 아버지의 작살 하나를 꺼냈다. 그때만 해도 그 거대한 동물이 벤의 능력을 벗어날 거라고 짐작한 선원은 단 한 명도 없었다. 3년 전에 라마파가 된 이후로 고래만 빼고 모든 종류의 사냥감을 잡아본 그를 상당수의 부족원은 동년배 최고의 작살잡이로 간주하고 있었다.

벤은 현재의 지위에 만족하고 있었지만 '부족원들과 화합하는 방법'에 대한 조상님들의 방식을 충족하며 살아가는 것이 그에게는 훨씬 더 보람 있는 일이었다. 그와 이타는 금실이 좋았다. 공식적으로 사냥에서 은퇴한 이그나티우스는 집에서 행복한 나날을 보내고 있었다. 그는 매일 아침 '벤을 어느 배의 선장으로 내세울지'를 결정했는데, 보통은 카니발을 선택했다. 그러나 설사 고래가 나타나더라도 간혹 형들 대신 벤에게 데모사팡의 지휘봉을 넘겼다. 배의 출항을 도운 뒤 이그나티우스는 모래밭에서 낮잠을 자며 아들이 그날의 어획량을 싣고 귀항할 때까지 기다렸다. 매일 오후 늦게 벤은 어린 아들 카롤로스에게 '파도에 떠내려온 나무토막을 작살로 찌르는 방법'을 가르쳤고, 카롤로스와 다른 아이들은 실습을 하는 동안 벤을 흉내 내곤 했다.

만타가오리를 찌르려고 점프했을 때 벤은 최상의 컨디션이었다. 그가 낙하하는 동안 표적을 향해 날아가는 작살촉은 햇빛을 반사해 섬광을 뿜었다. 작살은 명중했다. 가오리가 저항하면서 작살끈이 팽팽히 당겨졌다. 작살을 날린 벤은 카니발로 돌아가려고 맹렬히 헤엄쳤다. 그런데 팔을 몇 번만 저으면 배에 닿을 수 있는 거리에서 그는 갑자기 비명을 질렀다. 그러고는 물속으로 빨려 들어갔고, 그가 있던 자리에는 잦

아드는 잔물결과 차츰 사라지는 물거품만 남았다.

카니발의 선원들은 만타가오리와 줄다리기를 하는 동안 작살끈이 벤의 다리를 휘감았거나, 가오리가 날개로 벤을 납치한 것 같다고 생각했다. 그러나 작살끈은 축 늘어졌고, 그들이 릴을 감아보니 밧줄의 끝부분이 끊어져 있었다. 그날따라 바닷물이 유난히 맑아서 햇빛이 비치는 한계까지 훤히 들여다보였다. 그러나 선원들이 아무리 기다려도 그 깊이를 가늠할 수 없는 암흑 속에서는 아무것도 떠오르지 않았다.

'빨리 손쓰면 벤을 살려낼 수 있다'는 실낱같은 희망을 품고 선원들은 허겁지겁 해변으로 돌아갔다. 청천벽력 같은 소식을 전해 들은 고래잡이들은 – 마치 커다란 '발레오' 소리를 들은 것처럼 – 대형 선단을 구성해 총출동했다. 모든 테나와 존손은 사우 해를 1주일 동안 샅샅이 뒤졌다. 왜냐하면 라마파의 시신을 정중히 매장하지 않을 경우, 이를 언짢아한 그의 영혼이 복수를 할 수 있기 때문이었다. 그러나 벤을 삼켜버린 바다는 그의 시신을 내놓지 않았다. 여러 해 전에 온 하리오나는 간발의 차이로 그것을 피했지만 이번에는 운명이 벤 블리코롤롱을 데려간 것이었다.

그날 밤 원로들이 바난나무 아래에 모여 조상님들이 벤을 앗아간 이유를 놓고 격론을 벌였다. 많은 설이 제기되었지만, 가장 많은 동의를 받은 것은 조상님들의 방식을 적절히 옹호하는 데 실패했기 때문이라는 것이었다. 원로들 사이에서는 '일부 위험(이를테면 울란도니 항구, 살레스의 사업)이 완화된 건 사실이지만 새로운 위험이 라말레라 부족을 수렁에 몰아넣고 있다'는 위기감이 팽배했다. 즉 스마트폰 가격이 하락하고 이동전화 중계탑의 신호가 업그레이드되면서 많은 라말레라 사람들이 인터넷과 소셜 미디어에 빠져 방황하고 있다는 것이었다. 그리고 고산족이 점차 현금을 선호하면서 라말레라 시장에서는 물물교환이 점차 사라져가고 있었다.

　그보다 훨씬 더 위험한 것은 서양의 환경보호 활동가들('국제자연보호협회The Nature Conservancy', '돌핀 프로젝트Dolphin Project' 같은 환경보호 단체)이 손잡고 인도네시아 정부에 압력을 넣어 고래 사냥을 강력히 규제하게 하고 있다는 점이었다. 이전에는 인도네시아의 여러 법령집을 아무리 읽어봐도[1] 라말레라에서 향유고래를 잡는 행위는 합법적인 것으로 해석되었다. 왜냐하면 토착 부족에게 전통적인 생계 활동을 이어갈 수 있는 권리를 보장했기 때문이다. 인도네시아가 가입하지 않은 국제포경규제협약에서도 토착 부족의 지속 가능한 생계형 사냥을 허용하고 있었다. 그러나 환경보호 활동가들은 '고래 사냥을 금지하는 국제법이 토착민의 권리를 옹호하는 법에 우선한다'라고 주장했는데, 둘 중 어느 것이 우위에 있는지에 대한 판례는 찾아볼 수 없었다.

　향유고래 사냥의 합법성에 대해서는 이처럼 논란이 많았지만, 가오리 사냥에 대해서는 논란의 여지가 없었다. 2014년 인도네시아 정부가 만타가오리 사냥을 금지하면서 라말레라에서 만타가오리를 밀렵하는 것은 명백한 불법행위[2]로 간주되었다. 라말레라 사람들은 2016년 말까지 이 같은 법령을 거의 알지 못했다. 그런데 그즈음 어느 환경보호 NGO가 인도네시아 경찰과 함께 함정수사를 벌여, 한 라말레라 노인을 만타가오리의 아가미를 판매한 혐의로 체포해 부족원들을 충격에 빠뜨렸다. NGO의 한 대표자에 따르면 그 체포의 목적은[3] 가오리뿐 아니라 고래의 사냥을 중단시키는 것이었다.

　2017년이 되자 국제자연보호협회는 '라말레라 사람들은 테나 대신 존손을 선택함으로써 자신들의 문화를 포기했으므로, 고래 사냥을 중단해야 한다'고 공공연히 주장했다.[4] 2018년, 환경보호 NGO는 인도네시아 정부와 손잡고 1년에 고작 대여섯 마리의 고래를 잡도록 제한하는 – 또는 아예 사냥을 금지하는 – 법령의 초안을 작성했다. 그 법률안은 2019년에 시행될 예정이었다. 과거에는 라말레라 부족이 일치단결해 그런 조치에 저항했지만, 이번에는 대부분의 부족원이 그런 위협이 있다는 사실조차 알지 못했다. 법률안의 내력을 알고 있는 원로들이 '그 과정을 얼마나 알릴 것이며, 얼마나 개입해 영향력을 행사할지'에 대해 이견을 보였기 때문이다.

벤의 시신은 영영 발견되지 않았다. 욘을 비롯한 젊은 라마파들이 '조상님들이 부족의 행실을 언짢아한다'고 겁을 먹는 바람에 몇 주 동안 사냥이 중단되었다. 그들은 자신들의 죽음을 두려워했다. 거의 모든 라말레라 사람이 40일간의 추모 기간에 머리칼과 손톱을 깎지 않았다. 벤은 수많은 사람의 친척(예컨대 프랑스의 아내인 마리아는 이그나티우스의 여동생이다)이었고, 욘을 비롯해 많은 청년들의 절친한 친구였기 때문이다. 이그나티우스, 이타, 그리고 벤의 두 아이는 벤 대신 앵무조개 껍질을 무덤에 묻었다. 그의 커다란 존재감에 비하면 아주 작고 연약하기 짝이 없는 징표였다. 아들, 남편, 아버지, 진정한 라마파가 있던 곳에는 이제 그리움만 남아 있었다. 그의 눈앞에 장밋빛 미래가 활짝 펼쳐졌던 곳에서 이제는 그의 가족이 평생토록 계속될(그리고 마음을 가득 채울) 슬픔에 잠겨 있었다.

하나의 문화를 잃는다는 것은 한 사람의 목숨을 잃는 것만큼 영구적이지만, 하나의 '별'보다는 '별자리' 하나가 통째로 불타 없어지는 것에 비견된다. 하나의 문화가 사라지면 그 문화를 구성하는 모든 영혼이 사라진다. 그러므로 그것은 과거와 미래의 종말을 의미한다.

그럼에도 불구하고 블리코롤롱 가족을 비롯해 비통에 빠진 많은 라말레라 사람들에게 조상님들의 방식은 '벤이 사라지지 않았다'고 말해 줄 것이다. 매년 열리는 미사레파에서 '바다에서 사라진 고래잡이들' 의 명단이 낭독될 때 그의 이름은 당분간 맨 처음에 호명될 것이다. 한 명의 조상으로서 그는 라말레라 부족의 삶을 지속적으로 축복하고 저 주하게 될 것이다. 그러는 동안 그는 부족의 핵심적인 구성원으로 남아 있을 것이다.

그러나 그렇게 강력한 조상님들의 영향력은 후손들에게 존중받는 동안에만 지속된다. 아직까지 라말레라 사람들은 매일 조상님들의 방 식을 선택하고 있지만, 그런 선택을 내리기는 날이 갈수록 점점 더 어 려워지고 있다. 그들의 이야기는 현재진행형이다.

2011년에 처음으로 라말레라를 방문했을 때, 나는 '조상님들의 방식이 여전히 부족의 삶을 규정하고 있다'는 데 경악을 금치 못했다. 나는 인근의 섬에서 거의 1년 동안 머물며 상당수의 다른 전통문화가 세계화의 압력에 신속히 굴복하는 것을 봐온 터였다. 그런데 라말레라에서 테나에 승선해 항해하고, 사냥감이 의례적으로 공유되는 장면을 목격하고, 조상 대대로 전해 내려오는 의례에 참석하는 동안 나는 '내가 뭔가 중요하지만 위기에 처한 것을 경험하고 있구나'라는 생각이 들었다. 라말레라를 떠난 후 나는 그곳에서 사귄 친구들을 그리워하며 그들의 미래를 걱정하게 되었다.

세계화에 대한 담론의 주종을 이루는 것은 수많은 사람을 더욱 부유하고 건강하고 유식하게 해준다는 것이다. 그것은 사실이며, 많은 중요한 면에서 축복이었다. 그러나 그런 이야기는 수백만 명에 달하는 토착 부족의 경험을 도외시한다는 맹점이 있다. 그들에게 산업화된 세계와 조우한다는 것은 지금껏 트라우마를 초래했거나, 심지어 치명적이었기 때문이다. 그들의 입장에서 본 현대화의 모습은 어떨까? '그들은 원시적이며, 그들의 삶에서 일어나는 격변은 진보다'라는 이유를 들이대며 그들의 이야기를 무시하는 대신, 그들의 경험을 우리의 경험만큼 진지하게 평가한다면 어떨까? 분명히 말하지만 라말레라 사람들은 소위 선진사회의 시민에게 '그들의 옛 모습', '그들이 현재의 모습을 갖게 된 과정', '그들의 미래상'을 적나라하게 보여줄 거라는 게 내 지론이다.

나는 2014년에 – 이번에는 여러 달 동안 머물 요량으로 – 라말레라를 다시 방문했다. 그동안 많은 것이 변해 있었지만 라말레라 사람들은 나를 잊지 않고 나의 귀환을 진심으로 환영해주었다.

나는 2014년부터 2017년까지 여섯 번에 걸쳐 라말레라를 방문하며, 모두 합해 약 1년 동안 이 책의 내용을 채워나갔다. 그리고 2018년에는 약 3주에 걸친 방문을 통해 미진한 부분을 보충했다. 짧다면 짧고 길다면 긴 그 기간에 나는 가능한 한 라말레라 부족에게 깊이 몰입하려고 노력했다. 나는 '물고기에게 미끼 던지기' 증상 – 라말레라 사람들이 뱃멀미로 인한 구토를 지칭하는 우스갯소리 – 에도 불구하고 사냥에 수십 번 참가했다. 나는 이게게렉을 처음부터 끝까지 참관한 최초의 외국인으로, 만타가오리 뇌를 요리해 먹었다. 나는 밧줄을 꼬았으며 창으로 물고기를 잡았다. 나는 라말레라의 민가에서 잠을 잤으며 시장에서 물물교환을 했다. 나는 살아 있는 라말레라 사람들의 이야기와 조상님들의 이야기를 하루도 빠짐없이 기록했다.

이질적인 문화에서 생활한 체험담을 쓴 사람들은 완벽한 관찰자였음을 과시할 요량으로 토착 부족에게 큰 사랑을 받았다는 사실만 부각하고 일상생활에서 겪었던 난처함을 두루뭉술하게 넘어가는 경향이 있다. 새로이 건조한 케나푸카의 진수식이 한창일 때 나는 프랑스를 물에 빠뜨린 청년들에게 걸려들어 (여느 베디오나 문중 사람들과 마찬가지로) 바닷물 속에서 세례를 받은 적이 있었다. 나는 그 정도로 격의 없이 지냈지만 라말레라 사회에서 꿔다놓은 보릿자루 같다고 느낀 적이 한두 번이 아니었다. 그러나 나는 궁극적으로 부족사회에 완전히 녹아들어 모든 부족원과 우정, 다툼질, 화해를 비롯한 온갖 고락을 함께했다. 그것은 라말레라 부족에게 우월감이나 소외감을 느끼지 않고 가능한 한 부족사회의 일원이 되기 위한 몸부림이었다.

이방인으로서의 무지와 편향을 완전히 극복할 수는 없지만 나는 헌신적이고 신중한 집필을 통해 그런 요소를 최소화하려 노력했다. 나는 이 책을 쓰기 위해 100여 명의 라말레라 사람과 인터뷰를 했는데 그중에는 수십 번 만난 사람도 있었다. 나의 메모장에는 60여만 단어가 적혀 있고, 나의 사진첩에는 2만여 장의 사진이 보관되어 있다. 나는 수십 시간 분량의 오디오와 비디오 기록물을 갖고 있다. 인도네시아 국어인 바하사어로 의사소통을 하기도 했지만, 나는 라말레라어를 유창하게 구사하게 된 몇 안 되는 이방인 중 한 명이다. 2017년 라말레라를 방문하던 중, 나는 사실 확인을 위해 이 책에 등장하는 인물들의 특징을 요약해 본인들에게 들려주었다. 필요한 경우에는 그들의 제안과 수정 사항을 반영했다. 내가 이렇게 공을 들인 것은 나와 완전히 다른 삶을 사는 사람들에 대한 책을 제대로 써야겠다는 일념 때문이었다.

나는 이 책의 사실성을 확보하기 위해 풍부한 기록물에 의존했다. 날짜를 확인하기 위해 나는 교회에 보관된 세례 및 매장 목록을 정독했다. 마을 촌장에서부터 학교 교장에 이르기까지, 지역의 행정가들은 그들의 기록물 보관소를 나에게 개방하는 친질을 베풀었다. 나는 또한 두 권의 고래잡이 연보를 참고했는데 하나는 프란시스쿠스 케라프Fransiskus Keraf라는 라말레라인이 편집한 공공 기록물이고, 다른 하나는 익명을 요구하는 자선사업가가 소장한 사적인 기록물이다. 부족과 초기 선교사들, 유엔 식량농업기구, 세계야생생물기금 간의 상호 작용을 이해하기 위해 나는 각각의 기관에서 발간한 보고서를 참고했다. 인도네시아의 많은 관료와 NGO 활동가는 '라말레라 사람들에게 겪은 일'에 대한 인터뷰에 응하는 관용을 베풀었다. 신문 기사와 많은 다큐멘터리 영화도 이 책에 정보를 제공했다. 특히 학술 연구가 도움이 되었는데 그중에서 가장 많은 도움이 된 것은 로버트 H. 반스Robert H. Barnes, 데이비드 놀린David Nolin, 마이클 알바드Michael Alvard, 코타로 코지마Kotaro Kojima, 토모코 에가미Tomoko Egami, 애니타 룬드버그Anita Lundberg의 것이었다. 마지막으로, 나는 운 좋게도 라말레라인들의 자전적 이야기를 읽었는데 그중에서 특히 인상 깊었던 것은 그레고리오우스 케라프Gregorious Keraf의 「라말레라어의 형태론Morfologi Dialek Lamalera」이라는 박사학위 논문, 야코부스 블리코롤롱Jacobus Blikololong이 집필 중이던 모노그래프monograph*, 그리고 보나 베딩Bona Beding의 저술이었다.

라말레라에서 글을 쓰는 데는 여러 가지 특이한 어려움이 수반되었다. 내가 (그들과 비교할 수 없을 정도로) 부유한 미국인이라는 점도 그중 하나였지만, 라말레라 사람들은 그 점을 거의 강조하지 않을 정도로 무심하거나 관대했다. 토착 부족과 함께 살아가다 보니 저널리스트인 나 자신과 나의 주제인 그들 사이에 상당히 밀접한 경제적 관계가 엮이게 되었다. 상호부조를 중시하는 문화를 가진 부족과 함께 머물렀으므로 나는 많은 물건을 라말레라인들과 교환했는데 그중에는 담배, 칼, 잠수용 마스크, 낚싯바늘 등 잡다한 물건은 물론이고 약간의 현금도 포함되어 있었다. 그에 대한 대가로 나는 쌀, 고래 육포 등 생활필수품과 여러 가지의 다른 물품(앵무조개 껍질, 직물, 미사아르와 의식에서 사용되는 미니 테나)

---

* 단일 주제에 관해 단행본 형태로 쓴 논문.

을 제공받았다. 나는 민박집 주인에게 여행자가 지불하는 홈스테이 요금과 동일한 비용을 지불했고, 어느 누구의 생활에도 부적절한 영향을 미치지 않기 위해 일상생활에 꼭 필요한 것에만 지출하려고 노력했다. 단, 몇 번의 예외가 있었는데 사랑하는 사람을 산 너머 병원의 응급실로 이송하는 가족들을 위해 비용을 대신 부담한 것이었다. 그 수혜자는 이 책에 자주 등장하는 인물이 아니었다. 그런 경우 나는 저널리스트이기 전에 인간이라는 원칙에 따라 행동했다.

이 프로젝트에 참가한 라말레라 사람들은 '대가를 받지 않으며, 존엄하게 대우받는다'는 사실을 인지하고, 셀 수 없는 시간을 관대하게 할애했다. 그들이 나의 끊임없는 질문을 견뎌낸 것은 다음과 같은 신념 때문이었다. '우리의 이야기를 공유하면 우리의 문화에 대한 기록물을 만들 수 있고, 갈수록 냉랭해지는 세상에 우리의 삶이 얼마나 풍요로운지와 왜 우리가 선택한 삶을 살도록 허용되어야 하는지를 증명할 수 있다.' 나는 이 책에서 가능한 한 뒷전에 서려고 노력했는데, 그 이유는 독자들이 이 책을 기억할 때마다 욘, 이카, 프란스, 이그나티우스, 벤, 그리고 나머지 라말레라 사람들과 (그들과 비슷한 격랑을 견뎌내고 있는) 수백만 명의 토착 부족을 떠올리게 하기 위해서였다. 바라건대 독자들이 그들의 이야기에 귀를 기울였으면 좋겠다. 그들에 대한 이야기를 독자들에게 전할 수 있게 된 것을 무한한 영광으로 생각한다.

다른 문화권의 사람들과 수많은 희로애락을 공유하다 보면 누구나 타인의 습관, 생각, 감정을 수용하는 자신을 발견하게 된다. 그것은 당황스러우면서도 중요한 경험이다. 왜냐하면 자신의 생활 방식이 필연적인 것은 아니며, 어떤 단일 문화도 올바른 생활 방식을 독점하고 있지 않다는 사실을 깨닫게 해주기 때문이다. 바라건대 이 책을 읽은 독자들이 우물 안 개구리에서 벗어나 다양한 문화의 존재를 인정하고, 모든 문화의 가치를 존중해주면 좋겠다. 나는 내 문화에서 멀리 떨어져 보냈던 그 축복받은 시간의 여운에 잠겨 있다. 미국에 돌아온 이후 라말레라어 단어가 내 귓전을 맴돌며 '이 세상에서 유일하게 그 말들을 이해하는 사람들이 지구 반대편에 있으며, 인간으로 이 세상을 살아가는 방식은 내가 일상적으로 접하는 것보다 훨씬 더 많고 다양하다'는 사실을 일깨워준다.

내가 라말레라를 떠날 때마다 라말레라 사람들은 어김없이 '발릭*balik*'이라고 말한다. 'balik'은 특별한 동사로, '돌아와요come home'라는 표현을 하나의 단어로 축약한 것이다. 그것은 라말레라 부족에게 커다란 울림을 주며 매우 자주 사용되는 말로, '고에 베라 발릭*Goé bera balik*(가능한 한 빨리 돌아올게요)'이라는 대답과도 너무나 잘 어울린다. 그래서 나는 늘 그렇게 대답한다. 고에 베라 발릭.

| 감사의 말 |

이 책은 '하나의 공동체가 리바이어던 – 문자 그대로일 수도 있고 은유적일 수도 있다 – 의 공격을 얼마나 오랫동안 견뎌낼 수 있는가'에 관해 쓴 것이다. 이 책을 쓰는 동안 나는 많은 빚을 졌다.

어느 누구보다도 이 책에 기술된 라말레라 사람들에게 진심으로 감사한다. 그들은 자신의 삶을 공유하는 데 주저하지 않는 담대함을 보여주었다. 이 책에 언급되지 않은 많은 라말레라 사람들이 나를 도와주었다. 그들의 이름을 일일이 열거하는 것은 불가능하다. 왜냐하면 총 1,500명의 부족원이 모두 어느 시점에서 내게 도움을 제공했기 때문이다. 그러나 마을의 촌장인 제퍼리 바타오나Jeffery Bataona, 토마스 사본 케로파Thomas Sabon Kěrofa, 그리고 그들의 보좌관인 야코부스 다시온Yakobus Dasion에게 특별히 감사드리고 싶다. 그리고 알로시우스 그네서 타푸나Aloysius Gnesser Tapoonā는 '조상님들의 방식'에 관한 살아 있는 교과서였다. 왜냐하면 조상님들의 방식을 그만큼 실천하는 사람은 없었으며, 그의 완벽한 기억력 덕분에 라말레라의 역사를 제대로 집필할 수 있었기 때문이다.

나는 축복받은 사람이다. 왜냐하면 그 누구와도 비교할 수 없는 벤 조지Ben George의 도움에 힘입어 이 프로젝트를 구상하고 기획하고 실행할 수 있었기 때문이다. 나의 편집자이자 친구인 그와 함께 일한 것은 큰 영광이었다. 그가 영혼을 쏟아부은 덕분에 이 책의 내용이 더욱 충실해졌으며, 그와 시간을 함께하는 동안 나의 삶도 풍요로워졌다.

신시아 사드Cynthia Saad는 편집 작업에 결정적으로 기여했으며, 집필 방향을 제시했다.

리틀 브라운 사의 탁월한 팀 – 레이건 아서Reagan Arthur, 크레이그 영Craig Young, 메기 사우사드Maggie Southard, 세라 호건Sarah Haugen, 베스티 우리그Betsy Uhrig, 다이애나 스트라이프Dianna Stirpe, 그리고 다른 모든 직원 – 은 몸을 사리지 않고 일하는 투혼을 발휘했다.

에이전트계의 스티브 내시Steve Nash인 짐 러트먼Jim Rutman과 브라이언 이건Brian Egan의 도움에도 감사한다.

데이비드 놀런에게 특별히 감사한다. 나와 함께 라말레라에 대해 수시간 동안 토론했고, 초고를 예리하게 검토하며 조언했고, 필요한 데이터도 제공했다. 또한 내가 자신감을 잃었을 때 이 프로젝트에 대한 믿음을 보여주었다.

나의 인터뷰 요청에 선선히 응해주고 자신의 소중한 사진첩을 보여준 로버트 H. 반스에게도 큰 빚을 졌다. 그의 『인도네시아의 바다 사냥꾼 Sea Hunters of Indonesia』(1996년)은 이 책을 비롯한 모든 라말레라 관련 서적에 영감을 제공한 보석 상자였다. 라말레라 문화의 세부 사항에 간혹 차이가 있지만, 그 책에 실린 민족지학ethnography 자료의 대다수가 수십년이 지난 지금까지도 완벽하다는 데 찬탄을 금할 수 없다.

야코부스 벨리다 블리코롤롱은 자신의 회고담과 진행 중인 연구를 나와 공유하는 관용을 베풀었다.

나를 맨 처음 인도네시아 - 그리고 결국에는 라말레라 - 로 보내준 풀브라이트 프로그램Fulbright Program에 지금까지도 감사하며, 그때부터 줄곧 나의 길잡이와 친구가 되어준 아스트리드 림Astrid Lim에게도 감사한다.

오스카 히주엘로스Oscar Hijuelos, 레이놀즈 프라이스Reynolds Price, 다린 스트라우스Darin Strauss, 조지프 애슈비 포터Joseph Ashby Porter는 나를 격려하여 작가의 길에 들어서게 해준 사람들이다. 이 책이 살아남아 그들의 가르침에 보답하기를 바란다.

벤 바테롯Ben Vatterot, 라이아나 엔지Liana Engie, 브라이언 크라프트Brian Kraft, 릭 페레라Rick Ferrera, 고든 라포지Gordon LaForge, 엘레나 판줄 데브남Elena Fanjul-Debnam은 고래 육포 하나만 들고 그들의 자카르타 집 문간에 들이닥친 나를 반갑게 맞아주었다.

이 책을 꼼꼼히 읽어준 줄리 미에시온 체크Julie Miesion-czek, 보이스 업홀트Boyce Upholt, 그리고 나의 아내에게 감사한다. 특히 라이아나 엔지는 초기에 본질적인 수정을 통해 이 책의 기틀을 잡아주었다.

부모님의 은공은 필설로 다할 수 없지만, 특히 이 책과 관련해 '한 치 앞이 보이지 않더라도 꿋꿋이 정진하라'는 가르침과 흔들리지 않는 사랑으로 나의 방패막이가 되어주신 그분들께 진심으로 감사드린다.

마지막이지만 최우선적으로, 이 책을 탄생시킨 일등공신은 나의 최애독자인 아내다. 나는 그녀에게 가장 많은 빚을 졌다. 내가 이 책을 쓰는 동안 그녀는 - 가까이 있든 멀리 있든 - 늘 나와 한마음 한뜻으로 행동하며 고락과 애환을 공유했다. 우리는 인생이라는 머나먼 모험의 길을 함께 헤치고 나아가는 동반자다. 그곳이 어디가 되었든, 우리가 함께 있는 곳이 곧 나의 보금자리다.

'미주'의 위치는 본문에 각 장별로 번호를 매겨 표시했다. 여행자들의 행동 지침, 원주민의 권리에 대한 문헌, 독자들이 원주민을 도울 수 있는 방법 등에 관한 추가적인 자료는 나의 웹사이트인 'dougbockclark.com'을 참고하라.

프롤로그 · 도제 수업

1   라말레라 사람들의 말로, '사냥이 시작되었다'는 뜻이다. 라말레라 사람들은 라마홀 롯이라는 언어의 방언을 사용하는데, 라마홀롯어란 렘바타 섬을 둘러싼 섬들에 국한된 언어를 말하며, 나는 이 책에서 라말레라 사람들의 방언을 '라말레라어'라고 불렀다. 라마홀롯어 사용자는 약 20만 명이며, 그 방언의 수 — 아마도 수십 개인 듯하다 — 는 정확히 알 수 없다. Gary F. Smith and Charles D. Fennig, eds., *Ethnologue: Languages of the Word*, online edition, http://www.ethnologue.com/language/slp. 라마홀롯어의 방언 중 상당수는 상호 간에 알아들을 수 없다. 렘바타 섬에서 사용되는 라마홀롯어를 연구하는 유일한 학자인 라이덴 대학교Leiden University의 한나 프리케Hanna Fricke는 2016년 5월 9일에 진행한 인터뷰에서 "라마홀롯 어는 하나의 연속체continuum로, 그 속에는 각기 하나의 언어에 버금갈 정도로 다양한 방언이 존재한다. 그러므로 라말레라 사람들은 불과 몇 동네 건너에서 성장한 사람의 말을 이해하지 못할 수 있다"고 말했다. 나의 경험에 비춰봐도 그렇다. 내가 이 책에서 '라말레라 사람들의 방언'을 라마홀롯어가 아니라 '라말레라어'로 부른 것은 바로 그 때문이다.

2   라말레라 A마을과 B마을의 기록에 따르면 라말레라 마을에는 2017년 7월 기준으로 총 1,503명이 거주하고 있었다. 이 숫자에는 라마마누라는 인근의 작은 산마을 주민들이 포함되어 있지 않은데, 행정구역상으로는 라말레라에 포함되지만 생활 방식과 문화가 다르기 때문이다. 라말레라 마을 사람들 중에서 어부로 활동하는 남자는

303명이었다.

3 향유고래의 크기를 언급할 때, 나는 라말레라 마을의 교사인 프란시스쿠스 케라프가 소장하고 있는 공식 기록을 따랐다. 그는 줄자를 이용해 고래의 크기를 측정한다. 나는 또 다른 라말레라 사람이 소장한 사적인 기록물도 참고했는데, 그는 익명을 요구했다. 향유고래를 저울 위에 올려놓는 것은 불가능하므로, 고래잡이들은 고대부터 현대에 이르기까지 '1피트의 길이는 1톤의 무게와 같다'는 공식을 사용해왔다. 나도 그 공식을 사용했다.

제1장 라말레라 오디세이

1 이 장은 오디세이에 참가한 선원들과의 인터뷰에 기반한다. 또한 그 당시 라말레라에서 연구하고 있던 애니타 룬드버그의 논문을 참고했다. "Being Lost at Sea: Ontology, Epistemology, and a Whale Hunt," *Ethnography* 2, no. 4(2001): 533-56.

2 제4장의 '미주'에서, '고래 한 마리가 부족에게 제공하는 고기의 양'에 대한 논의를 참고하라.

3 수렵채집인이란 생계를 유지하기 위해 주로 천연 식품에 의존하는 사람들을 말한다. 라말레라 사람들은 대부분의 식품을 야생에서 얻지만, 제한된 양의 농사를 짓기도 하며 최근에는 부족사회 외부에서 구입하는 물품의 양이 점점 증가하고 있다. 통념과 달리 오늘날 대부분의 수렵채집인은 현대적인 도구를 어느 정도 사용하고 있으며, 일부 수렵채집인은 자신들의 수렵채집 생활을 보완할 요량으로 수 세기 동안 얼마간의 농경 생활에 종사해왔다. Richard B. Lee and Richard Daly, eds., *The Cambridge Encyclopedia of Hunters and Gatherers*(New York: Cambridge University Press, 2004). 오늘날 데이비드 놀린, 마이클 알바드 같은 인류학자는 '수렵채집사회가 작동하는 메커니즘'에 대한 모델로서 라말레라 부족을 연구하고 있다.

4 원주민을 기술하기 위해 '부족'이라는 단어를 사용하는 관행은 오욕의 역사를 갖고 있다. 왜냐하면 그것은 주로 식민주의자들에 의해 '그들은 원시적이다'라는 인상을 심어줌으로써 그들을 학대하고 착취하기 위해 경멸적으로 사용되어왔기 때문이다. 그러나 나는 인류학적 관점에서 '부족'이라는 용어를 사용했다. 즉 인류학자들은 '자신들의 명칭과 영토를 공유하고, 이웃의 집단과 다르게 자신들을 규정하고, 더 작은 집단(라말레라의 경우에는 '가문')으로 구성되어 있으며, 힘을 합해 필수적인 활동(사냥, 교역, 농경, 문화적 의식 등)을 영위하는 종족ethnic group'을 부족이라 일컫는다. 이러한 기술은 라말레라 부족에 적합하다. 그에 더하여, 라말레라 사람들은 자신들을 *레포lefo*(라말레라어) 또는 *수쿠suku*(인도네시아 국어인 바하사어)라고 부르는데, 둘 다 '부족'으로 번역된다.

5 캐나다, 그린란드, 미국 등지에서는 아직도 몇몇 부족이 전통적, 그리고 현대적 기술이 혼합된 도구를 이용해 소수의 고래를 사냥하고 있다. 그러나 그들의 사냥은 식이

적 측면보다 문화적 측면에서 더 중요하다. 왜냐하면 그들은 대부분의 칼로리를 다른 원천에서 얻기 때문이다. 산업형 고래잡이는 대부분 러시아와 일본의 선단에 국한되는데, 그들은 국제포경규제협약에서 면죄부를 받은 '연구'라는 미명하에 북극해에서 폭발형 작살을 이용해 수십 마리의 고래를 도륙하며, 고기의 상당 부분은 식용으로 소비된다. 라말레라 부족만큼 거의 전적으로 고래 사냥에 의존하는 원주민은 전무하다. 왜냐하면 그들에게 향유고래는 아직도 가장 중요한 식량원이자 문화적 정체성의 핵심이기 때문이다.

6   향유고래를 추적하기가 여간 까다롭지 않아, 전 세계의 향유고래 수를 정확히 추정하기는 어렵다. 그러나 최선의 추정치는 약 36만 마리다. Hal Whitehead, "Estimates of the Current Global Population Size and Historical Trajectory for Sperm Whales," *Marine Ecology Progress Series* 242(2002): 295-304. 100만 마리로 추정하는 전문가들도 있다. 2~5년마다 멸종위기에 처한 전 세계의 동식물 목록(일명 '적색 목록Red List')을 발표하는 국제자연보호연맹International Union for Conservation of Nature은 향유고래를 '취약하다vulnerable'라고 기술한다. 한편 미국의 멸종위기종보호법Endangered Species Act은 향유고래를 '멸종위기에 처했다endangered'라고 규정하고 보존을 위한 법적 보호조치를 의무화했다.

7   UN Department of Economic and Social Affairs, *The State of the World's Indigenous Peoples*(New York: United Nations, Secretariat of the Permanent Forum on Indigenous Issues, 2009), 8.

8   내가 이 책에서 사용하는 '전통사회traditional societies'라는 용어는 '과거와 현재를 통틀어 수렵채집, 농경, 또는 유목으로 생계를 유지하는 10여 명~수천 명의 구성원을 지닌 사회로서 산업사회의 영향을 거의 받지 않는 사회'를 의미한다. 현대 세계의 영향을 전혀 받지 않는 집단은 이 세상에 없을 것이므로 - 예컨대 아마존의 미접촉 부족uncontacted Amazonian tribe을 촬영한 위성사진을 살펴보면, 외부에서 유입된 듯한 비토종non-native 바나나나무가 눈에 띈다 - '전통적'이라는 관형사를 '과도적transitional'으로 해석하는 것이 나을 듯싶다. 그와 대조적으로 서양 산업사회(또는 현대사회)는 산업 경제를 추구하는 국가 정부에 의해 운영된다.

9   이 책에 나오는 노랫말은 로버트 H. 반스의 번역을 따르면서, 간혹 (내가 강조하고 싶은) 특정 부분은 손보았다.

10   모든 테나에는 두 종류의 레오가 있다. 하나는 고래와 만타가오리를 잡는 데 사용되는 메이저 레오major leo(굵은 밧줄)이고, 다른 하나는 작은 사냥감을 잡는 데 사용되는 마이너 레오minor leo(가느다란 밧줄)다.

11   이러한 이유로 조상님들의 시대에는 레오를 매일 밤 사당에 옮겨놓았다. 따라서 '발레오' - '가져온다'라는 뜻의 바ba와 '영혼줄'이라는 뜻의 레오leo를 합친 말 - 는 문자 그대로 '고래를 사냥하기 위해 사당에서 레오를 가져온다'는 뜻이다. 그러나 오늘날에는 레오가 늘 테나에 보관되어 있다.

12   Robert H. Barnes, *Sea Hunters of Indonesia*(Oxford: Oxford University Press, 1996), 170.

13   문자 그대로는 '하나의 밧줄, 하나의 매듭, 하나의 통합, 하나의 행동'을 뜻한다. 로버트 H. 반스에 따르면 이 구절의 고어 버전은 '오나 토우, *마타 토우, 케무이 토우, 카 토우*Onā tou, mata tou, kemui tou, kā tou'라고 한다. 대부분의 현대 라말레라인은 '조부모가 오리지널 버전을 어쩌다 사용했다'고 기억하며, 심지어 조부모의 시대에도 현대어 버전이 더 유행했다고 한다.

제2장 고래 무덤에서 놀았던 아이

1   세계 어디를 가나 남자아이들은 다 똑같다. 1999년 데이비드 놀린이 라말레라 부족의 고기 소비량을 연구할 때의 일화를 소개한다. 부족의 남자들이 고래를 해체하고 있는데, 한 무리의 소년들이 고래의 생식기를 끌고 와 그의 저울 위에 올려놓으며 이렇게 외쳤다고 한다. "무게를 재봐요! 무게를 재봐요!" 그는 그것이 약 20킬로그램이었던 것으로 기억하고 있다.

2   애덤 슈워츠Adam Schwarz는 동남아시아의 경제위기가 인도네시아에 미친 영향을 심도 있게 분석했다. *A Nation in Waiting: Indonesia's Search for Stability*(Boulder, CO: Westview Press, 2000).

3   라말레라 A마을(윗마을)의 초등학교 학적부에 등재되어 있다.

4   라말레라 윗마을과 아랫마을은 인도네시아 정부에 의해 별개의 마을로 규정되어 행정구역이 다르지만 물리적으로 연속되어 있다. 간혹 두 마을은 '라말레라 A'와 '라말레라 B'로 지칭된다. 여기서 'A'와 'B'는 영어 알파벳이 아니라 인도네시아어의 아타스atas(위), 바와bawah(아래)에서 유래한다.

5   Michael S. Alvard and David A. Nolin, "Rousseau's Whale Hunt? Coordination Among Big-Game Hunters," *Current Anthropology* 43, no. 4(August - October 2002): 533-59. Supplemented with additional data from David Nolin, personal communication, January 17, 2018.

6   내가 나중에 생일을 따져보라고 했을 때, 그는 자신의 실수를 깨달았다.

7   '인도네시아를 구성하는 섬'의 추정치는 매우 다양하여, 적게는 1만 3,000개에서 많게는 1만 7,000여 개다. 이 책을 쓸 당시, 인도네시아 정부는 섬의 수를 명확히 결정하기 위해 인구조사를 실시하고 있었다.

제3장 아이를 잡아먹은 장어와 흑염소의 저주

1   라말레라 원주민의 아들로서 구나다르마 대학교Gunadarma University에서 강의하는 야코부스 벨리다 블리코롤롱은 자신의 탁월한 논문인 「라말레라 사회Masyarakat

Lamalera」(출간 준비 중)에서 이 연도를 제안했다. 라말레라 부족이 렘바타 섬에 도착한 때는 정황에 기반하지만 신빙성이 높다. 간단히 말해 세계 일주 항해를 하던 마젤란 일행은 1522년 레판바탄 섬을 지나면서 렘바타 섬을 '사람이 살지 않는 섬'으로 기록했다. 이는 라말레라 부족과 다른 부족사회의 이동을 초래한 쓰나미가 아직 일어나지 않았음을 의미한다. 그런데 기록에 따르면 1525년 라란투카의 왕이 속주屬州들에 '인근의 왕국을 정벌하려 하니 원군을 보내라'고 요구했을 때, 그즈음 쓰나미를 피해 동쪽으로 이주한 '용감한 피투성이 집단'에도 사자使者를 보냈다. 그 집단이 라말레라 부족이었을 가능성이 높으며, 라말레라 부족은 이후 수 세기 동안 라란투카의 왕과 동맹관계를 유지하게 된다.

2 늙은 미망인의 이름에 대해서는 다양한 설이 있다. 대부분의 라말레라 사람은 '소미 볼라 데란Somi Bola Deran'이라고 하지만, 일부 사람들은 이름이 없었다고 주장한다. 그런데 내가 참고한 문헌(로버트 H. 반스의 저술을 포함해서)에는 하나같이 코로하마의 아내의 다른 이름이 '소미 볼라 데란'이라고 적혀 있다. 그러므로 두 사람은 동일인이거나 동명이인일 가능성이 높다.

3 라말레라 사람들에 따르면 그 노파는 궁극적으로 레판바탄을 탈출한 후 부족과 재결합하기 위해 그들을 필사적으로 따라가다가, 뜻을 이루지 못하고 아타데이 반도에서 돌이 되었다고 한다. 오늘날 그 '사람 모양의 바위'는 부족의 과거와 미래 사이에 끼인 채 놓여 있다. 아타데이라는 이름은 라마홀롯어에서 온 말로, '서 있는 사람'이라는 뜻이다.

4 라말레라 부족이 레판바탄에서 렘바타로 이동한 헤지라hegira에 대해 더 길고 자세한 이야기를 원하는 독자들은 다음 문헌을 참고하라. Robert H. Barnes, *Sea Hunters of Indonesia*; Ambrosius Oleonâ, *Masyarakat Nelayan Lamalera dan Tradisi Penangkapan Ikan Paus*(Bogor, Indonesia: Lembaga Galekat Lefo Tanah, 2001).

5 '타나 케로파에서 코로하마에게로 권력이 넘어가는 부분'을 제외하고, 나는 '라말레라 부족의 탄생 설화'에 대한 로버트 H. 반스의 설명에 동의한다. 반스에 따르면 라말레라 부족과 현지 부족 간의 갈등은 타나 케로파 가문의 여성 중 한 명이 절굿공이로 옥수수를 찧다가 실수로 원주민이 소유한 병아리를 죽인 것이 발단되었다고 한다. 그런데 많은 라말레라 사람들에게 들은 바에 따르면 그 이야기는 조상들의 전형적인 테카테케*teka teke*(실수를 얼버무리기 위해 꾸며낸 이야기) 중 하나라고 한다. 그들의 설명에 따르면 '절구를 벗어난 절굿공이'는 불륜을 상징한다고 한다. 다시 말해 타나 케로파의 아들 중 한 명이 이웃에 사는 족장의 딸과 정을 통했다는 것이다. 이 경우, 신붓값에 해당하는 지참금 요구와 그에 대한 폭력적 대응이 두 부족 간의 갈등을 초래했다는 설명은 충분히 납득할 수 있다. 그러나 병아리 한 마리가 죽은 것을 계기로 두 부족 간에 첨예한 갈등이 일어났다는 설명은 설득력이 부족해 보인다.

6 조상님들의 시대에 렘바타 섬의 인구분포는 오늘날과 크게 달랐다. 오늘날에는 고산지대에 사는 사람이 많지 않고 대부분 해안 주변에 집을 짓고 산다. 인도네시아 동

부에 처음 상륙했을 때 유럽의 탐험가들은 원주민이 에덴동산 같은 만灣을 마다하고 깎아지른 산마루 위에 사는 것을 의아해하다가 결국에는 그 이유를 깨달았다. 고지대에 살아야만 외부와의 접촉을 피해 안전하게 생활할 수 있었던 것이다. 그도 그럴 것이, 노예선이 정기적으로 그 지역을 약탈했기 때문이다. 예컨대 필리핀의 이라년 왕국Iranun Kingdom은 전함 함대를 파견해 수년간 인도네시아 전역을 습격하곤 했다. 그리고 인근의 부족들은 물자와 (어린아이 노예에서부터 신부에 이르기까지) 인간 전리품을 차지하기 위해 서로 공격했다. 만연한 인간 사냥 관행은 킬러의 두개골을 취하는 보복으로 이어져, 끝없이 계속되는 주기적인 전쟁을 초래했다. 네덜란드와 포르투갈인이 인도네시아에 도착했을 때도 상황은 나아지지 않았다. 그들은 어떤 부족과는 직접 싸우면서 다른 부족을 대리전쟁에 내세웠고, 노예사냥은 1800년대까지 계속되었다.

사실이 이러하다 보니, 라말레라의 거주자들은 대체로 오늘날의 라말레라 윗마을과 푸퉁롤로Futung Lolo라는 더욱 외딴 마을에서 살았다. 그런 피난처에 접근하려면 게리페Géripé(절벽을 깎아서 만든 계단)가 필요했으므로, 코로하마가 기어올랐던 것은 바로 게리페였을 가능성이 높다. '현기증 나는 계단'은 마을의 방어선 중 일부였으므로, 나중에 방문한 선교사들은 계단 오르는 것을 '끔찍하다'고 기술하게 된다. 그러나 네덜란드인들이 그 지역을 평정하고 난 후 게리페의 필요성이 줄어들었다. 1917년 네덜란드인들은 공무원들이 마을에 더 잘 접근하도록 돕기 위해 다이너마이트로 게리페를 폭파한 후 좀 더 편안한 계단으로 개조했다. 2000년 초, 일본의 석공들이 큰 망치와 끌을 이용해 한 달 동안 작업한 끝에 네덜란드인들이 만든 통로의 암반을 약화시켰다. 그리하여 불도저가 도착했을 때, 절벽을 가로질러 램프를 건설함으로써 윗마을과 아랫마을을 연결하는 데 1주일도 채 안 걸렸다. 2017년에는 게리페의 잔재와 (언덕을 휘도는) 오래된 산길이 조금 남아 있었지만, 2018년 들어 공무원들은 그것을 모두 콘크리트 통로로 전환한다는 계획을 세웠다.

7   로버트 H. 반스는 『인도네시아의 바다 사냥꾼Sea Hunters of Indonesia』의 105쪽에서 측정 단위를 '케세보kesebō'라고 기록했지만, 오늘날 라말레라 사람들은 '드파'라는 단어를 사용한다.

8   형과 아우를 구별하는 것은 매우 중요하므로, 라말레라어와 인도네시아어에는 가족 내의 손윗사람과 손아랫사람을 가리키는 단어가 따로 있다.

9   '오늘날 18미터 이상으로 자라는 향유고래가 존재하는가?'라는 의문이 종종 제기된다. 라말레라 사람들의 경험담에 따르면 간혹 과학적 추정치보다 큰 고래가 등장한다고 한다. 라말레라 초등학교의 교사이자 고래잡이 기록물 소장자는 10미터짜리 밧줄로 '그레고리오우스를 죽인 고래'를 측정한 결과 21미터라는 결과를 얻었다. 남자들은 사다리 위에 올라가 그 고래를 해체했다. 2016년 4월, 나는 라말레라 사람들이 죽은 수컷 향유고래의 길이를 측정하는 장면을 목격했는데 그들의 반응이 놀라웠다. 그도 그럴 것이, 22미터라는 결과가 나왔는데도 '크지만 그리 대단치 않다'는

눈치였기 때문이다. 2016년 2월, 그들은 비슷한 크기의 고래를 또 한 마리 잡았다. 라말레라 사람들은 또한 2007년에 25미터짜리 수컷 고래를 잡았다. 나는 그들이 잡았다는 사상 최대의 고래 두개골을 본 적이 있는데, 그 어떤 고래보다도 컸으며 의식을 치를 목적으로 보관되고 있었다. 그 고래는 1970년대에 잡혔는데, 라말레라 사람들은 당시에 길이를 재지 않았지만 마을 원로들의 기억에 따르면 2007년에 잡힌 25미터짜리 고래보다 크다고 했다. 나는 그 두개골이 2016년 4월에 잡힌 22미터짜리 고래의 두개골보다 훨씬 더 컸다고 증언할 수 있다. 한편 과거에는 그보다 큰 고래가 존재했다는 증거가 남아 있다. 낸터킷 포경박물관Nantucket Whaling Museum은 5.5미터짜리 고래 턱뼈를 소장하고 있는데, 이는 턱뼈 임자의 몸길이가 24미터를 훌쩍 넘었음을 시사한다.

10   로버트 H. 반스는 『인도네시아의 바다 사냥꾼』의 71쪽에서 이 사건의 약간 다른 버전을 제시한다.

11   Robert H. Barnes, *Sea Hunters of Indonesia*, 74, 165.

12   여기서 '데몬Demon'은 고유명사이며, 영어의 '악마devil'와 아무런 관계가 없다.

13   데몬 그룹과 파지 그룹의 분열에 대한 자세한 내용은 다음 논문을 참고하라. Robert H. Barnes, "Construction Sacrifice, Kidnapping, and Head-Hunting Rumors on Flores and Elsewhere in Indonesia," *Oceania* 64, no. 2(December 1993): 146-58.

14   '보데의 포교 활동 시기'에 대한 나의 기술은 로버트 H. 반스의 『인도네시아의 바다 사냥꾼』과 논문을 기초로 하여, 우존 가문의 구성원에게 전해 들은 세부 사항을 추가했다. 그리고 라말레라 부족의 인간 사냥과 레라울란에 관한 기술은 다음 논문에서 인용했다. Robert H. Barnes, "Construction Sacrifice, Kidnapping, and Head-Hunting Rumors on Flores and Elsewhere in Indonesia."

15   이게게렉에 관한 기존의 기술(로버트 H. 반스의 기술은 물론 라말레라 원주민의 진술까지 포함해서)을 자세히 살펴보면, 라발레캉의 고지대에서 은밀히 거행되는 의식에 대해 불완전하거나 잘못 설명한 부분이 많음을 알 수 있다. 나는 우존 가문을 수행하여 그 의식을 참관한 최초의 외국인으로, 모든 장면을 객관적으로 서술하려고 노력했다. 한 걸음 더 나아가, 나는 우존 가문과의 광범위한 인터뷰와 시프리의 단계적인 논평까지 곁들였다. 이게게렉의 나머지 의식(파토코테켈레마에서부터 끝까지)에 대한 기존의 기술은 비교적 정확하다. 왜냐하면 마을과 가까운 곳에서 거행되기 때문이다. 이게게렉 의식의 역사적 맥락이 궁금한 독자들은 반스의 『인도네시아의 바다 사냥꾼』 26쪽을 참고하라.

16   토보나마파타는 문자 그대로 '옥수수 밭에 앉다'로 해석된다. 이는 '라말레라 부족의 해변과 바다'가 '고산족의 옥수수 밭'과 마찬가지로 생산적이라는 은유에서 유래한다.

17   그는 "우리는 해변에 있는 배고프고 목마른 과부와 고아들에게 먹을 것을 가져다준

다. 가자! 가자! 가자!"라고 외친 후, 시프리가 '고래바위'에서 그랬던 것처럼 세 가지의 가축 울음소리를 흉내 냈다.

18 로버트 H. 반스는 자신의 저서에서 파우레라를 *파우레레Pau Lere*, 즉 '낮은 망고low mango'를 의미한다고 설명했다. 그런데 우존 문중 사람들이 나에게 확인해준 바에 따르면 이 경우에 *파우pau*는 '먹이다'라는 뜻의 동사로 쓰였다고 한다. (물론 라말레라어에서 파우는 '망고'라는 뜻의 명사로 사용되기도 한다.) 그리고 *레라Lera*는 레라울란(또는 라말레라)에 들어가 있는 '레라'와 똑같은 단어로, 원래 '태양'을 의미하지만 레라울란에서는 '조상님'을 의미한다. 따라서 의례에서 차지하는 중요성을 감안할 때, '낮은 망고'보다는 '조상님들께 먹을 것을 드린다'라는 의미가 더 설득력 있어 보인다. 흥미로운 점은, 우존 가문이 농부에서 어부로 전향하기 전부터 이게게 렉리라는 의식이 존재했을 가능성이 높다는 것이다. 그 힌트는 '우존 가문이 세 가지의 가축 울음소리를 흉내 낸다'는 사실과 '라말레라 부족의 민담에서 파우레라를 (이음매 없이 합체된 채) 화석화된 물소와 고래로 기술한다'는 사실에서 찾아볼 수 있다. 또한 이게게렉은 이웃 부족들의 추수감사제와 거의 동시에 거행되는데, 이는 한때 고산족이었던 우존들이 라말레라 부족과 연합해 해양족으로 전향했다는 추론을 가능케 한다. 그렇다면 학자들은 라말레라 부족의 종교 관행을 '어부들의 레라울란 숭배 위에 포개진 기독교'로 간주하는 대신 두 부족의 밑바탕에 깔린 제3의 고대 농경사회 관행도 검토해야 할 것으로 생각된다.

19 전 세계에서 언어가 줄어들고 있다는 논의의 기반이 된 문헌은 다음과 같다. Daniel Nettle and Suzanne Romaine, *Vanishing Voices: The Extinction of the World's Languages*(Oxford: Oxford University Press, 2002); John McWhorter, *The Power of Babel: A Natural History of Language*(New York: Harper Perennial, 2003), especially chapter 7, "Most of the World's Languages Went Extinct." '10만 개의 언어'라는 구절은 다음 문헌에서 인용됐다. Robert M. W. Dixon, *The Rise and Fall of Languages*(Cambridge, UK: Cambridge University Press, 2006), 68-73; John McWhorter, *The Power of Babel: A Natural History of Language*(New York: Harper Perennial, 2003), 259.

20 문화의 개수를 헤아린다는 것은 여간 까다로운 문제가 아니다. 문화는 너무 복잡해서, 설사 전문적인 인류학자조차도 상이한 집단들의 스펙트럼에 경계선을 그으려다가 혼란이나 논쟁에 빠지기 십상이다. 예컨대 할리우드 문화와 LA 문화의 경계선은 어디이고, LA 문화와 남부 캘리포니아 문화의 경계선은 어디이고, 남부 캘리포니아 문화와 캘리포니아 문화의 경계선은 어디이고, 캘리포니아 문화와 미국 문화의 경계선은 어디일까? 문화는 벤다이어그램으로서 존재하는 것이지, 개별적인 영향권으로서 존재하는 것이 아니다.

그러나 하나의 문화가 끝나고 다음 문화가 시작되는 지점을 정확히 표시하는 게 골치 아픈 일인데도 전 세계에는 독특한 문화 그룹 – 자기들만의 전통, 신념, 자아 정체성을 가진 사람들 – 과 언어가 존재한다. 언어는 그룹의 정체성을 규정하는 확고한 경계이므로, 조악하지만 유용한 문화의 지표로 사용될 수 있다. 그리하여 전 세계에서 명맥을 유지하는 – 그리고 쇠퇴해가는 – 언어의 개수를 측정하려는 연구가 광범위하게 수행되어왔다.

21 렘바타 섬은 이러한 언어의 보물 창고의 일부분이다. 렘바타 섬에는 두 개의 독특한 언어(케당과 라마홀롯)가 존재할 뿐이지만 각각의 언어는 많은 방언을 보유하고 있다. 그 방언들은 차이가 매우 뚜렷하므로 사실상 개별적인 언어(이를테면 라말레라어)라고 할 수 있다. 자세한 내용은 '프롤로그'의 '미주'에서 언급한 라마홀롯어와 라말레라어에 관한 내용을 참고하라.

22 세계사를 개관하면서, 나는 다음과 같은 문헌을 참고했다. John Darwin, *After Tamerlane: The Rise and Fall of Global Empires, 1400-2000*(New York: Bloomsbury Press, 2009); Jürgen Osterhammel and Niels P. Petersson, *Globalization: A Short History*(Princeton, NJ: Princeton University Press, 2009); Jared Diamond, *Guns, Germs, and Steel: The Fates of Human Societies*(New York: W. W. Norton, 2005); Ian Morris, *Why the West Rule-for Now: The Patterns of History, and What They Reveal About the Future*(New York: Farrar, Straus and Giroux, 2010).

23 나는 다음과 같은 문헌을 참고해 수렵채집사회의 운명을 요약했다. Richard B. Lee and Richard Daly, eds., *The Cambridge Encyclopedia of Hunters and Gatherers*; Jared Diamond, *Guns, Germs, and Steel*; Robert L. Kelly, *The Lifeways of Hunter-Gatherers: The Foraging Spectrum*(New York: Cambridge University Press, 2013).

24 Richard B. Lee and Richard Daly, eds., *The Cambridge Encyclopedia of Hunters and Gatherers*, 389.

25 나는 다음과 같은 문헌을 참고해 포르투갈이 인도네시아를 식민지화한 역사를 기술했다. Giles Milton, *Nathaniel's Nutmeg*(New York: Penguin, 2000); Robert H. Barnes, *Sea Hunters of Indonesia* and *Excursions into Eastern Indonesia: Essays on History and Social Life*(New Haven, CT: Yale Southeast Asia Studies, 2013), especially the chapter "Avarice and Inequity at the Solor Fort."

26 유럽인이 솔로르 군도를 두려워했다는 사실은 다음 논문에 기술되어 있다. Robert H. Barnes, "Construction Sacrifice, Kidnapping, and Head-Hunting Rumors on Flores and Elsewhere in Indonesia." 한 영국 선박에 승선했던 외과의사는 렘바타 섬과 주변의 섬들에 대해 이렇게 썼다. '그 섬들에는 잔혹한 미개인이 살고 있는데, 그들은 생김새만 티모르 원주민과 비슷하고 나머지는 전혀 다르다. 알려진 바에 따르면 그들의 기질은 피에 굶주려 있고 잔인하다. 그들은 특이한 언어를 사용하며 벌거벗은 채로 돌아다닌다. …… 선박들은 감히 그들과 교역하려 들지 않는다.' 염소의 뼈를 화살촉으로 사용하는 솔로르 군도의 원주민에 대해서는 다음 논

문을 참고하라. Robert H. Barnes, "Lamakera, Solor: Ethnohistory of a Muslim Whaling Village of Eastern Indonesia," *Anthropos* 90, nos. 4-6(1995): 497-509.

27   나는 로버트 H. 반스의 『인도네시아의 바다 사냥꾼』에 의존하여 '기독교도가 라말 레라에 도착한 역사'와 '네덜란드 공무원의 렘바타 섬에 대한 보고서' 내용을 기술 했다. 또한 나는 반스의 다음과 같은 논문을 참고했다. "A Catholic Mission and the Purification of Culture: Experiences in an Indonesian Community," *Journal of the Anthropological Society of Oxford* 23, no. 2(1992): 169-80.

28   Richard B. Lee and Richard Daly, eds., *The Cambridge Encyclopedia of Hunters and Gatherers*, introduction, 2.

29   Gary F. Smith and Charles D. Fennig, eds., *Ethnologue: Languages of the World*.

30   Michael Krauss, "The World's Languages in Crisis," *Language* 68, no. 1(1992): 4-10.

31   David Crystal in the *Cambridge Encyclopedia of Language*(Cambridge, UK: Cambridge University Press, 1987), 287.

제4장 언어 정화

1   '하리오나 가문이 라마케라Lamakera를 떠난 진짜 이유'와 '원래 살았던 마을'은 문중 사람들에게조차 분명히 알려져 있지 않다. 하리오나 가문의 우두머리인 크리스핀에 게 들은 바에 따르면 밧줄을 꼬기 위해 사용하는 히비스커스 껍질 때문에 이웃들에 게 미움을 받았다고 한다. 그러나 그는 또 하나의 가능성을 제시하는데, '밧줄을 둘 러싼 갈등'이 더욱 심각한 문제를 상징할 수 있다는 것이다. 라말레라 부족이 '라발 라에서 일어난 불륜 사건'을 '절굿공이에 맞아 죽은 병아리' 이야기로 은폐한 것처 럼 말이다. 결과적으로 하리오나 가문의 조상들은 '라마케라를 떠난 진짜 이유'를 은 폐하는 데 성공한 셈이다. 어쩌면 그들은 자기 자신에게도 진실을 숨기기로 결정했 는지도 모른다.

2   라말레라 부족은 바다를 방향의 기준으로 삼으므로, 바다를 바라보며 오른쪽이라면 '서쪽'을 의미한다.

3   인도네시아는 세계에서 이슬람교도가 제일 많은 나라다. 2억 5,000만 명의 거주자 중에서 약 88퍼센트가 무슬림이고, 10퍼센트는 기독교도다. Badan Pusat Statistik, 2010 Indonesian Census, http://sp2010.bps.go.id.

4   자바는 지구상에서 인구밀도가 가장 높은 곳 중 하나로, 루이지애나 주 크기의 섬에 1억 5,000만 명이 모여 산다. 그에 반해 라말레라가 속해 있는 누사텡가라티무르 주 는 자바보다 몇 배 더 크지만 500만 명이 살며, 그중 16퍼센트만 도시에 거주한다. Badan Pusat Statistik, 2010 Indonesian Census.

5   로버트 H. 반스는 『인도네시아의 바다 사냥꾼』 제15장의 'Prohibitions'라는 부분 (295쪽)에서 이 주제를 매혹적으로 다룬다.

6   '우마의 배분'은 매우 복잡한 주제이므로, 나는 이 책에서 수박 겉핥기식으로 다루었을 뿐이다. 세부 사항에 관심 있는 독자들을 위해 다음과 같은 문헌을 소개한다. Michael S. Alvard, "Carcass Ownership and Meat Distribution by Big-Game Cooperative Hunters," *Research in Economic Anthropology* 21(2002): 99-132; Michael S. Alvard and David A. Nolin, "Rousseau's Whale Hunt? Co-ordination Among Big-Game Hunters"; "The Adaptive Nature of Culture," *Evolutionary Anthropology* 12, no. 3(2003): 136-49. 로버트 H. 반스가 『인도네시아의 바다 사냥꾼』의 제10장에서 기술한 내용도 참고하라. 그레고리오우스 케라프의 「라말레라어의 형태론Morfologi Dialek Lamalera」(Jakarta: University of Indonesia dissertation, 1978)과 암브로시우스 올레오나Ambrosius Oleonâ의 『Masyarakat Nelayan Lamalera dan Tradisi Penagkapan Ikan Paus』는 라말레라 원주민이 직접 쓴 책으로서 참고할 만한 가치가 있지만, 두 사람 모두 인도네시아의 도시에서 수십 년간 생활한 후 어린 시절의 기억을 더듬었다는 한계가 있다. 반스가 지적한 바와 같이, 라말레라 부족의 어획물 배분 방법을 설명한 책들의 총론은 비슷하지만 세부적인 각론은 제각각이다.

7   베파나는 우마와 마찬가지로 매우 복잡한 주제여서, 나는 본문에서 주요 부분만 수박 겉핥기식으로 언급할 수밖에 없었다. 베파나를 가장 심도 있게 다룬 사람은 인류학자 데이비드 놀린인데, 그는 고기가 지역사회 전체에 확산되는 과정을 여러 달 동안 추적한 후, 상호적 이타주의가 구현되는 과정을 정량화할 수 있었다. 그가 발표한 주요 논문은 다음과 같다. "Food-Sharing Networks in Lamalera, Indonesia: Status, Sharing, and Signaling," *Evolution and Human Behavior* 33, no. 4(2012): 334-45; "Kin Preference and Partner Choice: Patrilineal Descent and Biological Kinship in Lamaleran Cooperative Relationships," *Human Nature* 22, nos. 1-2(2011): 156-76; "Food-Sharing Networks in Lamalera, Indonesia: Reciprocity, Kinship, and Distance," *Human Nature* 21, no. 3(2010): 243-68. 베파나에 대해 논의할 때 중요한 것은 '베파나벨라*běfānā bela*'와 '베파나케니*běfānā kéni*'를 구별하는 것이다. 로버트 H. 반스의 설명에 따르면 전자는 '가문의 친척'이라는 소집단을 위해 떼어놓는 것이고, 후자는 가문의 테두리를 넘어 광범위하게 공유되는 선물이다. 나는 이 책을 쓸 때 놀린이 「Food-Sharing Networks in Lamalera, Indonesia」에서 기술한 내용에 기반하여 베파나를 '지역사회 전체에 광범위하게 공유되는 고기 일체'로 이해했다.

8   David Nolin, personal communication, June 9, 2017.

9   흥미롭게도 선진국 참가자들은 통상적으로 55~60퍼센트의 금액을 자기 몫으로 챙기는 것으로 나타났다. 그와 대조적으로 63퍼센트의 라말레라 참가자들은 돈을

균등하게 나누었고, 나머지 라말레라 참가자들은 '선진국 참가자들이 챙기는 금액'(평균 58퍼센트)을 내놓는 것으로 나타났다. Michael S. Alvard, "The Ultimatum Game, Fairness, and Cooperation Among Big Game Hunters," chapter 14 in *Foundations of Human Sociality*, ed. J. Henrich, R. Boyd, S. Bowles, C. Camerer, E. Fehr, and H. Gintis(Oxford: Oxford University Press, 2004), 413-35; Joseph Henrich et al., "'Economic Man' in Cross-Cultural Perspective: Behavioral Experiments in 15 Small-Scale Societies," *Behavioral and Brain Sciences* 28(2005): 795-855.

10 이 수치의 원래 출처는 다음과 같다. Tomoko Egami and Kotaro Kojima, "Traditional Whaling Culture and Social Change in Lamalera, Indonesia: An Analysis of the Catch Record of Whaling 1994-2010," *Anthropological Studies of Whaling*, ed. N. Kishigami, H. Hamaguchi, and J. M. Savelle(Osaka, Japan: National Museum of Ethnology, 2013), 169. 또한 데이비드 놀린은 나를 위해 직접 계산을 해주었는데, 그 결과는 이 수치와 비슷하다(personal communication, January 17, 2018). 한 마리의 고래에서 나오는 고기의 평균치는 다음 문헌의 '표 2'에 기재되어 있다. Michael S. Alvard and David A. Nolin, "Rousseau's Whale Hunt? Coordination Among Big-Game Hunters."

제5장 아들아, 고래는 이렇게 잡는 거란다

1 영국 BBC의 「휴먼 플래닛Human Planet」이라는 다큐멘터리 프로그램 중 라말레라 부족에 관한 부분(season 1, episode 2, "Oceans: Into the Blue," BBC, 2011)을 보면, 벤이 첫 번째 고래를 사냥하는 장면이 생생하게 펼쳐진다. 그런데 그 장면은 벤의 사진과 '다른 고래 사냥 장면'을 합성한 것으로, 벤이—아무런 행동을 하지 않았는데도—마치 고래를 잡는 듯한 착각을 일으킬 뿐이다. 벤의 설명에 따르면 다큐멘터리 촬영팀이 시키는 대로 특정 장면에 서 있었을 뿐, 나중에 필름이 어떻게 편집되었는지는 그가 알 바 아니었다. 나는 BBC와 접촉해 다음과 같은 해명을 들었다. '우리가 검토해보니 라말레라의 벤야민 [원문 그대로임] 블리코롱롱이라는 고래 사냥꾼이 고래를 잡는 것처럼 보이는 장면은 정확하지 않은 것으로 사료됩니다.' 뒤이어 그들은 정밀한 검토를 위해, 배포된 「휴먼 플래닛」 시리즈의 필름을 전량 회수했고 이 사건은 영국 언론에 널리 보도되었다. 그 프로그램의 다른 부분에서도 이와 비슷한 우화적 소설화가 드러나 말썽이 된 적이 있었다(Press Association, "BBC Shelves Human Planet over Whale Hunting Breach," The Guardian, April 26, 2018).

2 이는 세련된 현대적 버전인 돌로 댄스에도 적용된다.

3 동서고금을 막론하고 낸터킷에서부터 라말레라에 이르기까지 고래잡이들은 잠영하는 고래를 추적하기 위해 이러한 수법과 어림셈을 사용했다.

4   World Bank, "Life Expectancy at Birth, Male(Years)," https://data.worldbank.
     org/indicator/SP.DYN.LE00.MA.IN.

5   향유고래에 관한 단행본 중 최고봉은 다음 문헌이다. Hal Whitehead, *Sperm
     Whales: Social Evolution in the Ocean*(Chicago: University of Chicago Press, 2003).
     그보다 더 간결하고 덜 학술적인 설명이 담긴 문헌은 다음과 같다. Shane Gero,
     "The Lost Culture of Whales," *New York Times*, Opinion, October 8, 2016;
     James Nestor, "A Conversation with Whales," *New York Times*, Opinion, April
     16, 2016; Brandon Keim, "Whales Might Be as Much Like People as Apes
     Are," *WIRED*, Science, June 25, 2009.

제6장 웃음소리

1   울란도니 시장의 기원설을 설명하기 위해, 나는 야코부스 벨리다 블리코롤롱의 미
     출간 역사서인 『Sejarah Pasar Barter Wulandoni』를 참고했다. 야코부스는 부족
     원들 사이에서 회자되는 역사를 채집했을 뿐만 아니라 2013년에는 판타르Pantar 마
     을을 직접 방문해 그곳의 거주자들과 '물물교환의 기억'에 대한 인터뷰를 통해 라말
     레라의 역사를 복원했다. 더욱이 판타르 사람들은 라말레라 사람들보다 훨씬 더 양
     호한 족보를 보유하고 있었으며, 마을의 원로들 중 일부는 물물교환 시대부터 오늘
     날에 이르기까지 6세대의 족보를 줄줄 꿰고 있었다. 덕분에 야코부스는 물물교환이
     1830년경에 확립되었다는 결론을 내릴 수 있었는데, 이는 19세기 초에 일어난 물물
     교환에 관한 다른 이야기들과 얼추 들어맞는다. 판타르 마을을 방문하는 동안 야코
     부스는 심지어 사망한 라말레라 전사의 뼈가 묻힌 장소를 알아낼 수 있었다. 즉 다토
     가 매장되었다는 정글의 언저리에서 라말레라 특유의 방식으로 조성된 돌무덤을 발
     견한 것이다. 그는 다토의 유해를 라말레라로 송환해 그의 사당에 모시고 성대한 의
     식을 치렀다. 이 사건은 부족 내에서 조상님들에 얽힌 이야기가 사실이었음을 증명
     하는 사례로 종종 언급된다. 로버트 H. 반스도 『인도네시아의 바다 사냥꾼』에서 이
     이야기를 간략히 언급한다.

2   그 결투가 고래의 소유권을 둘러싼 것이었는지는 불분명하며, 한 부족에 대한 다른
     부족의 지배권을 확립하기 위해서였을 수도 있다. 그와 동시에 솔로르 군도에 널리
     퍼져 있던 전통이 있었으니, '두 부족이 맞닥뜨렸을 때는 마체테를 이용한 결투로 레
     라울란에게 경의를 표해야 한다'는 것이었다. 또한 결투의 전통은 이슬람교가 솔로
     르 군도에 전파되는 데 중요한 역할을 수행했다. 야코부스 벨리다 블리코롤롱의 설
     명에 따르면 무슬림 투사가 패배한 부족에게 개종을 강요함으로써 이슬람교가 섬
     전체에 확산되었다고 한다.

3   이것은 이상한 현상이다. 왜냐하면 상식적으로 생각해볼 때 시장가격이란 수요와
     공급의 균형에 따라 등락을 거듭하게 마련이기 때문이다. 그런데 라말레라 사람들

은 나에게 이구동성으로 식량의 가격이 변동된 것을 단 한 번도 본 적이 없다고 강력히 주장했다. 더욱이 로버트 H. 반스를 비롯한 인류학자들의 기록에서도 그동안 가격이 변동되지 않은 것으로 나타났다. 라말레라 여자들은 '유리한 교환 비율'에 이끌려 '섬의 다른 곳'이나 '다른 섬'으로 원정을 가기도 했지만 울란도니 시장에서의 교환 비율은 전통적으로 확고부동했다.

4 인도네시아의 토착 부족들은 오랫동안 중앙정부와 충돌해왔다. 그도 그럴 것이, 정부가 1970년대에는 멘타와이Mentawai 섬 주민들을 강제로 이주시켰고(Cain Nunns, "Life on the Mentawai Islands: Displaced, Robbed, and Washed Away," *The Guardian*, November 16, 2010), 최근에는 오랑림바Orang Rimba 부족 같은 원주민을 이슬람교로 개종시켰기 때문이다(Rebecca Henschke, "Indonesia's Orang Rimba: Forced to Renounce Their Faith," *BBC News*, November 17, 2017).

5 이 마을은 오늘날 '판타이하라판'과 '루키'(라마홀롯어)라는 두 개의 이름으로 불리고 있다.

6 수 세기 동안 이어져 내려온 두 부족 간의 복잡한 관계에 대해서는 다음 문헌을 참고하라. Robert H. Barnes, "Construction Sacrifice, Kidnapping, and Head-Hunting Rumors on Flores and Elsewhere in Indonesia" and *Sea Hunters of Indonesia*, especially pages 8, 378, and 384. 야코부스 벨리다 블리코롱도 미출간 역사서인 『Sejarah Pasar Barter Wulandoni』에서 이 문제를 다루었다.

7 아이러니하게도 울란도니 경찰서는 남부 렘바타에 있는 유일한 경찰서였지만, 폭동이 일어나는 동안 세 명의 경찰관은 자리를 비우고 없었다. 나중에 떠돈 풍문에 따르면 무슬림 경찰관들이 그 폭동을 배후에서 조종했다고 한다.

제7장 라마파의 방식

1 Robert H. Barnes, *Whaling off Lembata: The Effects of a Development Project on an Indonesian Community*, report for the International Work Group for Indigenous Affairs(Copenhagen, 1984).

2 유자망에서 인치로 나타내는 크기는 그물코의 너비를 말한다. 그물코가 널찍하면 큰 물고기를 잡을 수 있지만 작은 물고기는 잡을 수 없다.

3 Erika Schagatay, Angelica Lodin-Sundström, and Erik Abrahamsson, "Underwater Working Times in Two Groups of Traditional Apnea Divers in Asia: The Ama and the Bajau," *Journal of the South Pacific Underwater Medicine Society* 41, no. 1(2011): 27-30; Megan Lane, "What Freediving Does to the Body," *BBC*, Science and Environment, January 12, 2011; and Carl Zimmer, "Bodies Remolded for a Life at Sea," *New York Times*, April 19, 2018.

4 PEW Charitable Trust's 2016 report "Netting Billions: A Global Valuation

of Tuna," http://www.pewtrusts.org/en/research-and-analysis/repo
rts/2016/05/netting-billions-a-global-valuation-of-tuna.

5   Callum Roberts, *The Ocean of Life*(New York: Viking, 2012); Paul Greenberg, *Four Fish: The Future of the Last Wild Food*(New York: Penguin, 2010).

6   PEW Charitable Trust, "Netting Billions: A Global Valuation of Tuna."

7   나는 2011년에 9개월 동안 인도네시아의 숨바와Sumbawa 섬에서 살았는데, 그동안 많은 어부와 사귀며 플로레스 섬과 솔로르 군도를 습격한 경험담을 들었다. 나는 심지어 작살꾼들과 함께 1주일 동안 바다에서 생활했는데, 그들은 산업용 타이어 펌프를 개조한 스쿠버 장비를 이용해 산호밭을 초토화했다. 나와 어울린 사람들은 다이너마이트를 사용하지 않았지만, 그들과 함께 있는 동안 다른 '다이너마이트 어부'를 여럿 목격했다.

8   향유고래와 달리 라말레라 사람들은 가오리 어획량에 대한 기록을 신중히 관리하지 않으므로 정확히 집계하기는 불가능하다. 그러나 라말레라 부족과 어장을 공유하는 또 다른 작살 사냥 부족인 라마케라 부족의 사냥 결과는 지금까지 집계되어왔다. 2001년, 라마케라 부족은 모든 종류의 가오리를 1,500마리 잡았다. 2014년, 그들은 87퍼센트나 감소한 200마리를 잡았다. 인도네시아의 다른 곳에서 만타가오리 개체군은 94퍼센트나 감소했고, 전 세계적으로도 만타가오리 개체군은 - 아가미가 중의학에서 약용으로 사용되고, 주낙에서 참치 낚시의 부산물로 잡히고 있으므로 - 감소했다. Sarah A. Lewis et al., "Assessing Indonesian Manta and Devil Ray Populations Through Historical Landings and Fishing Community Interviews," *PeerJ Preprints* 6(2015): e1334v1; Claire Maldarelli, "In Indonesia, Authorities Stop Sale of Endangered Manta Rays," *New York Times*, September 30, 2014.

9   Associated Press, "A Bluefin Tuna Sells for Record $1.76M in Tokyo," *USA Today*, January 4, 2013, https://www.usatoday.com/story/news/world/2013/01/04/bluefin-tuna-tokyo-sushi/1810557/.

10   라말레라어 단어에 대한 자세한 내용은 용어집을 참고하라.

11   라말레라 부족과 마찬가지로 전 세계의 원주민은 자신들의 특이한 상황을 기술하기 위해 독특한 언어를 개발했다. 순록을 방목하는 사미족Sami은 다양한 순록에 대해 1,000여 가지의 단어를 보유하고 있는데 그중에는 '하나의 고환'을 이용해 수컷 순록을 지칭하는 단어도 포함되어 있다. David Robson, "There Really Are 50 Eskimo Words for 'Snow,'" *Washington Post*, January 14, 2013. 렘바타 섬에서 불과 몇 킬로미터 떨어진 곳에 거주하는 고산족의 경우, 자신들이 수확하는 과일별로 다른 동사를 사용한다. 예컨대 그들은 '나는 사과를 딴다I pick the apple'가 아니라 '나는 사과한다I apple'라고 말한다(2016년 5월 9일에 진행한 한나 프리케와의 인터뷰).

제8장 새해

1 '시간의 흐름'에 대한 라말레라 부족의 생각은 애니타 룬드버그가 각종 학술지에 기고한 라말레라 부족에 관한 논문 중 상당수의 주제다. 그중에서 대표적인 것은 다음과 같다. "Time Travels in Whaling Boats," *Journal of Social Archaeology* 3, no. 3(2003): 312-33; "Being Lost at Sea: Ontology, Epistemology, and a Whale Hunt," *Ethnography* 2, no. 4(2001): 533-56.

제9장 네캇

1 그중에서 가장 두드러진 것은 1980년대 말에 로버트 H. 반스의 도움으로 제작된 다큐멘터리, 2011년 방영된 BBC의 「휴먼 플래닛」 시리즈, 그리고 2015년 방영된 한 시간짜리 BBC 다큐멘터리 「남태평양의 사냥꾼들 Hunters of the South Seas」이다.

2 1년에 약 200명이라는 추정치는 내가 라말레라에 머무는 동안 홈스테이 기록과 인도네시아 관광부에서 제공받은 데이터에 기반한다. 그에 더하여, 나는 라말레라를 방문한 여행자와 일일이 면담했고 관광부의 공무원과도 수시로 인터뷰를 했는데, 나와 인터뷰한 공무원 중에는 렘바타 관광부의 우두머리인 안토니우스 리아누라트Antonius Lianurat도 포함되어 있었다(2016년 5월 9일). 그러나 매년 라말레라 마을을 방문한 독립 여행자의 수를 정확히 산정하기는 매우 까다롭다. 왜냐하면 인도네시아 정부와 홈스테이 소유자의 기록이 불완전한데다 – 심지어 한 홈스테이 소유자는 관광부 공무원과 논쟁을 벌이다가 자신의 기록물 중 일부를 불태워버렸다 – 출입국 기록만으로는 오지에 도착한 여행자를 추적하기가 불가능하기 때문이다.

3 얼마나 많은 인도네시아 국민이 관광 목적으로 라말레라에 도착했는지를 정확히 집계하기는 어렵다. 왜냐하면 정부의 집계가 렘바타 섬 전체를 대상으로 한 것이라서, 지역별로 세분화된 자료를 구할 수 없기 때문이다. 인도네시아 관광부에 따르면 2014년에 3,928명의 인도네시아 국민이 렘바타 섬을 방문했는데 그중 절반은 다른 부족이 거행하는 유명한 추수감사제 행사에 참가했고, 나머지 절반은 라말레라 마을이나 다른 마을을 방문한 것으로 추정된다.

제11장 삶의 태풍 한복판에서

1 Julien Fudge, *The Solor and Alor Islands-Survey Results: 26 July to 11 August 2007*, report for WWF Indonesia, September 2007.

2 2001년 9월과 2002년 5월, WWF와 국제자연보호협회 The Nature Conservancy, TNC는 사우 해 탐사대를 지원하여 사상 처음으로 사우 해의 생물다양성biodiversity 목록 – 특히 고래목cetacean 개체군을 중심으로 – 을 만들었다. 1년에 걸친 탐사 기간

에 WWF와 TNC는 자연보호지역 지정에 필요한 과학 데이터를 수집했고, 수많은 NGO를 동원해 탐사대의 활동을 도왔다. 탐사에 동참한 NGO 중에는 포토보이스 인터내셔널Photovoices International이 포함되어 있는데, 그들의 목적은 원주민에게 카메라를 제공하고 촬영술을 가르쳐줌으로써 자신들만의 이야기가 담긴 영상을 제작하게 하는 것이었다. 이러한 노력의 결과물로 다음과 같은 보고서들이 탄생했다. Lida Pet-Soede compiled, *The Solor and Alor Islands-Expedition Results and Data Collected During 2 Reconnaissance Trips: 9-12 September, 2001, and 7-19 May, 2002*, WWF Wallacea Bioregional Program, for WWF Indonesia and the Nature Conservancy; Benjamin Kahn, *Alo Rapid Ecological Assessment-Cetacean Component: Visual and Acoustic Cetecean Surveys and Evaluation of Traditional Whaling Practices, Fisheries Interactions, and Nature-Based Tourism Potential, October 2001 and May 2002 Survey Periods*, for WWF Indonesia and the Nature Conservancy; Benjamin Kahn, *Indonesia Oceanic Cetacean Program Activity Report*, the Nature Conservancy, May 2004; *Indonesia Oceanic Cetacean Program Activity Report: April-June 2005*(Cairns: Apex Environmental, 2005); *Solor-Alor Visual and Acoustic Cetacean Surveys*, the Nature Conservancy SE Asia Center for Marine Protected Areas(Cairns: Apex Environmental, 2003).

3   라말레라 부족원들과의 광범위한 인터뷰에 기반했다. 다음 문헌도 참고하라. Eugenis Moa, "Tanpa Kotekelema, Lamalera Akan Mati," *Pos Kupang*, May 26, 2007.

4   이 기간 라말레라에 파견된 WWF의 관계자인 자카리아스 아타파다Zakarias Atapada 와의 인터뷰(2017년 8월 29일)와, WWF의 관계자들과 주고받은 서신(2018년 1월)에 기반했다.

5   인도네시아의 신문과 방송에서는 WWF와 라말레라 부족 간의 갈등을 앞다투어 보도했다. Lorensius Molan, "Konservasi Laut Sawu Dan Kegusaran Nelyan Lamalera," *Antara Sumber*, March 26, 2009; "Masyarakat Lamalera Tolak Konservasi Paus," *Kompas*, March 23, 2009; "Laut Sawu Sebagai Kawasan Konservasi," *Pos Kupang*, May 3, 2009; Pewarta, "Tiap Tahun, Nelayan Lamalera Tangkap 20 Ikan Paus," *Antara*, March 23, 2009; "Nelayan Lamalera Tidak Dilarang Tangkap Paos," *Antara*, June 29, 2009. (많은 인도네시아 신문은 기고자를 밝히지 않으며, 어떤 인도네시아인의 경우에는 성과 이름을 정확히 밝히지 않는다. 인용 방식이 특이한 것은 바로 그 때문이다.)
원주민의 권리를 옹호하는 단체인 'Working Group Conservation for People'은 국제 NGO와 인도네시아 정부를 맹비난하면서, 그들이 인간을 차별하고 심지어 자기결정권을 침해하고 있다고 고발했다. Ruddy Gustave and Ahfi Wahyu

Hidayat, *Politik Konservasi Laut Sawu: Antara Menyelamatkan Ekologi Laut dan Harapan Orang Kalah*(Denpasar, Indonesia: Working Group Conservation for People, 2009). 나는 루디 구스타브 Ruddy Gustave, 벤자민 칸 Benjamin Kahn과 여러 차례 인터뷰할 기회를 얻었다.

6   이와 관련해 WWF는 다음과 같은 성명서를 발표하기도 했다. *WWF Position Statement, 63rd International Whaling Commission(IWC) Meeting, Jersey, 11-14 July, 2011.*

7   "Nelayan Lamalera Hadang Tim WWF," *Aktualita NTT*, April 2, 2009.

8   "Lembata Tak Masuk Konservasi Laut Sawu," *Spirit NTT*, August 22, 2009; Kunto Wibisono, "Lamalera Tidak Masuk Kawasan Konservasi TNLS," *Antara*, May 24, 2009.

9   WWF의 관계자들은 수년간 그런 충돌을 비극적인 오해로 과소평가하고 '영국의 한 소규모 NGO가 고래 사냥을 고래 관찰로 대체하려는 계획을 밀어붙였는데, 라말레라 사람들이 그것을 WWF의 탓으로 돌렸다'고 주장했다. 그러나 2002년에 발표된 보고서가 지적한 바와 같이, WWF는 수년 전 다음과 같은 가능성을 타진했다. '전통적 고래 사냥을 지역사회 기반의 고래 관찰로 전환하는 방안을 신중히 검토해야 한다.'(Lida Pet-Soede compiled, *The Solor and Alor Islands-Expedition Results and Data Collected During 2 Reconnaissance Trips: 9-12 September, 2001, and 7-19 May, 2002*, 18-20) 내가 이 보고서를 들고 WWF 인도네시아 지부를 방문했을 때, 한 대변인은 '그 NGO는 라말레라의 생태 여행에 직접 관여하지 않았으며, WWF는 라말레라 부족의 작살 사냥을 줄이기 위해 생태 여행과 참치 어업을 장려했다'고 인정했다(correspondence with Dewi Satriani, communications manager, WWF Indonesia, January 23, 2018).

10 그 당시 원주민과 함께 살면서 갈등이 전개되는 과정을 관찰했던 인류학자 데이비드 놀린도 안타까움을 표시했다. 그는 나에게 다음과 같은 편지를 썼다. "만약 WWF가 '라말레라의 바다를 라말레라의 어부들에게'라는 메시지를 갖고서 라말레라 부족에게 접근했다면 큰 성공을 거두었을 것입니다. 그러나 그들은 지역의 관심사를 경청하여 반영하지 않고 원주민 앞에 불쑥 나타나 모든 것을 기정사실인 것처럼 말했습니다."

11 John Vidal, "The Tribes Paying the Brutal Price for Conservation," *The Guardian*, August 28, 2016.

12 이러한 믿음의 사례는 보나 베딩과의 인터뷰에서 찾아볼 수 있다. Anastasia Ika, "In Lamalera, an Ancient Whale Hunting Tradition Continues," *Wall Street Journal*, November 5, 2014.
    나는 2014년 BBC 다큐멘터리 시리즈 「남태평양의 사냥꾼들」의 제작을 돕는 동안 영국인들과 라마파들 간의 대화를 통역했다. 그 대화에서 영국인들은 고래 사냥이 부적절한 상황을 단계적으로 제시함으로써 자연보호의 장점을 인정하게 하려고 노력했다. 즉 임신한 고래를 잡는 문제에서 시작해, 그해에 이미 수십 마리의 고래를 잡았지 않았느냐고 지적한 후, 그러다가 지구상에서 고래가 멸종하면 어떻게 할 거냐고 물었다. 그러자 고래잡이들은 확신에 찬 어조로 대답했다. "우리는 지금까지 늘 고래를 잡아왔고, 앞으로도 그럴 겁니다. 왜냐하면 고래는 조상님들의 선물이며, 조상님들이 언짢아하시지 않는 한 지구상에서 절대로 사라지지 않을 것이기 때문입니다." 나는 이 대화를 통역하는 동안 대부분의 환경보호 활동가와 많은 원로 라말레라 부족원들의 관점에는 근본적인 차이가 있음을 깨달았다.

그러나 젊은 라말레라 부족원들 중 일부는 환경보호에 대해 과학적인 견해를 갖고 있었으며 남획의 위험에 동의했다.

13 Claudia Sobrevila, *The Role of Indigenous Peoples in Biodiversity Conservation: The Natural but Often Forgotten Partners*(Washington, DC: World Bank, 2008); Jason Clay, Janis Alcorn, and John Butler, *An Analytical Study for the World Bank's Forestry Policy Implementation Review and Strategy Development Framework*(Washington, DC: World Bank, 2000).

14 서양 사회는 수 세기 동안 수렵채집사회에서의 생활을 – 토머스 홉스Thomas Hobbes 가 기술했던 것처럼 – '초라하고, 끔찍하고, 야수 같고, 부족하다'고 간주했다. 그런데 1960년대 후반이 되자 수많은 인류학자가 '전통사회 부족의 삶은 생각했던 것보다 풍요롭다'는 내용의 현장 연구 결과를 발표하기 시작했다. 사실 그들의 삶은 너무나 풍요로웠으므로, 일부 인류학자는 그들의 사회를 '원초적 풍요사회original affluent society'라고 일컬으며 '그들은 정신적으로 더욱 충만한 생활을 영위하고 하루에 네다섯 시간밖에 일하지 않는다'고 덧붙였다. Marshall Sahlins, "Notes on the Original Affluent Society," *Man the Hunter*, ed. R. Lee and I. DeVore(Chicago: Aldine Publishing, 1968); Marshall Sahlins, *Stone Age Economics*(Chicago: Aldine Publishing, 1972). 그 이후 학자들은 '수렵채집인은 당초 기술된 것보다 더 많이 일할 수 있지만, 그럼에도 불구하고 선진사회의 시민보다는 여전히 덜 일한다'라고 – 약간 다른 뉘앙스를 풍기며 – 열변을 토했다. David Kaplan, "The Darker Side of the 'Original Affluent Society,'" *Journal of Anthropological Research* 56, no. 3(2000): 301-24. 그러나 '인류는 수렵채집형 생활 방식을 포기한 후, 여러 가지 면에서 더욱 어려운 삶을 영위하고 있다'는 주장은 학자들 사이에서 더 이상 논란의 대상이 아니었다. John Lanchester, "How Civilization Started: Was It Even a Good Idea?," *New Yorker*(print edition), September 18, 2017.

다양한 분야에서 수십 년간 나온 연구 결과를 살펴본 후, 재레드 다이아몬드Jared Diamond는 『어제까지의 세계The World Until Yesterday』(New York: Viking, 2012)에서 전통사회와 선진사회의 차이점을 포괄적으로 검토했다. 또한 그는 선진사회가 전통사회로부터 배워야 할 몇 가지 교훈(예를 들어 전통사회 부족의 끈끈한 사회적 유대 관계)을 제시하면서도 현대적 생활 방식에는 많은 물질적 혜택이 수반된다는 점을 일깨웠다. 세바스찬 융거Sebastian Junger는 『트라이브Tribe』(New York: Twelve, 2016)에서 부족 사회 생활이 구성원들(특히 참전 용사)에게 제공하는 정신건강상의 혜택을 검토했다.

15 라말레라 사람들의 경우, 이 예상치가 사냥 시즌 동안에는 적용되지 않지만 다른 계절에는 잘 들어맞는다. 1주일에 3일은 바다에 나가 물고기를 잡고, 다른 날에는 가벼운 노동(이를테면 그물 손질)으로 소일하기 때문이다.

제12장 새로운 케나푸카

1 나는 2015년 5월 1일 라말레라에서 인류학자 대니얼 드와이어Daniel Dwyer와 인터뷰하는 행운을 누렸다. 그는 내게 테나 건조법의 원리를 소상히 알려주며, 전 세계에서 밧줄고정법이 꾸준히 지속되는 곳은 라말레라밖에 없다고 말해주었다. 선박의 형태에 대한 독보적인 문헌은 다음과 같다. G. Adrian Horridge, *The Lashed-Lug Boats of the Eastern Archipelagos*(Greenwich, UK: National Maritime Museum, 1982). 다음 문헌도 참고하라. Adrian Horridge, *The Prahu: Traditional Sailing Boats of Indonesia*(Oxford: Oxford University Press, 1986). 로버트 H. 반스도 『인도네시아의 바다 사냥꾼』(204쪽)에서 이 주제에 대해 설득력 있게 논의했다.

2 이런 엄청난 주제를 여기서 다루기엔 지면이 너무 부족하다. 그러나 연구자들에 따르면 컴퓨터, TV, 휴대전화의 화면에 지속적으로 노출될 경우 청년들의 뇌에 나쁜 영향을 미칠 수 있고(Jon Hamilton, "Heavy Screen Time Rewires Young Brains, for Better and Worse," NPR.com, November 19, 2016) 잘사는 선진국 국민들은 외상후스트레스장애PTSD와 우울증에 걸릴 위험이 높다고 한다(Sarah Boseley, "PTSD More Likely to Afflict People in Affluent Societies, Scientists Say," *The Guardian*, July 27, 2016). 또한 수렵채집인은 숲속에서 살며 예민한 후각과 다른 감각을 진화시켰기 때문에 생리적으로 자연계와 잘 어울리고, 그 덕분에 문화적으로도 다양한 이점(예를 들어 특화된 언어)을 누린다고 한다(Joanna Klein, "They Hunt. They Gather. They're Very Good at Talking About Smells," *New York Times*, January 19, 2018). 궁극적으로 '인류의 조상과 유사한 생활을 영위하는 사람들과, 산업사회의 압력에 시달리며 사는 사람들 사이에는 근본적인 차이가 존재한다'는 견해를 뒷받침하는 증거가 점점 더 많이 제시되고 있다.

제13장 리바이어던에 맞서다

1 "East Nusa Tenggara to Promote Traditional Whaling," *Tempo*, May 5, 2016. 그러나 2016년에는 라말레라를 방문한 여행객의 수가 약간 감소했다.

2 제11장의 '미주'에서, 현대 생활과 수렵채집 생활의 상대적 장단점을 논한 부분을

참고하라.

3 UN Department of Economic and Social Affairs, *The State of the World's Indigenous Peoples*.

4 이 말이 실제로 의미하는 것은 정부가 원주민을 특별한 시민으로 인정하고 그들에 대한 별도의 지원책을 마련해야 한다는 것이다. 기업은 원주민이나 그들의 환경을 착취하지 말아야 하며, NGO(이를테면 환경보호 단체)는 자신들의 목표와 '원주민이 자신들의 전통을 유지할 권리' 간의 균형을 맞춰야 한다. 그리고 전 세계 사람들은 악덕 정부나 단체에 압력을 행사하고 원주민의 권리를 위해 싸우는 NGO를 지원해야 한다.

에필로그·하마롤로에 선 운명

1 복잡한 법령을 잘 요약한 논문을 소개한다. Putu Liza Kusuma Mustika, "Marine Mammals in the Savu Sea(Indonesia): Indigenous Knowledge, Threat Analysis, and Management Options"(master's thesis, School of Tropical Environment Studies and Geography, James Cook University, August 2006). 이 논문에 따르면 라말레라 부족의 고래 사냥은 국제포경위원회International Whaling Commission, IWC의 규정에 따라 '생계형 고래잡이'(183쪽)에 해당하고, 인도네시아의 법률에 따라 '지속 가능하게 수행되는 한, 허용되는 전통적 사냥법'(175쪽)에 해당한다. 그러나 저자에 따르면 돌고래 사냥의 적법성은 불분명하다고 한다. 이와 관련해 다음과 같은 문헌도 참고하기 바란다. Ruddy Gustave and Ahfi Wahyu Hidayat, *Politik Konservasi Laut Sawu: Antara Menyelamatkan Ekologi Laut dan Harapan Orang Kalah*; Polite Dyspriani, *Traditional Fishing Rights: Analysis of State Practice*(New York: Division for Ocean Affairs and the Law of the Sea, Office of Legal Affairs, United Nations, 2011).

2 Claire Maldarelli, "In Indonesia, Authorities Stop Sale of Endangered Manta Ray Parts," *New York Times*, September 30, 2014.

3 "Orang Lamalera Diminta Berhenti Tangkap Paus dan Pari," *Bali News Network*, November 24, 2016.

4 Jon Emont, "A Whaling Way of Life Under Threat," *New York Times*, August 3, 2017; interviews and correspondence with Glaudy Perdanahardja and Yusuf Fajariyanto of the Nature Conservancy, fall 2017 and summer 2018.

라말레라어 용어 해설

표준 사전이 없다 보니, 라말레라어 단어의 철자를 적는다는 것은 여간 복잡한 과제가 아니다. 나는 그레고리오우스 케라프의 『라말레라어의 형태론』(1978년), 페테르 D. 바타오나의 『라말레라어 - 영어 용어 사전 Kamus Istilah Lamalera – Inggris』(2008년), 로버트 H. 반스의 『인도네시아의 바다 사냥꾼』(1996년)에 의존하여 라말레라어 단어를 알파벳으로 표기했다. 그러나 똑같은 단어인데도 출처에 따라 철자가 다른 경우가 허다하다. 예컨대 세 권의 책은 'téna(테나)'라는 단어를 각각 'tena', 'téna', 'ténã'라고 적는다. 게다가 라말레라 사람들 자신도 철자에 무심해서, 욘의 경우에는 자신의 이름인 '요하네스'를 기분에 따라 'Yohanez'나 'Yohanes'라고 적는다.

그래서 나는 반스가 표기한 철자를 영어 사용자와 인류학 전문가가 따라야 할 표준으로 삼고, 문법적인 부분에 한해 케라프와 바타오나의 책을 참고했다. 그러나 이런 원칙에는 많은 예외가 있다. 라말레라 사람들은 자신의 이름을 적을 때 악센트를 생략하므로, 나는 반스가 성과 이름을 적을 때 사용하는 공식적인 악센트 대신 그들이 적어준 철자를 따랐다. 반스는 나보다 먼저 거의 30년 동안 라말레라에 살았으므로, 그의 철자법과 어법이 나에게 간혹 구식으로 느껴지기도 한다. 그래서 나는 많은 경우 그런 부분을 새롭게 정리했다. 지금껏 기록되지 않은 단어인 경우에는 반스의 악센트 체계에 따라 알파벳으로 표기하려고 노력했다. 그러나 나는 내가 전문적인 언어학자가 아님을 인정한다.

- 아타몰라 Ata mola : 라말레라 마을의 조선공.
- 아우토 Auto : 라말레라 사람들이 마을과 레월레바를 왕래할 때 이용하는 버스로, 대개 덤프트럭을 개조한 것이다.
- 발레오 Baleo : 라말레라 사람들이 해변에서 외치는 소리로, '고래가 나타났으니 사냥하라'는 뜻이다.
- 베파나 Bëfānā : 개인에게 배분된 우마에서 떼어낸 선물용 고래고기로, '개인의 행운을 서로 공유하라'는 조상님들의 지상명령을 구현하기 위한 것이다.
- 베렐라 Bëlelā : '만타가오리'라고도 하는 쥐가오리 Oceanic manta ray의 현지어로, 정식 학명은 'Mantis birostris'다.
- 베레웅알렙 Bereung alep : 테나 또는 존손에 승선하는 보조 작살잡이로, 문자 그대로 옮기면 '라마파의 친구'다.
- 볼리사팡 Boli Sapang : 하리오나 가문이 소유한 테나로, 욘이 주로 승선하는 선박이다.
- 보우 Bōu : 황금갈색가오리 Golden-brown ray의 현지어로, 정식 학명은 'Mobula kublii'다.
- 데모사팡 Demo Sapang : 블리코롤롱 가문의 이그나티우스파가 소유한 테나.
- 돌로 Dolo : 라말레라 부족의 전통춤으로, 오늘날까지도 축제와 파티에서 성행한다.

- 드파Dpa : 라말레라 부족의 측정 단위로, '팔을 쭉 뻗었을 때 가슴 한복판에서 손가락 끝까지의 길이'에 해당한다. 미터법이 도입되기 전에 사용되었으며, 오늘날에도 간혹 사용된다.
- 두리Duri : 라말레라 부족이 고기를 자르는 데 쓰는 칼(제육도)로, 부족의 대장장이들이 만들고 길이는 약 60센티미터다.
- 하마롤로Hâmmâlollo : 대나무로 만드는 작살잡이의 발판으로, 테나의 뱃머리 앞으로 약간 튀어나와 있다.
- 이게게렉Ige Gerek : 정령신앙자들이 고래를 소환하는 의례로, '세상의 주인들'이 매년 4월 말일에 주관한다.
- 존손Jonson : 라말레라 부족이 사용하는 소형 보트로, 선외 모터로 구동된다.
- 카페 코테켈레마kâfé kotekêlema : 향유고래를 잡는 데 쓰는 거대한 작살.
- 케바코푸카Kebako Pukã : 쓰나미로 인해 마을이 초토화된 후, 라말레라 부족의 조상들이 고향을 떠날 때 사용한 오리지널 테나. 오늘날에도 모든 테나가 케바코푸카의 설계도에 따라 건조된다.
- 케펠라Kefela : 고산족을 가리키는 라말레라어 단어로, 간혹 부족원들 사이에서 모욕적인 말로 사용된다.
- 켈릭Kélik : 어획물에서 라마파에게 배정되는 몫으로, 다른 사람들에게 줘야 한다. 만약 자기가 먹으면 저주를 받는다.
- 케나푸카Kéna Pukã : 프랑스가 속한 베디오나 가문의 미쿠랑구파가 소유한 테나.
- 코테켈레마Kotekêlema : '조상님들의 선물'로 알려진 향유고래의 현지어로, 정식 학명은 'Physeter macrocephalus'다.
- 라발레캉Labalekang : 라말레라 마을 뒤에 자리잡은 화산의 이름. 더욱 공식적인 명칭은 '일레 라발레캉Ile Labalekang'이다.
- 라마파Lamafa : 테나 또는 존손의 수석 작살잡이.

- 레파Léfa : 바다가 열리는 시기, 즉 사냥 시즌을 의미한다. 계절풍이 불지 않는 매년 5월부터 9월까지로, 향유고래가 라말레라 부근에 모여들고 날씨가 좋아 사냥하기에 유리한 시기다. 라말레라 부족은 다른 기간에도 기회가 오면 고래를 잡지만 연간 대부분의 향유고래를 이 기간에 잡는다.

- 레카Leka : 한 명의 라마파가 한 척의 배를 지휘할 수 있는 종신권으로, 라마파가 배에 자신의 작살을 보관함으로써 공식화된다.

- 리카텔로Lika Telo : 코로하마의 세 아들의 직계 후손인 '빅 3' 가문. 그들은 라말레라 사회의 귀족 계급이며, 가문의 우두머리는 많은 중요한 시민적·전통적 기능을 수행한다.

- 세상의 주인들Lords of the Land : 우존 가문의 지도자들을 말한다. 라말레라의 오리지널 원주민으로, 오늘날까지 샤머니즘적 능력(이를테면 고래를 소환하는 능력)을 갖고 있는 것으로 믿어지기도 한다.

- 마테로스Materos : 노잡이rower에서부터 베일러bailer(배에 고인 물을 퍼내는 사람)에 이르기까지, 고래잡이선에 승선한 평선원을 총칭하는 말.

- 미사아르와Misa Arwah : 이게게렉에 뒤이은 가톨릭 미사.

- 모쿠Mōku : 채찍꼬리악마가오리Whiptail devil ray의 현지어로, 정식 학명은 'Mobula diabolus'다.

- 문가Munga : 라말레라식 셈법의 기초가 되는 '여섯 개 묶음' 단위로, 물물교환 경제의 기본단위이기도 하다.

- 누바나라Nuba Nara : '세상의 주인들'의 능력의 원천이 되는 신성한 돌.

- 오아Oa : 매주 토요일 밤에 마을 광장에서 구혼하는 젊은이들이 추었던, 지금은 사라진 라말레라 부족의 전통춤.

- 시리피낭Sirih pinang : 말레이어로 '피낭pinang', 한자로 '빈랑檳榔'이라 불리는 야자나무과 아레카속 나무의 열매를 후추과 덩굴식물인 베텔betel(인도네시아어로 '시리sirih') 나뭇잎에 싼 것을 말한다. (종종 피낭 열매까지 '베텔 열

매betel nut'라고 부르지만, 두 나무는 엄연히 다르다.) 석회 가루(산호를 빻은 것) 반죽을 조금 섞어서 같이 씹기도 한다. 이 혼합물을 씹으면 담배를 피울 때와 마찬가지로 약간 몽롱한 기분을 느끼며, 라말레라 여성들 사이에서 널리 사용된다. 손님에게 시리피낭을 권하는 것은 인도네시아 동부에서 전통적인 호의의 상징이며, 이 경우 남성들이 씹기도 한다.

- 탈레 토우, 케무이 토우, 오나 토우, 마타 토우Talé tou, kemui tou, onã tou, mata tou : 조상 대대로 전해 내려오는 격언으로, '가족도 하나, 마음도 하나, 행동도 하나, 목표도 하나'라는 뜻이다. 이 격언은 라말레라 사람들에게 부족의 단합과 단결을 최우선적으로 고려하라고 일깨워준다.

- 테나Téna : 라말레라 부족이 사용하는 전통적인 대형 고래잡이 목선.

- 토보나마파타Tobo Nama Fata : 매년 이게게렉에 앞서 열리는 해변평의회. 이 회의에서 라말레라 부족은 그해의 고래 사냥을 위한 규칙을 정한다.

- 투악Tuak : 야자와인.

- 우마Umã : '테나에서 한 일'과 '가문의 구성원 자격'에 기반하여 개인 몫으로 배정되는 고래고기를 말한다. 라말레라 부족사회에서 소유권의 기본단위로 확립되어 있다.

- VJO : 선주인 살레스로부터 위임받아 욘이 관리하는 존손.

마지막 고래잡이

초판 1쇄 인쇄 | 2021년 4월 23일
초판 1쇄 발행 | 2021년 4월 30일

지은이 | 더그 복 클락
옮긴이 | 양병찬
펴낸이 | 박남숙

펴낸곳 | 소소의책
출판등록 | 2017년 5월 10일 제2017-000117호
주소 | 03961 서울특별시 마포구 방울내로9길 24 301호(망원동)
전화 | 02-324-7488
팩스 | 02-324-7489
이메일 | sosopub@sosokorea.com

ISBN 979-11-88941-62-9 03300
책값은 뒤표지에 있습니다.